中 国 人 口 较 少 民 族 研 究 丛 书

中国人类学民族学研究会人口较少民族研究专业委员会　组织编写

中国人口较少民族研究

图书索引

孙秀斌　庄善洁　崔秀兰　主编

ZHONGGUO RENKOU JIAOSHAO MINZU YANJIU
TUSHU SUOYIN

第一辑

知识产权出版社
全国百佳图书出版单位
—北京—

图书在版编目（CIP）数据

中国人口较少民族研究图书索引．第一辑 / 中国人类学民族学研究会人口较少民族研究专业委员会组织编写；孙秀斌，庄善洁，崔秀兰主编．—北京：知识产权出版社，2022.12

ISBN 978-7-5130-8479-6

Ⅰ.①中… Ⅱ.①中… ②孙… ③庄… ④崔… Ⅲ.①少数民族—著作—书目索引—中国 Ⅳ.①Z89：K28

中国版本图书馆 CIP 数据核字（2022）第 222315 号

内容提要

本书是中国人类学民族学研究会人口较少民族研究专业委员会组织编写的一部集检索与导读为一体的书目检索工具书，是“中国人口较少民族研究丛书”研究成果之一。编者梳理并筛选了中华人民共和国成立以来研究阿昌族、保安族、布朗族、达斡尔族、德昂族、独龙族、俄罗斯族、鄂伦春族、鄂温克族、高山族、赫哲族、基诺族、京族、景颇族、柯尔克孜族 15 个人口较少民族重要的、具有学术价值的图书，利用二次文献编纂原理，对每一个人口较少民族的研究图书按《中国图书馆分类法》（第五版）进行学科分类，同一学科下的图书又按题名汉语拼音顺序排列，编制成索引。索引著录项目包括书名、作者、出版者、出版时间、中图法分类号、关键词、内容摘要、馆藏单位等著录项。

本书可作为图书馆、人口较少民族研究领域的研究者的参考用书。

责任编辑：许　波　　　　**责任印制**：孙婷婷

中国人口较少民族研究图书索引（第一辑）

ZHONGGUO RENKOU JIAOSHAO MINZU YANJIU TUSHU SUOYIN（DI-YI JI）

中国人类学民族学研究会人口较少民族研究专业委员会　组织编写

孙秀斌　庄善洁　崔秀兰　主编

出版发行：	知识产权出版社有限责任公司	网　　址：	http://www.ipph.cn http://www.laichushu.com
电　　话：	010-82004826		
社　　址：	北京市海淀区气象路 50 号院	邮　　编：	100081
责编电话：	010-82000860 转 8380	责编邮箱：	xubo@cnipr.com
发行电话：	010-82000860 转 8101	发行传真：	010-82000893
印　　刷：	北京中献拓方科技发展有限公司	经　　销：	各大网上书店、新华书店及相关专业书店
开　　本：	720mm×1000mm　1/16	印　　张：	22
版　　次：	2022 年 12 月第 1 版	印　　次：	2022 年 12 月第 1 次印刷
字　　数：	467 千字	定　　价：	98.00 元

ISBN 978-7-5130-8479-6

中国人口较少民族研究丛书
编委会

本书编委会

“中国人口较少民族研究丛书”总序

一

我国是统一的多民族国家，全国共有56个民族，其中有55个少数民族。在55个少数民族中，人口在30万以下的民族统称为人口较少民族。

20世纪80年代以来，我国著名的人类学家、社会学家费孝通教授，提出了人口较少民族的概念。他先后深入鄂伦春族、裕固族、撒拉族、土族、赫哲族等少数民族地区进行调研，建议把人口较少民族作为一个类型集中研究并采取扶持发展的措施。

根据费孝通教授的建议，中华人民共和国国家民族事务委员会（简称“国家民委”）组织有关专家、学者对人口较少民族进行了广泛深入的调研，当时划定的范围是十万人口以下的民族为人口较少民族。

为什么把人口较少民族作为一个类型集中研究并采取扶持发展的措施？

十万人口以下的民族共有22个。22个人口较少民族的特点可以用五个字概括：“少、弱、边、散、穷”。“少”是指22个民族总人口63万，占全国总人口的万分之四点八，占全国少数民族总人口的千分之六；“弱”是指经济发展、文化传承都处在弱势地位；“边”是指22个民族中有18个民族分布在边境地区，绝大部分民族都与国外同一民族相邻而居；“散”是指人口较少民族主要分布在10个省区，大多处于与其他民族混合杂居的状态，居住得特别分散；“穷”是指经济社会发展水平相对落后，社会发育程度低，生产力水平低，贫困问题突出。

2004年10月21日，在第十六届中央政治局第十六次集体学习时，胡锦涛同志特别指示国家民委牵头，进一步做好扶持我国人口较少民族加快发展的工作。

进入新时代，习近平总书记先后到赫哲族、土族等人口较少民族所在地区考察。在云南省考察期间，习近平总书记亲切会见了独龙族干部群众代表，并给独龙族的乡亲们回信。习近平总书记对人口较少民族的经济社会发展和民族文化传承都做出重要的指示，表明了我们党高度重视扶持人口较少民族发展工作。

二

中华人民共和国成立以来，在党的民族政策的光辉照耀下，扶持人口较少民族发展，大体经历了三个阶段：

（一）单一民族扶持阶段

黑龙江省帮扶鄂伦春族下山定居。1953年，黑龙江省300多户、1303名鄂伦春族同胞下山定居，告别了世代狩猎和“衣靠兽皮食兽肉，‘斜人柱’内把家安”的历史。下山定居是鄂伦春族发展史上的里程碑事件，它不仅让鄂伦春族群众过上了居有定所的生活，也有力地推动了整个民族的发展。

1996年，黑龙江省启动扶持赫哲族上岸转产工作。政府通过“引、促、带”方式成功使赫哲人逐渐从江里转向岸上，进而打破了单一以渔为生转向渔农并重，并大力发展民族文化旅游业、发展多元经济。赫哲族的转产，走出了人口、经济的扩张与资源匮乏的困境。

这一阶段的工作充分体现出党的民族政策在鄂伦春族、赫哲族地区所发挥的巨大作用。

（二）试点先行阶段

2000年，云南省整体扶持景洪市基诺山和勐海县布朗山，同时国家民委与国务院扶贫开发领导小组办公室（以下简称“国务院扶贫办”）联合实施“两山”综合扶贫开发试点。该试点在思路与方法上不同于一般性扶贫，而是根据“两山”特殊性贫困和不同民族、不同地区实际，在政策上不搞一刀切，集中力量综合扶持。在2～3年内集中使用7000多万元，较大地改善了基诺族、布朗族的生活和“两山”的面貌。

（三）规划扶持阶段

国家民委于2005年会同中华人民共和国国家发改委、中华人民共和国财政部、中国人民银行、国务院扶贫办编制了《扶持人口较少民族发展规划（2005—2010）》，人口较少民族的发展进入了规划扶持。第一个规划编制的范围是十万人口以下的22个民族，涉及10个省区、86个县（旗）、238个乡镇、640个行政村、总人口63万。

2011年编制了第二个规划《扶持人口较少民族发展规划（2011—2015年）》，即“十二五”规划。扶持范围扩展了，被扶持民族的人口数量从10万人口以下的民族，扩展为30万人口以下的民族；从22个人口较少民族扩展为28个人口较少民族；从63万人扩展为169.5万人；扶持的行政村由640个扩展为2119个；从10个省区扩展为13个省区和新疆生产建设兵团。

2016年编制了第三个规划《“十三五”促进民族地区和人口较少民族规划》，人口扩展为189万人，行政村扩展为2390个，自然村约1万个。

三个专项规划的扶持，对于人口较少民族地区脱贫致富奔小康产生了重要的促进作用。

习近平总书记强调，全面建成小康社会，一个民族都不能少。在庆祝中国共产党成立一百周年大会上，习近平总书记代表党和人民庄严宣告，经过全党全国各族人民持续奋斗，我们实现了第一个百年奋斗目标，在中华大地上全面建成了小康社会，历史性地解决了绝对贫困问题，正在意气风发向着全面建成社会主义现代化强国的第二个百年奋斗目标迈进。扶持人口较少民族发展，是党的民族政策的生动体现，是全面建成小康社会的有力举措。

三

伴随着人口较少民族的发展，人口较少民族的研究不断地深化。2017 年 11 月，中国人类学民族学研究会人口较少民族研究专业委员会成立，以佳木斯大学为依托单位，邱洪斌同志任主任。几年来，在国家民委的重视下，在中国人类学民族学研究会的领导下，佳木斯大学充分发挥人口较少民族研究专业委员会的作用，在人口较少民族研究方面取得了丰硕成果。

佳木斯大学把人口较少民族专业委员会建成了一个学习交流的平台、团结进步的平台、铸牢中华民族共同体意识的平台。在人口较少民族研究中，专业委员会坚持做到：

把握研究方向。铸牢一种意识，铸牢中华民族共同体意识；坚持两个共同，各民族共同团结奋斗、共同繁荣发展；践行三交理念，促进各民族交往、交流、交融；维护四种关系，维护平等、团结、互助、和谐的社会主义民族关系；增进五个认同，增进对伟大祖国、中华民族、中华文化、中国共产党、中国特色社会主义的认同。

围绕重点研究。新时代扶持人口较少民族的重要任务是集中帮扶发展相对滞后的人口较少民族整体率先脱贫，推进发展水平较高的人口较少民族整体率先奔小康，分批分步实现全面小康。人口较少民族专业委员会围绕着这个任务开展了对人口较少民族的研究。

形成良好态势。人口较少民族研究专业委员会承担着 28 个民族的研究任务。佳木斯大学发挥综合性大学优势，整合了历史学、民族学、医学、药学、社会学、文学、语言学、美术学、音乐学、体育学、旅游管理学、图书馆学等多学科研究力量，对人口较少民族历史文化与社会发展进行全方位的研究，形成了研究学科齐全、专家学者聚集、研究力量雄厚、领导高度重视的态势。

为体现研究成果，人口较少民族研究专业委员会计划出版“中国人口较少民族研究丛书（以下简称丛书）”，并以“图说”“口述”“健康”“史记”“译著”等形式一个民族一个民族地出版系列丛书。同时，收集、整理和编辑中华人民共和国成立以来，在国内外公开发行的刊物和在内部交流的刊物上发表的有关28个人口较少民族的研究报告、论文、著作等，形成28个人口较少民族文献汇编，将陆续出版系列著作。

“中国人口较少民族研究丛书”以独特的视角、新颖的形式、丰富的资料、深刻的内涵，体现了党和国家对人口较少民族的关怀和重视；体现了专家、学者对人口较少民族研究的成果；体现了新时代人口较少民族铸牢中华民族共同体意识的精神风貌。

葛忠兴（国家民委原专职委员）

2022年5月18日于北京

前 言

1999年，费孝通先生向中华人民共和国国家民族事务委员会（简称“国家民委”）建议，对10万人以下的人口较少民族进行专门的国家扶持。在他的倡议下，国家民委组织多家学术机构成立了“中国人口较少民族经济和社会发展研究课题组”，对22个人口较少民族的经济和社会发展问题进行了专题调查研究，形成了一份综合调研报告和24份民族调研报告。

2011年6月，国家民委发布了《扶持人口较少民族发展规划（2011—2015年）》，将全国总人口在30万以下的28个少数民族界定为人口较少民族，由“十一五”时期的22个人口较少民族扩大至28个，新增了景颇族、达斡尔族、柯尔克孜族、锡伯族、仫佬族、土族6个民族。28个人口较少民族有着悠久的历史，创造了丰富的民族文化遗产和灿烂的民族艺术瑰宝。中华人民共和国成立后，在党的领导和关怀下，人口较少民族的政治建设、社会生活、经济生活、教育文化、宗教信仰、族群发展、生态环境等发生了巨大变化并取得了长足进步。为了保护、传承、宣传人口较少民族文化，越来越多的具有学术价值的原始文献相继问世，成为认识和研究人口较少民族文化的钥匙。这些研究文献满足了编纂专题书目的基本要件，因为只有多而杂，才有对其进行专门梳理的必要。将多而杂的文献辑录出来并进行整理，是满足某种研究需要的专题书目的价值所在。

书目是著述与出版成果的一种记录工具，具有文献方面的价值。它在“辨章学术，考镜源流”方面，为研究者提供整体意义上的文化发展脉络和知识学术图谱，具有学术价值，特别是某些专题书目的编制，更有明确的学术功能指向，是基础性质的学术史料。

2017年11月28日，中国人类学民族学研究会正式批复，依托佳木斯大学成立了中国人类学民族学研究会人口较少民族研究专业委员会，同时建成中国人类学民族学人口较少民族研究文献馆。本书是人口较少民族专业委员会《人口较少民族研究丛书》研究成果之一。编者整合了1949—2020年出版发行的各人口较少民族的研究文献书目，力求全面反映28个人口较少民族的历史变迁、经济社会发展状况、自然人文景观、教育文化、特有民风民俗等内容，为研究者提供便捷的检索路径，是一部集检索与导读为一体的书目检索工具书，旨在集中揭示原始文献蕴含的丰富内容和鲜明特色，引导读者选择性阅读，为人类学、民族学领域的研究者和爱好者提供便捷的文献检索途径。

本书的图书信息获取来源主要包括佳木斯大学人口较少民族研究文献馆、国家图书馆、各省市图书馆、孔夫子旧书网等网络资源以及通过田野调查搜集正式或非正式的人口较少民族出版物。非正式出版物是构成民族地方文献资源的重要组成部分，它作为非物质文化遗产的承载体具有一定的文献价值。

《中国人口较少民族研究图书索引》包括第一辑、第二辑。搜集整理了自1949年中华人民共和国成立后至2020年12月研究我国28个人口较少民族重要的、具有学术价值的现代图书文献。每一个民族的图书书目从学科属性角度按照《中国图书馆分类法》第五版进行分类，并形成二次文献。按文献学科属性分为B（哲学、宗教）、C（社会科学总论）、D（政治、法律）、F（经济）、G（文化、科学、教育、体育）、H（语言、文字）、I（文学）、J（艺术）、K（历史、地理）、P（天文学、地球科学）Q（生物科学）、R（医药、卫生）、S（农业科学）、T（工业技术）、Z（综合性图书）。

编者从图书的外部特征、内部特征和馆藏单位介绍了图书情况。外部特征包括书名、著者、出版者、出版时间；内部特征包括关键词、中图法分类号、内容摘要；馆藏情况提供了文献收藏单位。收藏单位不明的，标注为“暂时无法提供馆藏信息”。

本书编写过程中的难点是在图书真实存在的基础上对内容提要的撰写。编者认真分析每一部图书的前言、序言（总序）、后记、全文等内容，客观、精练地揭示图书的价值、意义、内容。通过简短的介绍让读者快速了解图书的内容与价值。

编者利用较短篇幅全面介绍每一个人口较少民族的人口分布、地理位置、宗教信仰、非物质文化遗产项目名录等内容，有利于读者全面了解每一个民族。

凡是涉及两个以上人口较少民族的著作和关于少数民族研究方面的论著收录在《中国人口较少民族研究图书索引》第二辑里，为了节省篇幅，没有在各个人口较少民族采用“互见”方法。

在图书编写过程中，孙秀斌、苏贵章、庄善洁承担了审校工作。崔秀兰、谭杰、纪莉莉联系了28个人口较少民族的专家对全书的内容进行了认真审核。

《中国人口较少民族研究图书索引（第一辑）》编辑人员的具体分工是：孙秀斌（第七章、第八章）、庄善洁（第三章、第四章）、朱翃（第十二章、第十五章）、杨欣（第一章、第五章）、迟秀丽（第十一章）、姜殿清（第九章、第十章）、李洪伟（第二章、第十四章）、赵莹（第六章、第十三章）。

《中国人口较少民族研究图书索引（第二辑）》编辑人员的具体分工是：苏贵章（第十四章）、孙秀斌（第十一章、第十二章）、庄善洁（第五章、第十章）、朱翃（第二章、第四章）、迟秀丽（第一章、第六章）、边际（第七章、第八章）、范明智（第三章、第十三章)、于静（第九章)。

在图书编撰过程中，黄任远、葛丰交、朱玉福、张晓兵、李若青、曹先强、马伟、马成俊等民族学专家对本书进行了审核，穆智、李留茜、胡周艳、何箫、赵敏、杨晓锐、贾玉超等研究生参与了校对工作，在此一并表示感谢。

在图书文献收集过程中，由于学识有限，经验不足，资料不全，难免遗漏一些有价值的文献，特别是非正式出版物文献，恳请读者提出宝贵意见。

编　者

2022 年 4 月于佳木斯大学

目 录

第一章

阿昌族研究图书索引

阿昌族简介

阿昌族总人口 43 775 人（2020 年第七次全国人口普查数据），主要分布在云南省德宏傣族景颇族自治州的陇川县、梁河县、芒市、盈江县、瑞丽市、保山市的腾冲市、龙陵县和大理白族自治州的云龙县等地，缅甸也有部分阿昌族分布。

阿昌语属于汉藏语系藏缅语族，有陇川、梁河、芒市三个方言区，无本民族文字。由于长期与汉族、傣族等民族交错杂居，阿昌族一般兼通汉语、傣语等其他民族的语言或方言，使用汉字。

受多元文化的影响，阿昌族的宗教信仰形成了多种宗教并存的状态。

阿昌族最隆重的民族节日是“阿露窝罗节”。阿昌族能歌善舞，节日上跳窝罗舞，唱窝罗词，有葫芦箫、马尾琴、象脚鼓等乐器，有“竖秋千”“玩春灯”等习俗。

阿昌族民间口传文学十分丰富，长篇诗体创世神话《遮帕麻和遮咪麻》是研究阿昌族古代哲学、文学及社会思想的重要资料。

“户撒刀”，俗称“阿昌刀”，保留了完整的纯手工民间传统刀具锻造技术。2006 年，《遮帕麻和遮咪麻》和“阿昌族户撒刀锻制技艺”被列入第一批国家级非物质文化遗产代表性项目名录。

B 哲学、宗教

001《南传上座部佛教与阿昌族文化》

熊顺清著，宗教文化出版社2016年出版

关键词：宗教文化 阿昌族

中图法分类号：B949.2

本书共有五章，分别是“阿昌族概况”“上座部佛教的传入和发展”“阿昌族的佛教现状”“上座部佛教与其他宗教”“上座部佛教对阿昌族社会的影响”；附录部分收录了“阿昌族史料摘编”“阿昌族英文文献节选”“阿昌族分布村落”等内容。作者以上座部佛教在云南省阿昌族聚居区的传播及影响为视角，准确抓住了阿昌族因地理位置而受南传上座部佛教影响的事实，以及上座部佛教在阿昌族中传播影响而产生的一些特点，具有较高的学术价值和现实意义。

收藏单位：国家图书馆、北京大学图书馆等

F 经济

002《丙盖村调查：阿昌族》

田宁、车峰主编，中国经济出版社2014年出版

关键词：阿昌族 乡村 调查报告

中图法分类号：F327.745

本书为“中国民族经济村庄调查丛书”之一，通过村庄经济的调查，系统梳理了中华人民共和国成立以来，特别是改革开放以来丙盖村的经济社会发展变迁，并说明民族文化在村庄经济社会发展中的重要地位及作用，为进一步研究本民族村庄经济社会发展提供了比较翔实的实证资料。

收藏单位：国家图书馆、四川省图书馆、佳木斯大学图书馆等

G 文化、科学、教育、体育

003《阿昌族传统体育文化》

刘云著，云南大学出版社2015年出版

关键词：阿昌族 民族形式体育 体育文化

中图法分类号：G852.9

本书包括“阿昌族生产生活与体育的相互作用”“阿昌族民俗时令生产与体育的关系”“阿昌族兵器与体育”“阿昌族民间体育及其文化内涵”“阿昌族群众与游戏体育项目及其文化内涵”“阿昌族竞技体育及其文化内涵”等内容，穿插了阿昌族禁忌、习俗、民歌舞蹈、服饰、饮食等方面的介绍。全书内容较为丰富，论述建立在大量资料收集的基础上，对本书主题起到了很好的解释说明作用。

收藏单位：国家图书馆、云南省图书馆等

H 语言、文字

004《阿昌语简志》

戴庆厦、崔志超编著，民族出版社1985年出版

关键词：阿昌语 少数民族语言

中图法分类号：H262

本书为“中国少数民族语言简志丛书”之一，主要介绍了阿昌语语音、词汇和语法等内容，并且对阿昌语三种不同方言的差异做了比较，书后附有词汇表，是中华人民共和国成立后最早全面介绍阿昌语的

一部优秀图书，为研究阿昌语提供了基本素材，具有很高的学术价值。

收藏单位：国家图书馆、吉林省图书馆、云南省图书馆等

005《阿昌族语言使用现状及其演变》

戴庆厦主编，商务印书馆2008年出版

关键词：阿昌语 语言调查 调查研究

中图法分类号：H262

本书为“新时期中国少数民族语言使用情况研究丛书”之一，共分八章，配有丰富的附录和插图，从微观个案调查入手，勾勒出阿昌族语言的历史走向。第一章是绪论，总体描述了阿昌族的人文地理概况，介绍了阿昌族的语言族属和使用情况；第二至第四章描述了阿昌语中陇川、梁河、潞西三种方言的使用情况；第五章剖析了阿昌语得以保持的原因；第六章论述了阿昌族的语言转用问题；第七章论述了汉语对阿昌语的影响；第八章是结论。本书材料翔实，论述缜密，是一部深入浅出、可读性强的社会语言学专著，具有珍贵的语言文献价值。

收藏单位：国家图书馆、辽宁省图书馆、佳木斯大学图书馆等

006《阿昌语方言词汇集：汉文、国际音标、英文对照》

谢红梅著，云南民族出版社2017年出版

关键词：阿昌语 词汇

中图法分类号：H262.3

本书收录阿昌语三种方言各3000个基本词汇，以国际音标、汉语、英语三种文字对照出版，扩大了本书的使用范围和使用价值，能为语言学研究提供语料，也可以作为工具书为阿昌语学习者提供参考，对少数族语言文化的传承保护具有重要意义。

收藏单位：国家图书馆等

007《阿昌语语音的方言地理学研究》

杨露著，中国社会科学出版社2020年出版

关键词：阿昌语 语音 地理语言学

中图法分类号：H262.1

作者在地理语言学、历史比较语言学、接触语言学等理论和方法的指导下，对阿昌语语音的地理分布类型、演变路径、同源对应及借用关系等进行了系统描写和分析，展现了阿昌语声韵调保留、衰变和脱落的几种类型及其地理分布现状，并从历史行政、地缘地貌、人口变迁、经济文化、传媒教育等方面来探讨引起阿昌语语音变化的非语言因素。本书对汉藏语语音共时研究和历史比较、语言类型学研究具有一定的参考价值。

收藏单位：国家图书馆等

008《梁河阿昌语参考语法》

时建著，中国社会科学出版社2009年出版

关键词：阿昌语 描写语法学

中图法分类号：H262.4

本书为“中国少数民族语言参考语法研究系列丛书”之一，介绍了“阿昌语音系”“词的构成与借用”“句法结构”“简单句”“复杂句”“句类”等内容，为读者了解梁河阿昌语的语法特点提供了参考。

收藏单位：辽宁省图书馆、湖北省图书馆、广州市图书馆等

009《梁河阿昌语词汇》

孙稚泳主编，云南民族出版社 2018 年出版

关键词：阿昌语 词汇

中图法分类号：H262.3

本书分为“实词”“虚词”“祭祀古语”三篇，具体内容包括名词、动词、形容词、数量词、代词、词组、惊叹和应答声等。收集的语言主要是阿昌族古语、通俗语和 20 世纪 50 年代末 60 年代初产生的外来事务的新名词。作者保护和挖掘了阿昌族语言的古今词汇，对于探索阿昌族语言文字的历史及发展有重要价值，对进一步挖掘抢救阿昌族历史文化有重要意义。

收藏单位：国家图书馆等

010《语言接触与语言演变：阿昌语个案调查研究》

袁焱著，民族出版社 2001 年出版

关键词：阿昌语 语言演变

中图法分类号：H0-09

本书以阿昌语为对象，探讨语言接触与语言演变的问题。本书以语言接触不同时期的不同表象为链，系统分析了语言接触中由表层到深层的影响与演变，并围绕这一中心展开有关的探索。

收藏单位：国家图书馆等

011《语言濒危状态个案研究：以梁河阿昌语为例》

时建著，中国社会科学出版社 2020 年出版

关键词：阿昌语

中图法分类号：H262

本书在对语言濒危及语言濒危状态梳理说明的基础上，侧重从语言本体结构的衰变及语言使用功能的衰退方面对梁河阿昌语的濒危状态进行全面考察，在此基础上，从政府部门、民间组织、专家团体及语言社区等角度，就如何有效地传承和保护梁河阿昌语提出建议。

收藏单位：暂时无法提供馆藏信息

012《云南芒市潞西阿昌语》

时建、蒋光友、赵燕珍著，商务印书馆 2019 年出版

关键词：阿昌语

中图法分类号：H262

本书为“中国濒危语言志”系列之一。作者按照志书撰写的基本体例，借鉴参考语法的描写与分析原则，从语音、词汇、语法等方面对潞西阿昌语进行了全面、系统、细致的考察，对语言的濒危状况做出简明扼要的说明和分析。

收藏单位：国家图书馆等

I 文学

013《阿昌族民间故事集》

曹榕主编，云南民族出版社 2007 年出版

关键词：阿昌族 民间故事 作品集

中图法分类号：I277.3

本书收入 150 多篇阿昌族民间故事，其中创世古歌《遮帕麻和遮咪麻》，表达了阿昌族先民对世界诞生、人类起源的原始认识；《户撒定居》《选头人》等故事，反映了该民族在历史发展中所经历的重大事件；《眉间长旋的姑娘》等爱情故事，体

现了人类忠于自己美好感情的优秀品质。

收藏单位：国家图书馆、佳木斯大学图书馆等

014《阿昌族文学简史》

攸延春著，云南省社会科学院民族文学研究所编，云南民族出版社 1995 年出版，2014 年再版

关键词：阿昌族 少数民族文学 文学史

中图法分类号：I207.962

本书是“中国少数民族文学史丛书·云南少数民族文学史系列”之一。阿昌族在由游牧民族向农耕民族发展过程中，创造了丰富的民间文学、传说和神话。本书以历史发展脉络、社会生活内容等为线索进行了归类梳理，包括住居云龙以前的文学、住居云龙时期的文学、史诗《遮帕麻和遮咪麻》、民间故事、歌舞、德宏时期的传说与故事、民歌、阿昌族戏剧、口承文学与文化传统、民族的新生与文学发展等内容。

收藏单位：国家图书馆、云南省图书馆、佳木斯大学图书馆等

015《阿昌族文学作品选》

德宏州文联编，德宏民族出版社 1983 年出版

关键词：阿昌族 少数民族文学

中图法分类号：I29

本书收入史诗《遮帕麻和遮咪麻》、诗歌《党的恩情唱不完》、散文小说《户撒的花》、民俗风物《大青树下的祭礼》、动植物故事《动物是从哪里来的》、民间故事《神奇的拐杖》等作品，反映了阿昌族人民的社会生活、民族心理状态和社会道德观念，为读者了解阿昌族民间口头文学提供了基本素材。

收藏单位：国家图书馆、中央民族大学图书馆、云南民族大学图书馆等

016《阿昌族习俗传说故事》

梁河县民族宗教事务局编，云南民族出版社 2012 年出版

关键词：阿昌族 民间故事 作品集

中图法分类号：I277.3

本书收录《高包头的传说》《户撒阿昌族为什么打扮像傣族家》《撒种节的由来》《火把节的故事》《会街的故事》等阿昌族习俗传说故事 60 多则。作者通过一个个语言优美、生动风趣的小故事使广大读者了解了阿昌族的各种民间习俗，为弘扬少数民族文化、促进各民族沟通交流做出了贡献。

收藏单位：国家图书馆、云南省图书馆、楚雄州图书馆等

017《新时期云南少数民族文学作品选：阿昌族卷》

孙宝廷主编，云南省作家协会编，云南民族出版社 2017 年出版

关键词：阿昌族 少数民族文学 作品综合集

中图法分类号：I29

本书所选均为改革开放以来至 2014 年 6 月公开发表的优秀中短篇小说、散文和诗歌等，优先选编在州、市级以上评奖活动中获奖、列入年度排行榜、入选各类文学专辑的作品，主要反映改革开放以来少数民族地区发展进步及少数民族精神状态。

收藏单位：国家图书馆等

018《新时期中国少数民族文学作品选集：阿昌族卷》

中国作家协会编，作家出版社 2015 年出版

关键词：阿昌族 少数民族文学 作品综合集

中图法分类号：I296.2

本书编选了阿昌族小说、散文、诗歌三类题材的代表性作品，集中展示了新时期阿昌族民族文学繁荣发展的丰硕成果，也拓展和扮靓了中国当代文学的版图。

收藏单位：国家图书馆、湖北省图书馆、佳木斯大学图书馆等

019《遮帕麻和遮咪麻》

杨叶生译，云南人民出版社 1983 年出版，2016 年再版

关键词：阿昌族 史诗

中图法分类号：I222.7

《遮帕麻和遮咪麻》是阿昌族的一部创世神话史诗，共有 2000 多行，内容宏大，情节奇异而又曲折生动。史诗对阿昌族人民的历史经验、生活体验和文化思索、民族由来、习俗形成与文化缘起等一系列问题，做了充满智慧与情趣的回答。本书为史诗整理本，保持了古诗原有的风貌，对研究阿昌族历史、文化、宗教信仰、生活习俗等均有重要的历史价值。

收藏单位：国家图书馆、吉林省图书馆、辽宁省图书馆等

020《遮帕麻和遮咪麻文稿集》

严达强著，德宏民族出版社 2017 年出版

关键词：阿昌族 史诗

中图法分类号：I222.7

“遮帕麻和遮咪麻”是阿昌族创世神话史诗，2006 年被列入第一批国家级非物质文化遗产项目代表性名录。本书收录了《关于阿昌族神话史诗的报告》《阿昌族活袍采访实录》等文章，从“遮帕麻和遮咪麻”的生存发展现状、社会功用、历史文化价值探析三方面来论述，旨在引起更多的专家学者和广大民众的关注和支持，使其得到更好的传承和弘扬。

收藏单位：国家图书馆、吉林省图书馆等

021《中国阿昌族情歌选》

曹明强编，德宏民族出版社 1992 年出版

关键词：阿昌族 民歌

中图法分类号：I277.296.2

本书收录的阿昌族情歌，分恋曲、对唱两部分内容。

收藏单位：暂时无法提供馆藏信息

J　艺术

022《阿昌山寨》

张一立绘，德宏民族出版社 2009 年出版

关键词：绘画 作品综合集

中图法分类号：J221.8

本书为个人绘画作品集。画集第一次以德宏傣族景颇族自治州世居民族阿昌族为绘画模本，汇集了作者 82 幅阿昌族人物与花鸟画作品，展示了德宏阿昌族多彩的民族文化。作品蕴含着丰富的阿昌族生活元素，为我们展示了一幅幅浸透着浓厚民族文化的历史画卷，散发着阿昌族历史

发展的时代气息。

收藏单位：国家图书馆、云南省图书馆等

023《阿昌族传统民族民间音乐文化通论》

钟小勇、李彦霖著，中国文史出版社 2014 年出版

关键词：阿昌族 民族音乐 音乐文化

中图法分类号：J607.262

本书从人类文化与音乐的角度对阿昌族传统音乐文化进行研究，是一部全面系统论述阿昌族传统音乐文化的理论专著，收集、整理了阿昌族原始民族民间乐器、器乐、歌曲的图片和谱例，对于阿昌族传统民族文化的保护、传承与发展具有非常重要的意义。

收藏单位：国家图书馆、吉林省图书馆、佳木斯大学图书馆等

024《阿昌族民间工艺美术精粹》

孙宝廷主编，德宏州民间文艺家协会编，德宏民族出版社 2012 年出版

关键词：阿昌族 民间工艺

中图法分类号：J528-64

本书分“阿昌族织锦及服饰”“阿昌刀”“阿昌绘画艺术”“阿昌剪纸及其他”“阿昌木制品”“阿昌石器及其他工艺品”“阿昌银器及饰品”“阿昌玉雕”“阿昌竹编及制品”“阿昌族村寨”十个部分，是一本全面介绍阿昌族民间工艺的优秀图书。

收藏单位：国家图书馆、佳木斯大学图书馆等

K 历史、地理

025《阿昌人家一堂灯》

尹可聪主编，云南民族出版社 2009 年出版

关键词：阿昌族 灯节 风俗习惯

中图法分类号：K892.362

本书从“玩灯的程序”“四句赞词”“演唱词与曲调”“玩灯中的趣闻传说”及“节目附录”等几个部分，向人们展示了阿昌族独具特色的玩灯文化，很好地宣传了阿昌族非物质文化遗产。

收藏单位：国家图书馆等

026《阿昌之魂：阿昌族历史和文化资料选编》

赵家培主编，德宏民族出版社 2006 年出版

关键词：阿昌族 民族文化

中图法分类号：K286.2

本书选编了近年来在各种刊物上发表的论述阿昌族历史发展变迁及阿昌族文化建设等内容的代表性作品，在深入调查研究的基础上，对阿昌族的历史渊源、发展现状及经济文化事业的发展趋势，从不同的角度做了较为全面的阐述，具有很高的历史价值和文化价值。

收藏单位：国家图书馆、云南省图书馆、楚雄州图书馆等

027《阿昌族》

龚佩华著，民族出版社 1989 年出版

关键词：阿昌族

中图法分类号：K286.2

本书为“民族知识丛书”之一，主要内容包括“阿昌族的由来”“阿昌族人民

的斗争”“‘水稻王’和‘户撒刀’的主人”等，全面介绍了阿昌族的人口、分布、历史、风俗、习惯、语言、文学艺术等内容。作者在写作中引用了丰富的历史文献资料和实地调查的第一手珍贵资料，同时注重知识性与趣味性相结合，对于全面了解阿昌族具有重要作用。

收藏单位：国家图书馆、哈尔滨市图书馆、佳木斯大学图书馆等

028《阿昌族》

郭愉著，云南省民族事务委员会编，中国民族摄影艺术出版社 2007 年出版

关键词：阿昌族 民族文化

中图法分类号：K286.2

本书为“中国人口较少民族丛书”之一，作者采用图文并茂的形式介绍了“阿昌族沧桑而悠久的历史沿革”“与众不同的饮食服饰和民居”“自由恋爱与媒妁之言”“手艺精良的匠人和阿昌刀”“独具特色的民间文化艺术”等。文字部分全面介绍了阿昌族的基本情况，分析和解读了阿昌族原生态特点的文化；图片则选取了珍贵的历史图片和反映阿昌族文化及发展现状的照片，对文字内容加以补充和深化，是一部不可多得的了解阿昌族民族与文化特点的通俗读物。

收藏单位：国家图书馆、佳木斯大学图书馆等

029《阿昌族》

管仲主编，新疆美术摄影出版社、新疆电子音像出版社 2009 年出版

关键词：阿昌族 民族历史

中图法分类号：K286.2

本书为“中华民族大家庭知识读本”丛书之一，介绍了我国阿昌族的起源、发展历史、宗教信仰与民俗文化、节日礼仪及相关的神话传说和历史故事等，内容丰富，语言通俗易懂，可读性很强。

收藏单位：国家图书馆、天津图书馆、重庆图书馆等

030《阿昌族》

王雪晨编著，吉林出版集团有限责任公司、吉林文史出版社 2010 年出版

关键词：阿昌族 民族文化

中图法分类号：K286.2

本书为“中国文化知识读本”丛书之一，包括“阿昌族概述”“阿昌族的历史沿革”“阿昌族的宗教信仰和文化艺术”等内容，旨在传播中华五千年优秀传统文化，提高全民文化素养，是广大读者了解阿昌族基本情况的优秀读物。

收藏单位：国家图书馆、哈尔滨市图书馆、佳木斯大学图书馆等

031《阿昌族》

们发延、张斯齐著，辽宁民族出版社 2014 年出版

关键词：阿昌族 民族历史

中图法分类号：K286.2

本书为“走近中国少数民族丛书”之一，以图文并茂的方式介绍了阿昌族的历史渊源、经济生活、宗教信仰、居住环境、节日习俗、文学艺术等内容，为读者了解阿昌族的基本情况提供素材，在普及少数民族基本知识、展示少数民族传统文化等方面起到了重要作用。

收藏单位：国家图书馆、黑龙江省图

书馆、佳木斯大学图书馆等

032《阿昌族》

孙宝廷著，中国人口出版社 2014 年出版

关键词：阿昌族 民族文化

中图法分类号：K286.2

本书为“中国少数民族人口丛书”之一，分为“远古余音”“阿昌礼赞”“山魂水泊”“岁月留痕”“阿昌情颂”五章。主要内容包括寻找先人远去的足迹、三江并流母亲河、滇西古道暗花红、阿昌的传说、古歌祭颂山神、散落在古丝绸之路的风情等。

收藏单位：国家图书馆等

033《阿昌族春灯实用手册》

曹先强、赵兴旺主编，云南民族出版社 2020 年出版

关键词：阿昌族 民族文化

中图法分类号：K286.2-62

本书分七个部分，系统、全面地介绍了阿昌族春灯的历史和乡村各堂灯情况，收录了 36 个春灯代表剧目、61 个春灯曲调唱段、65 首春灯简谱和 350 首春灯四句祝辞，展示了上百幅春灯文化图片，为全面、深入研究阿昌族春灯文化提供了范本。

收藏单位：佳木斯大学图书馆等

034《阿昌族简介》

赵家培编著，德宏民族出版社 2008 年出版

关键词：阿昌族

中图法分类号：K286.2

本书包括“阿昌族概况”“阿昌族史料”“阿昌族阿露窝罗文化活动简介”“神话史诗《遮帕麻和遮咪麻》”“户撒刀的制作工艺”等内容，为读者简要介绍了阿昌族的民族概况及其主要特征，反映了阿昌族人民的现实生活和对未来的美好追求。

收藏单位：国家图书馆、云南省图书馆、佳木斯大学图书馆等

035《阿昌族简史》

《阿昌族简史》编写组、《阿昌族简史》修订本编写组编，民族出版社 2008 年出版

关键词：阿昌族 民族历史

中图法分类号：K286.2

本书为“中国少数民族简史丛书（修订本）”之一，包括“阿昌族民族来源”“各历史时期的阿昌族社会”“阿昌族人民反封建与反侵略的斗争”以及“阿昌族生活习俗”“文学艺术”和“宗教信仰”等内容。

收藏单位：国家图书馆、云南省图书馆、重庆图书馆等

036《阿昌族简史简志合编（初稿）》

中国科学院民族研究所云南少数民族社会历史调查组、中国科学院民族研究所 1963 年编印

关键词：阿昌族 民族志

中图法分类号：K286.2

本书为“少数民族史志丛书”之一，书中用大量照片展示了阿昌族居住地的山川古迹及中华人民共和国成立前后阿昌族人民生活的重大变革，是中华人民共和国成立后第一部全面介绍阿昌族民族历史的书籍，带有鲜明的时代特色，具有很高的历史价值。

收藏单位：国家图书馆、内蒙古自治区图书馆、广东省立中山图书馆等

037《阿昌族今古奇观》

赵家培编著，德宏民族出版社2010年出版

关键词：阿昌族 民族历史

中图法分类号：K286.2

本书为“阿昌族非物质文化遗产丛书”之一，收录了“阿昌族概况”“阿昌族文化建设十大纲领”等内容，回顾了阿昌族发展历程，讴歌了阿昌族人民在中国共产党领导下翻身当家做主人的辉煌成就，具有很高的历史价值。

收藏单位：国家图书馆、大理大学图书馆等

038《阿昌族社会的文化适应研究》

寸晓红著，云南大学出版社2012年出版

关键词：阿昌族 民族文化

中图法分类号：K286.2

本书选择云南省德宏傣族景颇族自治州梁河县阿昌族社会作为切入点，从外在社会环境及阿昌族内在社会文化因素两个层面着手，展开对阿昌族青少年文化适应问题的思考。作者从文化变迁、教育变迁、心理变迁、语言传承和青少年行为等方面对阿昌族的社会文化适应做了介绍，以期提供有效的应对措施。

收藏单位：国家图书馆、杭州图书馆、佳木斯大学图书馆等

039《阿昌族社会历史调查》

《中国少数民族社会历史调查资料丛刊》修订编辑委员会编，民族出版社2009年出版

关键词：阿昌族 民族历史

中图法分类号：K286.2

本书为“中国少数民族社会历史调查资料丛刊（修订本）”之一，全书共收录了四份调查报告，分别是《户腊撒阿昌族社会经济调查》《梁河县丙盖乡芒展村阿昌族社会历史调查》《潞西县高埂田乡阿昌族社会历史调查》《潞西县高埂田乡阿昌族社会历史概况》，为读者了解阿昌族的基本情况提供了重要参考。

收藏单位：国家图书馆、云南省图书馆、吉林省图书馆等

040《阿昌族文化大观》

曹先强主编，云南省民族事务委员会编，云南民族出版社1999年出版

关键词：阿昌族 民族文化

中图法分类号：K286.2

本书为“云南民族文化大观丛书”之一，记录了阿昌族的历史渊源、语言文字、宗教信仰、风俗文化、哲学思想、伦理道德、天文历法、文学艺术、教育体育、军事政治、医药卫生、商业贸易、交通通信等内容，内容全面，资料翔实，语句流畅，风格幽默，尤其宗教信仰、风俗习惯和文学艺术部分的描述最为精彩。

收藏单位：国家图书馆、黑龙江省图书馆、辽宁省图书馆等

041《阿昌族文化论集》

曹先强编，云南民族出版社2011年出版

关键词：阿昌族 民族文化

中图法分类号：K286.2

本书收录了公开发表的关于阿昌族文化研究的84篇学术论文，包括中华人民

共和国成立初期阿昌族地区三个民族乡土地改革的调查报告和乡村调查，改革开放时期的经济建设、文化教育和现代化建设等内容，对交流阿昌族文化研究经验、传播阿昌族文化都具有重要的历史意义和现实意义。

收藏单位：国家图书馆、云南省图书馆、佳木斯大学图书馆等

042《阿昌族文化论坛》

陇川县史志办、德宏州民族艺术研究所编，云南民族出版社 2003 年出版

关键词：阿昌族 民族文化

中图法分类号：K286.2

本书对云南省陇川县阿昌族的民族历史、民族文化和民族地区的经济发展进行研究，对其文化保护、民俗、服饰、茶文化与酒文化、民间医药等进行了介绍，为开展阿昌族文化研究、发展旅游业提供了参考。

收藏单位：国家图书馆、云南省图书馆、佳木斯大学图书馆等

043《阿昌族文化史》

刘江著，云南民族出版社 2014 年出版

关键词：阿昌族 民族文化 文化史

中图法分类号：K286.2

本书为“云南少数民族文化史丛书”之一，阐述了阿昌族的历史源流、人地关系、社会经济、语言文字、宗教信仰、家庭关系、伦理道德、风俗文化、科学技术、文学艺术、建筑文化等内容，展现了阿昌族悠久的文化历史，反映了阿昌族文化的发展变迁，具有很高的学术价值。

收藏单位：国家图书馆、黑龙江省图书馆、佳木斯大学图书馆等

044《阿露窝罗节》

陈复声主编，光明日报出版社 2012 年出版

关键词：阿昌族 民族节日

中图法分类号：K892.1

本书为“中国节日志”丛书之一，记述了阿昌族阿露窝罗节的相关活动，包括阿昌族的自然生态环境及民族文化背景、节日的起源及变迁、阿露窝罗节的概况、窝罗节的节期等内容。

收藏单位：国家图书馆、南宁市图书馆等

045《从传统走向未来：阿昌族》

攸延春著，云南人民出版社 2003 年出版

关键词：阿昌族

中图法分类号：K286.2

本书为“20 世纪中国民族家庭实录”丛书之一，作者通过记述一户生活在云南省梁河县九堡乡的阿昌族家庭的情况，反映了阿昌族人民在 20 世纪的生产、生活、婚姻、家庭、风俗习惯、服饰、住房、教育、娱乐等方面的变化，以及其未来发展中所面临的问题。

收藏单位：国家图书馆、云南省图书馆等

046《当代云南阿昌族简史》

《当代云南阿昌族简史》编辑委员会编，云南人民出版社 2011 年出版

关键词：阿昌族 民族历史 云南省

中图法分类号：K286.2

本书为“当代云南少数民族简史丛书”之一，以叙述阿昌族当代社会历史为主，时限为1949—2008年，按照历史时期划分章节，展示了云南省阿昌族这一时期经济、社会、政治、文化等方面的伟大成就和深刻变化，为研究阿昌族历史提供了借鉴和科学依据。

收藏单位：国家图书馆、佳木斯大学图书馆等

047《古道边的歌谣》

王四代、曹明坤著，云南教育出版社1995年出版

关键词：阿昌族 女性 民族文化

中图法分类号：K280.74

本书为“云南民族女性文化丛书”之一，作者通过实地考察，访谈、实录了阿昌族女性生活的风采，附彩色图片36幅。

收藏单位：国家图书馆等

048《户撒史话》

政协陇川县文史委、陇川县史志办编，云南民族出版社2002年出版

关键词：阿昌族 民族历史

中图法分类号：K286.2

本书全面记述了云南省德宏傣族景颇族自治州陇川县户撒阿昌族乡的民族来源、山川地理、历史事件、社会经济、文化风情及人物春秋等史料，对读者了解阿昌族历史、弘扬民族优秀文化、促进民族文化交流和社会进步有积极作用。

收藏单位：国家图书馆、安徽省图书馆、云南省图书馆等

049《九保村志》

云南省梁河县九保乡九保村志编纂委员会编，方志出版社2018年出版

关键词：村史 梁河县

中图法分类号：K297.45

本书为“中国名村志丛书”之一，系统记述了云南省德宏傣族景颇族自治州梁河县阿昌族乡九保村村落发展变化进程和改革开放成果，为传承和抢救乡土历史文化、探索中国特色新型城镇化建设、服务乡村振兴战略提供历史智慧和现实借鉴。

收藏单位：国家图书馆、浙江省图书馆等

050《梁河阿昌族今昔》

梁河县政协编，云南民族出版社2003年出版

关键词：阿昌族 民族历史

中图法分类号：K286.2

本书为“德宏傣族景颇族自治州五种世居少数民族发展变迁史料丛书”之一，以翔实的数据、实例介绍了云南省德宏傣族景颇族自治州梁河县阿昌族的历史变迁，重点记述了中华人民共和国成立以来阿昌族各个方面的深刻变化，是第一部阿昌族发展变迁史料专集。

收藏单位：国家图书馆、佳木斯大学图书馆等

051《南诏与阿昌族文化》

杨浚著，德宏民族出版社1997年出版

关键词：阿昌族 民族文化

中图法分类号：K286.2

南诏是8世纪崛起于云贵高原的古代王国，南诏王室的族属问题，至今还是一个历史之谜。本书作者认为南诏是由东迁的哀牢人（即“浪峨人”）建立的，他力图从语言学、地名学和民族学的角度来论证这个假说，并且指明“浪峨人”就是今天阿昌族、怒族、独龙族，以及部分滇西族群的原始先民，并得出“南诏是阿昌族先民建立的”的结论。

收藏单位：国家图书馆、云南省图书馆等

052《云龙阿昌史话》

左骞、左治华编著，云南人民出版社2015年出版

关键词：阿昌族 民族历史

中图法分类号：K286.2

本书包括“历史演进”“宗教信仰”“生产民俗”“商业贸易与交通运输”“生活习惯”“教育医疗”“文学艺术”“民间故事（传说）”“人物”“轶事”“古镇新面貌”“重要文献”十二章内容，是一部很有价值的研究、挖掘和整理阿昌族历史文化的书，也是弘扬阿昌族优秀文化传统的大众读物。

收藏单位：国家图书馆、云南省图书馆等

053《云南民族村寨调查：阿昌族——陇川户撒乡芒东下寨》

王志良、文小勇主编，云南大学出版社2001年出版

关键词：阿昌族 调查报告

中图法分类号：K280.74

本书在调查报告基础上修改、充实而成，包括“历史沿革”“生态环境”“民族人口”“民族经济”“民族社会”“民族政治”“民族法律”“民族文化”“民族教育”“民族卫生与科技”“民族宗教”十一章内容，有助于读者了解阿昌族村寨的社会、政治、经济等方面的发展与变化。

收藏单位：国家图书馆、天津图书馆等

054《云南省阿昌族社会历史调查材料》

中国科学院民族研究所云南民族调查组、云南省历史研究所民族研究室1963年编印

关键词：阿昌族 社会调查

中图法分类号：K286.2

本书包括《德宏州梁河县丙盖乡芒展村阿昌族社会历史调查报告》《德宏州户腊撒区阿昌族社会经济调查报告》《德宏州潞西县高埂田乡社会历史概况》《德宏州潞西县高埂田乡阿昌族社会历史调查报告》四篇调查报告，是了解阿昌族社会、政治、经济、历史的重要资料，具有很高的历史价值。

收藏单位：国家图书馆、中央民族大学图书馆等

055《中国阿昌族》

熊顺清编著，宁夏人民出版社2011年出版

关键词：阿昌族 民族文化

中图法分类号：K286.2

本书为“中华民族全书”丛书之一，分别从“民族概况”“物质文化”“社会文化”“宗教信仰”“民间文化”“族际交往”“文化传承”“精神气质”“对伟大祖国的贡

献”“有影响的人物”“重要贡献”等方面对阿昌族进行了详细介绍，图文并茂，是一本了解阿昌族的通俗读物。

收藏单位：国家图书馆、佳木斯大学图书馆等

056《中国少数民族设计全集：阿昌族》

中国少数民族设计全集编纂委员会编，王强等著，山西人民出版社2019年出版

关键词：阿昌族 民族文化

中图法分类号：K28

本书甄选阿昌族的传统建筑、传统服饰、传统餐饮、传统生活用具、传统生产工具、传统民俗和宗教造像等方面的传统造物设计案例，对其设计形式、设计特点及文化价值进行专业阐释和评述，并附有大量珍贵历史图片和专业设计图片。本书比较全面地展示了阿昌族传统造物设计成就，从而体现了阿昌族的民族文化特点。

收藏单位：国家图书馆等

N 自然科学总论

057《德宏阿昌族民间科学技术》

秦莹编著，德宏民族出版社2014年出版

关键词：阿昌族 科学技术 德宏傣族景颇族自治州

中图法分类号：N092

本书立足云南省德宏傣族景颇族自治州世居民族之一的阿昌族，以科学技术史的视角，选取农耕、饮食、服饰、建筑、手工艺五个维度，以图文并茂的形式，梳理被誉为“刀的民族”中过去曾经存在和现今尚有部分存留的生产技能和生活工艺，旨在保护和传承少数民族民间科技并挖掘其实用价值。

收藏单位：国家图书馆、四川省图书馆、西南民族大学图书馆等

R 医药、卫生

058《阿昌族医药调查实录》

马克坚主编，云南省中医中药研究院编，云南民族出版社2016年出版

关键词：阿昌族 民族医学

中图法分类号：R296.2

本书为“国家中医药管理局民族医药文献整理丛书”之一，主要内容包括“文献调研实录”“德宏州实地调研工作实录”“大理州云龙县实地调研工作实录”等，对阿昌族医药进行了调研，在云南省少数民族医药抢救保护整理及医学人类学等方面有较高的资料价值。

收藏单位：国家图书馆、云南省图书馆等

059《阿昌族医药简介》

陆宇惠、赵景云主编，中医古籍出版社2014年出版

关键词：阿昌族 民族医学

中图法分类号：R296.2

本书是“民族医药抢救发掘整理丛书”之一，包括“阿昌族基本情况”“阿昌族医药发展历史沿革”“阿昌族医药常用的医技医法”“阿昌族药物”“食物及习俗的养生保健方法”“阿昌族常用药物”“阿昌族医药代表人物介绍”等内容。编者对阿昌族医药进行抢救性发掘整理和原汁原味地保留和保护，为今后开展阿昌族医药的深入研究提供了参考。

收藏单位：国家图书馆、江西省图书馆、佳木斯大学图书馆等

T 工业技术

060《户撒刀锻制技艺》

黄江红、任芮峰著，德宏民族出版社2018年出版

关键词：阿昌族 刀剪 锻造 生产工艺

中图法分类号：TS914.212

本书以图文并茂的形式介绍户撒刀的历史与发展、设备与工艺、应用与经营，旨在客观呈现与探究户撒刀锻制技艺和户撒刀产业的发展，为阿昌族户撒刀的传承发展打下研究基础。

收藏单位：国家图书馆等

第二章

保安族研究图书索引

保安族简介

保安族总人口24 434人（2020年第七次全国人口普查数据），主要聚居在甘肃省临夏回族自治州积石山保安族东乡族撒拉族自治县。

保安语属阿尔泰语系蒙古语族。因和汉族、回族长时期交往，保安语中汉语借词较多。保安族没有文字，通用汉文。

保安族信仰伊斯兰教。尔德节、古尔邦节、圣纪节是其主要的民族节日，其中尔德节是最盛大、欢乐的节日。

保安族人民创作了许多反映本民族精神世界和社会风貌的传说故事，如《积石山的来历》《保安腰刀的传说》等。神话故事的主人公多以平民百姓为主，通过平常人物来反映宗教信仰、社会生活、思想美德和自然风物。

保安腰刀是保安族传统的手工艺品，造型设计独特新颖，制作工艺高超，色彩鲜艳明丽，图案装饰古朴大方。2006年，“保安族腰刀锻制技艺”列入第一批国家级非物质文化遗产代表性项目名录。

保安族的民歌叫“花儿”，是以爱情为主要内容、即兴演唱的一种山歌，在唱法上润腔细腻，真假嗓并用，带有颤音，婉转动听。曲调“保安令”更是热情奔放、曲调高亢，深受保安人民喜爱。2009年，国家级非物质文化遗产“花儿”列入联合国教科文组织人类非物质文化遗产代表作名录。

C 社会科学总论

001《保安族人口》

杨新科等著，兰州大学出版社 2000 年出版

关键词：保安族 人口研究

中图法分类号：C924.254.2

本书主要研究了保安族的起源与变迁、保安族人口规模与分布、保安族人口年龄及性别结构、保安族人口身体素质和文化素质、保安族人口职业结构等问题，为广大读者了解保安族的人口问题提供了翔实资料。

收藏单位：国家图书馆、中央财经大学图书馆、兰州大学图书馆等

002《东乡族保安族女性 / 性别研究》

李育红等著，民族出版社 2007 年出版

关键词：保安族 女性研究

中图法分类号：C913.14

本书从女性 / 性别视角，探索东乡族、保安族女性与社会经济、政治、文化、教育、健康等方面的关系，展示她们特有的经验、智慧与创造性，揭示她们对民族发展的作用及贡献，提出了促进发展、摆脱贫困、实现社会公正的相关对策。本书为民族女性学提供典型范例与基本思路，为女性学的发展添砖加瓦，其最终目的在于通过推动女性的发展进而推动整个民族的全面发展。

收藏单位：国家图书馆、辽宁省图书馆、佳木斯大学图书馆等

F 经济

003《积石山保安族东乡族撒拉族自治县耕地质量评价》

董国玺主编，甘肃科学技术出版社 2015 年出版

关键词：保安族 耕地资源 资源评价

中图法分类号：F323.211

本书为“甘肃省耕地质量评价系列丛书”之一，包括《积石山县耕地质量评价工作报告》《积石山县耕地质量评价技术报告》《积石山县耕地质量评价专题报告》三篇，对积石山县土地资源状况、土地利用现状、土壤养分变化动态做了全面的调查与质量评价。

收藏单位：国家图书馆等

004《新世纪保安族经济文化发展研究》

郝苏民、张国杰主编，中国社会科学出版社 2008 年出版

关键词：保安族 民族经济 民族文化

中图法分类号：F127.424

本书介绍了积石山县保安族在政治、农业经济、劳务输出、商业和旅游业、人口、婚姻、家庭、妇女、文化和教育等方面的现状和发展，为广大读者了解保安族各方面情况提供了第一手资料。

收藏单位：国家图书馆、中央民族大学图书馆等

H 语言、文字

005《保安语常用词汉英词典》

莫超、张建军编著，甘肃民族出版社 2008 年出版

关键词：保安语 词典

中图法分类号：H234.6

本书收录保安语词、词组1万余条，包括保安族与保安语、保安语常用词英汉词典、汉语常用词保安语词典等。这是首次将保安语常用词汇完整记录下来并与汉英相对照的一部词典，不仅对于保安语的研究有着重要的资料价值，而且对于保安族民族文化、民族学、社会学的研究来说也有重要的参考意义。

收藏单位：国家图书馆、甘肃省图书馆、四川省图书馆等

006《保安语汉语词典》

马沛霆、（日）佐藤畅治著，民族出版社2016年出版

关键词：保安语 词典

中图法分类号：H234.6

本书收录词条2400余条，包括合成词、派生词及少量地名。作者从语言学的角度，对保安语语言及特殊语法进行了分析和研究，为人们学习和了解保安语提供了第一手翔实资料，对于保护和传承保安语言、发展保安族文化具有重要意义。

收藏单位：国家图书馆、湖北省图书馆、佳木斯大学图书馆等

007《保安语简志》

布和、刘照雄编著，民族出版社1982年出版

关键词：保安语 语言史

中图法分类号：H234

本书为“中国少数民族语言简志丛书”之一，是根据中国社会科学院民族研究所、中央民族学院、各省和自治区的民族事务委员会等机构的同志自20世纪50年代以来陆续搜集的语言材料写成的，对于加强国内各民族的互相了解、丰富各民族语言的知识、扩大语言视野、更好地贯彻党的民族语言政策起到了积极的作用。

收藏单位：黑龙江省图书馆、吉林省图书馆、宁夏图书馆等

008《保安语366句会话句：少数民族语汉英日俄对照》

哈申格日乐著，社会科学文献出版社2014年出版

关键词：保安语 口语

中图法分类号：H234.94

本书为“中国少数民族会话读本”丛书之一，用保安语、汉语、英语、日语、俄语分别介绍保安族的366句日常会话，并对保安族重要节日、风俗习惯进行简要说明，有利于加强对少数民族文化遗产的挖掘和保护，尊重、继承和弘扬少数民族优秀传统文化。

收藏单位：国家图书馆、四川省图书馆、哈尔滨市图书馆等

I 文学

009《保安族文学》

马克勋编著，甘肃人民出版社1994年出版

关键词：保安族 文学研究

中图法分类号：I207.9

本书为“中国少数民族文学史丛书”之一，对保安族民间文学和书面文学作品、文学活动进行汇总，并给予全面的描述、科学的说明和实事求是的评价；分析和研究了保安族文学的特点和性质，探讨其发展的基本脉络和基本规律；阐明了保

安族文学的发展同社会、历史、文化等的密切关系，探讨了保安族文学与其他民族文学的交流和影响情况。

收藏单位：国家图书馆、甘肃省图书馆、佳木斯大学图书馆等

010《新时期中国少数民族文学作品选集：保安族卷》

中国作家协会编，作家出版社2015年出版

关键词：保安族 少数民族文学 作品综合集

中图法分类号：I29

本书共收录保安族小说5篇、散文54篇、诗歌85篇，反映了新时期保安族文学发展情况。

收藏单位：国家图书馆、湖北省图书馆、苏州图书馆等

K 历史、地理

011《保安腰刀》

马少青、马沛霆著，甘肃人民出版社2008年出版

关键词：保安族 民族文化 刀术（武术）

中图法分类号：K283.4

本书图文并茂介绍了保安腰刀的基本知识。保安腰刀是保安族历史上流传下来的传统手工技艺，镕铸着保安族人民的智慧和才华，是保安族的文化象征、中华传统文化重要组成部分、中国乃至世界非物质文化遗产的优秀代表作。

收藏单位：国家图书馆、甘肃省图书馆、宁波市图书馆等

012《保安族》

马少青著，民族出版社1989年出版

关键词：保安族 民族历史 民族文化

中图法分类号：K283.4

本书为“民族知识丛书”之一，包括“美丽的地方”“族称和族源”“反抗统治者”“经营农业和商业”“冶铁与保安腰刀”“民间文学”“宗教及节日”“风土人情”“传统体育”“区域自治当家作主”等章节，全面介绍了保安族的历史与现状，对于了解保安族具有重要作用。

收藏单位：国家图书馆等

013《保安族》

管仲主编，新疆美术摄影出版社、新疆电子音像出版社2009年出版

关键词：保安族 民族历史 民族文化

中图法分类号：K283.4

本书为“中华民族大家庭知识读本”之一，介绍了“保安族的起源”“人口与分布”“生产与生活”“历史沿革”“宗教信仰”“民俗文化”和“相关的神话传说与历史故事”等内容，对于了解保安族历史文化有参考价值。

收藏单位：国家图书馆等

014《保安族》

杨新科、武胜文编著，中国人口出版社2012年出版

关键词：保安族 民族历史 民族文化

中图法分类号：K283.4

本书为“中国少数民族人口丛书”之一，从“保安族的起源和变迁”“社会组织”“生活与文化”“人口规模与基本状况”“婚姻家庭”“民族经济与生产”等部

分介绍了保安族的概况。

收藏单位：国家图书馆等

015《保安族》

马少青著，辽宁民族出版社 2014 年出版

关键词：保安族 民族历史 民族文化

中图法分类号：K283.4

本书为“走近中国少数民族丛书”之一，作者采用图文并茂的形式，用鲜活生动的语言向读者展示了保安族历史渊源、社会生活、文化艺术、风俗习惯等方面的情况，为读者了解保安族的发展历程提供参考。

收藏单位：国家图书馆、佳木斯大学图书馆等

016《保安族》

李青华编著，吉林出版集团有限责任公司、吉林文史出版社 2010 年出版

关键词：保安族 民族文化

中图法分类号：K283.4

本书为“中国文化知识读本”之一，介绍了保安族的概况，包括“积石山下的屯垦民族”“以农为主的社会经济”“特色尽显的衣食风俗”“独特的婚嫁丧葬习俗”“多样的民族传统节庆”“丰富多彩的文化艺术”“有趣的传统体育活动”“保安族的信仰与禁忌”“美丽的自然人文景观”等内容。本书在深入挖掘和整理中华优秀传统文化成果的同时，结合社会发展，注入了时代精神。

收藏单位：国家图书馆、甘肃省图书馆等

017《保安族：甘肃积石山县大墩村调查》

杜鲜、彭清深主编，云南大学出版社 2004 年出版

关键词：保安族 调查报告

中图法分类号：K283.4

本书为“中国民族村寨调查丛书”之一，共十二章，后附大事记，主要介绍甘肃省积石山县大墩村保安族的人口、民族、生态环境、经济、社会政治、婚姻家庭、风俗习惯、生活方式、语言文学艺术、教育和宗教等情况，为读者了解保安族提供参考。

收藏单位：国家图书馆、北京大学图书馆等

018《保安族：英汉对照》

周传斌、马文奎编著，民族出版社 2016 年出版

关键词：保安族 民族志

中图法分类号：K283. 4-64

本书为“中国少数民族图志•西北卷”之一，以英汉对照的方式描述了“保安族概览”“扑朔迷离的民族历史”“传统锻造技艺引领的生计方式”“独具特色的民俗文化”“丰富多彩的文学艺术”“和而不同的宗教文化”等内容，着力突出保安族人民对中华文明的贡献，是一部形式新颖的民族志。

收藏单位：国家图书馆、中央民族大学图书馆等

019《保安族百年实录》

全国政协文史和学习委员会、甘肃省政协文史资料和学习委员会编，中国文史出版社 2017 年出版

关键词：保安族 民族历史

中图法分类号：K283.4

本书为“中国少数民族文史资料书系”之一，以政协文史资料“亲历、亲见、亲闻”的“三亲”原则，记录了保安族百年发展的历史片段、重大事件、重要人物及风土人情，展示了各民族共同团结奋斗、共同繁荣发展的光辉历程，为民族研究工作提供了参考资料。

收藏单位：国家图书馆等

020《保安族调查资料汇集》

中国科学院民族研究所甘肃少数民族社会历史调查组 1963 年编印

关键词：保安族 历史调查

中图法分类号：K283.4

本书描述了保安族人民的生活变迁，通过农业、手工业、商业、文教事业等各方面的对比来突出中华人民共和国成立后保安族人民生活发生的重大变化，带有浓厚的政治色彩与时代特色。

收藏单位：国家图书馆、中国人民大学图书馆、甘肃省图书馆等

021《保安族简史》

《保安族简史》修订本编写组编，民族出版社 2009 年出版

关键词：保安族 民族历史

中图法分类号：K283.4

本书为“中国少数民族简史丛书（修订本）”之一，包括保安族概况、族称、族源与民族形成，早期生活状况与民族迁徙，中华人民共和国成立前保安族的社会经济状况，近代以来保安族人民的革命斗争等内容。本书在 1984 年初版的基础上增加了描述近现代保安族概况的相关章节，简要介绍了保安族发展的历史与现状，是目前研究保安族简史的权威性著作。

收藏单位：国家图书馆、兰州大学图书馆等

022《保安族简史简志合编（初稿）》

中国科学院民族研究所甘肃少数民族社会历史调查组、中国科学院民族研究所 1963 年编印。

关键词：保安族 民族历史

中图法分类号：K283.4

本书为“少数民族史志丛书”之一，主要内容包括“保安族概况”“历史简述”“保安族人民的解放”“土地改革和民族乡的成立”“社会主义革命”“社会主义建设的伟大成就”“保安族分布示意图”等，具有很高的历史价值。

收藏单位：国家图书馆、首都图书馆、北京大学图书馆等

023《保安族经济社会发展研究》

妥进荣主编，甘肃人民出版社 2001 年出版

关键词：保安族 民族历史 民族发展 民族经济

中图法分类号：K283.4

本书以全景方式审视了积石山保安族东乡族撒拉族自治县保安族社会政治、经济、文化教育等方面的历史与现状，对保安族经济社会发展所面临的制约因素和有利条件进行了客观分析，填补了保安族经济社会研究方面的空白。

收藏单位：国家图书馆、西北民族大学图书馆、兰州大学图书馆等

024《保安族文化概要》

苏有文著，甘肃人民出版社 2010 年出版

关键词：保安族 民族文化

中图法分类号：K283.4

本书共有七章，包括“保安族简况”“保安族聚居地景观”“保安族名人”“保安族精神文化”“保安族社会与行为文化”“保安族特色技术与器物文化”“保安族文化的总体特征”，后附民族大事年表。

收藏单位：国家图书馆、西北民族大学图书馆、兰州大学图书馆等

025《保安族文化形态与古籍文存》

马少青编著，甘肃人民出版社 2001 年出版

关键词：保安族 民族历史 民族文化

中图法分类号：K283.4

本书为“甘肃少数民族古籍丛书”之一，分上下两篇，上篇介绍保安族文化形态，从保安族文化的产生、保安族的宗教信仰与民俗文化、保安族的语言文学、保安族的文化教育等方面进行叙述；下篇是保安族古籍，主要有保安族口碑古籍、保安族文物遗存和保安族文献。

收藏单位：国家图书馆、中央民族大学图书馆、首都图书馆等

026《保安族研究文集》

马少青主编，甘肃人民出版社 2006 年出版

关键词：保安族 论文集

中图法分类号：K283.4-53

本书精选了近年来公开发表的研究保安族历史文化方面的文章 54 篇，分为政治经济篇、社会历史篇、人口教育篇、语言文学篇、民俗伦理篇和附录，是研究保安族历史文化比较系统全面的专集，对于弘扬保安族民族文化，增进保安族历史文化研究与交流起到积极的作用。

收藏单位：国家图书馆、北京大学图书馆、中国社会科学院图书馆等

027《甘肃保安族史话》

董克义编著，甘肃文化出版社 2009 年出版

关键词：保安族 民族历史

中图法分类号：K283.4

本书为“甘肃少数民族史话丛书”之一，对保安族的民族渊源、民族文化、历史人物及生活地域等情况进行了系统、严谨、生动的描述，且图文照应，是人们了解保安族的最佳读本。

收藏单位：国家图书馆、首都图书馆、佳木斯大学图书馆等

028《积石山的沧桑：保安族》

王希隆著，云南人民出版社 2003 年出版

关键词：保安族 积石山保安族东乡族撒拉族自治县

中图法分类号：K283.4

本书为“20 世纪中国民族家庭实录”丛书之一，记述了一户生活在甘肃省积石山县大河家的保安族家庭的情况，反映了他们在 20 世纪的生产、生活、婚姻家庭、风俗习惯、服饰、住房、教育、娱乐等的变化，以及这个民族、这个家庭在未来发展中所面临的问题。作者以实录一个家庭生活的形式，向读者提供一个管窥民族内

心的窗口。

收藏单位：国家图书馆、北京大学图书馆、中央民族大学图书馆等

029《积石山县史话》

董克义主编，甘肃文化出版社 2017 年出版

关键词：积石山保安族东乡族撒拉族自治县 地方史

中图法分类号：K294.24

本书为“临夏州史话丛书”之一，以史话的形式，通俗生动地介绍了积石山悠久灿烂的历史文明、丰厚的文化积淀、杰出的人物和闻名遐迩的地方特产，热情赞美了积石山壮美迷人的自然风光，描绘了璀璨的地域文化和浓郁的民族风情，讴歌了各族人民在党的领导下取得的喜人成就。全书内容充实饱满，体例明晰严谨，语言雅俗共赏，为人们了解积石山提供了一个窗口。

收藏单位：国家图书馆等

030《临夏保安族史话》

董克义编著，甘肃文化出版社 2017 年出版

关键词：保安族 民族历史 临夏回族自治州

中图法分类号：K283.4

本书为“临夏州史话丛书”之一，主要介绍了保安族的民族源流、民族迁徙、民族经济、民族文化、民族风情、民族人物、名胜与物产、现在的发展情况等，内容翔实，资料丰富，是研究保安族文化不可或缺的参考书。

收藏单位：国家图书馆、北京大学图书馆、佳木斯大学图书馆等

031《在“田野”中发现历史：保安族历史与文化研究》

迈尔苏目·马世仁著，中国社会科学出版社 2008 年出版

关键词：保安族 民族历史 民族文化

中图法分类号：K283.4

本书包括“保安族族源”“历史与民族化过程”“保安族大迁徙与‘异乡’家园的重建”“同仁土族、藏族村寨中的保安族伊斯兰文化遗存”“保安族珍藏的伊斯兰文化典籍”“保安族的经济文化类型”“保安族的语言民俗文化”和附录“元代安西王阿难答与西北穆斯林”，从中可看到一些田野中印证的历史与文化。

收藏单位：国家图书馆、中国人民大学图书馆等

032《中国保安族》

甘肃文史资料选辑编委会编，甘肃人民出版社 1999 年出版

关键词：保安族 民族历史 民族文化

中图法分类号：K283.4

本书为“甘肃文史资料选辑第 49 辑”，收录多位学者撰写的文章 51 篇，这些研究成果为我们认识和了解保安族的基本状况提供了宝贵的资料，开创了独特的学术视角，使保安族研究领域不断扩展。

收藏单位：国家图书馆、兰州大学图书馆、北方民族大学图书馆等

033《中国保安族》

马少青编著，宁夏人民出版社 2011 年出版

关键词：保安族 民族历史 民族文化

中图法分类号：K283.4

本书为“中华民族全书“之一，分别从“民族概况”“物质文化”“民间文化”“社会文化”“信仰文化”“对伟大祖国的贡献”“精神气质”“文化传承”“族际传承”“族际交往”“文化发展愿景”“有影响的文化人物”“重要贡献”等方面对保安族进行了详细介绍，图文并茂，是一本了解保安族的通俗读物。

收藏单位：国家图书馆、佳木斯大学图书馆等

034《族群归属的自我认同与社会定义：关于保安族的一项专题研究》

菅志翔著，社会科学文献出版社 2017 年出版

关键词：保安族 民族学

中图法分类号：K283.4

本书为“21 世纪中国民族问题丛书”之一，作者以田野调查为基础，用实证研究方法描述了保安族族群意识的现状和历史演变过程，分析了民族理论和民族政策对人们族群意识所产生的影响，以及在具体的族群关系情境中人们归属意识的决定因素、群体边界的变动和人们在群体关系层面的互动，揭示了“保安族何以成为保安族”的社会机制，探讨了“族群”与“民族”的关系、现代民族—国家背景下的族群意识演变等理论问题。

收藏单位：国家图书馆等

T 工业技术

035《保安族服饰文化解读》

杨文炯著，甘肃人民出版社 2011 年出版

关键词：保安族 服饰文化

中图法分类号：TS941.742.834

本书是一部介绍保安族服饰文化的学术专著。作者首先对保安族的生活空间即生态环境、经济、人口与村落分布进行了介绍，接着对保安族的历史文化及服饰的类型等进行了回顾和解读，并对保安族服装设计及再创造进行了探讨。

收藏单位：国家图书馆、首都图书馆、深圳图书馆等

第三章

布朗族研究图书索引

布朗族简介

布朗族总人口 127 345 人（2020 年第七次全国人口普查数据），主要分布在云南省西双版纳、普洱、临沧、保山等州市，其中西双版纳傣族自治州勐海县和临沧市双江拉祜族佤族布朗族傣族自治县是布朗族两个最大的聚居区。

布朗族有自己的语言，但没有本民族文字。布朗语属南亚语系孟高棉语族布朗语支，可分为布朗和阿佤两大方言区。

布朗族信仰佛教和原始宗教。布朗族的节日与农业生产和宗教活动有着密切的关系，宗教节日尤其繁多，“桑堪比迈”最为隆重和盛大。

布朗族文学主要是口头文学，开天辟地神话《艾丝露勐坤》、图腾和祖先神话《削木成人》、文化起源神话《火与石》、民族迁徙史诗《从勐茅来的人》等表现了布朗族人民在各个历史时期的生活轨迹。

布朗族有丰富多彩的舞蹈艺术，其中蜂桶鼓舞最为有名。蜂桶鼓舞，布朗语“克广”（跳鼓），因道具形似蜜蜂桶而得名。2008 年，“布朗族蜂桶鼓舞”被列入第二批国家级非物质文化遗产代表性项目名录。

布朗族弹唱，一般为男女对唱，男子边弹四弦琴边唱，女子与之对唱，旋律清甜优美，节奏明快，风格独特，体现了布朗族深厚的文化底蕴和浓郁的民族特色。2008 年，“布朗族弹唱”被列入第二批国家级非物质文化遗产代表性项目名录。

B 哲学、宗教

001《仪式、信仰与村落生活：邦协布朗族的民间信仰研究》

黄彩文著，民族出版社 2011 年出版

关键词：布朗族 民族信仰

中图法分类号：B933

本书为“云南民族大学学术文库”之一，作者以云南省西南部一个布朗族村寨的民间信仰为个案，运用民族学、人类学等相关理论与方法，对民间信仰及其仪式活动进行描述，重点考察了布朗族集体记忆中的民间信仰如何影响其历史及当下的社会生活，以及面对社会变迁，社区民众是如何利用他们的民间仪式与地方政府发生互动，争取民间信仰的生存发展空间的过程。

收藏单位：国家图书馆、云南省图书馆、陕西省图书馆等

D 政治、法律

002《人口较少民族实施分类发展指导政策研究：以云南布朗族为例》

张晓琼著，民族出版社 2011 年出版

关键词：布朗族 民族发展

中图法分类号：D633.361

作者通过对云南省边疆地区的人口较少民族布朗族在中华人民共和国成立后实施分类发展指导政策的调查与研究，展示了中国特色社会主义在边疆民族地区探索与实践的历史进程，为我国实施人口较少民族分类发展指导政策提供了典型案例和经验借鉴，具有较强的针对性和现实意义。

收藏单位：国家图书馆、云南省图书馆、中国政法大学图书馆等

003《双江政协志：1963—2003》

徐正华主编，云南省双江拉祜族佤族布朗族傣族自治县委员会编，云南民族出版社 2003 年出版

关键词：双江拉祜族佤族布朗族傣族自治县

中图法分类号：D628.744

本志反映了中华人民共和国成立以来云南省双江拉祜族佤族布朗族傣族自治县政协在县委的领导下建立、发展的历史和现状，囊括了县政协的基本情况，其上限追溯到 1995 年和平协商土地改革，下限至 2003 年 3 月即双江拉祜族佤族布朗族傣族自治县第八届委员会届满。

收藏单位：国家图书馆等

F 经济

004《布朗族村的农民茶叶生产合作社》

樊坚、向跃平等主编，云南民族出版社 2008 年出版

关键词：布朗族 茶

中图法分类号：F326.12

本书为“发展工作实践丛书”之一，包括合作社理论概要、芒景村茶叶生产农民专业合作社业务事项、日本农业协同组合的诞生与发展等内容。

收藏单位：国家图书馆、昆明学院图书馆等

005《多民族聚居地区贫困治理的社会政策视角：以布朗山布朗族为例》

张志远著，中国社会科学出版社 2015

年出版

关键词：民族聚居区 扶贫 社会政策

中图法分类号：F127.8

本书借鉴西方福利三角理论中国家、市场和家庭作为福利提供方及组成的范式分析框架，提出以国家、市场、社会为内容，与本土相结合的新福利三角分析框架，运用社会学、民族学的研究方法，对布朗山布朗族贫困治理进行了深入、系统的调查与研究，并在实证研究的基础上，提出边疆多民族聚居地区贫困治理的创新路径。

收藏单位：云南省图书馆、辽宁省图书馆、北京师范大学图书馆等

006《精准扶贫的理论与实践：基于木老元乡和摆榔乡的调研》

戴波著，社会科学文献出版社 2019 年出版

关键词：农村 扶贫 调查报告 布朗族

中图法分类号：F323.8

本书为“云南省哲学社会科学创新团队成果文库”之一，作者在深入调研云南省施甸县木老元布朗族彝族乡和摆榔彝族布朗族乡的基础上，运用精准扶贫理论分析和评价两个贫困乡在产业扶贫、易地搬迁扶贫、教育扶贫、生态补偿扶贫、社会保障扶贫、健康扶贫、信息化扶贫及民族文化发展扶贫等方面的工作实践，总结针对滇西边境山区特困连片地区少数民族精准扶贫模式，展示边疆民族所经历的历史跨越，论证我国精准扶贫理论在边疆民族贫困地区的实际应用和成效，为精准扶贫理论提供实证支撑，对于其他民族地区脱贫，全面建成小康社会具有启示意义。

收藏单位：国家图书馆等

007《勐昂村调查：布朗族》

郭利华主编，中国经济出版社 2011 年出版

关键词：乡村 布朗族 民族经济 调查报告

中图法分类号：F327.744

本书为“中央民族大学‘985’工程中国民族经济村庄调查丛书”之一。作者对布朗族勐昂村的历史变迁、政治、经济、社会、文化等各方面进行全景式调查研究，展示了该村庄的发展历程和现状。

收藏单位：国家图书馆、黑龙江省图书馆、辽宁省图书馆等

008《山瑶与莽人综合扶贫调查研究》

罗家祥主编，云南人民出版社 2012 年出版

关键词：布朗族 民族地区 扶贫调查研究

中图法分类号：F127.744

本书研究了云南省富宁县山瑶和金平苗族瑶族傣族自治县莽人综合扶贫开发实践探索成果，简述了富宁山瑶和金平莽人在综合扶贫开发工作中的组织实施办法、开发项目及实施过程，总结了取得的经验与效果，梳理了工作中有待解决的问题和遇到的困难，并对该地区经济社会的可持续发展献计献策。

收藏单位：国家图书馆、云南省图书馆等

009《双江拉祜族佤族布朗族傣族自治县土地志》

双江拉祜族佤族布朗族傣族自治县

土地管理局编，德宏民族出版社1998年出版

关键词：土地管理 双江拉祜族佤族布朗族傣族自治县

中图法分类号：F321.1

1992年双江拉祜族佤族布朗族傣族自治县土地管理局开展了全县土地利用现状调查、非农业用地清查、地籍调查、划定基本农田保护区、城镇地价评估等一系列基础性工作，形成此志，为合理开发利用县内土地资源提供了决策依据。

收藏单位：中国社会科学院图书馆、云南农业大学图书馆等

010《双江拉祜族佤族布朗族傣族自治县脱贫致富规划》

云南省社科院农村经济研究所撰，云南人民出版社1992年出版

关键词：地区计划 双江拉祜族佤族布朗族傣族自治县

中图法分类号：F127.744

本书为“云南省41个贫困县脱贫致富战略研究丛书”之一，对双江拉祜族佤族布朗族傣族自治县的地方经济做了介绍，并对下一步的脱贫致富工作做出了长远规划。

收藏单位：云南省图书馆、云南民族大学图书馆等

011《云南布朗族（莽人、克木人）贫困与反贫困问题研究》

陈津云著，云南民族出版社2011年出版

关键词：布朗族 贫困问题

中图法分类号：F127.8

本书对布朗族贫困与反贫困问题进行探讨，分析造成贫困的经济和非经济原因，以及在自然生态环境和资源约束下开发式扶贫模式的成效及相对低效的原因，并结合其传统文化和风俗习惯，研究和探讨了制度的创新和反贫困的新路径。

收藏单位：国家图书馆等

G　文化、科学、教育、体育

012《布朗族健身操》

郑玲玲著，云南人民出版社2016年出版

关键词：布朗族 健美操

中图法分类号：G831.3

本书为“云南省特有民族健身操系列丛书”之一，从理论方面分析了布朗族健身的历史文化背景及特点，同时剖析布朗族健身操的基本动作，结合布朗族民族舞蹈、音乐、服饰等元素，整理并创编出具有民族性、科学性、观赏性和健身性的布朗族健身操，旨在为广大民族健身操爱好者提供科学健身依据，也为民族健身操的发展及推动全民健身提供参考。

收藏单位：国家图书馆、云南省图书馆等

H　语言、文字

013《布朗语简志》

李道勇、聂锡珍、邱锷锋编著，民族出版社1986年出版

关键词：布朗语

中图法分类号：H261

本书为“中国少数民族语言简志丛书”之一，包括语音、词汇、语法、方言、文

字等内容，是了解、研究布朗族语言的参考资料。

收藏单位：国家图书馆、云南大学图书馆、云南农业大学图书馆等

I 文学

014《布朗族民间故事》

勐海县民委编，云南人民出版社 1994 年出版

关键词：布朗族 民间文学

中图法分类号：I277.3

本书收录了布朗族民间口头文学作品，如开天辟地神话《艾丝露猛坤》、图腾和祖先神话《削木成人》、民族迁徙史诗《从勐茅来的人》等，题材广泛，优美动人，真实地表现了布朗族人民在各个历史时期的生活轨迹。

收藏单位：湖南省图书馆、舟山市图书馆等

015《布朗族民间故事》

林继富主编，王丹、杜孝琼选编，四川民族出版社 2020 年出版

关键词：布朗族 民间故事

中图法分类号：I277.3

本书为“中国少数民族经典民间故事”丛书之一，介绍了布朗族民间故事。布朗族民间故事种类多样，涉及神话、传说、寓言等，这些民间故事多角度、全方位展示了布朗族人民的社会习俗、伦理道德等，具有教育功能，使本书具有较强的阅读价值，也有一定的学术价值。

收藏单位：国家图书馆等

016《布朗族文学简史》

王国祥著，云南省社会科学院民族文学研究所编，云南民族出版社 2014 年出版

关键词：布朗族 少数民族文学

中图法分类号：I207.961

本书为“中国少数民族文学史丛书•云南少数民族文学史系列”之一，分“远古文学”“古代文学”“近现代文学”“当代文学”四部分。内容有布朗族概况、神话传说、古歌谣、故事的兴起、民族关系的变化与布朗族社会结构的变迁等。作者以现代的写作手法，介绍了布朗族从古至今每个历史阶段产生的各种文学题材的艺术特点、文学思想和历史背景。此书对于弘扬优秀民族文化，促进民族文学繁荣发展，增进民族团结都有重要的意义。

收藏单位：国家图书馆、中央民族大学图书馆等

017《新时期中国少数民族文学作品选集：布朗族卷》

中国作家协会编，作家出版社 2015 年出版

关键词：布朗族 少数民族文学 作品综合集

中图法分类号：I29

本书精选了新时期布朗族各类题材的代表性作品，如《南丽赶街》《仙山仙与丙山魂》《黑龙小伙与白凤女郎》《兴旺的家族幸福的晚年》等，生动反映了新时期布朗族人民的生活场景，展示了布朗族文学繁荣发展的景象。

收藏单位：国家图书馆、湖北省图书馆等

J 艺术

018《布朗玎弹唱教程》

杨镜松主编，云南民族出版社2017年出版

关键词：布朗族 民族器乐 弓弦乐器 奏法

中图法分类号：J632.29

布朗族弹唱主要的伴奏乐器是布朗玎，布朗玎属于弹拨类乐器，由琴头、琴杆和音箱组成。本书分为“布朗玎弹唱教程”和“布朗玎弹唱练习曲谱”两部分，涵盖了“布朗玎构造图”“布朗玎品位和琴弦”“布朗玎调弦方法”“布朗玎琴谱”“琴谱中的音符”“布朗玎打音技巧”等内容。

收藏单位：国家图书馆等

019《布朗族弹唱：古濮文明的心口相传》

李云川著，云南教育出版社2018年出版

关键词：布朗族 弹唱

中图法分类号：J826

本书为“西双版纳傣族自治州国家级非物质文化遗产丛书”之一，分为“寻迹古濮”“呼唤歌魂”“歌与生活”“路在何方”四个部分，内容包括布朗族的历史和濮文化、布朗族民歌、布朗族音乐文化、布朗弹唱的传承等。布朗族弹唱一般为男女对唱，男子边唱边弹奏四弦琴，女子则接以对应的词句，唱腔圆润委婉，旋律清甜优美，多用来表达热烈的爱情及对未来美好生活的向往。

收藏单位：国家图书馆等

020《村寨里的纸文明：拉祜族、布朗族、傣族、哈尼族—第一卷》

乔晓光主编，青岛出版社2018年出版

关键词：布朗族 剪纸 民间工艺

中图法分类号：J528.1

本书运用了村社活态文化的研究方法，对拉祜族、布朗族、傣族、哈尼族的村庄进行了比较深入具体的抽样调查。内容包括少数民族剪纸及调查村社概述、村社剪纸调查、村社调查小结等。

收藏单位：国家图书馆、云南省图书馆、浙江图书馆等

021《非物质文化遗产保护与布朗族蜂桶鼓舞传承研究》

杨竹芬著，云南大学出版社2017年出版

关键词：布朗族 鼓舞 非物质文化遗产

中图法分类号：J722.226.1

本书讲述了国家级非物质文化遗产——布朗族蜂桶鼓舞的传承和保护，包括“导论”“研究基础”“布朗族蜂桶鼓舞概况、功能、特征”“非物质文化遗产布朗族蜂桶鼓舞的传承和保护”等。作者在详细介绍前人研究的基础上，从蜂桶鼓舞的主要分布地——南直村和邦丙村的自然环境入手，介绍了分布地基本情况、蜂桶鼓制作、蜂桶鼓舞传承等相关内容，具有一定的研究意义和资料价值。

收藏单位：国家图书馆、西南大学图书馆、华东政法大学图书馆等

022《勐海县四大主体民族（傣、哈尼、拉祜、布朗）民间音乐集》

勐海县文化馆主编，吉林人民出版社 2015 年出版

关键词：布朗族 民歌 作品集

中图法分类号：J64

本书介绍了傣族、哈尼族、拉祜族、布朗族四个民族的民间音乐与民族乐器，并收录了具有代表性的民族音乐 70 首，内容涉及传统的劳动歌、爱情歌、生活歌、叙事歌、儿歌等，是勐海县非物质文化遗产保护、传承和发展工作的又一重大成果。

收藏单位：国家图书馆、云南省图书馆等

023《一维两阈：布朗族音乐文化志》

杨民康著，中央音乐学院出版社 2012 年出版

关键词：布朗族 民族音乐研究

中图法分类号：J607.261

本书分上下两篇，上篇分别从自然、人文、历史生态环境、人生礼仪及个体性音乐活动、村社及宗教节庆音乐活动等角度，对布朗族社会及音乐进行整体的描述，并在此结构上提出一维两阈的研究架构。下篇则从布朗族音乐的系统、结构与功能，分类、形态与风格，观念、术语与行为，传承、变迁与现状四个部分，对布朗族音乐进行阐释性结构化的分析，是一部典型的音乐民族志。

收藏单位：国家图书馆、中国传媒大学图书馆等

K　历史、地理

024《边地人生：来自布朗族的影像档案》

黄新炎著，王艺忠摄，上海锦绣文章出版社 2014 年出版

关键词：布朗族 民族历史

中图法分类号：K286.1-64

本书是记录布朗族社会生活与发展的生态实录，包括“普洱茶的发源地”“独特的干栏式民居”“布朗族的四弦琴与‘串姑娘’”等内容，反映了布朗族自 20 世纪 90 年代以来的文化生活变迁与进步，是一部具有社会责任感和民族影像文献保留价值的图书。

收藏单位：国家图书馆、黑龙江省图书馆、安徽省图书馆等

025《变迁与发展：云南布朗山布朗族社会研究》

张晓琼著，民族出版社 2005 年出版

关键词：布朗族 社会发展

中图法分类号：K286.1

本书在对云南布朗山布朗族的社会发展与文化变迁进行深入调查和客观描述的基础上，对中华人民共和国成立后布朗族社会变迁与发展滞后的原因进行了深入的剖析和研究，尤其对国家政策与布朗族传统社会文化的互动关系及结果进行了独到的分析和探讨。

收藏单位：国家图书馆、兰州大学图书馆、佳木斯大学图书馆等

026《布朗族》

杨毓骧著，民族出版社 1998 年出版

关键词：布朗族 民族历史 民族文化

中图法分类号：K286.1

本书是“民族知识丛书”之一，作者从民族学、民俗学的角度介绍了布朗族的政治、经济、文化习俗、历史传说及族源等各个方面，对于全面了解布朗族有重要作用。

收藏单位：国家图书馆、云南图书馆等

027《布朗族》

王雪晨编著，吉林出版集团有限公司、吉林文史出版社 2010 年出版

关键词：布朗族 民族历史 民族文化

中图法分类号：K286.1

本书为“中国文化知识读本”丛书之一，旨在传播中华五千年优秀传统文化，提高全民文化修养。书中优美的文字，简明通俗的语言，图文并茂的形式，把中华文化中的物态文化、制度文化、行为文化、精神文化等知识要点全面展示给读者。

收藏单位：国家图书馆等

028《布朗族》

赵瑛著，中国民族摄影艺术出版社 2007 年出版

关键词：布朗族 民族历史 民族文化

中图法分类号：K286.1

本书为“中国人口较少民族丛书”之一，介绍了布朗族的基本情况，分析和解读布朗族原生态的文化特点；同时选取了珍贵的历史照片和反映布朗族文化及发展现状的照片，对文字内容加以补充和深化。

收藏单位：国家图书馆、北京服装学院图书馆等

029《布朗族》

王春晖主编，新疆美术摄影出版社、新疆电子音像出版社 2009 年出版

关键词：布朗族 民族历史 民族文化

中图法分类号：K286.1

本书是“中华民族大家庭知识读本”丛书之一，内容包括“布朗族的起源”“布朗族的发展历史”“布朗族的宗教信仰与民俗文化”“节日礼仪”及“相关的神话传说和历史故事”等，是了解布朗族的通俗读物。

收藏单位：国家图书馆等

030《布朗族》

陶玉明编著，中国人口出版社 2012 年出版

关键词：布朗族 民族历史 民族文化

中图法分类号：K286.1

本书为“中国少数民族人口丛书”之一，主要对布朗族的族源及民族形成、宗教信仰及民俗文化、布朗族的经济发展等方面进行了描述，内容丰富、语言通俗易懂，知识性、可读性强，适合广大读者阅读。

收藏单位：国家图书馆、浙江大学图书馆、南京大学图书馆等

031《布朗族》

陶玉明著，辽宁民族出版社 2014 年出版

关键词：布朗族 民族历史 民族文化

中图法分类号：K286.1

本书为“走近中国少数民族丛书”之

一。作者从布朗族的族源、历史、民俗、文化、宗教、艺术、人物、民族自治等多方面，系统而生动地向读者展示了该民族的整体风貌，饱含民族感情，热情讴歌了我国的少数民族政策，向读者展现了布朗族的多彩风姿。

收藏单位：国家图书馆、黑龙江省图书馆、浙江图书馆等

032《布朗族简史》

《布朗族简史》编写组、《布朗族简史》修订本编写组编，民族出版社 2008 年出版

关键词：布朗族 民族历史

中图法分类号：K286.1

本书为“中国少数民族简史丛书（修订本）”之一，包括中华人民共和国成立前布朗族的经济、政治、文化习俗、故事传说等内容，反映了布朗族经过民族公社、农村公社并超越了奴隶制社会过渡到封建社会的历史发展阶段。本书对 1984 年版《布朗族简史》进行了修订，新增了民主改革和实行民族区域自治制度及改革开放后布朗族社会的发展等内容，简要而全面地介绍了现当代布朗族的历史。

收藏单位：国家图书馆、云南省图书馆等

033《布朗族简史简志合编》

中国科学院民族研究所云南民族调查组、云南省民族研究所 1963 年编印

关键词：布朗族 民族历史

中图法分类号：K286.1

书中用大量照片来展示布朗族居住地的山川古迹及中华人民共和国成立后布朗族人民生活的重大变革，具有鲜明的政治色彩与时代特点。

收藏单位：国家图书馆、云南农业大学图书馆等

034《布朗族社会历史调查》

《中国少数民族社会历史调查资料丛刊》修订编辑委员会编，民族出版社 2009 年出版

关键词：布朗族 民族历史 社会调查

中图法分类号：K286.1

本书为“中国少数民族社会历史调查资料丛刊（修订本）”之一，包括《勐海县版纳西定布朗族社会》《勐海县布朗山曼兴竜社会调查》《勐海县布朗山章加寨布朗族社会历史调查》《勐海县布朗山老曼峨布朗族社会历史调查》等，对布朗族各聚居地历史与现状进行了调查研究，是民族研究和民族工作的重要参考资料，具有很高的历史价值和学术价值。

收藏单位：国家图书馆、云南省图书馆、贵州民族大学图书馆等

035《布朗族史话》

郗春嫒主编，社会科学文献出版社 2016 年出版

关键词：布朗族 民族历史

中图法分类号：K286.1

本书为“中国史话”丛书之一，重点论述了布朗族的历史源流、人口分布、民族信仰、民族习俗、文物古迹等方面内容，展现了布朗族深厚的文化底蕴及独特的民族特色，为人们进一步了解和认识布朗族提供了翔实的资料。

收藏单位：国家图书馆、广州市图书馆、温州市图书馆等

036《布朗族氏族公社和农村公社研究》

颜思久著，云南大学出版社2014年出版

关键词：布朗族 民族公社

中图法分类号：K286.1

本书为“云南文库·学术名家文丛”之一，探讨了中华人民共和国成立前布朗族从氏族公社到农村公社的整个发展过程，阐明了布朗族氏族公社和农村公社的规律和特点，为原始社会如何向阶级社会过渡的研究提供了生动的例证。

收藏单位：湖北省图书馆、云南省图书馆等

037《布朗族文化大观》

穆文春主编，云南省民族事务委员会编，云南民族出版社1999年出版，2013年再版

关键词：布朗族 民族文化

中图法分类号：K286.1

本书从布朗族的渊源历史、经济生产、宗教信仰、风俗习惯、文学艺术、教育体育、医药卫生等方面，对布朗族的民族文化进行了全面详尽的阐述，为人们了解和研究布朗族提供了翔实的资料和借鉴。

收藏单位：国家图书馆、中央民族大学图书馆、兰州大学图书馆等

038《布朗族文化史》

赵瑛著，云南民族出版社2001年出版，2014年再版

关键词：布朗族 民族文化

中图法分类号：K286.1

本书为“云南少数民族文化史丛书”之一，共有十章，即“历史源流”“社会形态与物质生产方式”“语言与文字”“宗教信仰”“婚姻家庭与伦理道德”“生活习俗与风俗习惯”“文学与艺术”“教育与医药卫生”“天文历法与科学技术”“建筑与文物古迹”，较全面、系统地记述了20世纪末以前布朗族的历史文化、生产生活、风俗习俗等。

收藏单位：国家图书馆、中央民族大学图书馆、黑龙江省图书馆等

039《布朗族文化研究》

杨竹芬编著，武汉大学出版社2014年出版

关键词：布朗族 民族文化

中图法分类号：K286.1

本书主要介绍了中国布朗族的历史沿革、教育及民族关系、农耕文化、服饰文化、建筑、语言与文字、文学与艺术、工艺与科技、宗教、节庆文化、传统习俗等内容，对于弘扬布朗族优秀传统文化、研究人类文化史具有重要的现实意义与学术价值。

收藏单位：国家图书馆、中国政法大学图书馆、西北民族大学图书馆等

040《布朗族研究》

思茂行署民族事务委员会编，云南人民出版社1991年出版

关键词：布朗族 民族历史

中图法分类号：K286.1

本书对布朗族的历史、现状、风俗习惯、宗教信仰、文学艺术和社会经济发展等情况进行系统介绍，附有多幅照片，内容多为表现布朗族人民现在美好生活的场景。

收藏单位：国家图书馆、云南民族大学图书馆、暨南大学图书馆等

041《丛林深处的精灵：布朗族》

李旭著，云南人民出版社 2003 年出版

关键词：布朗族 家庭生活

中图法分类号：K286.1

本书为“20 世纪中国民族家庭实录”丛书之一，作者以亲身所见所闻，对一家人、一个寨子、一个民族做了笔录式的实录，以一个家庭为点，以小见大，探究了整个布朗族的历史、习俗、习性和传统，是了解布朗族不可多得的资料库。

收藏单位：国家图书馆、云南省图书馆、安徽省图书馆等

042《从“直过”到“跨越”：布朗山乡七十年影像志（1949—2019）》

刀林萌主编，云南省关心下一代委员会、云南省敬老爱民促进会、云南画报社编，云南人民出版社 2020 年出版

关键词：布朗族 地方史 史料

中图法分类号：K297.45

本书分四部分：中华人民共和国成立前的布朗山人民生活状况；1949—1978 年，布朗山人民在中国共产党领导下完成由原始社会跨越几种社会形态直接过渡到社会主义社会，当家作主站起来的珍贵历史图景；1978—2012 年，布朗山改革开放、扶贫开发、产业开发、社会事业整体发展富起来的历史过程；2012—2019 年，布朗山脱贫攻坚、乡村振兴、文教卫生事业迅猛发展，实现跨越式发展强起来的历史进程。每一幅图像都代表了一个真实的历史瞬间，展现了布朗山人民的自信心、自豪感、幸福感、获得感。

收藏单位：国家图书馆等

043《故园一脉：云南施甸县布朗族村寨“和”文化考察》

蔡红燕编著，民族出版社 2008 年出版

关键词：布朗族 民族文化

中图法分类号：K286.1

本书以云南省施甸布朗族村寨的制度文化、器物文化、观念文化为主要探讨对象，是一部颇具学术水准的施甸县布朗族社会发展史的论著，也为民族文化建设提供了丰富生动的第一手素材。

收藏单位：国家图书馆、北京大学图书馆、兰州大学图书馆等

044《克木人：中国西南边疆一个跨境族群》

李成武著，中央民族大学出版社 2006 年出版

关键词：少数民族 民族志 布朗族

中图法分类号：K280.7

克木人分布在中国、老挝、缅甸、越南等国家，是一个跨境而居的民族群体，相对于这一区域的主体民族来说，克木人人数不多，经济和社会文化发展相对滞后，居于非主流的位置。然而就是这样一个为数不多的群体，却因其独特的图腾文化而吸引了很多学者的注意。作者希望通过自己的努力，弥补中国民族学界对这一群体研究的不足。本书包括“走近克木人”“辉煌的历史”“图腾制度”“信仰和仪式”“生命的历程”“亲属制度”“族群

认同”等章内容，是目前国内有关克木人文化的唯一一项系统全面的研究。

收藏单位：国家图书馆、云南大学图书馆、西南林业大学图书馆等

045《澜沧江畔布朗人》

俸春华等著，云南民族出版社2003年出版

关键词：布朗族 民族文化

中图法分类号：K286.1

本书从布朗族的历史渊源入手，介绍了其分布状况、社会经济发展状况，以及教育与卫生、文化、宗教信仰等特征。

收藏单位：国家图书馆、云南省图书馆等

046《民族使者：一个“布朗族王子”的生命叙事》

李孝川、杨毅著，人民出版社2018年出版

关键词：生平事迹 布朗族

中图法分类号：K828.761

本书详细介绍了云南省少数民族地区的教育发展状况，展示了“王子”苏国文对布朗族教育事业所做出的努力，对布朗族传统文化特别是布朗族茶文化传承和管理所采取的有效措施，以及对族群成员日常生活规范的管理和引导。

收藏单位：国家图书馆、西南民族大学图书馆等

047《人口较少民族生存、文化与教育：基于云南省莽人的人类学考察》

袁春艳著，中国社会科学出版社2013年出版

关键词：布朗族 民族文化 少数民族教育

中图法分类号：K286.1

本书从生存、文化与教育三者联动关系的视角，以生活在云南省金平县中越边境的莽人（布朗族）为人类学考察对象，分析在生存环境与文化生态系统变迁中，其教育价值观、教育主体、教育目的与教育内容存在的困境及其影响因素。

收藏单位：国家图书馆、佳木斯大学图书馆等

048《桑衎新年》

街顺宝著，光明日报出版社2014年出版

关键词：布朗族 民族节日

中图法分类号：K892.1

本书为“中国节日志”丛书之一，桑衎新年节，也就是一般人所熟知的泼水节，布朗族、傣族、德昂族等云南多个信仰南传上座部佛教的民族都过此节，因为这一节日与南传佛教有着密切的联系。佛教文化与本民族传统文化和谐融汇，又造就了独特的布朗族桑衎新年节文化。风味独特的美食、风格各异的歌舞、轻松的节日娱乐活动与神圣的节日仪式和谐地融为一体，人们在享受节日之乐的同时，也在传递布朗族传统道德伦理与佛教的做人理念，身心愉悦的同时，心灵也得到净化。

收藏单位：西南林业大学图书馆等

049《社会变迁与文化传承：云南散杂居地区布朗族研究》

郗春媛著，社会科学文献出版社2013年出版

关键词：布朗族 民族历史 民族文化

中图法分类号：K286.1

本书为“云南财经大学前沿研究丛书”之一，作者通过理论探讨与实地调研来剖析布朗族这一人口较少民族的文化变迁轨迹及变迁原因，尤其关注文化传承与教育实践之间的互动，并结合具体的社会环境从主位及客位不同立场进行分析，从而揭示人口较少民族传统文化如何才能得以良性传承，具有一定现实意义。

收藏单位：国家图书馆、四川省图书馆、安徽省图书馆等

050《双江拉祜族佤族布朗族傣族自治县概况》

《双江拉祜族佤族布朗族傣族自治县概况》编写组、《双江拉祜族佤族布朗族傣族自治县概况》修订本编写组编，民族出版社 2008 年出版

关键词：双江拉祜族佤族布朗族傣族自治县

中图法分类号：K927.44

本书为“中国少数民族自治地方概况丛书（修订本）”之一，介绍了双江拉祜族佤族布朗族傣族自治县的历史发展、行政区划、自然资源、经济文化及名胜古迹、宗教信仰、风俗习惯等。本书在 1981 年初版的基础上增加了反映改革开放后双江拉祜族佤族布朗族傣族自治县巨大变化和取得巨大成就的有关内容，是读者了解双江拉祜族佤族布朗族傣族自治县基本情况的一本有价值的通俗读物。

收藏单位：国家图书馆、云南大学图书馆、云南民族大学图书馆等

051《双江拉祜族佤族布朗族傣族自治县民族志》

双江拉祜族佤族布朗族傣族自治县民族事务委员会编，云南民族出版社 1995 年出版

关键词：双江拉祜族佤族布朗族傣族自治县 民族志

中图法分类号：K280.744

编者力图在有限的篇幅中展现各民族历史和现状的全貌，充分记述全县各民族人民共同开发建设双江这块热土的历史功绩，体现了各民族之间不可分割的事实，是对读者进行民族政策教育的优秀读物。

收藏单位：国家图书馆、中国社会科学院图书馆、暨南大学图书馆等

052《双江拉祜族佤族布朗族傣族自治县志》

双江拉祜族佤族布朗族傣族自治县志编纂委员会编纂，赵成龙主编，云南民族出版社 1995 年出版

关键词：双江拉祜族佤族布朗族傣族自治县 地方志

中图法分类号：K297.44

本书是一部了解双江拉祜族佤族布朗族傣族自治县的百科全书，内容包括双江历史演变、自然资源、民族宗教、政治经济、军事科技、教育文化、体育卫生等方面。

收藏单位：国家图书馆、中国人民大学图书馆、云南民族大学图书馆等

053《睡佛山下布朗人》

金常学、何金武编著，云南人民出版社 2012 年出版

关键词：布朗族

中图法分类号：K286.1

本书汇集了有关专家、学者对永德县布朗族社会历史文化的调查资料及文章、图片，是第一部专门介绍永德布朗族的书籍。书中介绍了永德县布朗族世代传承下来的淳朴、善良、文明的民俗文化及人与自然和谐相处的伦理道德观，为读者了解永德县布朗族提供了素材。

收藏单位：国家图书馆、云南省图书馆等

054《颜思久学术文选》

颜思久著，云南大学出版社 2014 年出版

关键词：布朗族 民族历史

中图法分类号：K286.1-53

本书为“云南文库·学术名家文丛”之一，汇集了作者撰写的 11 篇文章，内容涉及布朗族的母系制及其演变、布朗族的父系氏族公社、布朗族农村公社的形成和特点、布朗族宗教信仰等，为读者了解布朗族历史演变过程提供了资料与借鉴。

收藏单位：云南省图书馆、浙江图书馆、莆田市图书馆等

055《云南民族村寨调查：布朗族——猛海布朗山乡新曼峨村》

谭晓健主编，布朗族调查组编写，云南大学出版社 2001 年出版

关键词：布朗族 民族调查

中图法分类号：K286.1

本书内容包括布朗族历史沿革、社会政治、经济发展、文化教育、科技卫生等，作者力图通过深入的调查，展示新曼峨布朗村寨的社会面貌，探索在改革开放中当地民族发展所面临的新情况、新问题及其对策。

收藏单位：首都图书馆、云南民族大学图书馆、深圳图书馆等

056《云南省布朗族社会历史调查材料》

中国科学院民族研究所云南民族调查组、云南省民族研究所 1963 编印

关键词：布朗族 民族历史 社会调查

中图法分类号：K286.1

编者深入布朗族古老的聚居地进行实地调研，用大量的数字和图表展示社会主义因素进入前后布朗族人民经济生产方式的重大变革。本书包括十篇调查报告，是读者了解布朗族社会政治、经济、历史的重要资料。

收藏单位：国家图书馆、中央民族大学图书馆等

057《云南省双江拉祜族佤族布朗族傣族自治县地名志》

双江拉祜族佤族布朗族傣族自治县人民政府 1985 年编印

关键词：双江拉祜族佤族布朗族傣族自治县 地名志

中图法分类号：K927.44

本书辑录了云南省双江拉祜族佤族布朗族傣族自治县各类地名 959 条，其中行政区划名称 83 条，自然村 552 条，地片 14 条，废村 81 条，企事业单位名称 45 条，各专业部门使用的名称 5 条，人工建筑物 22 条，自然地理实体 130 条。

收藏单位：北京大学图书馆、复旦大

学图书馆、云南民族大学图书馆等

058《一个鲜为人知的族群：莽人的过去和现在——十六年跟踪实察研究》

杨六金著，云南人民出版社2017年出版

关键词：布朗族 民族历史 民族文化

中图法分类号：K286.1

本书为“当代云南社会科学百人百部优秀学术著作丛书”之一，作为第一部较为全面地介绍和研究莽人的图书，全书以图文并茂的形式详细描述了莽人的传统文化，全面介绍了莽人生活的各个方面，进一步丰富了中国民族文化的宝库。作者以翔实的田野调查资料，客观、真实地向人们再现莽人从原始社会进入社会主义社会的历程，进而展现党的民族政策的优越性，为莽人的进一步发展提出积极的建议，彰显本书极高的学术价值和极为重要的社会意义。

收藏单位：云南大学图书馆、云南农业大学图书馆、云南师范大学图书馆等

059《中国布朗族》

陶玉明编著，宁夏人民出版社2011年出版

关键词：布朗族 民族历史 民族文化

中图法分类号：K286.1

本书为“中华民族全书”之一，分别从布朗族的物质文化、民间文化、社会文化、信仰文化、文化传承和文化人物等方面展示了布朗族人民勤劳、勇敢、善良的精神面貌。作者还收录了大量珍贵的历史照片，使得本书具有历史厚重感和文化内涵。

收藏单位：国家图书馆、云南省图书馆等

060《中国少数民族设计全集：布朗族》

中国少数民族设计全集编纂委员会编，熊伟等著，山西人民出版社2019年出版

关键词：布朗族 民族文化

中图法分类号：K28

本书甄选布朗族传统建筑、传统服饰、传统餐饮、传统生活工具、传统生产工具、传统民俗和宗教造像等方面的约70个传统造物设计案例，对其设计形式、设计特点及文化价值进行专业阐释和评述，附有大量珍贵历史图片和专业设计图片，比较全面地展示了布朗族传统造物设计成就，从而体现了布朗族的民族文化特点。

收藏单位：国家图书馆等

R 医药、卫生

061《布朗族医药调查实录》

金锦主编，云南民族出版社2016年出版

关键词：布朗族 民族医学

中图法分类号：R296.1

本书为“国家中医药管理局民族医药文献整理丛书”之一，包括“布朗族医药文献调研工作实录”“实地调研工作实录”“布朗族医药人物调查”和“布朗族药物”等内容，对抢救、整理、保护少数民族医药有参考价值。

收藏单位：贵州中医药大学图书馆、云南中医学院图书馆等

062《布朗族医药简介》

金锦、赵文科主编，中医古籍出版社2014年出版

关键词：布朗族 民族医学

中图法分类号：R296.1

本书为“民族医药抢救性发展整理”丛书之一，较为全面地对布朗族民间的诊疗经验进行收集整理，实地调查到布朗族常用药材50余种，收集了多种布朗族医药常用单方、验方，进行了布朗族医药发展历史沿革，常用的医技医法，对于疾病的防治与养生保健的认识，常用的药物和单方、验方、秘方及文献资料等的发掘整理研究，为今后继续开展布朗族医药的抢救性发掘整理和深入研究提供了坚实的基础和依据。

收藏单位：北京中医药大学图书馆、黑龙江中医药大学图书馆等

S 农业科学

063《云南双江勐库古茶园与茶文化系统》

袁正等主编，中国农业出版社2017年出版

关键词：茶园 茶文化 双江拉祜族佤族布朗族傣族自治县

中图法分类号：S571.1

本书为“中国重要农业文化遗产系列读本”之一，从农业文化遗产的视角，细致描述了双江勐库古茶园与茶文化系统，试图展现这一古老农业系统所拥有的魅力及其在新时代中的独特价值与风貌。

收藏单位：西南民族大学图书馆、广西大学图书馆、兰州大学图书馆等

T 工业技术

064《布朗族传统林下茶系统及资源利用》

沈立新等著，云南教育出版社2017年出版

关键词：布朗族 茶文化 研究

中图法分类号：TS971.21

本书包括“布朗族与茶文化”“布朗族传统林下茶农业系统历史及现状”“布朗族传统林下茶种植模式”“林下茶系统的物种组成和群落结构”“古茶树群落寄附生植物”等内容，对于布朗族茶文化的研究及保护具有重要意义。

收藏单位：国家图书馆等

065《布朗族的茶与传统文化》

樊坚、向跃平等主编，云南民族出版社2008年出版

关键词：布朗族 茶文化

中图法分类号：TS971

本书为“发展工作实践丛书”之一，包括“云南少数民族与茶”“布朗族与澜沧县芒景”“景迈栽培型古茶树”“布朗族的生态环境观念与利用”“布朗族对茶文化的贡献”等内容，对保护布朗族的传统文化及解决其发展面临的问题进行深入的揭示，为理论工作者及相关部门的研究工作提供参考。

收藏单位：国家图书馆、北京师范大学图书馆、昆明学院图书馆等

066《芒景布朗族与茶》

苏国文编著，云南民族出版社2009年出版

关键词：布朗族 茶文化

中图法分类号：TS971

作者主要研究了布朗族发现茶的过程、古茶园的形成和发展、茶的栽培方法、茶在布朗族政治生活和日常生活中的影响等方面内容，为抢救珍贵的民族历史文化提供参考。

收藏单位：国家图书馆、西南民族大学图书馆、云南农业大学图书馆等

067《章朗布朗族建筑礼仪》

街顺宝著，云南人民出版社 2009 年出版

关键词：布朗族 建筑礼仪

中图法分类号：TU-092.861

本书为“非物质文化遗产的田野图像”丛书之一，以图文并茂的形式，全景式介绍章朗布朗族建筑的历史、主要建筑构成、建寨程序与礼仪、宗教建筑程序与礼仪、民居程序与建筑礼仪等内容，为读者了解布朗族建筑的特点提供基本素材与影像资料。

收藏单位：国家图书馆、北京建筑大学图书馆等

Z　综合性图书

068《云南少数民族古籍珍本集成：布朗族　第七十卷》

云南省少数民族古籍整理出版规划办公室编，云南人民出版社 2018 年出版

关键词：布朗族 古籍 善本

中图法分类号：Z122.74

本书收录布朗族民间典籍，包括《咒语》《护宅经》《布朗族吉祥祝福词》《银殿的故事》等作品，真实再现了布朗族古籍珍本的原貌，对于弘扬少数民族文化、繁荣民族文化事业都具有重要意义。

收藏单位：国家图书馆等

第四章

达斡尔族研究图书索引

达斡尔族简介

达斡尔族总人口 132 299 人（2020 年第七次全国人口普查数据），主要分布在内蒙古自治区、黑龙江省和新疆维吾尔自治区。

达斡尔语属阿尔泰语系蒙古语族，没有本民族文字。

达斡尔族信仰萨满教。

达斡尔族把春节称为“阿涅”，元宵节称为“卡钦”，正月十六称为“阔德格·乌都日”。其中“阿涅节”是达斡尔族最盛大的传统节日。

在历史长河中，达斡尔族人民创造了丰富灿烂的文化遗产。

2006 年，“祭敖包（达斡尔族沃其贝）”“达斡尔族传统曲棍球竞技”“达斡尔族乌钦”“达斡尔族鲁日格勒舞”被列入第一批国家级非物质文化遗产代表性项目名录。

2008 年，“达斡尔族民歌”“达斡尔扎恩达勒”“达斡尔族民歌（罕伯岱达斡尔族民歌）”被列入第二批国家级非物质文化遗产代表性项目名录。

2011 年，“达斡尔族传统婚俗”被列入第三批国家级非物质文化遗产代表性项目名录。

2014 年，“达斡尔族服饰”被列入第四批国家级非物质文化遗产代表性项目名录。

B 哲学、宗教

001《达斡尔族的萨满教》

乌力斯·韦戎著，齐齐哈尔达斡尔族学会1985年印

关键词：达斡尔族 萨满教

中图法分类号：B933

本书重点讲述达斡尔族的萨满教和萨满的各种活动，包括“萨满教的概述”“国外对萨满教的研究”“达斡尔族的萨满”“萨满的活动内容”“萨满的服饰和法器”“萨满的戏剧性跳神”等内容，是研究达斡尔族萨满教的参考资料。

收藏单位：暂时无法提供馆藏信息

002《达斡尔族萨满教研究》

孟盛彬著，社会科学文献出版社2019年出版

关键词：达斡尔族 萨满教

中图法分类号：B933

本书为“萨满文化研究丛书”之一，通过探析达斡尔族萨满教具体形态和内容，把握历史上萨满教发展的基本脉络；通过萨满与社会群体关系的展示与分析，剖析萨满教与达斡尔族传统社会结构的内在关联，还原与重构萨满对人们日常生活的影响及其发挥的积极作用，进而针对现代化进程中，人口较少民族在文化变迁、文化冲突中出现的问题，探寻民族地区各种社会问题的症结所在。

收藏单位：国家图书馆、佳木斯大学图书馆、内蒙古科技大学图书馆等

003《达斡尔族萨满文化传承：斯琴掛和她的弟子们》

吕萍、邱时遇著，辽宁民族出版社2009年出版

关键词：达斡尔族 萨满教 宗教文化

中图法分类号：B933

本书内容包括“萨满文化传承人斯琴掛”“萨满服饰”“萨满仪式”“萨满神器”“萨满神歌”“萨满治病”等，通过大量翔实的资料和图片，介绍了达斡尔族及其传统文化，其学术价值很高；同时，本书为萨满文化传承人立传，这在以前是从来没有过的，说明人们开始关注萨满文化传承人。本书对保留和传承萨满文化具有一定的现实意义。

收藏单位：国家图书馆、黑龙江省图书馆、佳木斯大学图书馆等

004《达斡尔族萨满文化遗存调查》

丁石庆著，民族出版社2011年出版

关键词：达斡尔族 萨满教 宗教文化

中图法分类号：B933

本书为“中国少数民族非物质文化遗产研究系列·萨满文化丛书”之一，以历史上的达斡尔族萨满文化及当代萨满现状为依据，详尽展现了达斡尔族萨满文化的发展历程，历史文化价值极高。内容包括“萨满文化背景概述”“历史上的萨满及其宗教活动”“历史上的萨满教观念及其崇拜对象”“萨满教与达斡尔族民俗”“萨满教与达斡尔族文学艺术”“达斡尔族萨满传承人”“萨满伊诺文本实录”等，是研究达斡尔族萨满文化的重要参考资料。

收藏单位：国家图书馆、佳木斯大学图书馆、呼伦贝尔学院图书馆等

005《达斡尔族斡米南文化的观察与思考：以沃菊芬的仪式为例》

萨敏娜等著，民族出版社2011年出版

关键词：达斡尔族 萨满教

中图法分类号：B933

本书为“中国少数民族非物质文化遗产研究系列•萨满文化丛书”之一，作者从内蒙古自治区莫力达瓦达斡尔族自治旗收集到了丰富的资料，对突出代表达斡尔族萨满文化传统的斡米南仪式进行了考察、记录、求解和翻译，使读者能够清楚地理解达斡尔族萨满文化和斡米南仪式的基本面貌，弥补了萨满文化学术考察成果不多的缺憾。

收藏单位：国家图书馆、佳木斯大学图书馆、呼伦贝尔学院图书馆等

006《扎兰屯民族宗教志》

陈鹤龄编著，文化艺术出版社1996年出版

关键词：达斡尔族 宗教史 扎兰屯市

中图法分类号：B929.2

扎兰屯市有22个民族，基本形成了“大杂居，小聚居”的分布态势。几百年来，各少数民族在这片热土上用勤劳的双手和智慧创造了具有民族特点的文明，为后来的开发和建设奠定了坚实的基础。编修扎兰屯市民族宗教志，其意义不仅仅是记录民族文化，更重要的是有利于各民族文化的相互借鉴、交融和共同繁荣进步。

收藏单位：国家图书馆、黑龙江省图书馆、内蒙古大学图书馆等

007《中心与边缘：萨满教的社会人类学研究》

（英）I. M. 刘易斯著，郑文译，社会科学文献出版社2019年出版

关键词：萨满教 社会人类学

中图法分类号：B933

本书为“萨满文化研究丛书”系列翻译著作之一。作者从社会人类学的角度将萨满教的宗教迷狂现象看作一种社会事实，对滋生萨满教迷狂现象的特定社会境况、社会群体及其功能进行阐释；提出边缘型神灵崇拜、中心型神灵崇拜两个核心概念，二者之间的相对差异是基于它们造成的社会差异及带来的社会后果。此译著可以帮助国内萨满教的研究视野扩展至国际前沿，使中国学界了解萨满教在西方社会中的研究状况。

收藏单位：国家图书馆、吉林大学图书馆、中南民族大学图书馆等

C　社会科学总论

008《达斡尔族学会工作二十年》

何文钧著，黑龙江省达斡尔族学会、齐齐哈尔市达斡尔族学会2002年编印

关键词：达斡尔族 学会工作

中图法分类号：C916

本书旨在怀念为学会做出重大贡献的前辈们，更为重要的是记载了1981年10月至2002年4月学会发展的事实，以此激励达斡尔族的后来人。

收藏单位：黑龙江省图书馆、呼伦贝尔学院图书馆等

009《黑龙江省民族研究学会达斡尔族分会成立二十周年系列庆祝活动材料专辑》

何文钧整理，黑龙江省民族研究会达斡尔族分会、齐齐哈尔市达斡尔族学会2005年编印

关键词：达斡尔族 学会工作

中图法分类号：C916

黑龙江省达斡尔族学会为庆祝学会成立二十周年举办了系列庆祝活动。本专辑是庆祝活动情况的记载和全部材料的汇编，目的是让更多的会员和达斡尔族同胞了解庆祝活动情况，同时也作为学会的重要历史资料保留于世，供研究者参考。

收藏单位：黑龙江省图书馆等

010《黑龙江省达斡尔族学会和齐齐哈尔市达斡尔族学会会员代表大会会刊》

黑龙江省达斡尔族学会、齐齐哈尔市达斡尔族学会1998年编印

关键词：达斡尔族

中图法分类号：C916

会刊包括毅林《在黑龙江省达斡尔族学会和齐齐哈尔市达斡尔族学会会员代表大会上的讲话》、何晓庆《在黑龙江省达斡尔族学会和齐齐哈尔市达斡尔族学会会员代表大会上的工作报告》、杨优臣《继续为达斡尔族的繁荣和进步而努力奋斗》等讲话稿，《黑龙江省民族研究学会章程》《齐齐哈尔市达斡尔族学会章程部分条文的修改》和五位同志在大会上的发言稿。

收藏单位：黑龙江省图书馆等

011《黑龙江达斡尔族学会资料汇编：1984.5—1998.8》

何文钧整理，黑龙江省达斡尔族学会2007年编印

关键词：达斡尔族 资料汇编

中图法分类号：C916

本书反映了黑龙江省达斡尔族学会的工作状况，具有深远的史料价值。它对于进一步做好达斡尔族学会工作有现实的指导意义、参考价值和实用价值。

收藏单位：黑龙江省图书馆等

012《齐齐哈尔市达斡尔族学会第三届会员大会会刊》

齐齐哈尔市达斡尔族学会1989年编印

关键词：达斡尔族

中图法分类号：C916

本会刊的主要内容有："齐齐哈尔达斡尔族学会第二届理事会工作报告""卜林、毅林同志在齐齐哈尔达斡尔族学会第三届会议会员大会上的讲话""齐齐哈尔达斡尔族学会章程以及关于修改章程的几点说明""齐齐哈尔达斡尔族学会第三届关于理事会1990年学会工作安排""齐齐哈尔达斡尔族学会第三届会员大会简况"等。

收藏单位：黑龙江省图书馆等

013《齐齐哈尔市郊达斡尔族情况：达斡尔族调查材料之五》

内蒙古少数民族社会历史调查组1958年编印

关键词：达斡尔族 调查资料

中图法分类号：C95

本资料是作者根据在齐齐哈尔市梅里

斯达斡尔族区以及哈拉屯进行调查访问收集来的材料整理而成，分成两部分，第一部分依据的是领导机关提供的文字材料，第二部分依据的是口头访问得来的材料。

收藏单位：黑龙江省图书馆等

014《中国达斡尔族人口》

沈斌华、高建纲著，内蒙古大学出版社1998年出版

关键词：达斡尔族 人口调查

中图法分类号：C924.2

本书包括“达斡尔族的族源和特征”“婚姻家庭”“民族迁徙”“历史人口”“人口发展的新阶段”“人口分布”“婚姻家庭现状”“思想道德素质”“文化科学素质”“身体素质”“年龄性别结构”“人口自然变动和平均预期寿命”“妇女生育状况及计划生育”“在业人口”“行业和职业构成”“人口与经济人口展望”。

收藏单位：国家图书馆、呼伦贝尔学院图书馆、内蒙古大学图书馆等

D 政治、法律

015《传统与现代：达斡尔族农民的生活》

祁惠君、丛静编著，中央民族大学出版社2006年出版

关键词：达斡尔族 农民

中图法分类号：D422.7

全书以民族学为视角，结合最新的田野调查材料，阐述和分析了中华人民共和国成立50多年来达斡尔族农民的生产、生活方式的变迁。书中对农民生活的个案分析材料翔实、可信，分析具体、深入，由此引发的思考具有新意和启发性。

收藏单位：佳木斯大学图书馆、呼伦贝尔学院图书馆、内蒙古民族大学图书馆等

016《莫力达瓦达斡尔族自治旗人民代表大会志：1981—2011》

莫力达瓦达斡尔族自治旗人大常委会2011年编印

关键词：莫力达瓦达斡尔族自治旗 人民代表大会志

中图法分类号：D624.264

本志上限是1950年2月莫力达瓦达斡尔族自治旗第一届各族各界人民代表大会，下限为2011年7月自治旗第十一届人民代表大会，详细记载了第四届人民代表大会设立常委会30年以来的发展历程和历史轨迹。

收藏单位：黑龙江省图书馆等

017《莫力达瓦达斡尔族自治旗政协志：1958—2010》

本书编纂委员会2010年编印

关键词：莫力达瓦达斡尔族自治旗 政协志

中图法分类号：D628

本志是全面记载莫力达瓦达斡尔族自治旗自然、经济、社会、人文等历史与现状的资料性著述，展现了莫力达瓦达斡尔族自治旗政协成立以来发展、壮大的历史，是历届政协人辛勤工作、努力奋斗的真实记录，是莫力达瓦人民政协组织履行党的统一战线路线、方针、政策的历史写照。

收藏单位：黑龙江省图书馆等

F 经济

018《甘河农场志：2007—2015》

大兴安岭农场管理局甘河农场编，内蒙古文化出版社 2016 年出版

关键词：国营农场 莫力达瓦达斡尔族自治旗 甘河农场

中图法分类号：F327.264

本书主要以农场的第三期改革和发展为主线，客观准确地反映了各行各业的发展状况，建设进程积累的经验、教训，是对甘河农场两个文明建设的真实记录，为助推甘河农场不断奋进、持续发展提供借鉴。

收藏单位：国家图书馆、黑龙江省图书馆、华东师范大学图书馆等

019《哈力村调查：达斡尔族》

王文长主编，中国经济出版社 2010 年出版

关键词：达斡尔族 民族经济 莫力达瓦达斡尔族自治旗哈力村

中图法分类号：F327.264

本书为“中国民族经济村庄调查丛书”之一，作者深入莫力达瓦达斡尔族自治旗阿尔拉镇哈力村做田野调查，从哈力村的历史、经济、物质文化生活、人口、教育、村落管理等方面，解读了达斡尔族的经济文化变迁和社会发展情况。

收藏单位：国家图书馆、黑龙江省图书馆、哈尔滨师范大学图书馆等

G 文化、科学、教育、体育

020《冰雪关东：关东文化特色与形态》

高宇飞编著，现代出版社 2015 年出版

关键词：地方文化 达斡尔族

中图法分类号：G127.3

本书为“中华精神家园”丛书之一，包括“文明开化—古老历史”“守护之魂—关东拾英”“文化底蕴—艺苑民风”三个部分，图文并茂，制作精美，是了解达斡尔族民族文化的参考资料。

收藏单位：国家图书馆、哈尔滨学院图书馆、内蒙古自治区图书馆等

021《文化变迁与双语教育演变：中国东北地区达斡尔族民族教育田野个案研究》

孙东方著，中央民族大学出版社 2010 年出版

关键词：达斡尔族 少数民族教育

中图法分类号：G759.2

本书在大量田野调查资料基础上，以居住在我国东北地区的达斡尔族为研究对象，通过“达斡尔族文化源流与变迁”“前现代时期的达斡尔族双语教育”“达斡尔族双语教育现状及分析”等内容的分析与介绍，探讨文化与语言演变之间的关系。

收藏单位：国家图书馆、东北大学图书馆、内蒙古大学图书馆等

022《中国国民国家构筑与国民统合之历程：以 20 世纪上半叶东北边疆民族国民教育为主》

于逢春著，黑龙江教育出版社 2006 年出版

关键词：少数民族教育 东北地区 边疆地区

中图法分类号：G529.6

本书为“边疆史地丛书”之一，以

嫩江中上游流域的达斡尔族教育为事例阐述了“清朝晚期的边疆民族政策与围绕着东北的国际情势”“蒙古族近代教育的开始”“朝鲜族近代教育的起步”“民国前期的民族政策与蒙古族”“朝鲜族两民族的对应”“朝鲜族近代教育的展开”等内容。

收藏单位：国家图书馆、黑龙江省图书馆、黑龙江职业学院图书馆等

H 语言、文字

023《达汉词典：达斡尔语、汉语》

敖梅荣主编，内蒙古人民出版社 2018 年出版

关键词：达斡尔语 词典

中图法分类号：H222

本书约 700 千字，收词 22000 余条，按《达斡尔语记音符号》(汉语拼音字母记音）字母顺序排列，注音以布特哈纳文地区发音为准。在每一个达斡尔词语后附有该词语对应的汉文词语，便于理解该词语的汉文词义。本书在收词的广度和深度上都超过了以往出版过的类似词典，是研究达斡尔语言文化的重要参考书。

收藏单位：国家图书馆、内蒙古农业大学图书馆等

024《达斡尔语标音读本》

乌珠儿著，黑龙江省达斡尔族学会、齐齐哈尔市达斡尔族学会 1999 年编印

关键词：达斡尔语

中图法分类号：H222.1

本书分“语音”“语法”两部分。语音部分除用国际音标注明准确读音之外，还用汉语拼音或同语族的蒙语音标对比并用实例说明读音，拼写法及其规则也都深入浅出地逐一介绍。语法部分简明扼要地介绍达斡尔语基础语法的基本内容。

收藏单位：黑龙江省图书馆等

025《达斡尔语词典》

杨优臣、何继春主编，民族出版社 2017 年出版

关键词：达斡尔语 词典

中图分类号：H222.6

本书是以达斡尔语标音方案注音，以汉语文释义的双语词典。修订内容除拾遗补缺和矫正错误以外，增添了国际音标注音、音节划分、例句、体词的格、动词的时态等。

收藏单位：大连民族大学图书馆、西南民族大学图书馆等

026《达斡尔语词汇》

恩和巴图著，内蒙古人民出版社 1984 年出版

关键词：达斡尔语 词汇

中图法分类号：H222.3

达斡尔语调查组以内蒙古自治区呼伦贝尔市莫力达瓦达斡尔族自治旗腾克公社为调查点，记录了 5000 多条语词，根据搜集到的词汇材料整理编辑而成，是研究达斡尔语的参考资料。

收藏单位：呼伦贝尔学院图书馆、内蒙古大学图书馆、青海民族大学图书馆等

027《达斡尔语概论》

欧南•乌珠儿著，哈尔滨出版社 2004 年出版

关键词：达斡尔语 少数民族语言

中图法分类号：H222.1

本书介绍了达斡尔族及其语言历史与现状、达斡尔语语音、语法。附录部分除日常用语外，选入几十篇达斡尔族民间故事、童话诗歌和谚语等，有助于读者了解和研究达斡尔族语。

收藏单位：黑龙江省图书馆、大连民族大学图书馆、呼伦贝尔学院图书馆等

028《达斡尔语汉语对照词汇》

胡和编，黑龙江省民族研究所、黑龙江省达斡尔族学会 1988 年编印

关键词：达斡尔语 词汇

中图法分类号：H222

本书是按词义分类的词汇集，在词义的对照方面，主要以中心词义的翻译为主。在新词术语方面，以“先挖潜后借用”的原则，尝试着用意译或借用的办法收录若干条。总计收词和词组有 17350 条。

收藏单位：黑龙江省图书馆、呼伦贝尔学院图书馆、内蒙古大学图书馆等

029《达斡尔语和蒙古语》

恩和巴图编著，内蒙古人民出版社 1988 年出版

关键词：达斡尔语 蒙古语

中图法分类号：H222.9

本书为“蒙古语族语言方言研究丛书”之一。作者在《达斡尔语调查报告》的基础上，按丛书的统一要求和规格编写。本书利用比较丰富的语言材料，系统地介绍了达斡尔语的语音、语法、词汇的现状，同时从达斡尔语的角度和蒙古书面语进行了比较。

收藏单位：中央民族大学图书馆、内蒙古大学图书馆、西北民族大学图书馆等

030《达斡尔语简志》

仲素纯编著，民族出版社 1982 年出版

关键词：达翰尔语 语言史

中图法分类号：H222

本书为“中国少数民族语言简志丛书”之一，是作者根据 1963 年在内蒙古自治区莫力达瓦达斡尔族自治旗腾克人民公社调查的口语材料编写的，介绍了我国达斡尔族语言情况，对加强国内各族人民的互相了解，丰富民族语言的知识，扩大民族语言视野，更好地贯彻党的民族语文政策，推动民族语文研究的进一步发展有积极作用。

收藏单位：国家图书馆、黑龙江省图书馆、哈尔滨师范大学图书馆等

031《达斡尔语图解词典》

乌云高娃主编，内蒙古文化出版社 2011 年出版

关键词：达斡尔语 图解词典

中图法分类号：H222.6

根据达斡尔语学习者的需要，词典选择 2500 个单词，以图解的形式来编排，每个词条配有图片，并用达斡尔语记音符号和汉语来解释词义，为查阅者准确理解和掌握词义提供了方便。对使用者来说，不仅加强了对单词的感性认识，帮助记忆，又能增强查阅词典的趣味性，既学会了单词，又扩大了知识面。

收藏单位：国家图书馆、河套学院图书馆等

032《达斡尔语言情况和文字问题》

中国科学院少数民族研究所 1958 年编印

关键词：达斡尔语

中图法分类号：H222

本书是达斡尔语文工作委员会编写的《达斡尔调查汇报》，是第二次少数民族语文讨论会讨论组讨论的内部资料，是研究达斡尔语言的重要参考资料。

收藏单位：南京大学图书馆等

033《达斡尔语言与社会文化》

丁石庆著，中央民族大学出版社 1998 年出版

关键词：达斡尔语 文化语言学

中图法分类号：H222.1

作者通过对达斡尔族语言的研究，探讨了达斡尔族婚姻家庭、宗教信仰、人名地名及文化交往，材料丰富准确，编排合理清晰，是语言学领域一部翔实、独具特色的著作。

收藏单位：国家图书馆、佳木斯大学图书馆、呼伦贝尔学院图书馆等

034《达斡尔语音系实验研究》

哈斯其木格著，社会科学文献出版社 2019 年出版

关键词：达斡尔语 语音

中图法分类号：H222.1

本书为“蒙古语族语言语料库研究系列丛书”之一，作者基于结构主义音系学理论，使用声学分析方法，对达斡尔语布特哈方言的元音声学特征、辅音声学特征、音段音系、超音段特征等进行了分析研究，是一部具有重要学术意义的语音学著作，是学习和研究达斡尔语的参考资料。

收藏单位：国家图书馆、北京语言大学图书馆、西南民族大学图书馆等

035《达斡尔、哈萨克、汉语对照词典》

开英主编，新疆人民出版社 1982 年出版

关键词：达斡尔语 哈萨克语 词典

中图法分类号：H2-61

词典共收入达斡尔语词汇 13000 条左右。本书作为阿尔泰语系突厥语族的哈萨克语和阿尔泰语系蒙古语族的达斡尔语的对照性工具书，对于研究阿尔泰语系各个语族之间的关系有一定的参考价值。

收藏单位：国家图书馆、新疆大学图书馆、伊犁师范大学图书馆等

036《达斡尔语 366 句会话句：少数民族语汉英日俄对照》

K. D. 锡莉、K. D. 布日古德著，社会科学文献出版社 2013 年出版

关键词：达斡尔语 口语

中图法分类号：H222.94

作者用达斡尔语、汉语、英语、日语、俄语分别介绍达斡尔族的 366 句日常会话，并对该民族的重要节日、风俗习惯进行简要说明。本书的出版有利于加强对达斡尔族文化遗产的挖掘和保护，尊重、继承和弘扬达斡尔族优秀传统文化，积极促进达斡尔族文化产业发展，努力推进达斡尔族文化对外交流等工作任务和政策措施的完成和实施。

收藏单位：黑龙江省图书馆、呼伦贝尔学院图书馆、内蒙古大学图书馆等

037《莫旗达斡尔族语言使用状况与发展趋势》

丁石庆主编，商务印书馆2009年出版

关键词：达斡尔语 莫力达瓦达斡尔族自治旗

中图法分类号：H315

本书对我国莫旗达斡尔族的语言使用情况及其演变趋势进行了全面、深入的调查研究，是记录、梳理、论述人口较少民族语言使用状况的一本专著。莫旗是我国达斡尔族语言文化保持相对较好的地区，也是达斡尔语的标准方言——布特哈方言的主要分布区域。该地区的语言状况代表了我国达斡尔族语言的基本现状和发展趋势。

收藏单位：佳木斯大学图书馆、齐齐哈尔大学图书馆、塔里木大学图书馆等

038《新疆达斡尔族语言现状与发展趋势》

丁石庆主编，辽宁民族出版社2014年出版

关键词：达斡尔语 新疆维吾尔自治区

中图法分类号：H222

作者以新疆维吾尔自治区达斡尔族田野语言调查材料为基础，在大量第一手田野调查材料的基础上，对该地区多民族语言关系及各民族语言生活现状进行深入分析和研究，揭示了多民族杂居地区各民族语言使用特征及双语现象的发展和演变规律。同时，通过大量的数据，分析了各民族在情感和功能两个方面对当地主体民族语言、母语、兼用语等的态度及对不同语言行为所采取的态度，并借助民族关系方面的调查数据，对这些地区民族语言之间的关系及其对各民族语言生活的影响进行了探索，是研究达斡尔族语言有价值的参考资料。

收藏单位：国家图书馆、内蒙古财经大学图书馆、中央民族大学图书馆等

039《新疆—齐齐哈尔达斡尔语方言：汉语对照》

彭建新主编，新疆生产建设兵团出版社2011年出版

关键词：达斡尔语 方言 新疆维吾尔自治区 齐齐哈尔市

中图法分类号：H222.7

本书共收入新疆维吾尔自治区、黑龙江省齐齐哈尔市两个地区达斡尔方言对照词35大类、11000多条，全部词条由能够独立使用的常用单词和固定词组构成，是读者学习达斡尔语方言的参考资料。

收藏单位：国家图书馆、石河子大学图书馆、新疆财经大学图书馆等

I 文学

040《达斡尔密码》

孟松林、石映照著，新世界出版社2010年出版

关键词：历史小说

中图法分类号：I247.5

本书是一部历史小说，讲述的是1920—1945年，在共产国际领导下，一个活跃在呼伦贝尔地区、以达斡尔人为主体的秘密情报组织与日本侵略者进行长达20多年顽强斗争的真实英雄事迹，是进行爱国主义教育的鲜活教材。

收藏单位：国家图书馆、黑龙江省图书馆、佳木斯大学图书馆等

041《达斡尔民歌选》

内蒙古民间故事研究室、莫旗文化馆 1978 年编印

关键词：民歌 达斡尔族

中图法分类号：I277.2

本书以杨士清等同志收集整理的资料为蓝本，经杨士清本人重新修改，以内部资料的形式刊印，供读者参考。

收藏单位：黑龙江省图书馆等

042《达斡尔民间故事选》

萨音塔娜整理，内蒙古人民出版社 1987 年出版

关键词：民间故事 达斡尔族

中图法分类号：I277.3

本书收入民间故事 89 篇，集中反映了达斡尔族人民的生活信仰、风土人情，是认识和研究达斡尔族人民历史经济、文学语言及宗教信仰的珍贵资料。

收藏单位：国家图书馆、呼伦贝尔学院图书馆、辽宁大学图书馆等

043《达斡尔文学宗师敖拉·昌兴资料专辑（蒙、汉）》

敖·毕力格主编，内蒙古文化出版社 2010 年出版

关键词：达斡尔族 诗歌 生平事迹 文学评论

中图法分类号：I207.22-53

敖拉·昌兴以其渊博的文化学识和作品的艺术魅力获得了“文学宗师”的美誉，他所创作的诗歌作品立足于本民族文化根基，使达斡尔传统的诗歌文化得以继承和发扬，为民族文化注入了充满活力和生机的民族精神。本书依据不同版本的手抄本资料，收入诗歌 61 首，其中已经翻译发表的 49 首，是研究达斡尔族诗歌有价值的参考资料。

收藏单位：内蒙古自治区图书馆、呼伦贝尔市图书馆、苏尼特右旗图书馆等

044《达斡尔语韵文体文选作品选集》

孟志东编著，内蒙古文化出版社 2007 年出版

关键词：达斡尔族 少数民族文学 作品综合集

中图法分类号：I292.2

本书为“达斡尔族历史与文化研究”丛书之一，包括“‘阿拉腾嘎勤布日特’莫日根的故事”“传统的乌春、扎恩达勒”“近代和现代的乌春和扎恩达勒”“谚语”“谜语”五部分。作品的题材主要包括劳动生产、社会生活、爱情婚姻、世情风物、传统故事、儿童生活等内容，是学习和研究达斡尔族文学的参考资料。

收藏单位：暂时无法提供馆藏信息

045《达斡尔族报告文学及戏剧文学研究》

托娅、刘志中著，内蒙古大学出版社 2017 年出版

关键词：达斡尔族 报告文学评论 戏剧文学评论

中图法分类号：I207.922.5

本书为“达斡尔族当代文学研究丛书”之一，分上篇“报告文学研究”和下篇“戏剧文学研究”两部分，从对祖国的无限深情到对家乡的无比热爱，从对痛苦的辛酸

回忆到对幸福的快乐唱颂，让读者看到了达斡尔族新时期文学的繁荣与美好。本书不仅体现了中国少数民族文学研究与书写方式多样化的趋向，也填补了达斡尔族作家文学研究这一学术领域的空白。

收藏单位：国家图书馆、吉林大学图书馆、内蒙古科技大学图书馆等

046《达斡尔族传统诗歌选译》

奥登挂、呼恩乐译，内蒙古人民出版社 1991 年出版

关键词：达斡尔族 诗歌

中图法分类号：I292.22

“乌钦”是流传在达斡尔族民间的吟诵体韵律诗，诗句结构严谨，用词精练，富有哲理性。朗诵时朗朗上口，节奏感和音乐性很强，吟诵曲调比较平稳低沉。本书收入 29 篇“乌钦”，译文表达了原诗歌的风格与语言艺术特色。

收藏单位：国家图书馆、大连民族大学图书馆、内蒙古大学图书馆等

047《达斡尔族民间故事》

何文钧、吴钢锁著，哈尔滨出版社 2009 年出版

关键词：达斡尔族 民间故事

中图法分类号：I277.3

本书收入达斡尔族民间故事 100 篇，为研究达斡尔族民间文学提供了参考。

收藏单位：黑龙江省图书馆等

048《达斡尔族民间故事选》

孟志东编，上海文艺出版社 1979 年出版

关键词：达斡尔族 民间故事

中图法分类号：I277.3

本书是第一部以文字的形式将达斡尔族民间故事展示出来的故事选，是研究达斡尔族民间故事的参考资料。

收藏单位：国家图书馆、齐齐哈尔大学图书馆、黑龙江省图书馆等

049《达斡尔族散文研究》

赵延花著，内蒙古大学出版社 2018 年出版

关键词：达斡尔族 散文评论

中图法分类号：I207.67

本书为“达斡尔族当代文学研究丛书”之一。新时期散文作家善于在创作中用新的视角反思历史，敢于肯定人生的价值，勇于弥补传统创作模式的缺陷，使新时期达斡尔族散文创作从比较单一化走向多样化，从比较平面化走向深刻化。为了使文章更有说服力，在每篇文章后附部分具有代表性作家的作品，使本书更具有可读性。

收藏单位：佳木斯大学图书馆、呼伦贝尔学院图书馆、内蒙古大学图书馆等

050《达斡尔族神话故事》

苏勇整理，内蒙古文化出版社 1998 年出版

关键词：达斡尔族 神话

中图法分类号：I277.5

作者收集、整理和记录了达斡尔族神话故事 60 余篇，表现了达斡尔族在民俗风情和文化艺术方面强烈的文化特征。

收藏单位：国家图书馆、呼伦贝尔市图书馆、内蒙古自治区图书馆等

051《达斡尔族诗歌研究》

崔荣、包薇著，内蒙古大学出版社

2018 年出版

关键词：达斡尔族 诗歌研究

中图法分类号：I207.2

本书为“达斡尔族当代文学研究丛书”之一，对 24 位具有代表性的达斡尔族诗人进行了研究，每位诗人独立成篇，并于每篇后附该诗人的代表作品。每篇文章都对诗人的个人经历及诗歌特点进行了阐述，并有针对性地分析了其代表作品。本书不仅体现了中国少数民族文学研究与书写方式多样化的趋向，也填补了达斡尔族作家文学研究这一学术领域的空白。

收藏单位：佳木斯大学图书馆、呼伦贝尔市图书馆、呼伦贝尔学院图书馆等

052《达斡尔族“乌钦”说唱》

杨士清等编，黑龙江人民出版社 2012 年出版

关键词：达斡尔族 说唱

中图法分类号：I207.922

本书对达斡尔族“乌钦”进行了综合研究，包括艺术形式、思想内容、传承发展和保护等方面，是弘扬达斡尔族文化的好作品，同时也论证了保护“乌钦”的社会意义和民族价值。

收藏单位：国家图书馆、北京师范大学图书馆、华东师范大学图书馆等

053《达斡尔族小说研究》

李树新、林琳著，内蒙古大学出版社 2018 年出版

关键词：达斡尔族 小说研究

中图法分类号：I207.42

本书为“达斡尔族当代文学研究丛书”之一，包括：“达斡尔族当代小说创作论”“达斡尔民族新生活的咏歌者——《达斡尔沙洼》《青年猎人》”“达斡尔的鹰，民族精神的永恒象征——《奶，洁白的奶》《鹰的传奇》”等。本书作者都是长期从事民族文学研究的学者，所选篇目凝聚了他们多年研究的成果。为了使文章更有说服力，在每篇文章之后，选辑了部分在各方面具有代表性作家的作品作为附文，使本书更具有可读性。

收藏单位：佳木斯大学图书馆、呼伦贝尔市图书馆、呼伦贝尔学院图书馆等

054《达斡尔族研究》（1–18 辑）

内蒙古达斡尔历史语言文学学会 2018 年编印

关键词：达斡尔族 文化研究

中图法分类号：I26

内蒙古达斡尔历史语言文学学会从 1987—— 2018 年共编印 18 辑，收录了有关研究达斡尔族语言文字、文学艺术、历史、经济和社会制度等方面的论文和资料，不但有很高的学术价值，而且具有重要的现实意义。

收藏单位：国家图书馆、呼伦贝尔学院图书馆、呼伦贝尔市图书馆等

055《达斡尔族英雄叙事》（汉文、拉丁文）

吴刚、孟志东、那音太搜集、整理、译注，民族出版社 2013 年出版

关键词：达斡尔族 英雄史诗 诗集

中图法分类号：I222.7

本书为“中国少数民族非物质文化遗产研究系列”之一，收录了《阿勒坦嘎乐布尔特》《绰凯莫日根》《少郎和岱夫》三

部达斡尔族英雄史诗和近代英雄叙事诗，每部叙事诗都以拉丁文转写、汉文直译和汉文意译三种形式呈现在读者面前，比较准确地表达了原本的意思，较好地保持了民族文本的风格；同时，译者对三部长诗作了全面介绍和评价，有助于读者了解达斡尔族民间文学。

收藏单位：佳木斯大学图书馆、呼伦贝尔学院图书馆、内蒙古大学图书馆等

056《黑龙江流域少数民族英雄叙事诗：达斡尔族卷》

黄任远主编，黑龙江人民出版社 2016 年出版

关键词：达斡尔族 少数民族文学 叙事诗

中图法分类号：I226.3

作者用拉丁文记录达斡尔语，以国际音标注音，配以汉文直译和意译对照，收入达斡尔族民间口头叙事诗“乌钦”中最具代表性的经典作品，其中有流传千百年的《绰凯莫日根》和《阿勒坦嘎乐布尔特》，有流传广泛的现代达斡尔人民反抗压迫的英雄颂歌《少郎和岱夫》。

收藏单位：国家图书馆、广西民族大学图书馆、南京大学图书馆等

057《黑龙江乌钦》

黄任远等编选整理，黑龙江人民出版社 2011 年出版

关键词：达斡尔族 英雄史诗 黑龙江省

中图法分类号：I222.7

本书为“黑龙江流域非物质文化遗产代表作丛书”之一。“乌钦”是达斡尔族世代口耳相传的民间文学遗产，内容丰富，生动感人，民族风格鲜明，地方色彩浓郁，具有历史价值、民俗价值、语言价值和学术价值。本书精选的《少郎和岱夫》《绰凯莫日根》《阿勒坦嘎乐布尔特》三部“乌钦”代表作都是汉语译本；另外，还编选了歌唱莫日根的“乌钦”片段 9 篇，以及关于“乌钦”的评论文章 4 篇，歌手简介 6 篇，供读者阅读、欣赏、研究之用。

收藏单位：佳木斯大学图书馆、齐齐哈尔大学图书馆、呼伦贝尔学院图书馆等

058《寄情莫力达瓦：回忆我们在兴农插队的青春岁月》

贾延岩主编，人民文学出版社 2015 年出版

关键词：纪实文学 回忆录 莫力达瓦达斡尔族自治旗

中图法分类号：I251

本书是一批北京知识青年在莫力达瓦达斡尔族自治旗插队生活的真实记录，内容包括“兴农琐事”“兴农印象与片段”“短暂的经历深刻的记忆”“关于兴农的点滴记忆”“我在兴农度过的知青岁月”“兴农插队的零散记忆”“真实的记录”“我记忆中的兴农那些事”等。本书展现了知青们挥洒激情，艰苦奋斗的精神面貌。

收藏单位：国家图书馆、内蒙古大学图书馆、中南民族大学图书馆等

059《内蒙古三少民族民间故事：达斡尔族卷》

伊和白乙拉主编，苏勇搜集整理，远方出版社 2013 年出版

关键词：达斡尔族 民间故事

中图法分类号：I277.3

本书为“内蒙古民间文化遗产抢救工程”成果之一。作者通过对达斡尔族长者的采访，收集、整理了大量达斡尔族民间故事，种类丰富，包括神话、传说、民间叙事故事等，是研究达斡尔族民间文学的参考资料。

收藏单位：国家图书馆等

060《嫩水达斡尔文集》

何文钧、杨优臣编，黑龙江省达斡尔族研究学会、齐齐哈尔市达斡尔族学会2004年印制

关键词：嫩江流域 达斡尔族

中图法分类号：I277.3

本书收编的论文以黑龙江省达斡尔族学会和齐齐哈尔市达斡尔族学会2002年召开的“庆祝达斡尔族第一个人民政权建立五十周年、齐齐哈尔市达斡尔族学会成立二十周年大会”和2003年召开的经济研讨会收到的论文为主。本书对于进一步深入研究达斡尔族经济、教育、文化和其族源及历史具有重要价值，对深入研究、发展达斡尔民族经济、教育有现实的应用价值和参考价值。

收藏单位：黑龙江省图书馆、佳木斯大学图书馆等

061《齐齐哈尔地区民间传统乌钦十部》

鄂•白杉记录翻译整理，黑龙江人民出版社2012年出版

关键词：达斡尔族 叙事诗 诗集 齐齐哈尔市

中图法分类号：I292.22

本书是“乌钦”曲目集，是作者经过多年在齐齐哈尔地区收集整理的民间艺人口头创作的曲目。除《少郎和岱夫》以外，其余九部均未出版过，这对乌钦的传承及保护有重大意义，对达斡尔族文化研究及发展更有深远意义。

收藏单位：国家图书馆、黑龙江省图书馆、华东师范大学图书馆等

062《色热乌钦集》

色热著，黑龙江美术出版社2008年出版

关键词：达斡尔族 说唱文学 作品集

中图法分类号：I239

本书为“黑龙江省非物质文化遗产丛书”之一。“乌钦”是一种叙事诗，是达斡尔族民间文学诸多题材之一。色热的乌钦同传统的乌钦比较，除了“乌钦”必须遵循的韵文特点及格律严谨的共性以外，有其自己的特点。本书是目前为止唯一一部达斡尔现代乌钦集，是研究“乌钦”的重要参考资料。

收藏单位：国家图书馆、黑龙江省图书馆等

063《新时期中国少数民族文学作品选集：达斡尔族卷》

中国作家协会编，作家出版社2015年出版

关键词：达斡尔族 少数民族文学

中图法分类号：I29

本书收入1976—2011年在国内出版发表的中短篇小说、散文、报告文学和短诗共48篇，长篇小说、长篇诗歌和长篇报告文学则暂列存目，是新时期达斡尔族

文学成果的集中展示，也是走向新征程的起点。透过达斡尔族文学窗口，能看到国家发展进步的影像，能感受到达斡尔族人民与世界同步的精神律动。

收藏单位：国家图书馆、黑龙江省图书馆、佳木斯大学图书馆等

064《一个热爱太阳的民族》

吴颖丽著，内蒙古文化出版社 2018 年出版

关键词：诗集 达斡尔族

中图法分类号：I227

本书收入作者 150 首诗歌，以追慕达斡尔族民族历史、礼赞达斡尔族民族文化、歌唱达斡尔族民族日常生活等为主题，专注、深情、绵长、朴素，是作者诗歌创作的显著特征。

收藏单位：国家图书馆等

065《中国达斡尔族民间故事选集》

孟志东编著，内蒙古文化出版社 2007 年出版

关键词：达斡尔族 民间故事

中图法分类号：I277.3

本书为“达斡尔族历史与文化研究”丛书之一，收录了近百篇达斡尔族民间故事。无论是幻想性较强的英雄勇士故事、现实性较强的鞭挞反动统治者和旧势力的故事、赞美劳动人民道德风尚的故事，还是诙谐成趣的笑话、耐人寻味的趣闻、隽永的寓言，都从不同的角度体现了达斡尔族人民的劳动斗争，表现了他们的善良、勤劳、聪明和才智。

收藏单位：国家图书馆、内蒙古大学图书馆、内蒙古师范大学图书馆等

J 艺术

066《阿尔泰语系诸民族民歌之比较研究》

杜亚雄著，中国音乐学院 1984 年编印

关键词：阿尔泰语系 民歌 对比研究

中图法分类号：J642.2

本书通过国内外阿尔泰语系的民族民歌比较，研究其共同因素，并以此为基础进行了阿尔泰语系诸民族民歌原始形态的构建，结合民族学、语言学和历史学研究的成果，探索了阿尔泰语系诸民族民歌发展的历史。

收藏单位：星海音乐学院图书馆、四川音乐学院图书馆等

067《变迁与坚守：达斡尔族传统音乐文化研究》

张天彤著，人民音乐出版社 2014 年出版

关键词：达斡尔族 民族音乐

中图法分类号：J607.222

本书为“中国音乐学院博士文库”之一。作者以达斡尔族传统音乐文化作为研究对象，通过对 20 世纪以来达斡尔族传统音乐文化的梳理与总结，探讨社会文化变迁对达斡尔族传统音乐的影响及达斡尔族各界对民族文化根基的自觉坚守，其不仅对我国少数民族传统音乐文化研究具有重要价值，同时对保护非物质文化遗产工作也有参考意义。

收藏单位：佳木斯大学图书馆、呼伦贝尔学院图书馆、内蒙古自治区图书馆等

068《达斡尔族传统民歌选》

何今生编，黑龙江省民族研究所 1987 年编印

关键词：达斡尔族 传统民歌

中图法分类号：J642

本书收入了达斡尔族流传于民间的各种体裁的民歌，绝大部分采用国际音标注达斡尔语音，汉文译词，对研究达斡尔族民间文化提供了参考。

收藏单位：黑龙江省图书馆、内蒙古大学图书馆、内蒙古自治区图书馆等

069《达斡尔族“哈库麦勒”（鲁日格勒）歌舞》

杨士清等主编，黑龙江人民出版社 2012 年出版

关键词：达斡尔族 民族歌舞

中图法分类号：J732.22

本书为“黑龙江省非物质文化遗产系列丛书”之一，分六个部分对达斡尔族民间传统歌舞哈库麦勒（鲁日格勒）进行了详细介绍：“哈库麦勒（鲁日格勒）歌舞形式源流与沿革的探索”“哈库麦勒（鲁日格勒）歌舞早期活动的回顾”“哈库麦勒（鲁日格勒）歌舞本体特征的研究”“相关著作和文章对哈库麦勒（鲁日格勒）歌舞形式的论述摘录”“对哈库麦勒歌舞传承与发展的建议和设想”“当代哈库麦勒歌舞传承人”。

收藏单位：国家图书馆、佳木斯大学图书馆等

070《达斡尔族民歌选》

杨士清编，内蒙古人民出版社 1980 年出版

关键词：达斡尔族 民歌

中图法分类号：J642

本书汇集了达斡尔族民歌，包括新生活类、反抗和斗争类、生产劳动及社会生活类、爱情婚姻及妇女生活类等内容，是达斡尔族音乐爱好者的参考资料。

收藏单位：国家图书馆、内蒙古大学图书馆、内蒙古师范大学图书馆等

071《达斡尔民歌研究》

何今生编，黑龙江省达斡尔族学会、齐齐哈尔达斡尔族学会 2000 年印制

关键词：达斡尔族 少数民族音乐文化

中图法分类号：J642

本书对达斡尔族音乐史、音乐的基本特征以及与鄂温克、鄂伦春民间歌曲的异同进行了分析与探讨，介绍了黑龙江省达斡尔族传统民歌以及新疆维吾尔自治区塔城地区达斡尔族民歌的地方特色，对达斡尔族近现代民歌进行了阐述，介绍了“哈肯麦歌曲与游戏歌曲”“达斡尔族的雅德根伊若”“哈拉村三歌手”等，为研究达斡尔族民歌提供了参考。

收藏单位：黑龙江省图书馆等

072《达斡尔族音乐志及研究》

安晓霞编，黑龙江大学出版社 2014 年出版

关键词：达斡尔族 民间音乐 音乐史

中图法分类号：J607.222

本书分“达斡尔族音乐志”和“达斡尔族音乐研究”两部分。在“达斡尔族音乐志”部分，作者将流传在民间的具有代表性的曲目和各类音乐人的成名作尽收其中，给广大读者奉献了一部荟萃民族音乐

经典作品的乐谱书。在“达斡尔族音乐研究”部分，作者将多年来田野采风所获取的音乐资料记录整理后进行归纳、分类，介绍了自己的研究成果。本书填补了达斡尔族音乐志空白，具有学术性、实用性、资料性。

收藏单位：国家图书馆、佳木斯大学图书馆、内蒙古大学图书馆等

073《黑龙江省达斡尔族乌钦音乐研究》

王晔、张白雪著，黑龙江人民出版社2018年出版

关键词：达斡尔族 民族音乐研究 黑龙江省

中图法分类号：J607.222

作者运用田野调查法、收集文献资料法，从文学、民族音乐学、音乐美学、作曲学和表演学等多学科研究角度对分布在黑龙江省齐齐哈尔市梅里斯达斡尔族区和富拉尔基区等地区的“乌钦”文化的发展与交融进行系统的梳理和研究，为不同地区的达斡尔族音乐文化的传承发展提供了具体案例。

收藏单位：国家图书馆等

074《苏梅的纸艺》

苏梅著，内蒙古文化出版社2013年出版

关键词：纸工 作品集

中图法分类号：J528

本画册为“非物质文化遗产专集”之一，收入了作者近年来创作的达斡尔族纸艺术作品200余件（幅），分为“主题剪纸”“达斡尔族现代‘哈尼卡’”“达斡尔族传统‘哈尼卡’”“达斡尔族‘哈尼卡’头饰”四个部分。

收藏单位：国家图书馆等

075《耶拉大青山革命根据地速写集》

耶拉著，民族出版社2017年出版

关键词：速写 作品集

中图法分类号：J224.8

本画集以速写和文字形式描绘了内蒙古阴山山脉（号称大青山）抗日战争时期的史实。作者以充沛的革命激情记录了大青山抗战时期的感人事迹，凝聚了大青山的革命精神，抒发了深厚的革命情怀。

收藏单位：国家图书馆、海南大学图书馆、景德镇陶瓷大学图书馆等

076《映山红花满山坡：达斡尔族歌曲选》

齐齐哈尔市群众艺术馆编，黑龙江人民出版社1978年出版

关键词：达斡尔族 民歌

中图法分类号：J642.212.2

本书共选取了30首达斡尔族歌曲，除创作歌曲、改编的民歌外，还编入了达斡尔族民间音乐中的各种体裁，如民歌“乌钦”（说唱）等，为读者学习和研究达斡尔族音乐提供参考资料。

收藏单位：国家图书馆、内蒙古民族大学图书馆、佳木斯大学图书馆等

077《中国达斡尔族书画家耶拉作品集》

耶拉绘，民族出版社2008年出版

关键词：绘画 书法 作品集

中图法分类号：J221

本作品集收入了耶拉先生在油画、国

画、水彩、水粉、版画、舞台美术设计和书法等多个领域的作品，体现了艺术家深厚的艺术功底和较高的文化素养，作品具有鲜明的民族特点、地域特点和时代特点。

收藏单位：国家图书馆、内蒙古农业大学图书馆、中央民族大学图书馆等

K 历史、地理

078《爱辉县西岗子乡友谊社达斡尔族情况》

中国科学院民族研究所、内蒙古少数民族社会历史调查组 1959 年编印

关键词：达斡尔族 民族历史 社会调查

中图法分类号：K282.2

本书是调查小组于 1958 年 5 月至 7 月根据实地调查材料整理而成的，是了解和研究达斡尔族历史的参考资料。

收藏单位：辽宁大学图书馆、内蒙古大学图书馆、内蒙古师范大学图书馆等

079《春天里盛开的映山红：达斡尔族风情》

毅松编著，内蒙古人民出版社 2013 年出版

关键词：达斡尔族 民族文化 呼伦贝尔市

中图法分类号：K282.2

本书为“内蒙古旅游文化丛书”之一，介绍了内蒙古自治区呼伦贝尔市达斡尔族的民族风情，包括“达斡尔人的生活地域”“生活环境”“语言特点”“风俗礼仪”“宗教信仰”“婚姻及禁忌”“丧葬及禁忌”“服饰”“手工艺品”等内容，文中有大量的彩色照片，增加了欣赏性和可读性。

收藏单位：国家图书馆、佳木斯大学图书馆、内蒙古大学图书馆等

080《达斡尔论坛》

乐志德、卓红主编，内蒙古文化出版社 2010 年出版

关键词：达斡尔族 民族文化 民族历史

中图法分类号：K282.2-53

本书为“达斡尔族历史与文化研究”丛书之一，包括“达斡尔历史”“文化”“诗歌”“散文研究”及“达斡尔族学会发展概况”等，有较高的史料和学术价值。

收藏单位：国家图书馆等

081《达斡尔民族概况》

莫边达瓦旗达斡尔族自治旗成立廿周年文艺组 1978 年编印

关键词：达斡尔族

中图法分类号：K282.2

本书包括“达斡尔族的相关历史传说”“达斡尔族的氏族组织和家庭”“宗教和巫术”“达斡尔族的经济和生活习俗”等内容，是了解和学习达斡尔族历史的普及读物。

收藏单位：黑龙江省图书馆等

082《达斡尔资料集（1–12 集）》

敖拉·乐志德主编，《达斡尔资料集》编委会、全国少数民族古籍整理研究室编，民族出版社 1996—2019 年出版

关键词：达斡尔族 史料

中图法分类号：K282.2

为抢救民族文化遗产，传承弘扬达斡尔民族精神，建立民族世代文库，丰富中

华文库，《达斡尔资料集》编委会与全国少数民族古籍整理研究小组合编，从1996年至2019年，在民族出版社出版了2000多万字共12集《达斡尔资料集》。《达斡尔资料集》为了解、研究达斡尔族提供了重要历史资料。

收藏单位：国家图书馆、黑龙江省图书馆、大连民族大学图书馆等

083《达斡尔族》

毅松著，辽宁民族出版社2012年出版

关键词：达斡尔族 民族文化

中图法分类号：K282.2

本书为“走近中国少数民族丛书”之一，作者对达斡尔族的历史、经济、传统社会、民俗、文学艺术、宗教信仰、历史人物、达斡尔族自治旗区、民族乡（镇）等内容进行了介绍，使读者认识和了解达斡尔族悠久历史和丰富文化，认识到达斡尔族是具有爱国主义传统的英雄民族，是文化底蕴深厚、能歌善舞、尊老敬长、讲究礼仪、注重教育、人才辈出、真诚质朴、开放进取的民族，是与各兄弟民族团结互助、共同发展的民族。

收藏单位：佳木斯大学图书馆、齐齐哈尔大学图书馆、呼伦贝尔学院图书馆等

084《达斡尔族》

贺志宏著，中国水利水电出版社2005年出版

关键词：少数民族风俗习惯 达斡尔族

中图法分类号：K892.3

本书为“中国少数民族风情游丛书”之一，介绍了达斡尔族的历史概况、风俗习惯、村落与住宅及中国曲棍球的故乡等，内容新颖独特，信息丰富完整，文笔生动流畅，图文并茂，方便实用，是了解达斡尔族民族文化和旅游资源的普及读物。

收藏单位：呼伦贝尔学院图书馆、内蒙古大学图书馆、内蒙古师范大学图书馆等

085《达斡尔族》

毅松、娜仁其木格著，中国人口出版社2014年出版

关键词：达斡尔族 民族文化

中图法分类号：K282.2

本书为“中国少数民族人口丛书”之一，介绍了“达斡尔族的起源变迁”“社会组织生活文化”“人口规模与基本情况”“经济与生产”等方面的内容，展现了达斡尔族灿烂辉煌的历史和现状，有利于读者全面认识达斡尔族。

收藏单位：国家图书馆、内蒙古自治区图书馆、南开大学图书馆等

086《达斡尔族》

钟建波编著，金开诚主编，吉林出版集团有限责任公司2010年出版

关键词：达斡尔族 民族文化

中图法分类号 K282.2

本书为“中国文化知识读本”之一，从八个方面介绍了达斡尔族的传统文化，在深入挖掘和整理中华优秀传统文化成果的同时，结合社会发展，注入了时代精神。书中优美生动的文字、简明通俗的语言、图文并茂的形式，将中国文化中的物态文化、制度文化、行为文化、精神文化

等知识要点全面展示给读者，是了解达斡尔族历史文化的普及读物。

收藏单位：东北石油大学图书馆、哈尔滨医科大学图书馆、呼伦贝尔学院图书馆等

087《达斡尔族》

满都尔图著，民族出版社 1991 年出版

关键词：达斡尔族

中图法分类号：K282.2

本书为“民族知识丛书”之一，从民族学和民俗学的角度，通俗地介绍了达斡尔族族源、历史、民族风俗习惯、宗教信仰等方面的内容，是一本了解达斡尔族历史的普及读物。

收藏单位：国家图书馆、黑龙江省图书馆、内蒙古大学图书馆等

088《达斡尔族》

袁琳瑛主编，新疆电子音像出版社 2010 年出版

关键词：达斡尔族 民族文化 民族历史

中图法分类号：K282.2

本书为“中华民族大家庭知识读本丛书”之一，介绍了我国达斡尔族的历史沿革、传统民俗、文学艺术，是学习和了解达斡尔族民族文化的参考资料。

收藏单位：国家图书馆、黑龙江职业学院图书馆、呼伦贝尔学院图书馆等

089《达斡尔族：内蒙古莫力达瓦旗哈力村调查》

毛艳、毅松主编，云南大学出版社 2004 年出版

关键词：达斡尔族 莫力达瓦达斡尔族自治旗 民族调查

中图法分类号：K282.2

本书为“中国民族村寨调查丛书”之一，介绍了达斡尔族的概况与历史、生态环境、人口、社会经济、政治、婚姻家庭、法律、生活方式、文化、风俗习惯、教育、科教卫生、宗教等方面的内容。作者调查收集了大量的文字、音像资料，大部分为第一手资料，真实地记录了现在时段民族村寨的全貌，有现实的参考价值和历史的保存价值。

收藏单位：国家图书馆、佳木斯大学图书馆、齐齐哈尔大学图书馆等

090《达斡尔族百科辞典》

满都尔图主编，内蒙古文化出版社 2007 年出版

关键词：达斡尔族 词典

中图法分类号：K282.2-61

本书是全面、系统阐释达斡尔族历史、社会、经济和文化的综合性大辞典，收入词目 2300 条。本词典分为“自然环境”“历史”“社会”“经济”“文化”“人物”六类，每类又分若干部分，每个部分词目的排列以词目内容的内在联系为序，体现各部分内容的整体性和系统性及相互间的层次脉络。

收藏单位：国家图书馆、呼伦贝尔学院图书馆、内蒙古大学图书馆等

091《达斡尔族百年实录》

全国政协文史和学习委员会暨内蒙古自治区、新疆维吾尔自治区、黑龙江省政协文史资料委员会编，中国文史出版社 2008 年出版

关键词：达斡尔族 史料 民族历史

中图法分类号：K282.2

本书为“中国少数民族文史资料书系”丛书之一，编者通过实地走访查阅资料，用近百万字“亲见、亲历、亲闻”的史料展现达斡尔族百年奋斗史，是研究达斡尔族历史文化的参考资料。

收藏单位：国家图书馆、佳木斯大学图书馆、内蒙古自治区图书馆等

092《达斡尔族村屯录》

政协齐齐哈尔市委文史资料委员会 1993 年编印

关键词：达斡尔族 地方史志

中图法分类号：K293.5

达斡尔族分布在我国现行行政区划的 3 个省区 20 多个县旗区内，前后共建村屯 400 多个。本书记述了这些村屯的地理位置、始建年代、名称由来和名称演化，为达斡尔族历史研究和地方史研究提供资料。

收藏单位：国家图书馆、黑龙江省图书馆、呼伦贝尔学院图书馆等

093《达斡尔族风俗志》

巴图宝音编著，中央民族学院出版社 1991 年出版

关键词：达斡尔族 少数民族风俗习惯

中图法分类号：K892.322

本书为“民俗文库”丛书之一，系统介绍了达斡尔族的服饰、饮食、人生礼仪、生产、交通、贸易、家庭结构、民间文学、宗教信仰、节日民俗等，是了解和研究达斡尔族风俗习惯的参考资料。

收藏单位：国家图书馆、黑龙江省图书馆、佳木斯大学图书馆等

094《达斡尔族简史》

《达斡尔族简史》编写组、《达斡尔族简史》修订本编写组编，民族出版社 2008 年出版

关键词：达斡尔族 民族历史

中图法分类号：K282.2

本书为“中国少数民族简史丛书（修订本）”之一，介绍了达斡尔族的族称与族源；元朝、明朝、清朝、中华民国时期、解放战争时期的达斡尔族等内容；修订版在初版的基础上适当调整结构，更新有关数据和资料，吸收最新研究成果，增加了达斡尔族在改革开放以来各方面的发展成就，是研究达斡尔族历史的重要参考资料。

收藏单位：国家图书馆等

095《达斡尔族简史简志合编（初稿）》

中国科学院民族研究所内蒙古少数民族社会历史调查组 1963 年编印

关键词：达斡尔族

中图法分类号：K282.2

本书介绍了达斡尔族人口分布和自然情况，中华人民共和国成立之前的经济、文化、社会主义改造等内容，是研究达斡尔族历史文化的参考资料。

收藏单位：国家图书馆、内蒙古大学图书馆、内蒙古师范大学图书馆等

096《达斡尔族论著提要》

景爱著，人民出版社 2016 年出版

关键词：达斡尔族 民族历史

中图法分类号：K282

达斡尔族是我国人口较少民族之一，有本族语言，无本族文字。其历史散见于《清实录》、满文档案。对其族名、民族起源有种种不同说法，在许多论著中都有所表述，本书收录了有代表性的115种论著并进行评论，指出其思想观点之正误、研究方法之得失及其产生原因，是研究达斡尔族历史文化的参考资料。

收藏单位：国家图书馆、佳木斯大学图书馆、内蒙古大学图书馆等

097《达斡尔族社会历史调查》

内蒙古自治区编辑组，《中国少数民族社会历史调查资料丛刊》修订编辑委员会编，民族出版社2009年出版

关键词：达斡尔族 民族历史

中图法分类号：K282.2

本书为"中国少数民族社会历史调查资料丛刊（修订本）"之一。本书在1985年原版基础上，第一章增补了1990年、2000年两次全国人口普查的基础数据，并按省区分布情况进行了介绍；第七章增加了牧业、农业的内容，新增了副业部分；第九章补充了饮食、居住、服装、交通等部分新内容；第十章增加了"莫昆"的由来和职能等内容；第十一章补充了婚姻、丧葬、节庆、礼仪等部分新内容；第十四章增加了叙事诗、歌舞曲的新内容，并新增雕刻部分，是了解和研究达斡尔族社会历史的参考资料。

收藏单位：国家图书馆、呼伦贝尔学院图书馆、内蒙古大学图书馆等

098《达斡尔族史料专辑》

那顺宝主编，中国文史出版社2015年出版

关键词：达斡尔族 民族史志

中图法分类号：K282.2

达斡尔族是我国人口较少的少数民族之一，多年来，达斡尔族学会致力于本民族各类史料的搜集、整理、出版、宣传工作，此次由达斡尔族学会负责人那顺宝先生主持筛选、整理、主编的这部专辑，是在浩如烟海的史料中精挑细选出来的，旨在系统而高质量地将达斡尔族人民的文化传承、历史源流、人文情怀等集中展示给世人，这是达斡尔族人值得骄傲的记忆，也是达斡尔族学会记录、宣传这种记忆的责任。

收藏单位：国家图书馆、北京大学图书馆、内蒙古大学图书馆等

099《达斡尔族文化变迁研究》

毅松主编，内蒙古大学出版社2016年出版

关键词：达斡尔族 文化变迁

中图法分类号：K282.2

本书主要讲述达斡尔族自中华人民共和国成立60多年来的文化变迁，作者对达斡尔族的文化变迁、牧业变迁、农作物变迁、农村妇女劳动生活变迁、农村达斡尔族婚姻习俗变迁等内容进行了阐述，图文并茂，通俗易懂，是研究达斡尔族文化变迁的参考资料。

收藏单位：中南民族大学图书馆、吉林大学图书馆、内蒙古科技大学图书馆等

100《达斡尔族文化研究》

滕绍箴、苏都尔·董瑛著，辽宁民族出版社2014年出版

关键词：达斡尔族 民族文化

中图法分类号：K282.2

本书共分十九章。作者对达斡尔族文化生活在中华民族共同文化生活中的地位给予应有评价，对其优秀的民族品格等文化生活特点也给予较详细剖析，论述了达斡尔族在与邻近各族文化生活交融中发展、相互认同中前进的历史行程，对研究达斡尔族民族文化内涵有参考价值。

收藏单位：佳木斯大学图书馆、呼伦贝尔学院图书馆、内蒙古大学图书馆等

101《达斡尔族文物图录》

郭旭光主编，内蒙古大学出版社 2008 年出版

关键词：达斡尔族 图谱

中图法分类号：K874.222

本书包括“达斡尔族民居”“达斡尔族生产工具”“达斡尔族交通工具”“达斡尔族民具”“达斡尔族服饰与首饰”等九部分内容，是研究达斡尔族历史、民俗的基础材料。

收藏单位：国家图书馆、内蒙古大学图书馆、北京大学图书馆等

102《达斡尔族要事记》

卜林著，黑龙江省达斡尔族学会 1987 年编印

关键词：达斡尔族

中图法分类号：K282.2

本书是根据整理古籍需要，以莫力达瓦达斡尔族自治旗大事记以及各地政协文史资料登载的有关达斡尔族资料为依据，并参照《清实录》《黑龙江志稿》《呼伦贝尔府志》《达斡尔族简史》整理而成。自清初至中华人民共和国成立前为止，共分五个时期，以布特哈和齐齐哈尔地区为主要对象，比较系统地记载了达斡尔族居住地区社会、政治、经济、文化、军事等方面的情况，为研究达斡尔族社会发展和历史文化等方面提供了珍贵资料。

收藏单位：黑龙江省图书馆等

103《达斡尔族与齐齐哈尔城：达斡尔族历史、文化论文选编》

何文钧、杨优臣主编，黑龙江省达斡尔族学会、齐齐哈尔市达斡尔族学会 2000 年编印

关键词：达斡尔族 历史文化

中图法分类号：K282.2

本书是达斡尔族学会、达斡尔族民间文化艺术研讨会所收论文的汇编。选编的论文以达斡尔族在康熙年间的历史事件及齐齐哈尔建城前后的历史为主，是达斡尔族历史文化研究的珍贵资料。

收藏单位：黑龙江省图书馆等

104《达斡尔族源于契丹论》

巴图宝音等主编，中国社会科学出版社 2011 年出版

关键词：达斡尔族 民族历史

中图法分类号：K282.2

本书分为“论著全文”和“论著摘录”两个部分，收入了中外著名民族史专家和达斡尔族学者为探索达斡尔族族源进行的多角度、多层次的研究成果，研究得出当今的达斡尔族属于古代契丹后裔的结论。本书为学者研究达斡尔族族源问题提供了便捷的优势，有助于达斡尔族为契丹后裔的研究向纵深发展。

收藏单位：国家图书馆、佳木斯大学图书馆、呼伦贝尔学院图书馆等

105《达斡尔族自治旗文史》（第1～8辑）

莫力达瓦达斡尔族自治旗政协文史资料委员会1989—1999年编印

关键词：达斡尔族 地方史志

中图法分类号：K292.6

本书汇集第一手真实资料，主要介绍了莫力达瓦达斡尔族自治旗的政治、军事、经济、文化教育、科技、卫生、民族、民俗、宗教、农工商、华侨社会生活、人物传记等各方面的情况，起到了保存和积累历史资料、启迪今人、教育后代的作用。

收藏单位：国家图书馆、南京大学图书馆、呼伦贝尔学院图书馆等

106《达斡尔族族源研究》

杨优臣、何文钧主编，黑龙江省达斡尔族学会、齐齐哈尔市达斡尔族学会1997年编印

关键词：达斡尔族 族源研究

中图法分类号：K282.2

为了总结十几年来的研究成果，为研究达斡尔族的学者和各界研究人员提供资料，进一步推动达斡尔族研究事业的深入发展，从1992年起，齐齐哈尔市达斡尔族学会和黑龙江省达斡尔族学会编印了此专题的论文集供研究者参考。

收藏单位：黑龙江省图书馆等

107《额尔和志》

《额尔和志》编纂委员会2009年编印

关键词：地方志 达斡尔族

中图法分类号：K292.64

本书全面、系统、准确地记述了额尔和的自然环境、建置沿革、人口、民族、社会、政治、经济、文化、军事等方面的历史发展和现状，突出地区特点和民族特点，较好地做到了资料性、思想性、科学性和可读性的统一，是一部集“资政、教化、存史”功能为一体的了解额尔和、宣传额尔和、具有百科全书性质的权威性著述，也是进行爱国主义、革命传统教育和认识、建设额尔和的生动教材。

收藏单位：黑龙江省图书馆等

108《黑龙江达斡尔族文化》

吴瑶、白晓清著，黑龙江教育出版社2012年出版

关键词：达斡尔族 民族文化 黑龙江省

中图法分类号：K282.2

本书为“黑水世居民族文化”丛书之一，涉及达斡尔族传统的生产生活习俗、教育、学术、文学艺术、语言文字、新闻、广播、出版、报纸期刊、宗教等领域，全面系统地勾画出一幅色彩斑斓的达斡尔族文化巨卷，是一部研究黑龙江省达斡尔族文化的综合性著作，也是一部图文并茂、可读性强、趣味性浓、通俗易懂的文化人类学读物。

收藏单位：国家图书馆、佳木斯大学图书馆、长春师范大学图书馆等

109《解放战争时期的达斡尔族》

何文钧、杨优臣编，黑龙江省达斡尔族学会、齐齐哈尔市达斡尔族学会1999年编印

关键词：达斡尔族 史料

中图法分类号：K282.2

本书包括会议收到的论文、革命回忆录等，是进行爱国主义、革命英雄主义教育的最好教材，是激发民族感情、增进民族团结的最好教材，也是进一步研究解放战争时期达斡尔族历史的珍贵材料。

收藏单位：黑龙江省图书馆等

110《解放战争中的达斡尔族》

莫德尔图等编著，内蒙古文化出版社2018年出版

关键词：达斡尔族 史料 第三次国内革命战争

中图法分类号：K282.2

作者以大量的史实介绍了在中国共产党的领导下，优秀的达斡尔族人民打击国民党反动派，建立人民政权、开展土地改革和牧区民主改革运动的经历，展现了达斡尔族人民在解放战争时期所做的贡献，是了解和研究解放战争时期达斡尔族历史的参考资料。

收藏单位：国家图书馆等

111《库木勒的芬芳与苦涩》

高春梅著，中央广播电视大学出版社2013年出版

关键词：达斡尔族 民族文化

中图法分类号：K282.2

本书以访谈的形式记录和描述了达斡尔族教师和学生对本民族文化的体认，并进行人类学解释。通过描述达斡尔族文化对达斡尔族人生命成长的影响过程，洞察达斡尔族师生的民族意识和民族文化自觉发展状态的困境，了解达斡尔族教师在民族学校的教育教学中进行民族文化传承意识的趋向，寻求实现民族文化传承的策略与路径。

收藏单位：国家图书馆等

112《梅里斯达斡尔族人物录》

多占胜编，黑龙江人民出版社2007年出版

关键词：达斡尔族 名人 生平事迹 齐齐哈尔市

中图法分类号：K828.722

本书以条目的形式，记述了黑龙江省齐齐哈尔市梅里斯区达斡尔族著名人物的小传，分为“当代”“近代”“古代”三部分，收录了从明末清初至2016年梅里斯达斡尔族各方面代表人物共计403人。记录一个民族的人物精神并将其永久流传，是传承文明、启迪子孙、功在当代、惠泽后世的大事，对于了解达斡尔族、建设梅里斯具有重大而深远的现实意义。

收藏单位：国家图书馆、黑龙江省图书馆等

113《莫力达瓦达斡尔族自治旗概况及哈布奇屯达斡尔族情况》

中国科学院民族研究所内蒙古少数民族社会历史调查组1960年编印

关键词：达斡尔族 民族历史 社会调查

中图法分类号：K282.2

调查者以莫力达瓦达斡尔族自治旗为中心，从1958年8月至10月在莫力达瓦达斡尔族自治旗尼尔基镇及哈布奇屯进行调查。本书资料主要来源：通过个别访谈、召开座谈会获得；莫力达瓦达斡尔

族自治旗近年来的工作总结、各种指示报告、文件和统计资料，以及各有关部门提供的材料。

收藏单位：国家图书馆、内蒙古大学图书馆、辽宁大学图书馆等

114《莫力达瓦达斡尔族自治旗志》

铁林嘎主编，内蒙古人民出版社 1998 年出版

关键词：地方志 莫力达瓦达斡尔族自治旗

中图法分类号：K292.64

本书全面、系统、准确地记述了莫力达瓦达斡尔族自治旗的自然环境、建制沿革、人口、民族、社会、政治、经济、文化、军事等内容，突出了地区特点和民族特点，较好地做到了资料性、思想性、科学性和可读性的统一。

收藏单位：国家图书馆、黑龙江省图书馆、内蒙古民族大学图书馆等

115《莫力达瓦达斡尔族自治旗志：1993—2005 年》

卓仁、孟大伟主编，内蒙古人民出版社 2008 年出版

关键词：达斡尔族 地方志 莫力达瓦达斡尔族自治旗

中图法分类号：K292.64

本书为断代志，是首部《莫力达瓦达斡尔族自治旗志》的续志，也是全面记载 1993—2005 年莫力达瓦达斡尔族自治旗建制、自然人文、政治、经济、军事、文化等各方面历史与现状的资料性文献，是研究莫力达瓦达斡尔族自治旗历史文化的参考资料。

收藏单位：黑龙江省图书馆等

116《内蒙古莫力达瓦达斡尔族自治旗概况》

《内蒙古莫力达瓦达斡尔族自治旗概况》编写组编，民族出版社 2008 年出版

关键词：莫力达瓦达斡尔族自治旗

中图法分类号：K922.64

本书为“中国少数民族自治地方概况丛书”之一，主要包括“内蒙古莫力达瓦达斡尔族自治旗自然资源”“民族分布”“历史发展”“政权建设”“社会变革”“经济文化”，以及“名胜古迹”“宗教信仰”“风俗习惯”等内容，是研究莫力达瓦达斡尔族自治旗历史的参考资料，对促进各民族之间的互相了解、增强民族团结有重要的作用。

收藏单位：国家图书馆、中央民族大学图书馆等

117《尼尔基镇志》

中共尼尔基镇委员会，尼尔基镇人民政府 2008 年编印

关键词：地方志 呼伦贝尔市

中图法分类号：K292.64

本书全面、准确地记述了内蒙古自治区呼伦贝尔市莫力达瓦达斡尔族自治旗尼尔基镇自有定居居民以来社会、政治、经济、文化事业发展的历史与现状。志书材料翔实、文笔流畅、图文并茂，可读性强，集存史、资政、教育功能为一体，具有科学性和权威性，是了解和研究尼尔基镇历史文化的珍贵参考资料。

收藏单位：黑龙江省图书馆、北京大学图书馆、中国社会科学院图书馆等

118《齐齐哈尔达斡尔述略》

乌力斯•卫戎著，齐齐哈尔市社会科学联合社、齐齐哈尔市社会科学研究所1987年印制

关键词：达斡尔族 少数民族历史 齐齐哈尔市

中图法分类号：K282.2

本书是一部具有浓厚地方特色的少数民族简史，从研究达斡尔族的族源、族名入手，比较详细地叙述了达斡尔族自清朝以来，在反对沙俄侵略斗争中所做的贡献及在保卫家园、屯垦戍边、建设开发齐齐哈尔市过程中所发挥的作用，着重介绍了齐齐哈尔市达斡尔族的居住区域、行政沿革、村屯部落、人口变化、自然概貌、宗教信仰、生活习俗、历代人物大事简介等，为人们了解、研究达斡尔民族的发展历史提供了较为翔实的资料参考。

收藏单位：黑龙江省图书馆、沈阳市图书馆、河北民族师范学院图书馆等

119《齐齐哈尔达斡尔资料》

内蒙古少数民族社会历史调查组1960年编印

关键词：达斡尔族 齐齐哈尔市

中图法分类号：K282.2

本书汇集了《在党的民族政策光辉照耀下飞跃发展的达斡尔族》《建华人民公社1958年农业生产总结》《建华人民公社1959年农村工作总结》《1959年建华人民公社国民经济统计资料》等资料，是了解和研究齐齐哈尔市达斡尔族社会发展的参考资料。

收藏单位：黑龙江省图书馆、云南农业大学图书馆、暨南大学图书馆等

120《齐齐哈尔市梅里斯达斡尔族区志》

梅里斯达斡尔族区志编纂委员会编，黄山书社1999年出版

关键词：地方志 达斡尔族 齐齐哈尔市

中图法分类号：K293.53

本志上限为1649年，下限止于1990年年底，由“概述”“大事记”“专业各编”“人物”和“附录”五部分组成。专业各编设“建制”“自然地理”“经济”“政治”“文化”“习俗”与“宗教”等，展现不同历史时期发展变化的兴衰过程，是研究齐齐哈尔市梅里斯达斡尔族历史的参考资料。

收藏单位：国家图书馆、黑龙江省图书馆、呼伦贝尔学院图书馆等

121《齐齐哈尔市梅里斯达斡尔族区志：1991—2005》

本书编纂委员会编，黑龙江人民出版社2012出版

关键词：达斡尔族 地方志 齐齐哈尔

中图法分类号：K293.52

本志记述了全区1991—2005年的历史发展，包括政治、经济、文化、民族宗教、自然地理、行政区划、人物、附录和补遗等，充分体现了时代特征、民族特点和地方特色。本志在篇章安排、版面设计、插图配合等诸多方面有所创新，做到了思想性、科学性和资料性的统一，是一部资政、存史、教化的地方志书，也是海内外各界人士了解民族地区、走进民族地区的媒介和窗口。

收藏单位：黑龙江省图书馆等

122《庆祝梅里斯达斡尔族区建区五十周年文集：1952—2002》

梅里斯达斡尔族区人民政府、黑龙江省民族研究学会达斡尔族学会分会2003年编印

关键词：达斡尔族 社会文化 齐齐哈尔

中图法分类号：K292.64

本文集收集了三个方面的论文，一是梅里斯达斡尔族区经济社会发展的探讨；二是梅里斯达斡尔族区五十年来各行各业发展进步的综述性文章；三是关于梅里斯达斡尔族区建立过程的回忆性文章，使读者在回顾达斡尔族历史发展过程中感受党的民族政策的光辉。

收藏单位：黑龙江省图书馆等

123《生存智慧与文化选择：达斡尔族农业民俗及其生态文化特征研究》

戴嘉艳著，民族出版社2014年出版

关键词：达斡尔族 农业生产 风俗习惯

中图法分类号：K892.322

本书在田野调查的基础上，选取一个典型的达斡尔族农耕村落为个案，以生态文化特征为视角，运用生态人类学的相关理论着重考察其农业民俗的表现形态、社会功能、生态价值及发展变迁情况，在此基础上揭示农业民俗的本质以及生成、演进的基本规律和相关文化内涵。

收藏单位：国家图书馆、佳木斯大学图书馆、呼伦贝尔学院图书馆等

124《新疆达斡尔族情况》

内蒙古少数民族社会历史调查组1959年编印

关键词：达斡尔族 地方史志 新疆维吾尔自治区

中图法分类号：K293.5

本书介绍了“新疆维吾尔自治区达斡尔族的人口与分布”“新疆维吾尔自治区达斡尔族的由来与早期的生活”“同治年间的战争和达斡尔族的北迁”“塔城的定居”“达斡尔族人民参加反对国民党反动统治的斗争”“中华人民共和国成立前后达斡尔族的经济、政治、文化变化”等，是学习和研究新疆达斡尔族历史的参考资料。

收藏单位：暂时无法提供馆藏信息

125《寻找达斡尔人的足迹：东霍尔莫津村纪行》

周喜峰、黄彦震著，黑龙江大学出版社2009年出版

关键词：达斡尔族 乡村史

中图法分类号：K923.55

本书是“黑龙江大界江百村纪行”成果之一，作者用优美生动、深入浅出的语言，图文并茂地介绍了东霍尔莫津村的历史沿革、风土人情及蓬勃发展的新面貌。在调查研究的过程中，不仅深入挖掘民族特色和文化传统，还试图找出现实发展中存在的问题和困难，并提出对策与建议。

收藏单位：黑龙江省图书馆、佳木斯大学图书馆、齐齐哈尔大学图书馆等

126《在绿草繁茂的时节：达斡尔族》

毅松著，云南人民出版社2003年出版

关键词：达斡尔族 家庭生活

中图法分类号：K282.2

本书为“20世纪中国民族家庭实录”丛书之一，作者通过记述一户生活在喀什地区喀什库尔干塔吉克自治县的达斡尔族家庭的情况，反映了达斡尔族人民在20世纪的生产、生活、婚姻、家庭、风俗习惯、服饰、住房、教育、娱乐等方面的变化。

收藏单位：国家图书馆、塔里木大学图书馆、新疆大学图书馆等

127《中国达斡尔》

达斡尔电视台编，中国广播电视出版社2009年出版

关键词：电视纪录片 解说词 达斡尔族 民族历史

中图法分类号：K282.2

这是一部图文并茂，以同名电视纪录片解说词为主体的作品集。如果说大型文献纪录片是一幅彩色的画卷，一串流动的音符，那么这部图书就是一尊凝固静止却又栩栩如生的雕像。书中收录了一批有识之士的评析文章和电视主创人员、亲历者、参与者撰写的幕后故事，是解读本书和欣赏电视片的点睛之笔和必要补充。书中的一些图片，让读者在阅读文字的同时增加了更为直观的印象。

收藏单位：国家图书馆、佳木斯大学图书馆、呼伦贝尔市图书馆等

128《中国达斡尔族》

齐勤编著，宁夏人民出版社2011年出版

关键词：达斡尔族 民族文化

中图法分类号：K282.2

本书为“中华民族全书”之一，介绍了达斡尔族的概况、历史、物质文化、社会文化、教育与文学艺术、宗教文化等内容，在尊重历史的基础上，以新的视角挖掘达斡尔族民族文化的题材，提炼民族文化的丰厚资源，使之脉络清晰，连贯自然，富有时代感。

收藏单位：大庆师范学院图书馆、呼伦贝尔学院图书馆、内蒙古大学图书馆等

129《中国达斡尔族古籍汇要》

孟志东编著，内蒙古文化出版社2007年出版

关键词：达斡尔族 民族历史 古籍

中图法分类号：K282.2

本书为“达斡尔族历史与文化研究”丛书之一，包括“达斡尔和索伦源流考”“黑龙江乡土录”“达斡尔蒙古考”“达斡尔民族志稿”等七部分，内容涉及关于达斡尔族来源的探讨、达斡尔族风俗的研究等诸多方面，对研究和传播本民族历史知识具有积极意义。

收藏单位：国家图书馆、中国社会科学院图书馆等

130《中国达斡尔族名人风采录》

杜兴华、巴图宝音主编，中央民族大学出版社2010年出版

关键词：达斡尔族 名人 生平事迹

中图法分类号：K828.722

本书介绍了我国现当代有突出成就的达斡尔族名人556位，其中以介绍中华人民共和国成立后在社会主义建设事业中取得突出成就、做出突出贡献的人物为主。本书作为珍贵的文献史料，对提高达斡尔族自信心、自豪感，弘扬达斡尔族的民族

精神和传统文化，产生了积极的作用和深远的历史意义。

收藏单位：国家图书馆、内蒙古大学图书馆、呼伦贝尔学院图书馆

131《中国达斡尔族人物录》

本书编委会编，黑龙江人民出版社1997年出版

关键词：达斡尔族 人名录

中图法分类号：K82-61

本书记述了中华人民共和国成立后，在中国共产党领导下涌现出的大批达斡尔族优秀人物的经历和成长过程，充分体现了将马克思列宁主义的普遍真理与中国革命实践相结合而实行的“民族区域自治”的基本方针和以经济工作为中心的一系列民族政策的光辉胜利，对促进民族团结进步事业起到极大的推动作用。同时，此书作为第一部达斡尔族人物史籍，不仅为研究达斡尔族的历史提供珍贵的资料，也为今后编写达斡尔族政治、经济、文化、民俗等方面的著述提供借鉴和经验。

收藏单位：黑龙江省图书馆、佳木斯大学图书馆、呼伦贝尔学院图书馆等

132《中国达斡尔族史话》

鄂景海、巴图宝音编著，民族出版社2005年出版

关键词：达斡尔族 民族历史

中图法分类号：K282.2

本书从政治、经济、文化等方面多角度梳理了达斡尔族的历史发展过程，为达斡尔族研究提供了珍贵资料。

收藏单位：佳木斯大学图书馆、齐齐哈尔大学图书馆、黑龙江省图书馆等

133《中国达斡尔族通史》

孟志东主编，辽宁民族出版社2018年出版

关键词：达斡尔族 民族历史

中图法分类号：K282.2

本书分上、中、下三卷。历史上，达斡尔族是嫩江流域地域文化、农业文明和军政制度的开拓者，为反抗沙俄侵略、反抗日本帝国主义侵略谱写了举世闻名的爱国主义篇章，为守卫、开发、建设我国北部边疆做出了重要贡献。经过多年的史料整理和研究工作的积累，本书必将推动达斡尔族历史研究的纵深发展，有利于社会主义文化大发展、大繁荣。

收藏单位：国家图书馆、吉林大学图书馆、中央民族大学图书馆等

134《中国少数民族设计全集：达斡尔族卷》

《中国少数民族设计全集》编纂委员会编，山西人民出版社2019年出版

关键词：达斡尔族 民族设计

中图法分类号：K28

本书从七个方面解析了达斡尔族传统造物100个典型案例，涉及达斡尔族传统生活、生产的方方面面，是达斡尔族人民智慧的结晶，传达着达斡尔族旺盛的生命力及美好的心路历程，充分展示了达斡尔族特色和传统造物文化，具有积极的社会意义和文化价值，也为当代造物设计理念提供了借鉴。

收藏单位：北京服装学院图书馆、湖北民族大学图书馆、华东师范大学图书馆等

135《中国新疆塔城达斡尔族》

郭•白玲著，新疆人民出版社 2013 年出版

关键词：达斡尔族 民族文化 新疆维吾尔自治区塔城市

中图法分类号：K282.2

本书内容主要包括达斡尔族族源、族名、传说与历史、社会组织与经济文化、民风民俗、民族节日、宗教信仰与崇拜、民族器乐、语言文学、体育娱乐、手工技艺、民间医药验方等。作者在写作中不仅引用了丰富的历史文献资料，同时运用了大量实地调查的第一手珍贵资料，可读性强。

收藏单位：国家图书馆、塔城地区图书馆、新疆图书馆等

T 工业技术

136《中国达斡尔族饮食文化》

孟铁英著，政协莫力达瓦旗委员会 2005 年编印

关键词：达斡尔族 饮食文化

中图法分类号：TS971

本书全面、系统、详细记述了达斡尔族日常饮食习惯和野外猎、渔、伐木放排等饮食习俗的历史、发展和现状，介绍了有关达斡尔族节庆、礼仪、婚丧嫁娶、祭祀等方面涉及的饮食和炊具、餐具等，突出地方特点、民族特点，是了解、宣传、弘扬达斡尔族饮食文化的专题书籍。

收藏单位：黑龙江省图书馆等

Z 综合性图书

137《梅里斯年鉴》

中共齐齐哈尔市梅里斯达斡尔族区委史志研究室编，黑龙江人民出版社 2020 年出版

关键词：齐齐哈尔市 年鉴

中图法分类号：Z523.54

本书主要收集整理了 2019 年度梅里斯达斡尔族区自然、政治、经济、文化、社会等方面的综合情况，包括“大事记”“地方人民代表大会”“地方人民政府”“地方政治协商会议委员会”“人民团体”“法治”“农业”“企事业单位”“公共事业”“交通”“邮政”“体育”“文化”“医疗”“先进人物”等篇章，是一部集知识、资料为一体的具有史料性的大型工具书，为各级领导机关、企事业单位、社会各界了解认识梅里斯、投资建设梅里斯提供翔实的资料和信息。

收藏单位：暂时无法提供馆藏信息

138《中国少数民族古籍总目提要：达斡尔族卷》

国家民委全国少数民族古籍整理研究室编，中国大百科全书出版社 2009 年出版

关键词：达斡尔族 古籍

中图法分类号：Z838

本书全面反映达斡尔族现存古籍之面貌，涵盖书籍类、铭刻类、文书类、讲唱类等古籍资料，展现达斡尔族丰富多彩的民族文化遗产。

收藏单位：国家图书馆、佳木斯大学图书馆、内蒙古大学图书馆等

第五章

德昂族研究图书索引

德昂族简介

德昂族总人口 22 354 人（2020 年第七次全国人口普查数据）。德昂族主要聚居在云南省德宏傣族景颇族自治州芒市三台山德昂族乡。

德昂语属南亚语系孟高棉语族佤德昂语支，分为“布雷”“汝买”“若进”三种方言。其没有本民族的文字，因长期与傣族、汉族、景颇族等民族相处，多通傣语、汉语和景颇语。

德昂族是全民信仰佛教的民族。

德昂族浇花节是德昂族文化的结晶，涉及德昂族的宗教礼仪、民间歌舞、民间工艺、婚姻习俗和传统饮食等多方面内容，具有十分丰富的民族文化内涵。2008 年，“德昂族浇花节”被列入第二批国家级非物质文化遗产代表性项目名录。

德昂族文学以口头民间文学为主，有诗歌、谚语、民间故事、神话传说、寓言等。《达古达楞格莱标》是德昂族民间创世神话史诗，是德昂族先民植物崇拜（茶神）的自然产物，是“集体创作的部落故事”。2008 年，“达古达楞格莱标”被列入第二批国家级非物质文化遗产代表性项目名录。

德昂族能歌善舞。民歌曲调有隔山调、做摆调、串姑娘调等。舞蹈多为集体舞，有象脚鼓舞、水鼓舞等。民间乐器有笛箫、葫芦笙、三弦、响篾、象脚鼓、水鼓等。

F 经济

001《德昂族整体脱贫研究》

杨东萱著，云南民族出版社 2012 年出版

关键词：德昂族 民族地区 扶贫

中图法分类号：F127.8

本书主要内容包括“整体脱贫及其相关概念”“德昂族整体脱贫的探索”“德昂族整体脱贫面临的困难和问题”“德昂族未整体脱贫的深层次原因分析”“促进德昂族地区整体脱贫的几点思考”。作者根据各级政府的相关文件、统计数据，结合田野调查，深入研究、探讨德昂族整体脱贫工作取得的成绩及存在的问题和面临的困难，在此基础上提出了解决对策，为研究其他地区脱贫工作提供了可借鉴资料和经验。

收藏单位：国家图书馆等

002《南桑村调查：德昂族》

党秀云、周晓丽主编，中国经济出版社 2010 年出版

关键词：德昂族 民族经济 社会调查

中图法分类号：F327.743

本书为“中国民族经济村庄调查丛书”之一，分村庄、农户和村民三个部分对南桑村做了详细的介绍，包括“南桑村概况”“土地制度”“传统种植业”“特色种植业”“科技教育文化”“相关政策”“民族文化”等内容，阐述了南桑村的经济文化变迁和社会发展现状及存在问题，为研究中国民族经济和制定决策提供了基础资料。

收藏单位：国家图书馆、哈尔滨师范大学图书馆、中央民族大学图书馆等

003《云南省贫困地区农业技术转移的运行机理与路径选择研究》

王超著，九州出版社 2018 年出版

关键词：德昂族 农业技术 技术转移

中图法分类号：F327.74

本书的研究对象为云南省贫困地区“直过民族”之一的德昂族。不同的社会结构、经济力量和政治环境对技术的需求存在差异，导致对农业技术转移的推动作用也不一样。因此，通过实证研究技术进步对云南省贫困地区经济发展的贡献程度及通过案例分析农业技术转移的运行机理与路径选择之间的关系，对解释云南省贫困地区“直过民族”社会农业技术转移的形成因素研究无疑具有十分重要的意义。

收藏单位：国家图书馆等

004《秩序与调适：德昂族传统生态文明与区域可持续发展研究》

李全敏著，社会科学文献出版社 2017 年出版

关键词：德昂族 区域经济发展 经济可持续发展

中图法分类号：F127.74

本书从五方面介绍了德昂族区域的生计方式、资源管理、文化适应与选择、民族互助与团结的情况，展示了德昂族区域生态环境保护、传统产业发展、文化传统传承及民族关系和谐；梳理了德昂族传统生态文明与区域可持续发展的辩证关系；揭示了在少数民族传统生态文明观念影响下形成的文化秩序体在民族地区的可持续发展中起到的文化调适作用。

收藏单位：国家图书馆、佳木斯大学图书馆、哈尔滨工业大学图书馆等

H 语言、文字

005《德昂语简志》

陈相木等编著，民族出版社1986年出版

关键词：德昂族 语言史

中图法分类号：H264

本书为“中国少数民族语言简志丛书”之一。编者对德昂语的调查开始于1962年，1981年又对德昂语各方言开展了调查研究，在此基础上编写了本书，为研究德昂语提供了珍贵资料。

收藏单位：国家图书馆、黑龙江省图书馆、云南民族大学图书馆等

006《德昂族语言》

赵云梅著，云南民族出版社2017年出版

关键词：德昂语

中图法分类号：H264

本书由“概述”“德昂族概况”“德昂语句法特征”“语音系统”“德昂语词汇”“德昂语句子——会话353句”六章组成，对了解、研究德昂族语言有参考价值。

收藏单位：国家图书馆、云南省图书馆等

007《佤—德昂语支述补结构研究》

王俊清著，光明日报出版社2016年出版

关键词：孟高棉语族 德昂族

中图法分类号：H61

作者以述补结构为切入点，对佤语、德昂语、布朗语三种亲属语言进行描写与比较，运用语义指向分析方法、配价理论、认知语言学的相关理论方法来解释佤—德昂语支述补结构的特点，立意新、理论新、方法新。本书理论基点高，注重系统性描写，材料分析细致，在佤—德昂语支语言研究中具有一定的贡献。

收藏单位：国家图书馆、佳木斯大学图书馆、西南民族大学图书馆等

008《中缅跨境德昂族语言使用现状研究》

王丽娟编著，德宏民族出版社2019年出版

关键词：德昂语

中图法分类号：H264

本书主要以语言运用要素为纲，在社会语言学、应用语言学、语言生态学、社会心理学等理论的指导下，采用问卷、访谈等方式就中缅跨境德昂族语言文字使用情况进行调查研究，从不同学科的角度，探究德昂族语言生活特点，揭示德昂族受政治、经济、文化等因素影响而产生的语言接触，并在此基础上预测其演变方向。

收藏单位：国家图书馆、中南民族大学图书馆、华东师范大学图书馆等

I 文学

009《崩龙族文学作品选》

德宏州文联编，德宏民族出版社1983年出版

关键词：德昂族 少数民族文学

中图法分类号：I29

德昂族原名“崩龙族”，1985年9月17日经国务院批准正式改名为“德昂族”。“德昂”，意思是“石岩”。德昂族的书面文学起步于20世纪80年代。本书的出版为培养第一代德昂族作家做了很多工作。

收藏单位：云南民族大学图书馆、云南大学图书馆、中央民族大学图书馆等

010《达古达楞格莱标》

芒市非物质文化遗产保护中心编，杨慧芳英译，云南人民出版社 2020 年出版

关键词：德昂族 史诗

中图法分类号：I222.7

本书是“云南少数民族经典作品英译文库”之一，是德昂族迄今发掘、整理并出版的唯一一部创世史诗。书中情节以万物之源——茶叶为主线，集中描写了这一人类和大地上万物的始祖如何化育世界、繁衍人类的神迹，并以奇妙的幻想将茶拟人化。这部史诗流传到至今，其文学价值和文化价值弥足珍贵。

收藏单位：暂时无法提供馆藏信息

011《达古达楞格莱标诗画集》

芒市非物质文化遗产保护中心编，德宏民族出版社 2016 年出版

关键词：德昂族 史诗 素描

中图法分类号：I222.7

本书为“德宏非物文化丛书”之一。《达古达楞格莱标》是德昂族创世神话史诗，它描述了人类和大地上万物的始祖如何化育世界、繁衍人类的神迹，并以奇妙的幻想将茶拟人化，反映了德昂族人民对茶的图腾崇拜，以及德昂先民与众不同的原始思维特点和价值观念，被誉为“洪荒时代的古旋律”。“达古达楞格莱标”已被列为国家非物质文化遗产代表性项目名录。本书以图文并茂的方式呈现了德昂族独有的文化，画中有诗，诗中有画，给人一种具象感。

收藏单位：国家图书馆、云南艺术学院图书馆、贵州民族大学图书馆等

012《德昂族古歌的欣赏与分析：德昂族古歌〈达古达楞格莱标〉解释研究》

刘发有著，云南民族出版社 2020 年出版

关键词：德昂族 诗歌

中图法分类号：I207.964.7

《达古达楞格莱标》是德昂族民间创世史诗。本书以《达古达楞格莱标》的解析研究为线索，深度解读德昂族文化的内涵，深入浅出地呈现给读者，在学界是一种突破。作者从德昂族族源、发展历史、民俗习惯、民间艺术、宗教信仰、民族文化等方面介绍了德昂族古歌，具有历史学、民俗学和伦理学等诸多方面的研究价值。

收藏单位：暂时无法提供馆藏信息

013《德昂族文学简史》

黄光成著，云南省社会科学院民族文学研究所编，云南民族出版社 2014 年出版

关键词：德昂族 少数民族文学 文学史

中图法分类号：I207.964

本书为“中国少数民族文学史丛书”之一，分“上古的回音”“中古至现代的交响”“当代文学的传承与创作”三个部分，从文化的源流发展纵观德昂族文学的发展过程。本书具有一定的学术价值，对宣传、弘扬德昂族优秀文化起到积极作用。2014 年再版时保持了原版的思想观点、学术观点、编写体例及书中的数据、地名等

原貌，但对原版书以国家最新实施的标准进行了规范，调整了部分图片。

收藏单位：黑龙江省图书馆、佳木斯大学图书馆、云南民族大学图书馆等

014《新时期中国少数民族文学作品选集：德昂族卷》

中国作家协会编，作家出版社2015年出版

关键词：德昂族 少数民族文学 作品综合集

中图法分类号：I29

本书选编了德昂族各类题材的代表性作品，包括小说、散文、诗歌共51篇，集中展示了新时期德昂族文学繁荣发展的景象。

收藏单位：国家图书馆、昆明学院图书馆、中南大学图书馆等

015《以我为名》

艾傈木诺著，云南民族出版社2007年出版

关键词：德昂族 少数民族文学

中图法分类号：I207.964

艾傈木诺是德昂族第一个女诗人。本书收入了作者近三年的诗歌作品，是一部把诗人的生命体验和人生感悟融入德昂山寨的山水之间且极富乡土气息和民族特色的诗集，曾获第九届全国少数民族创作“骏马奖”人口较少民族特别奖。

收藏单位：暂时无法提供馆藏信息

J 艺术

016《德昂族艺术的文化阐释：以保山市潞江坝白寨为例》

魏国彬著，云南大学出版社2014年出版

关键词：民间艺术 艺术史 德昂族

中图法分类号：J120.9

本书为“保山学院地方文化研究丛书”之一。作者以保山市潞江坝白寨为例，以德昂族腰箍、舞蹈、民歌等民族艺术的表现与发展历程来阐释德昂族艺术的文化内涵，在梳理、比较中思考德昂族艺术的发展、传承、保护机制，为后人研究少数民族艺术发展与传承提供可资借鉴的资料。

收藏单位：国家图书馆、佳木斯大学图书馆、昆明理工大学图书馆等

017《德昂族艺术与文化》

苏和平编著，中央民族大学出版社2016年出版

关键词：德昂族 民族艺术 民族文化

中图法分类号：J12

本书通过大量文献资料及田野调查，对德昂族艺术与文化做了全方位介绍与研究，内容涵盖德昂族的各个方面，其中包括生产活动、商业贸易、语言、文学、婚姻家庭、建筑服饰、音乐、舞蹈、体育竞技及美术、民俗等。

收藏单位：国家图书馆等

018《德宏德昂族民间科学技术》

云南农业大学马克思主义学院·科学技术史研究所编，王晓艳、莫力编著，德宏民族出版社2014年出版

关键词：德昂族 民间工艺 德宏傣族景颇族自治州

中图法分类号：J528

编者从服饰原料的加工技术、服饰的制作技术（麻线加工技术、棉线加工技术、植物染色技术、织锦技术）、农具制作技术、酿酒药的制作技术、酿酒技术、狩猎工具制作技术、食品加工技术、农作物种植技术、乐器制作技术、民族刺绣技术等方面以图文并茂的形式介绍了居住在德宏州内的德昂族民间科学技术，对保护和传承少数民族民间科技有积极意义。

收藏单位：国家图书馆、云南省图书馆、西南民族大学图书馆等

K 历史、地理

019《崩龙族社会历史调查》

云南省编辑委员会编，云南民族出版社 1981 年出版

关键词：崩龙族 历史调查

中图法分类号：K286.4

本书为“中国少数民族社会历史调查丛刊”之一，包括《潞西县三台山邦外崩龙族社会经济调查》《潞西县崩龙族社会历史调查》《潞西县轩岗坝芒乱别崩龙族遗址拾零》《潞西县三台山邦外崩龙族社会调查》《瑞丽县广宋芒海两村崩龙族社会调查》《陇川县章凤区崩龙族社会历史调查》《保山县潞江坝大中寨崩龙族社会历史调查》《镇康县大寨乡崩龙族社会调查》《镇康县木厂区大寨崩龙族社会组织调查》《崩龙族史料摘抄》等，是研究德昂族社会历史的重要参考资料。

收藏单位：广西民族大学图书馆、云南民族大学图书馆、云南大学图书馆等。

020《当代云南德昂族简史》

李茂琳编，云南人民出版社 2012 年出版

关键词：德昂族 民族历史

中图法分类号：K286.4

本书为“当代云南少数民族简史丛书”之一，以收录德昂族当代社会历史为主，时限为 1949—2009 年，以时间为线索分成四个时期，即解放初期、曲折发展时期、改革开放时期和全面建设小康社会时期，展示了云南省德昂族从 1950 年以来经济、社会、政治、文化等方面的伟大成就和深刻变化，为各级干部和广大人民群众更好地领会和掌握党的民族政策、总结历史经验教训、创造性地做好民族工作提供了历史借鉴和科学依据。

收藏单位：国家图书馆、佳木斯大学图书馆、大理大学图书馆等

021《德昂族》

黄光成著，云南省民族事务委员会编，中国民族摄影艺术出版社 2007 年出版

关键词：德昂族 民族文化 民族历史

中图法分类号：K286.4

本书为“中国人口较少民族丛书”之一，阐述了德昂族的民族文化、家庭与婚姻、德昂族如何在贫困的阴影下寻求突围、教育的落后与人才问题，以及文化保护与传承问题等，为全面了解德昂族的历史和现状提供了宝贵的资料，也为研究德昂族经济社会发展，制定扶持政策措施提供了有益的借鉴和帮助。

收藏单位：国家图书馆、佳木斯大学图书馆等

022《德昂族》

谷家荣、罗明军著，中国人口出版社2014年出版

关键词：德昂族 民族文化 民族历史

中图法分类号：K286.4

本书为“中国少数民族人口丛书”之一，详尽介绍了德昂族的历史、形成、迁徙及宗教、民族、民居、民俗、婚丧嫁娶、服饰、饮食、节日、艺术及文化等，语言通俗流畅，史料翔实可靠，对于读者全面了解德昂族的基本情况有一定的参考价值。

收藏单位：国家图书馆等

023《德昂族》

桑耀华、杜玉亭著，民族出版社1986年出版

关键词：德昂族 民族文化 民族历史

中图法分类号：K286.4

本书为“民族知识丛书”之一，叙述了德昂族发展的简要历史，在中华人民共和国成立初期的经济社会形态，德昂族的文化特点和风俗习惯及目前的发展状况等内容，使读者对德昂族在开发、建设、保卫边疆上的智慧和贡献，捍卫民族自立的精神，独具风格的故事传说及民俗风情等方面有了新的认识。

收藏单位：国家图书馆、黑龙江省图书馆、佳木斯大学图书馆等

024《德昂族》

李青华编著，吉林出版集团有限责任公司、吉林文史出版社2010年出版

关键词：德昂族 民族文化 民族历史

中图法分类号：K286.4

本书为“中国文化知识读本”之一，主要包括“源远流长的民族历史”“个性鲜明的民间艺术”“茶香竹茂并存的美景”“独具特色的民族风格”等内容，是一本帮助读者全面了解德昂族民族文化的读物。

收藏单位：国家图书馆、哈尔滨医科大学图书馆、西南林业大学图书馆等

025《德昂族》

李秋萍主编，新疆美术摄影出版社、新疆电子音像出版社2009年出版

关键词：德昂族 民族历史 民族文化

中图法分类号：K286.4

本书为“中华民族大家庭知识读本”之一，主要介绍了我国德昂族的起源、发展历史、宗教信仰与民俗文化、节日礼仪以及相关的神话传说和历史故事等，是一部了解德昂族文史知识的通俗读物。

收藏单位：国家图书馆、红河州图书馆、西南林业大学图书馆等

026《德昂族》

袁丽华、王燕著，辽宁民族出版社2014年出版

关键词：德昂族 民族历史 民族文化

中图法分类号：K286.4

本书是“走近中国少数民族丛书”之一。作者从德昂族的族源、历史、民俗、文化、宗教、艺术、人物、民族自治等多方面系统而生动地向读者描述了该民族的整体风貌，饱含民族感情，热情讴歌了我国少数民族政策，展示了德昂族的多彩风姿。

收藏单位：国家图书馆、佳木斯大学图书馆、大连民族大学图书馆等

027《德昂族：潞西三台山乡勐丹村》

汤芝兰、李韬主编，德昂族调查组编写，云南大学出版社 2001 年出版

关键词：德昂族 民族调查 乡村

中图法分类号：K286.4

本书为“云南民族村寨调查”丛书之一，作者以潞西三台山乡勐丹村为调查对象，采用多种形式结合的方法，真实地反映德昂族村民的生产、婚俗、社会、经济、文化等方面的发展和变化，是了解德昂族民族村寨历史文化的参考资料。

收藏单位：国家图书馆、中山大学图书馆、北京科技大学图书馆等

028《德昂族百年实录》

全国政协文史和学习委员会暨云南省政协文史委员会编，中国文史出版社 2010 年出版

关键词：德昂族 民族历史

中图法分类号：K286.4

本书为“云南特有民族百年实录丛书”之一，包括“综述”“民族的起源与变迁”“政治·军事·经济、思想·文化”“民族工作与民族自治区”“民族风情”“当代风貌”“人物春秋”等内容，是德昂族历史上的人、事、物的汇集，客观地反映了德昂族百年的历史、文化、经济、社会的发展，特别是反映了德昂族在中国共产党的领导下，坚持“三个互相离不开”政策，贯彻党的方针、政策，实现民族大团结、大融合和共同繁荣所取得的成就，是了解德昂族历史文化的参考资料。

收藏单位：国家图书馆、佳木斯大学图书馆、云南大学图书馆等

029《德昂族传统文化与现代文明》

李家英著，云南民族出版社 2000 年出版

关键词：德昂族 民族文化

中图法分类号：K286.4

本书介绍了“德昂族概况”“德昂族传统道德与现代文明”“传统生态观与环境保护”“传统农耕文化与现代农业”“传统商业文化与现代文明经营”“传统婚俗观念的更新”“传统火塘文化的变异”“传统茶文化的发展”“传统竹文化的变迁”“传统文学艺术的发展”等内容，是了解德昂族传统文化与现代文明的参考资料。

收藏单位：国家图书馆、佳木斯大学图书馆、云南民族大学图书馆等

030《德昂族的传统文化》

丁菊英著，云南大学出版社 2012 年出版

关键词：德昂族 传统文化

中图法分类号：K286.4

本书以“古老茶农”这一全新的视角审视德昂族传统文化，不仅揭示了德昂族社会发展、演变的规律，而且保存、传承、弘扬了德昂族的传统文化，具有深远的现实意义和历史价值，是一部系统挖掘、展示德昂族传统文化的学术著作。

收藏单位：佳木斯大学图书馆、云南大学图书馆、云南中医药大学图书馆等

031《德昂族调查研究》

杨毓骧、杨奇威著，云南教育出版社 2017 年出版

关键词：德昂族 调查研究

中图法分类号：K286.4

本书是1956年至2005年作者对德昂族居住地区进行田野考察的成果集中展示。通过跨越半个世纪的跟踪调查，在充分掌握大量第一手资料的基础上，作者分别从历史源流、人口分布、民族关系、社会形态、宗教信仰、语言文学、风俗习惯、婚姻家庭、教育卫生、文物古迹、历史人物等方面对德昂族社会历史及其基本情况进行了系统的阐述和研究，对认识和研究德昂族的社会经济、历史文化和风物民俗等具有重要的参考价值。

收藏单位：国家图书馆、深圳图书馆、中央民族大学图书馆等

032《德昂族非物质文化遗产保护与民族村寨旅游》

周灿著，云南人民出版社2014年出版

关键词：德昂族 民族文化 文化遗产 旅游资源开发

中图法分类号：K286.4

本书从非物质文化遗产保护与民族村寨旅游相融合的角度，以德昂族村寨作为实证研究点，对德昂族传统宗教信仰、民俗节日、饮食、建筑、音乐、舞蹈、文学等进行探索与研究，以探寻一条文化保护、传承与民族文化旅游可持续发展的道路。本书是首部系统阐释德昂族口传文化、传统的茶习俗、民俗文化、宗教文化、民间艺术、生态文化等的旅游价值，以及德昂族民族村寨旅游发展理念、发展要素、经营模式和民族文化生态旅游模式的专著，对认识、了解德昂族非物质文化遗产及其旅游价值，促进德昂族民族村寨旅游发展大有益处。

收藏单位：湖北民族大学图书馆、四川文化产业职业学院图书馆等

033《德昂族概览》

赵纯善、杨毓骧编著，云南大学出版社2006年出版。

关键词：德昂族

中图法分类号：K286.4

本书以民族志为框架，应用现代信息技术，对人口较少的德昂族进行跨学科的研究，并充分运用几代民族学者的研究成果，展示了德昂族的民族文化、宗教信仰、风俗习惯和生产力水平，为党和政府的决策提供了资证，也为教学提供了教材，为科研提供了资料，更好地服务于民族经济、文化的建设、发展和繁荣，同时具备了较高的史料价值、使用价值和学术价值。

收藏单位：国家图书馆、佳木斯大学图书馆、云南民族大学图书馆等

034《德昂族浇花节》

尹丽君主编，德宏民族出版社2016年出版

关键词：德昂族 民族节日 少数民族风俗习惯

中图法分类号：K892.11

德昂族“浇花节”又称“泼水节”，是德昂族全民参与的盛大传统节日，是德昂族最具代表性的民俗文化现象。本书包括德昂族简介和德昂族“浇花节”两个部分，重点介绍了德昂族“浇花节”的过程。“浇花节”丰富的文化内涵是德昂族物质生活和精神生活长期积淀的智慧结晶，具有历史学、文化学、民族学、民俗学、宗

教学和伦理学等广泛的文化功能和社会功能价值。

收藏单位：国家图书馆、云南艺术学院图书馆、华东师范大学图书馆等

035《德昂族简史》

《德昂族简史》编写组、《德昂族简史》修订本编写组编，民族出版社 2008 年出版

关键词：德昂族 民族历史

中图法分类号：K286.4

本书为“中国少数民族简史丛书（修订本）”之一，主要包括“德昂族的民族分布与地理环境”“关于人类起源和古代社会的传说”“汉晋时期的永昌濮人”“隋唐时期的茫蛮部落”“金齿的兴盛与统治”“元朝统治时期的金齿”“明代金齿的继续衰落”“明清时期德昂族人民反抗傣族土司的斗争”“德昂族与汉族、傣族、景颇族等民族的历史关系”“德昂族的遗址和遗物”“德昂族人民的反帝爱国斗争”“中华人民共和国成立前的社会概况”等内容。本书在对 1986 年初版适量修改基础上，增加了中华人民共和国成立后德昂族社会经济的发展状况、语言文字、宗教信仰、家庭与婚姻、传统习俗、文学艺术、教育体育与医药卫生、历史文化遗址和遗物等内容，是了解德昂族历史的珍贵资料。

收藏单位：国家图书馆、佳木斯大学图书馆、云南民族大学图书馆等

036《德昂族经济发展与社会变迁》

王铁志著，民族出版社 2007 年出版

关键词：德昂族 民族经济 社会变迁

中图法分类号：K286.4

本书为“中国人口较少民族发展研究丛书”之一。作者以德昂族为研究对象，采用纵横结合、宏观与微观结合、定性描述与定性分析相结合的研究方法，分别从历史源流、人口分布、语言使用状况、经济发展、政治特点、恋爱和婚姻习俗变迁、教育和科技与卫生事业发展、文化特点等方面对德昂族乃至人口较少民族发展的特殊问题进行了理论分析和概括，对于推动扶持人口较少民族经济和社会发展工作具有理论意义和现实意义。

收藏单位：国家图书馆、佳木斯大学图书馆、黑龙江省图书馆等

037《德昂族历史文化研究》

赵家祥著，德宏民族出版社 2008 年出版

关键词：德昂族 民族历史 民族文化

中图法分类号：K286.4

为挖掘和丰富本民族文化宝库，将其传承后代，作者查阅了大量资料并到民间搜集和整理，以德昂族“梁”（赖弄）支系为突破点开展研究并编撰成书。本书包括“德昂族迁徙年代及发展史”“民间节日”“民间习俗”“传统服饰”“传统饮食文化及语言流传特征”“民间故事”“民间歌谣”等八篇共二十六章，较完整地阐述了德昂族社会发展史和社会形态，是研究德昂族历史文化的参考资料。

收藏单位：国家图书馆、云南中医学院图书馆、云南农业大学图书馆等

038《德昂族民间文化概论》

周灿、赵志刚、钟小勇编著，云南民族出版社 2014 年出版

关键词：德昂族 民族文化

中图法分类号：K286.4

本书主要介绍了德昂族概况（德昂族的历史、地理分布、族源、语言、人口、族徽等），记述了德昂族传统民俗文化（生活习俗、节庆、服饰、礼仪、道德准则）、德昂族民间艺术与体育（民间音乐、舞蹈、体育以及建筑艺术）、德昂族口传文化遗产、德昂族的宗教文化、德昂族民间文化保护与传承等内容。

收藏单位：国家图书馆、内蒙古自治区图书馆等

039《德昂族觅踪：德昂族中英文图集》

赵纯善等编著，云南大学出版社2009年出版

关键词：德昂族 民族历史 图集

中图法分类号：K286.4-64

本图集旨在以图文并茂、直观生动的形式，向国内外广泛介绍德昂族，增强对德昂族族源、历史、地理、政治、经济、生态环境、生活方式、风俗习惯等方面的关注和了解，为各有关部门及广大读者开展对少数民族，特别是人口较少民族进行研究、教学提供参考和帮助，并为推动云南省少数民族发展进步作出积极贡献。

收藏单位：国家图书馆、佳木斯大学图书馆等

040《德昂族社会历史调查》

《中国少数民族社会历史调查资料丛刊》修订编辑委员会编，民族出版社2009年出版

关键词：德昂族 民族历史 社会调查

中图法分类号：K286.4

本书为“中国少数民族社会历史调查资料丛刊（修订本）”之一，内容包括“德昂族简介”《潞西县三台山邦外德昂族社会经济调查》《潞西县德昂族社会历史调查》“潞西县三台山德昂族迁徙传说”《潞西县邦外瑞丽广宋芒海德昂族社会调查》《潞西县三台山区德昂族政治经济调查》《潞西县邦外德昂族文化调查》《陇川县章凤区德昂族社会历史调查》《盈江县新城区户回乡松山德昂族社会历史调查》《德宏州德昂族小乘佛教调查》《保山县潞江坝大中寨德昂族社会历史调查》《镇康县大寨乡德昂族社会调查》《镇康县木厂区德昂族社会组织调查》。“镇康县德昂族与傣族的宗教关系”《澜沧县上允德昂族经济文化调查》“德昂族遗址拾零”等。

收藏单位：国家图书馆、广西民族大学图书馆、云南民族大学图书馆等

041《德昂族生态文化研究》

段旭龙著，现代出版社2013年出版

关键词：德昂族 民族文化

中图法分类号：K286.4

本书为“人文视角下的当代新学科教学与研究”丛书之一，主要研究德昂族生态文化，包括“德昂族概况”“生态文化的界定与内涵”“德昂族的生态文化理念及特征”“德昂族生态文化的现实意义”“德昂族生态文化的变迁”“德昂族生态文化面临的挑战”“对保护与发展德昂族生态文化的思考”等内容。

收藏单位：暂时无法提供馆藏信息

042《德昂族史话》

董晓梅编著，云南人民出版社 2020 年出版

关键词：德昂族 民族历史

中图法分类号：K286.4

本书为“云南史话·世居少数民族系列”之一，包括德昂族概况综述、历史沿革、重大历史事件、地方特色文化、自然或人文景观、现代风貌及发展等内容，追溯了从远古开始直到近现代时期云南省德昂族的发展变化，文字简洁流畅，内容丰富全面，兼具学术性、知识性、趣味性。

收藏单位：国家图书馆等

043《德昂族史略》

桑耀华著，云南大学出版社 2014 年出版

关键词：德昂族 民族历史

中图法分类号：K286.4

本书为“云南文库·学术名家文丛”之一，按丛书要求统一修订再版。作者对德昂族的民族源流、民族分布与民族支系进行了研究，并从神话传说、出土文物、历史文献等对德昂族的古代社会及其早期历史演变进行了探讨；隋唐以来的民族历史演变更倚重于文献方面的考察；文章后部分着重对德昂族反帝斗争及中华人民共和国成立以前的社会形态进行剖析。本书反映了较高的学术研究水平。

收藏单位：国家图书馆、佳木斯大学图书馆、中央民族大学图书馆等

044《德昂族文化大观》

桑耀华主编，云南省民族事务委员会编，云南民族出版社 2013 年出版

关键词：德昂族 民族文化

中图法分类号：K286.4

本书为“云南民族文化大观丛书”之一，共分十一章，即“渊源历史”“语言文字”“宗教信仰”“风俗习尚”“伦理道德”“文学”“政治和军事”“商业贸易与交通”“医药、教育、科技”“经济生产”“国内外文化的交流”。本书较全面、系统地阐述了德昂族的族源族称、民族的形成、历史演进、考古发现、地理环境、人口分布、社会组织、经济生活与生产方式、语言文字、文学艺术、宗教习俗、民间礼仪、伦理道德、节日习俗及德昂族的发展进步等，是了解德昂族文化的参考资料。

收藏单位：国家图书馆、佳木斯大学图书馆、云南中医药大学图书馆等

045《德昂族文化史》

俞茹著，云南民族出版社 2014 年出版

关键词：德昂族 民族文化 文化史

中图法分类号：K286.4

本书为“云南少数民族文化史丛书”之一，本书共十章，是作者在长期从事民族文化研究并深入德昂族聚居地区进行田野调查的基础上撰写的，是一部比较系统全面地记述德昂族的历史渊源、生产生活、语言文字、宗教信仰、婚姻家庭、伦理道德、节庆礼俗、文学艺术、民居建筑、教育医药卫生、天文历法等方面的文化历史专著，反映了德昂族文化的起源、发展和演变的历史，展示了德昂族文化的源远流长和丰富内涵，对研究德昂族的社会、历史、文化、文学、艺术提供了珍贵的资料，对德昂族文化的挖掘、保护与传

承具有重要作用。2014年再版保持了原版思想观点、学术观点、编写体例及数据、地名等原貌，但对原版书以国家最新实施的标准进行了规范，调整了部分图片。

收藏单位：国家图书馆、佳木斯大学图书馆、云南民族大学图书馆等

046《德昂族文化与社会变迁》

姜科编，社会科学文献出版社2017年出版

关键词：德昂族 社会变迁 民族文化

中图法分类号：K286.4

本书通过对德昂族的整体性介绍，为读者呈现了云南省德昂族宗教信仰、风俗习惯、婚姻家庭、教育发展、社会经济发展以及文化传承等全貌；通过实地调查走访，获取关于德昂族精准扶贫的第一手资料，试图分析当时德昂族的贫困现状、梳理针对德昂族的精准扶贫政策，找到当时德昂族脱贫的难点与症结，提出相关政策建议措施，完善德昂族扶贫研究。

收藏单位：昆明学院图书馆、大连民族大学图书馆、湖南大学图书馆等

047《德宏史志资料：德昂族　第十九集》

德宏史志编委会办公室编，德宏民族出版社1997年出版

关键词：德昂族 历史资料

中图法分类号：K29

本集所收入的资料以涉及德宏地区的历史事实为主，重点选录当地珍藏的有关记载德宏史事的孤本、善本资料，特别是翻译整理当地少数民族文字记载的史料，如有关地方史、民族史的文书、档册、传抄本以及家谱、私人著述、日记等，对于已经登载在各种书刊上的有关德宏的史料，凡有参考和使用价值的也选编收录在内，是研究德昂族历史的参考资料。

收藏单位：大连民族大学图书馆、中央民族大学图书馆、云南民族大学图书馆等

048《古老的茶农》

腾二召主编，云南民族出版社2006年出版

关键词：德昂族 社会发展史

中图法分类号：K286.4

本书分五个部分："远古探源""说古道今""习俗趣闻""历史巨变""新人涌动"，反映了德昂族人民50多年来在政治、经济、文化等方面发生的巨变。

收藏单位：国家图书馆、佳木斯大学图书馆、云南大学图书馆等

049《衮思哎玛腊嘎：中国德昂族龙阳文化》

杨五青等著，德宏民族出版社2014年出版

关键词：德昂族 民族文化

中图法分类号：K286.4

作者从实证研究出发，提出树立衮思哎玛腊嘎传统民族文化节的构思，以此满足广大德昂族人民的文化认同和心理诉求，对加强边疆民族的国家认同、政治认同，巩固边疆稳定、边境安宁、民族团结局面具有深远的现实指导意义。本书包括"德昂族历史述略""德昂族龙阳文化调查与研究""德昂族历史文化遗产随笔""德昂族历史文化考究"四个部分，系统介绍

了德昂族的历史文化。书中收集整理的专稿，包含调研报告、传说、田野访谈，有建筑、服饰、宗教、艺术中的龙阳文化调研文稿和本民族同胞对龙阳文化的认识与期望。

收藏单位：国家图书馆、云南艺术学院图书馆等

050《梁河德昂族》

政协梁河县委员会编，德宏民族出版社 2019 年出版

关键词：德昂族 民族历史

中图法分类号：K286.4

本书主要记述梁河德昂族赖弄支系的由来、历史演变、宗教信仰、语言、文学艺术、民俗、服饰、饮食及社会生活等内容。为全面反映德昂族赖弄支系的情况，内容在地域范围内适当延伸。本书既是梁河德昂族历史文化的一个浓缩，又有着鲜明的地方民族文化的特点，是了解梁河德昂族历史文化的参考资料。

收藏单位：暂时无法提供馆藏信息

051《陇川傣族、德昂族、傈僳族文化风情》

刀小阮、尚秉有主编，政协陇川县文史委、陇川县史志办编，云南民族出版社 2003 年出版

关键词：德昂族 民族文化

中图法分类号：K280.744

本书分上、中、下三篇，对傣族、德昂族、傈僳族三个民族的文化资源、发展、继承、创新等文化传承，特别是文化风情、文化底蕴、民族性格做了全面介绍，是了解德昂族历史文化的普及读物。

收藏单位：国家图书馆、佳木斯大学图书馆、云南民族大学图书馆等

052《认同，关系与不同：中缅边境一个孟高棉语群有关茶叶的社会生活》

李全敏著，云南大学出版社 2011 年出版

关键词：德昂族 民族历史

中图法分类号：K286.4

本书主要探索中缅边境一个讲孟高棉语的群落——昂人（德昂族）如何在生产、交换和消费中使用茶叶来表达他们的认同和阐释他们之间以及他们与外人之间的各种关系，旨在发掘茶叶和昂人之间的关系以及该关系对昂人的重要性。

收藏单位：国家图书馆、云南大学图书馆、云南艺术学院图书馆等

053《山水相连情相依：跨境德昂民族历史文化研究》

李茂林等著，德宏民族出版社 2014 年出版

关键词：德昂族 民族历史

中图法分类号：K286.4

本书系边疆跨境民族问题研究著述，内容包含“德昂族历史概述”“缅甸的德昂族之实地寻访”“中国德昂族个案研究”“中缅两国德昂民族支系及附录”等，是目前国内首个较全面系统介绍中国德昂族（缅甸崩龙族）的著作。

收藏单位：国家图书馆、云南艺术学院图书馆、中央民族大学图书馆等

054《腰箍的情结：德昂族》

黄光成著，云南人民出版社 2003 年出版

关键词：德昂族 家庭生活 德宏傣族景颇族自治州

中图法分类号：K286.4

本书为“20世纪中国民族家庭实录”丛书之一，以一个德昂族家庭为对象，详尽阐述了德昂族的历史渊源、民族习俗、宗教信仰等，通俗易读，为了解和研究德昂族提供了翔实、鲜活的资料。

收藏单位：国家图书馆、武汉职业技术学院图书馆、湖南工程学院图书馆等

055《腰箍套不住的女人》

周鸣琦著，云南教育出版社1995年出版

关键词：德昂族 女性 民族文化

中图法分类号：K280.74

本书为“云南民族女性文化丛书”之一，以采访的形式，介绍德昂族女性在服饰、生产、生活以及婚恋上的信仰尊崇，展示了德昂族女性文化的独特与神奇。

收藏单位：国家图书馆、佳木斯大学图书馆、云南大学图书馆等

056《中国德昂族》

唐洁编著，宁夏人民出版社2012年出版

关键词：德昂族 民族文化

中图法分类号：K286.4

本书为“中华民族全书”之一，从“民族概况”“物质文化”“民间文化”“社会文化”“信仰文化”“对伟大祖国的贡献”“精神气质”“文化传承”“族际交往”“有影响的文化人物”“重要贡献”等方面对德昂族进行了详细的介绍，每章内容配以精美的图片，图文并茂，充分展示了德昂族历史文化，作者希望通过这一“抛砖”之作，引来深化民族文化研究的“良玉”。

收藏单位：国家图书馆、佳木斯大学图书馆、西南林业大学图书馆等

057《中国德昂族历史文化写真》

云南蒲公英民族扶贫助学基金会、云南省民族学会德昂族研究委员会编，云南人民出版社2014年出版

关键词：德昂族 民族历史 民族文化

中图法分类号：K286.4

本书图文并茂地展示了德昂族古老的生命记忆和现存的“活态文化”，让读者在阅读中了解、在鉴赏中认识德昂族的物质文化和非物质文化的呈现方式和演进过程，以期激发人们探究云南这座物质文化和非物质文化“博物馆”的兴趣，促进人口较少民族的文化传承和创新发展。

收藏单位：国家图书馆、西南民族大学图书馆、中央民族大学图书馆等

058《中国少数民族设计全集：德昂族》

中国少数民族设计全集编纂委员会编，王强等著，山西人民出版社2019年出版

关键词：德昂族 民族文化

中图法分类号：K28

本卷甄选德昂族各族群传统建筑、传统服饰、传统餐饮、传统生活用具、传统生产工具、传统民俗和宗教等方面的数百个传统造物设计案例，对其设计形式、设计特点及文化价值进行专业阐释和评述，并附有大量珍贵的历史图片和专业设计图片，比较全面地体现了德昂族的民族文化特点。

收藏单位：国家图书馆、同济大学图书馆、华东师范大学图书馆等

R 医药、卫生

059《德昂族药集》

方茂琴编著，德宏民族出版社 2014 年出版

关键词：德昂族 民族医学 药方

中图法分类号：R296.4

德昂族医药历史悠久，经验丰富，是祖国医药宝库中的重要组成部分，现在仍以口头相传和用傣文记载的方式传于德昂族民间。本书共收集植物药 102 种，动物药 3 种，并附单方、验方 40 个。所收集的各种药物均按下列顺序介绍：德昂族药名、意译、来源、植物学形态特征、生境分布、采集加工、性味功效、主治用法、传统用药、用法用量、药理药化、附注，是了解德昂族中药概貌的参考书。

收藏单位：国家图书馆、中国社会科学院图书馆、华东师范大学图书馆等

060《德昂族医药调查实录》

瞿广城、方路主编，云南省中医中药研究院编，云南民族出版社 2016 年出版

关键词：德昂族 民族医学

中图法分类号：R296.4

本书为“国家中医药管理局民族医药文献整理丛书”之一，作者通过专题座谈、人物访谈、人物追踪、实地调查等调研方法，获得了有关德昂族医药的第一手材料，经初步整理汇编成书，对了解德昂族医药的发展过程、深入研究德昂族民族医药具有较好的支撑作用，在云南省少数民族医药抢救、保护、整理及医学人类学等方面有较高的资料价值。

收藏单位：中国药科大学图书馆、贵州民族大学图书馆、贵阳中医学院图书馆等

061《德昂族医药简介》

瞿广城、方路主编，中医古籍出版社 2014 年出版

关键词：德昂族 民族医学

中图法分类号：R296.4

本书为“民族医药抢救性发掘整理丛书”之一，主要介绍了德昂族基本状况，德昂族医药发展沿革，德昂族医药理论及传承方式，德昂族对于疾病的防治和养生保健的认识，德昂族常用药物，德昂族医药起源与发展，德昂族医药理论和民间单方、验方及德昂族民间医药状况等内容，是了解德昂族医药的重要参考资料。

收藏单位：国家图书馆、佳木斯大学图书馆等

第六章

独龙族研究图书索引

独龙族简介

独龙族总人口7310人（2020年第七次全国人口普查数据），是云南省人口最少的民族，主要聚居区分布在云南省怒江傈僳族自治州的贡山独龙族怒族自治县独龙江乡，云南省维西傈僳族自治县齐乐乡和西藏察隅县察瓦洛乡有少量分布，缅甸境内也有独龙族人居住。

独龙语属汉藏语系藏缅语族，内部可分为两大方言，即独龙江的独龙语方言和贡山丙中洛的怒江独龙语方言。独龙族历史上没有文字，主要以刻木、结绳的方式记事和传递信息。

独龙族唯一的传统节日就是过年，独龙语叫“卡雀哇节”。节日里，人们祭祀天鬼山神、“抛碗卜卦”、共吃年饭、唱歌跳舞至通宵达旦，而最热闹、最隆重的就是剽牛祭天。“卡雀哇节”对探索独龙族文化发展的轨迹有重要价值。2006年，“独龙族卡雀哇节”被列入第一批国家级非物质文化遗产代表性项目名录。

独龙族人民在历史进程中，创作了具有本民族鲜明特色的民间文学作品，如神话传说《创世纪》、寓言故事《兔子与老虎》、反映反帝反封建的《反抗察瓦龙土司的斗争》等。

独龙族喜歌乐舞，特别善于通过唱和跳的方式表达自身的思想感情和喜怒哀乐，歌舞分为“普”“门竹”两大类。

D 政治、法律

001《中国共产党云南省贡山独龙族怒族自治县组织史资料、云南省贡山独龙族怒族自治县政权军事统战群团系统组织史资料：1949.8—1987.10》

中共贡山县委组织部、中共贡山县党史政研室编，云南民族出版社1997年出版

关键词：中国共产党 组织建设 史料 贡山独龙族怒族自治县

中图法分类号：D235.744

本书收入了1949年8月至1987年10月中国共产党云南省贡山独龙族怒族自治县关于政权、军事、统战、群团系统等组织的相关史料，使读者充分了解当时云南省贡山独龙族怒族自治县组织情况，具有一定的参考价值。

收藏单位：北京大学图书馆、中国科学院图书馆、云南省图书馆等

F 经济

002《本土建构的差异化治理：基于独龙族脱贫与发展的乡土实践》

杨艳著，知识产权出版社2020年出版

关键词：独龙族 扶贫 工作经验

中图法分类号：F126

本书基于独龙族脱贫与发展的乡土实践，指出其乡村治理应立足本土建构探索差异化路径，进而推动独龙族脱贫攻坚与乡村振兴战略有效衔接，以此为民族贫困山区乡村振兴提供可资借鉴的经验。全书主要内容：绪论部分交代了研究背景、相关述评、理论关照与核心概念、研究方法与田野镜像；第一章从历史与文化、自然环境与沿革方面对独龙江乡的概况进行描述；第二章探讨独龙江乡经济社会发展的经验与脱贫攻坚实践；第三章阐述脱贫致富进程中独龙族传统经济观念的现代适应与转型；第四章论述以党建为引领构建差异化乡村治理新体系；第五章立足本土建构探索生态保护与产业脱贫的双赢之路；第六章提出独龙传统农耕文化的发掘与保护利用；第七章对实现整族脱贫后该乡如何巩固脱贫推动乡村全面振兴提出建议。

收藏单位：国家图书馆等

003《孔当村调查：独龙族》

黄锐主编，中国经济出版社2014年出版

关键词：乡村 独龙族 民族经济 调查报告

中图法分类号：F327.745

本书分“村庄”“农户”和“村民”三部分，对云南省怒江贡山独龙族怒族自治县孔当村的历史变迁，以及政治、经济、社会、文化等方面进行全景式调查研究，系统梳理中华人民共和国成立以来，特别是改革开放以来孔当村的经济社会发展历程，并说明民族文化在村庄经济社会发展中的重要作用，为研究独龙族村庄经济社会发展提供了比较翔实的实证资料。

收藏单位：国家图书馆、烟台图书馆等

004《中国民族地区经济社会调查报告：贡山独龙族怒族自治县卷》

郑信哲主编，中国社会科学出版社2016年出版

关键词：民族地区经济 调查报告 贡

山独龙族怒族自治县

中图法分类号：F127.8

本卷共分5章，分别为“建立政权、发展民主”“经济建设、快速挺进”“社会事业、更上一层”“多元文化、丰富多彩”“保护生态、绿色发展”，作者对21世纪以来云南西北部的贡山独龙族怒族自治县的政治、文化、经济、教育、宗教等问题进行了深入调查，并对其发展做出了评价。

收藏单位：国家图书馆等

H　语言、文字

005《独龙族日常生产生活用语手册（独龙、汉、英对照）》

张灵杰主编，云南大学出版社2017年出版

关键词：独龙族语

中图法分类号：H265-62

本书为“云南民族文化走出国门系列出版物”丛书之一，主要收录了独龙族日常生产生活用语上千条，分为日常用语和生产生活用语两类，独龙文、汉文、英文对照；同时还有习近平总书记有关重要批示、独龙族历史简介等内容，对独龙族社会交流、文化传承、历史延续、精准扶贫、旅游开发、可持续发展等方面都具有积极意义。

收藏单位：国家图书馆等

I　文学

006《独龙夜话：独龙族民间故事集》

巴国强、巴伟东搜集整理，云南民族出版社2010年出版

关键词：独龙族 民间故事

中图法分类号：I277.3

本书收录了流传于云南省贡山县独龙族聚居区具有代表性的独龙族民间故事21篇，基本上能体现独龙族民间故事的艺术特色，同时配上了独龙文，便于群众阅读。

收藏单位：暂时无法提供馆藏信息

007《独龙族民间故事》

段伶编，云南人民出版社1988年出版

关键词：独龙族 民间故事

中图法分类号：I277.3

本书为“云南民族民间故事丛书”之一，有迷离纷幻的神话、奇丽的山水传说和爱情故事、趣味横生的斗鬼故事和动物童话等40多篇作品，故事古朴简练，具有浓厚的原始审美特色，映照出古代独龙人独特的生活风貌和斗争情形，为了解独龙族民族风俗、生活习惯等提供了参考资料。

收藏单位：国家图书馆、四川省图书馆等

008《独龙族情歌一百首》

陆家瑞采录，贡山独龙族怒族自治县人民政府编，云南人民出版社1997年出版

关键词：独龙族 情歌

中图法分类号：I277.296.5

这是一本关于“爱”的歌集，收录了100多首独龙族情歌，记录了独龙族人民千百年来在爱的世界里的思考和追求。

收藏单位：国家图书馆、云南省图书馆等

009《独龙族文学简史》

李金明著，云南民族出版社2014年出版

关键词：独龙族 文学史

中图法分类号：I207.965

本书为“中国少数民族文学史丛书·云南少数民族文学史”之一，系统勾勒了从远古到20世纪90年代独龙族文学发展的轮廓，探讨并揭示了独龙族文学发展的规律、特点和重要的文学现象，并做出了较高理论深度的概括、归纳和总结。

收藏单位：国家图书馆、云南省图书馆、黑龙江省图书馆等

010《高德荣：一个独龙族老县长的追梦故事》

中共云南省委宣传部编，云南美术出版社2014年出版

关键词：纪实文学 独龙族

中图法分类号：I253.7

高德荣，云南高原孕育的独龙族优秀儿女，是云南省第一批党的群众路线教育实践活动重大典型。本书包括“青春梦”“励志梦”“民族梦”“小康梦”四个部分，充分阐释了高德荣同志的世界观、人生观、价值观的形成和对党忠诚、对人民负责、艰苦奋斗的精神实质，旨在帮助干部群众记住高德荣人生经历、追梦历程，感悟人生的价值追求，领略梦想的真谛。

收藏单位：国家图书馆、西南民族大学图书馆、佳木斯大学图书馆等

011《怒放》

徐剑、李玉梅著，云南教育出版社2020年出版

关键词：纪实文学 独龙族

中图法分类号：I253.7

本书描述了在习近平总书记关怀下，围绕云南省委省政府对“独龙江乡整乡推进独龙族整族脱贫”的工作历程，全景式展现了独龙族在党的脱贫攻坚政策指引下，以高德荣为代表的中国共产党人坚持以人民为中心，奋力拼搏，艰苦奋斗，终于在2019年实现“整族脱贫、整乡脱贫”，走上致富奔小康的幸福路的历程，是“精准扶贫”的典范案例和民族大团结的标本。

收藏单位：暂时无法提供馆藏信息

012《新时期中国少数民族文学作品选集：独龙族卷》

中国作家协会编，作家出版社2015年出版

关键词：独龙族 少数民族文学 作品综合集

中图法分类号：I29

本书收录了独龙族新生代源于生活创作的小说5篇、散文42篇、诗歌30首，充分反映了独龙族人民的心声和愿望，展示了新时期我国少数民族文学繁荣发展的景象。

收藏单位：国家图书馆、湖北省图书馆、佳木斯大学图书馆等

K 历史、地理

013《独龙江和独龙族综合研究》

何大明、李恒主编，云南科学技术出版社1996年出版

关键词：独龙族

中图法分类号：K286.5

作者从独龙江和独龙族综合研究、独

龙江流域气候特征及气候带划分、独龙族社会历史及宗教信仰习俗概述、独龙江流域的兽类区系概貌、独龙江流域的鸟类及其区系分析、独龙江的花卉资源——木本冬花植物、独龙江杂草植物、独龙江流域鸟兽动物资源、独龙江地区经济植物名录、独龙江流域野外考察、永远的记忆等方面，对独龙江和独龙族开展了多学科交叉的系统研究，填补了植物学、地理学、地质地矿学、水文学、气候学、人类学、医学遗传学、民族文化、乡村经济和生态环境等一系列学科研究的空白，不少成果处于当时国际领先水平，对当时区域综合研究，具有示范意义。

收藏单位：国家图书馆、云南省图书馆等

014《独龙江文化史纲：俅人及其邻族的社会变迁研究》

张劲夫、罗波著，中山大学出版社2013年出版

关键词：独龙族 民族文化

中图法分类号：K286.5

本书为“艽野东南的民族”丛书之一，描述了俅人的社会文化，包括族源、语言、生计（狩猎、采集、农牧业）、生活方式（衣食住行）、贸易（交易圈、输入品和输出品、交易单位）、社会结构、社会组织、社会秩序、婚姻与亲属、教育与娱乐，以及与周边民族的关系等内容。

收藏单位：国家图书馆等

015《独龙心语：贡山县独龙江乡迪政当村独龙族村民日志》

高志英、王焕瑜编著，李林高等记录，学苑出版社2019年出版

关键词：独龙族 贡山独龙族怒族自治县

中图法分类号：K297.45

本书是首部由独龙族村民完成的日志，三位作者皆是迪政当村民，都接受过学校教育，但人生经历与社会身份与兴趣爱好不同，因而从不同视角比较全面地反映了当下独龙族社会的概貌，为学界和政府进一步了解当下独龙族社会生产生活变迁及其动因提供了第一手资料。

收藏单位：国家图书馆等

016《独龙族》

刘达成著，民族出版社1998年出版

关键词：独龙族 民族历史 民族文化

中图法分类号：K286.5

本书为“民族知识丛书”之一，作者从“高山峡谷独龙家”“周总理与独龙族人民”“烟海寻踪探族源”“现代文明的源头窥探”“神奇山谷的学术瑰宝”“淳朴的社会美德”“植物王国与花卉世界”“令人神往的年庆节俗”“森林猎手与山神”“独龙英雄”“绚丽多彩的民间文学”“奇特的婚恋习俗”“河山巨变两重天”等方面对独龙族进行了翔实描述，并适当配有独龙族特色照片，可帮助读者更全面、系统地了解独龙族情况，对加深各民族的了解，促进各民族亲密互助、团结友好有积极作用。

收藏单位：国家图书馆、云南省图书馆、广州市图书馆等

017《独龙族》

黄海涛主编，新疆美术摄影出版社、

新疆电子音像出版社 2009 年出版

关键词：独龙族 民族历史 民族文化

中图法分类号：K286.5

本书为“中华民族大家庭知识读本”丛书之一，介绍了独龙族的由来、生产生活形态、独龙族的族称、历史沿革、社会形态、宗教信仰、文化艺术、风俗习惯，以及相关的神话传说和历史故事等。

收藏单位：国家图书馆、云南省图书馆、重庆图书馆等

018《独龙族》

王忠华编著，吉林出版集团有限责任公司、吉林文史出版社 2010 年出版

关键词：独龙族 民族文化 民族历史

中图法分类号：K286.5

本书为“中国文化知识读本”之一，包括“独龙族迁徙融合的民族概况”“自然崇拜的神话传说”“万物有灵的宗教信仰”“独具特色的饮食文化”“简而不陋的独龙民居”“淳朴独到的民族艺术”“别有其解的习俗礼节”等内容，文字优美生动、语言简明通俗、图文并茂，展示了独龙族文化中的风俗信仰、物态文化、行为文化、精神文化等，在深入挖掘和整理中华优秀传统文化成果的同时，结合社会发展，注入了时代精神。

收藏单位：国家图书馆、安徽省图书馆、重庆图书馆等

019《独龙族》

杨将领、李金明、曾学光著，中国水利水电出版社 2004 年出版

关键词：独龙族 少数民族风俗习惯

中图法分类号：K892.365

本书为“中国少数民族风情游丛书”之一，包括“美丽神奇的家园”“云海寻踪、河谷人家”“生产活动和习俗”“看不见的世界——宗教信仰”“走进贡山”等内容，以翔实的资料和流畅的文笔向读者介绍了独龙族历史文化和民族风情，随书附带了诸多旅游信息，可供对少数民族历史文化和特色旅游感兴趣的读者参考。

收藏单位：国家图书馆等

020《独龙族》

高志英、和梦著，中国人口出版社 2014 年出版

关键词：独龙族 民族文化

中图法分类号：K286.5

本书为“中国少数民族人口丛书”之一，全面介绍了独龙族起源、文化、宗教信仰、民俗、经济发展、人口情况等方面的内容，向读者全景式展示了独龙族特有的民族特色和民族风情，可读性较强，具有科学性和文学性。

收藏单位：国家图书馆等

021《独龙族》

李金明著，辽宁民族出版社 2015 年出版

关键词：独龙族 民族历史 民族文化

中图法分类号：K286.5-49

本书为“走近中国少数民族丛书”之一，以图文并茂的形式，叙述了独龙族的历史渊源、经济生活、文化习俗、历史人物、名胜古迹和区域自治与现今情况等，对宣传党的民族政策，传播民族知识，促进各民族互相了解、共同团结进步、共同繁荣发展有积极意义。

收藏单位：国家图书馆等

022《独龙族：贡山丙中洛乡小茶腊社》

高发元主编，云南大学出版社2001年出版

关键词：独龙族 民族调查 贡山独龙族怒族自治县

中图法分类号：K280.74

本书为“云南民族村寨调查”之一，介绍了独龙族的历史沿革，自然环境与生态状况、人口、经济、社会、政治、习惯法、文化、教育、科技与卫生、宗教等方面的变化与发展，对了解独龙族村寨相关信息有帮助。

收藏单位：国家图书馆、云南省图书馆、广东省立中山图书馆等

023《独龙族百年实录》

全国政协文史和学习委员会暨云南省政协文史委员会编，中国文史出版社2010年出版

关键词：独龙族 民族历史

中图法分类号：K286.5

本书为“云南特有民族百年实录丛书”之一，汇集着独龙族历史上的人、事、物，包括“综述”“民族的起源与变迁”“政治·军事·经济、思想·文化”“革命斗争”“民族工作与民族区域自治”“民族风情”“当代风貌”“人物春秋”等内容，对了解独龙族的社会发展具有较高参考价值。

收藏单位：国家图书馆、云南省图书馆、浙江图书馆等

024《独龙族简史》

《独龙族简史》修订本编写组编写，民族出版社2008年出版

关键词：独龙族 民族历史

中图法分类号：K286.5

本书为“中国少数民族简史丛书（修订本）”之一，主要记述了独龙族的历史发展进程，介绍了“独龙族人口分布和自然环境”“远古传说中的独龙族”“古代的独龙族”“独龙族人民的反帝反封建斗争”及“中华人民共和国成立前独龙族的社会形态、社会组织和婚姻制度、物质生活和精神文化”等。本书在1986年原版的基础上，对有关内容进行了重新考究，作了必要的修订和补充，特别是增补了中华人民共和国成立以来独龙族经济、政治、文化和社会发展的情况，充分体现了独龙族人民为建设美好家园奋发努力和坚韧不拔的精神，为了解独龙族的历史文化提供了参考。

收藏单位：国家图书馆、云南省图书馆、山西省图书馆等

025《独龙族简史简志合编（初稿）》

中国科学院民族研究所、云南少数民族社会历史调查组编，中国科学院民族研究所1963年编印

关键词：独龙族 民族历史

中图法分类号：K286.5

本书为“少数民族史志丛书”之一，包括“壮丽的独龙江河谷、勤劳的独龙族人民”“原始社会末期的社会面貌”“独龙族人民的解放和民族区域自治的实现”“向社会主义直接过渡”四个方面，可为广大

读者了解独龙族历史提供有价值的参考资料。

收藏单位：国家图书馆、辽宁省图书馆等

026《独龙族“卡雀哇”节教材：独龙文、汉文》

李金明编著，云南民族出版社2017年出版

关键词：独龙族 民族节日 少数民族风俗习惯

中图法分类号：K892.1

作者在系统搜集整理研究的基础上，按照独龙族民俗习惯编辑翻译了独龙族“卡雀哇节”的整个过程，并附有相关过节由来的民间神话传说和故事，可读性很强。本书图文并茂，以图片展示，以汉文、独龙文两种语言互译说明，简明扼要，通俗易懂，对人们了解、学习、研究独龙族文化具有一定的资料参考价值。

收藏单位：国家图书馆等

027《独龙族社会历史调查（一）》

《民族问题五种丛书》云南省编辑委员会、《中国少数民族社会历史调查资料丛刊》修订编辑委员会编，民族出版社2009年出版

关键词：独龙族 社会调查 贡山独龙族怒族自治县

中图法分类号：K286.5

本书为“中国少数民族社会历史调查资料丛刊（修订本）”之一，包括“独龙族社会情况调查”“独龙族简介”“贡山县四区三村孔当、丙当、学哇当独龙族社会经济调查”“贡山县四区独龙族社会调查”“贡山县四区茂顶等村独龙族社会调查统计资料”“贡山县四区四村独龙族生产关系调查”“贡山县四区一村独龙族土地形态调查”“贡山县四区茂顶、蓝旺度独龙族社会经济调查”“贡山县四区四村独龙族原始共产制残余调查”及“后记”等内容。本书涵盖了独龙族政治、经济、文化、社会等各个方面，内容鲜活、珍贵，是独龙族研究的重要参考资料。

收藏单位：国家图书馆、湖北省图书馆等

028《独龙族社会历史调查（二）》

《中国少数民族社会历史调查资料丛刊》修订编辑委员会编，民族出版社2009年出版

关键词：独龙族 社会调查 贡山独龙族怒族自治县

中图法分类号：K286.5

本书为“中国少数民族社会历史调查资料丛刊（修订本）”之一，包括“云南省贡山县第四区独龙族社会经济调查报告”“第一行政村独龙族社会经济调查”“第二行政村独龙族社会经济调查报告（第一、第二部分）”“第三行政村独龙族社会经济情况”“第三行政村独龙族社会情况调查”“第四行政村独龙族社会经济调查”“第四行政村独龙族社会历史情况”“第四行政村德乌打独龙族社会经济调查”“独龙族的基本特点和方言土语概况”及“后记”等内容。本书是了解、研究独龙族社会相关情况的参考资料。

收藏单位：国家图书馆、云南省图书馆、四川省图书馆等

029《独龙族社会历史综合考察报告（专刊）：第一集）》

云南省民族研究所 1983 年编印

关键词：独龙族 社会历史 考察报告

中图法分类号：K286.5

本书是在 20 世纪 50 年代至 60 年代的独龙族社会历史调查资料的基础上编写的，除对过去的调查作了必要的充实和补正外，还对物质文化和精神文化、语言和方言、心理素质，以及中华人民共和国成立近 20 年来独龙族社会的变化和民族经济的发展等情况进行了专题考察。内容包括“生产技术活动”“氏族、家族的传说、分布和通婚”“饮食、服饰、居住、交通”“当代家庭生活”“中华人民共和国成立前察瓦对独龙族的统治”“原始宗教”“音乐舞蹈”“贡山县及独龙江公社有关资料摘抄”“神秘的河谷考察散记专题”。

收藏单位：国家图书馆、中央民族学院等

030《独龙族社会文化与观念嬗变研究》

高志英著，云南人民出版社 2009 年出版

关键词：独龙族 民族文化

中图法分类号：K286.5

本书以历史文献和田野调查资料为基础，从宗教观念的演变、族群观念和民族意识的演变、生产观念的演变、婚姻观念的演变、教育观念的演变等方面展示了 20 世纪以来独龙族社会文化的变迁，资料丰富翔实，描述细致具体，不仅对研究独龙族社会观念有着重要的学术价值，而且对探讨少数民族的社会观念，研究当今少数民族观念在现代化进程中的演变有较大价值，对少数民族思想文化与精神文明建设有重大的现实意义。

收藏单位：国家图书馆、云南省图书馆、天津图书馆等

031《独龙族史话》

李金明编著，云南人民出版社 2020 年出版

关键词：独龙族 民族历史

中图法分类号：K286.5

本书为“云南史话•世居少数民族系列”之一，包括“独龙族概况综述”“历史沿革、重大历史事件”“地方特色文化”“自然和人文景观”“现代风貌及发展”等方面内容，文字简洁流畅，内容丰富全面，兼具学术性、知识性、趣味性。

收藏单位：国家图书馆等

032《独龙族文化大观》

云南省民族事务委员会主编，云南民族出版社 2013 年出版

关键词：独龙族 民族文化

中图法分类号：K286.5

本书为“云南民族文化大观丛书”之一，包括“独龙族的历史渊源”“语言文字”“宗教信仰”“风俗习惯”“伦理道德”“天文历法”“文学艺术”“科技”“教育”“医药卫生”“传统建筑”“商业贸易”“交通和通信手段”“经济生产”以及“独龙族同周围民族在政治、经济、文化等多方面的交流与联系”等内容，反映了独龙族所处的自然地理、人文地理环境和与之相连的生产、生活方式，充分展示了多姿多彩的独龙族民族文化。

收藏单位：国家图书馆等

033《独龙族文化史》

张桥贵著，云南民族出版社 2000 年出版

关键词：独龙族 民族文化

中图法分类号：K286.5

本书为“云南少数民族文化史丛书”之一，包括“历史源流”“人地关系”“社会物质生产方式”“语言与文字”“宗教信仰”等内容，全面地研究和总结了云南省独龙族文化的规律、特点及其发展情况，对了解独龙族文化具有较高参考价值。

收藏单位：国家图书馆、云南省图书馆、广西壮族自治区图书馆等

034《独龙族艺术探寻》

陈蔚著，云南大学出版社 2017 年出版

关键词：独龙族 民族文化

中图法分类号：K286.5

作者从“多姿多彩艺术的生长沃土”“质朴率真的文学世界”“自然清新的音乐天地”“意趣盎然的舞蹈和其他艺术”“独龙族艺术的审美特征和审美价值”“独龙族文学艺术的传承与发展”六个方面对独龙族艺术进行了深度的探索，展现了独龙族淳朴、热情、善良的民族性格。

收藏单位：国家图书馆、云南省图书馆、湖北省图书馆等

035《高山峡谷独龙家：独龙族》

李金明著，云南大学出版社 2001 年出版

关键词：独龙族 家庭生活

中图法分类号：K286.5

本书为“20 世纪中国民族家庭实录”丛书之一，通过对云南省贡山独龙族怒族自治县一个独龙族家庭乃至整个家族的描写，记录了独龙族的历史变迁、风俗文化、现实状况等。

收藏单位：国家图书馆、云南省图书馆、苏州图书馆等

036《高山峡谷人地复合系统的演进：独龙族近期社会、经济和环境的综合调查及协调发展研究》

何大明主编，云南民族出版社 1995 年出版

关键词：独龙族 社会调查

中图法分类号：K286.5

本书分“综合报告”“分报告”“开发项目”三个部分，涉及独龙族社会、经济、自然环境、生态环境、民族历史、文化、宗教、医学、遗传学、农牧业、土地资源、交通、边贸、人口等诸多方面，将独龙族聚居区历史和调查成果全面综合系统地整理与分析研究，展现了独龙族聚居区的社会、经济和资源环境复合系统的历史与现状，为研究人员提供了珍贵资料。

收藏单位：国家图书馆、云南省图书馆、佳木斯大学图书馆等

037《贡山独龙族怒族自治县概况》

《贡山独龙族怒族自治县概况》编写组、祝玉华等编写，民族出版社 2008 年出版

关键词：独龙族 贡山独龙族怒族自治县

中图法分类号：K927.44

本书为“中国少数民族自治地方概况丛书”之一，包括“贡山独龙族地理环境”“历史沿革与社会变革”“民族区域自治”“农业”“工业”“交通通信”“财政金融”“贸易”“旅游”“对外开放”“社会事业”“城乡建设”“环境保护”等内容，介绍了贡山独龙族怒族自治县贯彻党的方针政策，发展各项事业所取得的成就和贡山的历史、地理、民族风情等，使读者对贡山独龙族怒族自治县的情况有所了解。

收藏单位：国家图书馆、云南省图书馆、广州市图书馆等

038《贡山独龙族怒族自治县志》

贡山独龙族怒族自治县县志办编，民族出版社2006年出版

关键词：贡山独龙族怒族自治县 地方志

中图法分类号：K297.44

本书是一部有关贡山独龙族怒族自治县社会、经济、文化等各方面的百科全书式的文献。本书依照志书的规定体例，记述了贡山的自然地理、物产资源、历史沿革和主体民族的历史、文化、风情等，并着重记录了该县自中华人民共和国成立以来特别是党的十一届三中全会以来取得的巨大成就，为贡山县的改革开放和社会主义各项事业的发展提供了宝贵的历史借鉴和科学决策的依据，具有深远的历史意义和现实意义。

收藏单位：国家图书馆、云南省图书馆、南京图书馆等

039《贡山独龙族怒族自治县志：1978—2008》

贡山独龙族怒族自治县县志办编，云南人民出版社2020年出版

关键词：贡山独龙族怒族自治县 地方志

中图法分类号：K297.44

本志为“中华人民共和国地方志丛书”之一，共24篇，实事求是地记述了1978—2008年贡山独龙族怒族自治县经济、政治、文化、社会、生态等各项事业发展变化的历史，信息准确、全面，资料性强，对了解、研究独龙族社会发展有参考价值。本书的出版具有重要的历史价值和现实意义。

收藏单位：国家图书馆等

040《灵动的河谷：独龙族》

蔡雯主编、蔡家麒撰稿，云南人民出版社2016年出版

关键词：独龙族

中图法分类号：K286.5-64

本书12万字，300余幅图片，通过众多场景纪实照片，从生活方式、民俗、宗教等层面，记录了60余年来独龙族经济、社会、政治、文化的深刻变革。读者若将这些纵贯半个多世纪的照片同近期独龙族社会的一些新面貌做比较，会发现该民族发生的惊天动地的变化，这就是纪实照片特殊的认知功能或研究价值。

收藏单位：国家图书馆等

041《怒江文史资料选辑：庆祝贡山独龙族怒族自治县建立三十周年　第6辑》

人民政治协商会议怒江傈僳族自治州

委员会文史资料研究委员会 1986 年编印

关键词：独龙族 怒族 文史资料

中图法分类号：K297.433

本书包括“独龙族的原始习俗与原始文化”“民间文学”“剿匪记”“支援一二六团进藏之片段”“贡山怒族风俗六则”“古代独龙族人生活的传说”“故宫档案中有关维西教案材料摘编以及历史回顾”“人物考略”“宗教信仰与民族习俗”“碑刻文物”“刊讯”等内容，是研究独龙族的珍贵资料。

收藏单位：国家图书馆、云南省图书馆等

042《怒江文史资料选辑：贡山独龙族怒族自治县文史专辑　第 18 辑》

政协云南省贡山独龙族怒族自治县委员会等编，怒江州政协文史资料编辑室 1991 年印制

关键词：独龙族 怒族 文史资料

中图法分类号：K297.433

本书以庆祝贡山独龙族怒族自治县成立 35 周年为切入点，以中共贡山县委书记张有盛、县长巴国新、县政协主席苏寿石的题词为首，对“独龙族旧志选载•设治沿革”“贡山解放及初期民族工作”“教育科技”“经济建设”“民族商业”“边界事务”“历史人物与事件”“宗教•民俗”“汇讯”进行了详细的资料收集与描述，同时附有独龙族相关代表性图片。

收藏单位：国家图书馆、北京师范大学图书馆、云南农业大学图书馆等

043《怒江文史资料选辑：独龙族　第 27 辑》

彭兆清、李道生主编，政协怒江州委员会文史资料委员会编，德宏民族出版社 1999 年出版

关键词：文史资料 怒江傈僳族自治州 独龙族

中图法分类号：K297.42

本书为“云南省怒江州民族文史资料丛书”之一，通过对“本族学人论述篇”“当家作主谱新篇”“零的突破篇”“民族团结篇”的描述，以丰富翔实的资料记叙了独龙族的过去和现在，客观真实地反映了独龙族儿女在党的阳光雨露滋润下幸福成长的经历和独龙族地区发生巨变的过程，对弘扬爱国主义精神，加强民族大团结，增强民族自信心，促进社会主义精神文明建设，让世界进一步了解和认识独龙族发挥了积极的作用。同时，本书还填补了历史文献之空缺，为有志于独龙族历史、文化研究的专家、学者提供了一份可资借鉴的珍贵资料。

收藏单位：国家图书馆、云南省图书馆、安徽省图书馆等

044《神秘的河谷：独龙族民族志文献图片集》

蔡家麒、王庆玲著，民族出版社 2016 年出版

关键词：独龙族 民族志

中图法分类号：K286.5-64

本书为“中国纪录影像文库”之一，采用文字和图片并举的方式，汇集作者在 1950—1980 年从事独龙族调查时所拍摄的数百张珍贵照片，每张照片均有作者的解读。本书的出版对于研究独龙族民族历史文化和社会变迁、关注独龙族发展历程意义重大。

收藏单位：国家图书馆、佳木斯大学图书馆等

045《图说独龙族》

杨发顺、吉彤主编，云南美术出版社2017年出版

关键词：独龙族 民族志

中图法分类号：K286.5-64

本书图文并茂全景式地展现了独龙族生产生活方式、文化、信仰、风俗习惯、民族发展、社会变迁等内容。一方面，以丰富的图片引领读者走进独龙族，了解独龙族，充分展示了独龙族独特的文化内涵；另一方面，更加全面地向世人展示了独龙族人民的生活和独龙江地区的发展现状，是对改革开放以来独龙族社会建设成果的总结和归纳，为社会各界了解独龙族的历史和现状提供了宝贵的影像资料，有较深远的社会意义。

收藏单位：国家图书馆等

046《文面密码：寻访最后的独龙族文面女》

丰卫祥、康妮编著，云南民族出版社2013年出版

关键词：独龙族 民族历史

中图法分类号：K286.5

本书以图文形式介绍和描述了贡山县独龙江乡独龙族的历史、宗教、习俗等，直观地反映了独龙江的地理条件、自然风光、民族风情和独龙族的生存、发展状况，展示了66个独龙族文面女的生活，反映了独龙族聚居区社会经济和文化等各项建设事业取得的新成就。

收藏单位：国家图书馆等

047《与一条江相守千年：独龙族》

沈醒狮著，民族出版社2016年出版

关键词：独龙族 民族文化 民族历史

中图法分类号：K286.5

本书为“美丽中国：56个民族文化寻迹”丛书之一，作者用图文并茂的方式记录了2003年至今，独龙族的衣、食、住、行、文化、传统、信仰，揭开了独龙江独龙族神秘面纱。本书还原独龙族的本真面目，图片鲜活，叙述清晰，内容符合社会发展事实。作者用生动的例子、通俗的语言、丰富的资料，叙述了独龙族的发展历程，读者通过阅读可以对独龙族的历史与现状有精准而直观的把握，并有审美与文化方面的启迪。

收藏单位：国家图书馆、浙江图书馆等

048《云南省独龙族历史资料汇编》

中国科学院民族研究所云南民族调查组、云南省民族研究所民族研究室1964年编印

关键词：独龙族 社会调查

中图法分类号：K286.2

本书包括“独龙族历史资料摘抄”“俅江纪行”“贡山县近代史料调查”“独龙族资料目录索引”四部分内容，对了解独龙族历史具有重要参考价值。

收藏单位：国家图书馆、云南省图书馆、广东省中山图书馆等

049《云南省贡山独龙族怒族自治县地名志》

李文军主编，云南民族出版社2009年出版

关键词：独龙族 怒族 地名志

中图法分类号：K927.44

本书较为详细地收录了怒江州贡山县地名条目，是贡山县地名普查、更正、规范的重要社科调查成果，汇编了贡山县的地名，并介绍了地名所处位置及其人口、资源状况等。

收藏单位：国家图书馆、云南民族大学图书馆、南京大学图书馆等

050《云南省怒江独龙族社会调查》

中国科学院民族研究所云南民族调查组、云南省历史研究所民族研究室 1964 年编印

关键词：独龙族 社会调查

中图法分类号：K286.5

本书包括“贡山县第四区独龙族社会经济调查总结报告”“第一行政村独龙族社会经济调查”“第一行政村龙棍独龙族社会生产关系调查”“第二行政村社会经济调查报告”“第三行政村中华人民共和国成立前独龙族的社会经济面貌”“第四行政村独龙族社会生产关系调查”“第四行政村独龙族社会经济调查”等内容，具有重要的参考价值。

收藏单位：国家图书馆、云南省图书馆等

051《藏彝走廊中的独龙族社会历史考察》

蔡家麒著，民族出版社 2008 年出版

关键词：独龙族 民族历史 社会调查

中图法分类号：K286.5

本书为“藏彝走廊研究丛书”之一，是在 1982 年云南省民族研究所对贡山独龙族怒族自治县独龙江地区独龙族的社会历史进行调查的基础上形成的。这次调查除对过去的调查做了必要的充实和补正外，还对物质文化和精神文化、语言和方言、心理素质，以及中华人民共和国成立近 20 年来独龙族社会的变化和民族经济的发展等情况进行了专题考察，是一份西南边疆民族在改革开放初期社会现状的实地记录。

收藏单位：国家图书馆、云南省图书馆、四川省图书馆等

052《中国独龙族》

杨将领主编，宁夏人民出版社 2012 年出版

关键词：独龙族 民族文化

中图法分类号：K286.5

本书为“中华民族文化丛书”之一，分别从民族概况、物质文化、社会文化、传统宗教信仰、族际交往、名胜古迹、有影响的人物七个方面对独龙族进行了详细的介绍，主题鲜明，创意新颖，具有历史的传承性、宽广的包容性、系统的完整性、科学的严肃性和生动的可读性。每章内容都配以精美的图片，呈现给读者丰富多彩、波澜壮阔的美丽画卷，是了解独龙族的通俗读物。

收藏单位：国家图书馆、云南省图书馆等

053《中国人口较少民族：独龙族》

李金明著，中国民族摄影艺术出版社 2007 年出版

中图法分类号：K297.44

本书为“中国人口较少民族丛书”之

一，有“神奇壮丽的独龙江”“从原始社会走来的独龙族”“与兄弟民族和谐相处”等内容，介绍了独龙族的生活环境、社会发展、文化习俗等，是了解独龙族的通俗读本。

收藏单位：国家图书馆、云南省图书馆、佳木斯大学图书馆等

R　医药、卫生

054《解读独龙族生命健康力：独龙族医药文化研究》

侯宾、崔瑾、王寅著，云南人民出版社 2019 年出版

关键词：独龙族 民族医学 文化研究

中图法分类号：R296.5

本书作者历时 4 年多先后 20 多次进出独龙江，通过田野调查全面收集信息并深入调查后完成，包括“独龙族社会历史发展与生态文化环境”“独龙族原始宗教中的医学萌芽”“神话传说与民间故事中的生命健康记忆”“独龙族医学观念和医学思想”“独龙族民俗中的健康智慧”“纹面女与独龙族健康隐喻——刻在脸上的健康符号”“原始祭祀调和民歌里的健康吟唱”“独龙族民族民间用药与现代植物药研究”“独龙江独龙族社会嬗变中的健康事业发展”“独龙族医药文化保护传承与发展的思考及对策”“独龙族医药文化与生命健康力”11 个方面，是研究独龙族医药文化的重要参考资料。

收藏单位：国家图书馆等

X　环境科学、安全科学

055《云南世居少数民族灾害文化丛书：独龙族卷》

周琼、王彤、梁轲著，科学出版社 2020 年出版

关键词：独龙族 自然灾害 灾害管理

中图法分类号：X432.74

本书从独龙族居住区自然环境和社会发展现状入手，对其灾害事件、灾害过程等史实进行梳理，在此基础上挖掘和总结独龙族地区日常生活生产中形成的灾害文化。本书重点是再现独龙族居住地区的灾害发生概况，如灾害发生的时间、地点、频次、种类、影响，以及独龙族民众对灾害形成、发生和发展的认知情况，特别是人们在应对灾害过程中的民众文化所起到的显性和隐性影响。本书可供历史学、地理学、生态学等相关专业的师生阅读和参考。

收藏单位：暂时无法提供馆藏信息

第七章

俄罗斯族研究图书索引

俄罗斯族简介

我国的俄罗斯族共有 16 136 人（2020 年第七次全国人口普查数据），散居在全国各省、区、市，主要分布在新疆、内蒙古、黑龙江、北京等地，其中新疆维吾尔自治区最多。内蒙古自治区的呼伦贝尔市是我国俄罗斯族人口最多的地级市，所辖额尔古纳市有俄罗斯族小聚居区，设有我国唯一的恩和俄罗斯族民族乡，恩和村被列入第二批中国传统村落和中国少数民族特色村寨。

俄罗斯族大多信仰东正教，少数人信仰基督教。

俄罗斯族是中国跨境民族，其语言属印欧语系斯拉夫语族东斯拉夫语支。我国俄罗斯族使用俄文，一般兼通俄语、汉语、维吾尔语、哈萨克语等多种语言。

“巴斯克节”是俄罗斯族最重要的节日之一，被称为“节中之节”。2011 年，“俄罗斯族巴斯克节”被列入第三批国家级非物质文化遗产代表性项目名录。

俄罗斯族民间文学历史悠久，体裁多样，有民歌、民间故事、谚语、谜语、小品等，已经成为人民生活中不可缺少的组成部分。

俄罗斯族能歌善舞，三角琴、班吉拉等乐器韵味无穷。歌曲婉转悠扬，深受其他民族人民喜爱。传统舞蹈踢踏舞、头巾舞极富特色。

俄罗斯族民居营造技艺，由俄罗斯人于清代咸丰元年迁居新疆等地时传入。2008 年，“俄罗斯族民居营造技艺”被列入第二批国家级非物质文化遗产代表性项目名录。

D 政治、法律

001《东北边陲的俄罗斯民族村：内蒙古额尔古纳市室韦俄罗斯民族乡恩和村调查报告》

赵淑梅等著，社会科学文献出版社2012年出版

关键词：农村调查 调查报告 额尔古纳市

中图法分类号：D668

本书为“当代中国边疆·民族地区典型百村调查”丛书之一，包括“恩和村的人口情况”“经济生活”“基层党政”“社会生活”“民族礼俗”“文化教育与卫生”“新农村建设”等几个方面内容，是了解东北俄罗斯民族村的参考资料。

收藏单位：国家图书馆、齐齐哈尔大学图书馆、石河子大学图书馆等

F 经济

002《恩和村调查：俄罗斯族》

青觉主编，中国经济出版社2010年出版

关键词：俄罗斯族 民族经济 社会调查 额尔古纳市

中图法分类号：F327.265

本书是“中国民族经济村庄调查丛书”之一，从“村庄”“农牧户”和“村民”三个部分，对恩和村进行了详细的介绍，阐述了恩和村的经济文化变迁和社会发展现状。

收藏单位：国家图书馆、黑龙江省图书馆、佳木斯大学图书馆等

003《一条绿色发展之路：对额尔古纳乡镇经济的考察与分析》

赵农著，中国社会科学出版社2013年出版

关键词：乡镇经济 区域经济发展 额尔古纳市

中图法分类号：F127.263

本书为“中国国情调研丛书·乡镇卷”之一，在实地调研的基础上，着重介绍了额尔古纳市各乡、镇和街道，围绕整体的“生态立市”战略，根据自身资源和特点，分别发展乳品业、生态及文化旅游、有机农业等过程，记述了体制改革的实践，分析了条块分割的不利现象，提出了更好地发展生态及文化旅游的战略构想。

收藏单位：国家图书馆、北京大学图书馆、华东师范大学图书馆等

H 语言、文字

004《跨境俄罗斯语——新疆俄罗斯族语言研究》

白萍著，中国社会科学出版社2014年出版

关键词：俄罗斯语 新疆维吾尔自治区

中图法分类号：H244

本书主要描写居住在我国新疆地区的跨境民族——俄罗斯族的口语语音、形态、词汇和句法特点，并与境外俄语做了细致比较，既展现了新疆俄罗斯语的语言状态和演变特点，也指出了和境外俄语之间的共性和差异。本书是作者在数次远赴新疆调查俄罗斯族所获语料的基础上写成的，弥补了国内对俄罗斯族及其语言研究的不足，因而具有重要价值。

收藏单位：国家图书馆、湖北省图书馆、广州市图书馆等

005《内蒙古额尔古纳俄罗斯语研究》

白萍著，中国社会科学出版社 2011 年出版

关键词：俄罗斯语 额尔古纳市

中图法分类号：H244

本书共分十一章，以内蒙古额尔古纳俄罗斯语为研究对象，借鉴参考语法的描写原则和系统功能语法的研究范式，综合运用现代语言学的基本理论，并兼顾类型学的归纳方法，对内蒙古额尔古纳俄罗斯语的语法结构及特点进行了较为全面、系统、深入的共时描写与分析。

收藏单位：国家图书馆、黑龙江省图书馆、重庆图书馆等

I 文学

006《白桦林中的夜莺：一个中国俄罗斯族女性眼中的俄罗斯文学》

施秀琳（M. 塔玛拉）编著，新疆人民出版社 2009 年出版

关键词：文学研究 俄罗斯文学

中图法分类号：I512 .06

本书收录苏俄作家 100 多部（篇）作品具有代表意义的精彩段落 650 余条，内容涉及景物、社会生活、人物、细节等。作品选入以能展示苏俄文学大师独特感人的风格和精彩绝伦的艺术风采为原则，并按描述对象特征与范畴，加以科学分类和划分条目。俄罗斯权威语言学家评价本书资料之翔实，分类之精细，研究之深入，运用之方便，即使在俄罗斯语言文学界亦是尚无先例的创新之作。本书除第二篇外全部为俄文，第二篇有编著者对苏俄文学研究的体会与赏析。

收藏单位：国家图书馆、辽宁省图书馆、宁波市图书馆等

007《神奇的额尔古纳》

李国郡编著，内蒙古文化出版社 2014 年出版

关键词：民间故事 作品集

中图法分类号：I277.3

本书是古今历史传说故事集。通过古今故事，揭开北疆额尔古纳古老大地的历史传奇；通过传奇人物成吉思汗祖先的生存故事，揭开额尔古纳人和山水神奇之谜；通过俄罗斯族聚集生活在额尔古纳的故事，揭开额尔古纳各民族团结的神奇之谜。

收藏单位：国家图书馆等

K 历史、地理

008《东西方文化交汇的家庭：俄罗斯族》

姜勇著，云南人民出版社 2003 年出版

关键词：俄罗斯族 家庭生活

中图法分类号：K284.4

本书为“20 世纪中国民族家庭实录”丛书之一，通过对新疆塔城地区的一家俄罗斯族的调查，反映了中国俄罗斯族在文化、风俗、生产、生活上的变化及独特的特点，让读者在欣赏故事中了解俄罗斯族的知识、生活及发展变迁。

收藏单位：国家图书馆、哈尔滨市图书馆、杭州图书馆等

009《额尔古纳俄罗斯族现状与发展研究》

祁惠君、唐戈、时春丽著，中国社会科学出版社 2008 年出版

关键词：俄罗斯族 额尔古纳市

中图法分类号：K284.4

本书为“民族现状与发展研究丛书”之一，介绍了额尔古纳俄罗斯族的概况，包括中国俄罗斯族概况、农业与副业经济、畜牧业经济、对外经济贸易等内容。作者通过额济纳和额尔古纳历史发展、政治建设、经济建设、文化建设、社会发展建设多方面比较分析，对巩固边疆民族地区、发展边疆民族地区提出了一系列对策建议。

收藏单位：国家图书馆、河北民族师范学院图书馆、中央民族大学图书馆等

010《俄罗斯族》

邓波著，民族出版社 1995 年出版

关键词：俄罗斯族 民族文化

中图法分类号：K284.4

本书为“民族知识丛书”之一，介绍了俄罗斯族的人口分布、职业、民族性格、民族由来、新疆现代史上的“归化族”语言文字、文化教育、文学艺术、生产与经济生活、宗教信仰、风俗习惯等内容。书中有大量的图片资料，使读者直观地感受到俄罗斯族人民的生活状态。

收藏单位：国家图书馆、南京图书馆、佳木斯大学图书馆等

011《俄罗斯族》

李咏梅编著，吉林出版集团有限责任公司、吉林文史出版社 2010 年出版

关键词：俄罗斯族 民族历史 民族文化

中图法分类号：K284.4

本书为“中国文化知识读本”丛书之一，包括“迁徙而来的中国俄罗斯族”“多姿多彩的文化生活”“独具特色的衣食住宅”“形式多样的风俗习惯”“西式特点的传统节日”等内容，在深入发掘和整理中华优秀传统文化成果的同时结合社会发展，注入了时代精神，是了解俄罗斯族的参考读物。

收藏单位：哈尔滨医科大学图书馆、东北石油大学图书馆等

012《俄罗斯族》

滕春华著，中国人口出版社 2014 年出版

关键词：俄罗斯族 民族文化

中图法分类号：K284.4

本书为“中国少数民族人口丛书”之一，包括“源自欧洲”“原汁原味的口承民俗”“阿里鲁亚——荣耀的王”“欧式风情”“多次迁徙的民族”“文化教育与文学创作”“婚姻家庭”等章节，全面介绍了俄罗斯族的起源、文化、宗教信仰、民俗、经济发展、人口情况等方面的内容，向读者全景式地展示了俄罗斯族独有的民族特色和民族风情，语言可读性较强，具有科学性和文学性，对于了解俄罗斯族具有重要的参考作用。

收藏单位：国家图书馆、湖北省图书馆等

013《俄罗斯族》

乃珂热曼·依布拉音著，辽宁民族出版社 2014 年出版

关键词：俄罗斯族 民族历史 民族文化

中图法分类号：K284.4-49

本书为“走近中国少数民族丛书”之

一，结构紧凑，文字优美，真实地展示了俄罗斯族自远古至今的发展历程，是了解俄罗斯族的参考读物。

收藏单位：国家图书馆、黑龙江省图书馆、乌鲁木齐市图书馆等

014《俄罗斯族》

陈文新主编，新疆美术摄影出版社、新疆电子音像出版社 2009 年出版

关键词：俄罗斯族 民族历史 民族文化

中图法分类号：K284.4

本书为“中华民族大家庭知识读本”丛书之一，包括“俄罗斯族概述”“俄罗斯族的历史沿革”“俄罗斯族的宗教信仰与民俗文化”三章，介绍了我国俄罗斯族的起源、发展历史、宗教信仰与民俗文化、节日礼仪以及相关的神话传说和历史故事等内容，对了解俄罗斯族有参考价值。

收藏单位：国家图书馆、佳木斯大学图书馆、吉林农业科技学院等

015《俄罗斯族：新疆塔城市二工镇、内蒙古额尔古纳市室韦乡调查》

余建忠、姜勇主编，云南大学出版社 2004 年出版

关键词：俄罗斯族 调查报告 新疆维吾尔自治区

中图法分类号：K284.4

本书为“中国民族村寨调查丛书”之一，从概况与历史、生态环境、人口、经济、社会政治、婚姻家庭、法律、文化、民族风俗习惯、教育、科技卫生、宗教信仰等方面对新疆维吾尔自治区塔城市二工镇和内蒙古自治区额尔古纳市室韦俄罗斯族民族乡的俄罗斯族做全面调查，内容具体翔实，有代表性和典型性，是了解俄罗斯族村寨的参考资料。

收藏单位：国家图书馆、新疆维吾尔自治区图书馆、佳木斯大学图书馆等

016《俄罗斯族百年实录》

全国政协文史和学习委员会等编，中国文史出版社 2007 年出版

关键词：俄罗斯族 民族历史

中图法分类号：K284.4

俄罗斯族是生活在中国境内的少数民族。本书包括“移民”“苦难的岁月”“教育、卫生”“见证中俄关系”“生活生活”“家庭生活”六部分及附录，记述了百年中国俄罗斯族的历史沧桑与时代新貌，对于了解中国俄罗斯族具有一定的参考价值。

收藏单位：国家图书馆、佳木斯大学图书馆、襄阳市图书馆等

017《俄罗斯族简史》

《俄罗斯族简史》修订本编写组编，民族出版社 2008 年出版

关键词：俄罗斯族 民族历史

中图法分类号：K284.4

本书为“中国少数民族简史丛书（修订本）”之一，记录了俄罗斯族从起源至 21 世纪初的历史发展进程，涵盖政治、经济、文化、社会等方面，是了解俄罗斯族历史发展的参考资料。

收藏单位：国家图书馆、佳木斯大学图书馆、新疆维吾尔自治区图书馆等

018《俄罗斯族民俗文化》

新疆维吾尔自治区对外文化交流协会编，新疆美术摄影出版社、新疆电子音像

出版社 2008 年出版

关键词：俄罗斯族 少数民族风俗习惯 新疆维吾尔自治区

中图法分类号：K892.344

本书为“中国新疆民族民俗文化系列丛书”之一，包括俄罗斯族的历史文化、新疆变革，民族民俗、传统和习俗，民族人口、地理及分布等内容，是了解俄罗斯族历史和民俗文化的参考资料。

收藏单位：佳木斯大学图书馆、新疆农业大学图书馆、伊犁师范大学图书馆等

019《江畔烽烟：黑龙江沿岸俄罗斯族的历史变迁》

谢春河、潘华、杨正阳编著，黑龙江教育出版社 2015 年出版

关键词：俄罗斯族 民族历史 黑龙江省

中图法分类号：K284.4

本书为“东北三江流域文化丛书”之一，包括“黑龙江沿岸俄罗斯族的起源”“俄罗斯族进入黑龙江沿岸地区的历史”“中华人民共和国成立后黑龙江沿岸的俄罗斯族”“黑龙江沿岸的俄罗斯族聚居区”等内容，旨在全面探究黑龙江沿岸地区的俄罗斯族的发展历程，展现 100 多年来俄罗斯族在这一地区的生活场景，为我国及黑龙江中上游地区的民族团结及民族研究工作提供理论依据。

收藏单位：国家图书馆、佳木斯大学图书馆等

020《内蒙古俄罗斯族》

张晓兵主编，内蒙古文化出版社 2015 年出版

关键词：俄罗斯族 内蒙古自治区

中图法分类号：K284.4

本书以中国共产党的民族理论政策为指导，从内蒙古地区俄罗斯族的形成源流、语言、教育、人口、地理、文化、经济、生产生活、宗教信仰、现代化条件下的发展、民族人物、大事记等多个角度入手，以适当资料佐证，向读者加以客观介绍，在大力弘扬优秀民族文化的历史时期，具有较强的学术研究价值。

收藏单位：国家图书馆、佳木斯大学图书馆等

021《丝绸之路与俄罗斯民族文物》

吕章申主编，北京时代华文书局 2016 年出版

关键词：民族文物 俄罗斯

中图法分类号：K885.120.2

本书根据国家博物馆的“丝绸之路与俄罗斯民族文物”展览编辑而成，共汇集俄罗斯民族博物馆 594 件珍贵藏品，展示了居住在黑海到太平洋之间的俄罗斯南部众多民族的特色文化，为广大观众描绘出一幅俄罗斯南部民族传统文化的风情长卷。在这幅长卷中，既有充满异域风情的传统民族服饰，也有各色手工艺制品；既有山地民族的房屋一隅，也有草原民族的毡帐陈设，还有充满生活情趣的饮食文化和棋类游戏。全书共分为丝绸之路上的俄罗斯、丝绸之路上的克里米亚和高加索、亚欧贸易之路上的伏尔加河流域和乌拉尔山前地带、西西伯利亚南部和亚欧平原的边界南乌拉尔、丝绸之路北线沿线的南西伯利亚五部分。

收藏单位：北京服装学院图书馆、福

建省图书馆、中山大学图书馆等

022《中国俄罗斯族》

苏闻宇、马璐璐、罗意编著，宁夏人民出版社 2011 年出版

关键词：俄罗斯族 民族文化

中图法分类号：K284.4

本书为“中华民族全书”之一，全书共 12 章，分别从民族概况、物质文化、民间文化、社会文化、信仰文化、对伟大祖国的贡献、精神气质、文化传承、族际交往、文化发展愿景、有影响的文化人物、重要贡献方面对俄罗斯族进行了详细的介绍，每章内容配以精美的图片，图文并茂，是了解俄罗斯族的通俗读物。

收藏单位：国家图书馆等

023《中国俄罗斯族发展问题研究》

李启华编著，内蒙古文化出版社 2018 年出版

关键词：俄罗斯族 民族发展

中图法分类号：K284.4

本书从马克思唯物史观出发，充分运用马克思主义民族理论，以额尔古纳俄罗斯族民族乡为个案展开了深入研究。对民族特性的准确把握，是民族、国家及民族间和谐交往与发展的重要基础。本书是在收录作者近年来公开发表的有关学术论文及在武汉理工大学马克思主义学院攻读博士学位时所著论文的基础上，经修订后形成的理论专著，是一本较详细研究中国俄罗斯民族发展问题的学术成果。

收藏单位：黑龙江省图书馆等

024《中国新疆塔城俄罗斯族》

蔺茂奎著，新疆人民出版社 2013 年出版

关键词：俄罗斯族 民族文化 塔城市

中图法分类号：K284.4

本书介绍了生活在中国新疆塔城的俄罗斯族民族文化，描述了俄罗斯族苦难的历程、人口发展状况及多彩的民俗文化、宗教信仰、文化教育、人物志等内容，同时介绍了俄罗斯族文化协会的相关情况，是了解西北俄罗斯族历史和文化的重要资料。

收藏单位：国家图书馆、塔城地区图书馆等

第八章

鄂伦春族研究图书索引

鄂伦春族简介

鄂伦春族总人口9168人（2020年第七次全国人口普查数据），主要聚居在内蒙古自治区呼伦贝尔市鄂伦春自治旗、扎兰屯市，黑龙江省大兴安岭地区塔河县、呼玛县，黑河市逊克县、爱辉区，伊春市嘉荫县等地。

鄂伦春语属阿尔泰语系-通古斯语族通古斯语支。其没有文字，现使用汉语。

鄂伦春族信奉萨满教。

鄂伦春族主要节日有古伦木沓节（篝火节）、春节和耶鲁阿涅（正月十六抹灰节）。2006年，“鄂伦春族古伦木沓节”被列入第一批国家级非物质文化遗产代表性项目名录。

鄂伦春族讲唱文学发达，长篇讲唱文学“摩苏昆”是鄂伦春族民间文学的珍品。2006年，“鄂伦春族摩苏昆”被列入第一批国家级非物质文化遗产代表性项目名录。

鄂伦春族民歌多即兴演唱，“赞达仁”是鄂伦春族主要的歌唱艺术形式。2008年，“鄂伦春族赞达仁”被列入第二批国家级非物质文化遗产代表性项目名录。

鄂伦春族兽皮制作技艺是我国北方游猎民族独特的手工技艺。2008年，“鄂伦春族狍皮制作技艺”被列入第二批国家级非物质文化遗产代表性项目名录。

鄂伦春族人民善用桦树皮制作种类繁多的器物。2008年，“鄂伦春族桦树皮船制作技艺”被列入第二批国家级非物质文化遗产代表性项目名录。

B 哲学、宗教

001《鄂伦春族的萨满教》

孟慧英等著，吉林文史出版社 2005 年出版

关键词：鄂伦春族 萨满教

中图法分类号：B933

本书为“萨满文化研究丛书”之一。本套丛书运用考古学、神话学、民族学、历史学的资料，多角度、多层次地对中国北方萨满教做了综合考察，展示了萨满教的兴衰历程及真实面目。

收藏单位：暂时无法提供馆藏信息

002《鄂伦春族萨满教调查》

关小云、王宏刚著，辽宁人民出版社 1998 年出版

关键词：鄂伦春族 萨满教 调查报告

中图法分类号：B933

本书为“萨满教文化研究丛书”之一，是一部萨满教文化研究专著。萨满是北方氏族部落的精神文化代表，保留了相当完整和生动的自然宗教特点。可以说，它是古代文化的聚合体——几乎囊括了北方人类史前宗教、历史、经济、哲学、婚姻制度、道德规范、文学、艺术、体育、民俗等各个方面的文化成就；北方民族原始的自然科学、天文、地理、医学及采集、渔猎、游牧、农耕、航运、手工艺等生产技术也在萨满教中有所传承和发展。全书共七章，即：“大兴安岭鄂伦春族萨满教文化调查概况”“鄂伦春族萨满教的历史文化背景”“调查区域及萨满概况”“历史上鄂伦春萨满祭礼及萨满的基本情况”“20 世纪 90 年代鄂伦春族萨满教祭礼实况”“萨满教诸神的神话传说”“照片说明”。

收藏单位：国家图书馆、黑龙江省图书馆等

003《鄂伦春族萨满文化遗存调查》

关小云、王宏刚编著，民族出版社 2010 年出版

关键词：鄂伦春族 萨满文化 田野调查

中图法分类号：B933

本书为“中国少数民族非物质文化遗产研究系列·萨满文化丛书”之一，包括“萨满文化传承地的自然与人文背景”“鄂伦春族萨满调查”“鄂伦春族萨满神事活动调查”“鄂伦春族萨满神话传说与神歌”“鄂伦春民俗中的萨满文化遗存”“民间文艺中的萨满文化遗存”等内容，详细阐述了萨满文化传承的自然、人文特征，可为宗教史、民族学等学科的研究提供宝贵的资料。

收藏单位：国家图书馆、黑龙江省图书馆、佳木斯大学图书馆

004《鄂伦春族神话研究》

杨金戈著，社会科学文献出版社 2019 年出版

关键词：鄂伦春族 神话研究

中图分类号：B932.2

本书为“内蒙古民族大学民族学人类学研究丛书”之一。作者以我国东北地区少数民族鄂伦春族的神话为研究对象，以搜集整理的鄂伦春族神话文本资料为研究基础，以必要的实地调研数据材料为支撑，借助中西方神话理论，运用类型学研究、比较研究、母题分析及文学人类学的研究方法，将鄂伦春族神话分为创世神

话、人类起源与族源神话、英雄神话和萨满神话四种类型，对每一类型的神话进行细致的主题分析、意涵建构及形象研究，对其类型、情节结构、母题等进行深入探讨，并将鄂伦春族的神话与其他民族的神话进行比较，爬梳建立鄂伦春族神话的体系，呈现鄂伦春族神话的特点和文化内涵。同时阐释鄂伦春族神话的社会文化价值与当代传承意义，为新时代民间文学增添新的生机与活力。这是一部全面系统研究鄂伦春族神话的学术著作，对于研究我国北方人口较少且没有本民族文字的鄂伦春族口头文学具有重要价值。它不仅对鄂伦春族政治、经济、文化、历史研究提供了可借鉴的材料，也对国内外神话体系特别是中国少数民族神话研究学术史的建构有补白之功。

收藏单位：国家图书馆、华东师范大学图书馆、内蒙古大学图书馆等

C　社会科学总论

005《鄂伦春民族人口》

林盛中著，黑龙江人民出版社 2002 年出版

关键词：鄂伦春族 民族人口

中图法分类号：C924.24

全书有五章，主要以鄂伦春民族为研究对象，系统研究了鄂伦春民族起源与变迁、人口规模与分布、身体和文化素质、人口年龄和性别结构、职业结构、婚姻和生育状况，并对新时期鄂伦春民族人口的数量和结构发展进行了预测。本书资料翔实、内容完整、范围广阔且体例统一，是研究鄂伦春民族人口情况的宝贵资料。

收藏单位：国家图书馆、黑龙江省图书馆等

006《鄂伦春民族人口新论》

林盛中著，黑龙江人民出版社 1993 年出版

关键词：鄂伦春族 民族人口

中图法分类号：C924.2

本书全面系统阐述了鄂伦春民族的历史和现状、民族人口的起源与生存环境以及鄂伦春民族反侵略、反压迫的斗争历程等情况，科学论证了鄂伦春民族的家庭与婚姻文化、民族人口与经济发展、人口出生与死亡、人口分布与迁移、人口总量的变化过程及主要人口构成、人口发展趋势与对策等问题。

收藏单位：国家图书馆、华东师范大学图书馆、暨南大学图书馆等

007《鄂伦春民族现代化的抉择》

洪时荣著，新疆人民出版社 1995 年出版

关键词：鄂伦春族 民族发展

中图法分类号：C95

本书是一部对鄂伦春族发展道路做系统研究的学术专著。作者在分析历史的基础上，充分肯定了鄂伦春族社会在“直接过渡”理论指导下取得的巨大成就。同时，客观分析了在这一过程中存在的不足，进而从横向的角度，将鄂伦春族放入广阔的国内国际背景下，不仅分区域讨论了鄂伦春族的发展战略，而且从整体上提出鄂伦春族进一步发展的要求。

收藏单位：华东师范大学图书馆、中央民族大学图书馆等

008《鄂伦春族人口概况》

高建纲、沈斌华著，内蒙古大学出版社 1989 年出版

关键词：鄂伦春族 民族人口

中图法分类号：C924.25

本书首先介绍了鄂伦春人的族源和特征、历史人口、婚姻家庭的历史演变；其次记述了中华人民共和国成立后，鄂伦春人定居以来的新生活和人口分布、婚姻家庭现状、鄂伦春民族混合家庭以及鄂伦春族人思想素质、文化素质、身体素质和人口结构、年龄结构、性别结构、人口的自然变动及妇女生育状况；最后研究了鄂伦春人口平均预期寿命、人口与狩猎经济、人口行业和职业构成的变化及发展商品经济与鄂伦春人口的关系，同时对鄂伦春族人口未来变化进行了展望。本书是鄂伦春族人口学研究专著，资料翔实，对鄂伦春人口研究具有重大意义。

收藏单位：中南民族大学图书馆、呼伦贝尔市图书馆等

009《有关达呼尔鄂伦春与索伦族历史资料（第一、二辑）》

内蒙古东北少数民族社会历史调查组 1958 年编印。

关键词：鄂伦春族 民族历史 历史资料

中图法分类号：C95

本书收录达呼尔、鄂伦春相关历史资料共计 42 份，涉及政治、军事、人口、生产生活等各个方面内容。

收藏单位：中央民族大学图书馆等

010《中国鄂伦春民族人口》

林盛中著，黑龙江人民出版社 1989 年出版

关键词：鄂伦春族 民族人口

中图法分类号：C924.2

本书为我国系统研究鄂伦春民族人口的第一部著作，填补了鄂伦春民族人口科学研究的空白。作者以其科学的整体构思、丰富翔实的资料，全面系统描述了鄂伦春族人口的发展过程，客观揭示了鄂伦春族人口发展规律。

收藏单位：国家图书馆、黑龙江省图书馆等

D 政治、法律

011《鄂伦春工作研究》

魏春华著，黑龙江美术出版社 2013 年出版

关键词：鄂伦春族 民族工作

中图法分类号：D633.324

本书主要从探索和研究的角度对鄂伦春族定居 60 年来取得的成就、进步、教训进行了客观、实事求是的回顾和总结，对今后的发展目标及其对策从理论和实践上做了深入的探讨。

收藏单位：国家图书馆等

012《鄂伦春自治旗民族区域自治研究》

徐长恩著，中央民族大学出版社 2011 年出版

关键词：鄂伦春自治旗 民族区域自治

中图法分类号：D633.2

本书包括鄂伦春族及其行政建制、权利与权力、自治权的实践、区域经济与猎

民转产、民族文化大旗建设、与时俱进的民族区域自治制度等内容。从内容到调研的视角，都饱含强烈的时代气氛、学术使命感和探索精神，对鄂伦春自治旗的建设和发展提供了思路和建议。

收藏单位：国家图书馆、呼伦贝尔学院图书馆、辽宁省图书馆等

013《鄂伦春自治旗人民代表大会志：1948—2011》

鄂伦春自治旗人大常委会编，内蒙古新闻出版局 2011 年出版

关键词：鄂伦春族 地方志

中图法分类号：D235.264

本书以述、记、志、传、图、录等方志体例，记述了鄂伦春自治旗人民代表大会 1948—2011 年的工作历程，体现了鄂伦春自治旗人民代表大会及其常委会几十年来的成长壮大、开拓前进的全过程；全面记述了中国共产党领导鄂伦春自治旗各族人民进行社会主义建设的成就，再现全旗各级政权机关的施政方略和工作业绩，总结依法治旗经验，也是鄂伦春自治旗地方志建设的成果；同时也反映了人民当家作主，参与国家事务管理，监督"一府两院"，维护安定团结，促进经济发展和社会进步的全过程。

收藏单位：呼伦贝尔学院图书馆等

014《鄂伦春族 40 年：1953—1993 年》

逯广斌等著，中央民族大学出版社 1994 年出版

关键词：鄂伦春族

中图法分类号：D633.1

本书是以中华人民共和国成立以来各个历史进程为主线、以鄂伦春族为对象的应用研究专著，是为庆祝黑龙江省鄂伦春族定居四十周年而撰写。本书共十二章，记述和反映了黑龙江省鄂伦春族自中华人民共和国成立以来，尤其是实现定居以来经济社会发展的基本状况，并从探索和研究的角度对鄂伦春族定居 40 年取得的成就、进步、不足及正反两个方面的经验、教训进行客观回顾和总结，对 20 世纪 90 年代以后的发展目标及其对策，从理论和实践上做了深入的探讨。

收藏单位：国家图书馆、中央民族大学图书馆等

015《鄂伦春族发展问题研究》

何文柱著，内蒙古文化出版社 2013 年出版

关键词：鄂伦春 民族发展

中图法分类号：D633.324

作者运用马克思主义民族理论观点，结合鄂伦春发展实践，对鄂伦春族中华人民共和国成立后在政治、经济、思想、文化及民族精神与民族需求等诸多方面急剧发展变化进行了探讨、说明及理论概括。本书是论文集，研究成果在鄂伦春族研究的学科建设、学术推进中发挥了良好的作用，是深化鄂伦春族研究的佳作。

收藏单位：国家图书馆、中央民族大学图书馆等

016《古驿站上鄂族村：黑龙江塔河县十八站鄂伦春民族乡鄂族新村调查报告》

王利文、董刚著，社会科学文献出版社 2011 年出版

关键词：鄂伦春族 调查报告 塔河县

中图法分类号：D668

本书为“当代中国边疆民族地区典型百村调查系列丛书”之一。本书以黑龙江塔河县十八站鄂伦春民族乡鄂族新村为调查对象，较为系统地展示了东北鄂伦春族聚居村的自然概况、基层政权建设、社会发展、民族与宗教、文教卫生等情况，总结了中华人民共和国成立60年，特别是改革开放以来，鄂伦春族的政治、经济、民族、宗教、文化等的变迁及现状，展示了一个边境村寨过去与现在的风貌。本书内容丰富、资料全面，为了解我国鄂伦春族聚居村现状、研究边境地区少数民族社会发展提供了基础性资料。

收藏单位：国家图书馆、辽宁省图书馆等

017《黑龙江省鄂伦春民族定居三十周年庆祝活动专辑：1953—1983》

黑龙江省民族事务委员会1983年编印

关键词：鄂伦春族 黑龙江省

中图法分类号：D633.1

鄂伦春族是一个勤劳、勇敢，具有悠久历史的民族。在历史上，鄂伦春族曾为抗击帝国主义侵略、维护祖国的统一作出重要贡献。中华人民共和国成立以后，特别是实现定居以后，鄂伦春族人民在中国共产党的领导下，发扬光荣传统，对开发和保护祖国森林资源，建设和保卫祖国边疆，发展经济、文化事业，加速社会主义现代化建设做出了新的贡献。本书是黑龙江省鄂伦春族定居三十周年庆祝活动专辑。

收藏单位：黑龙江省图书馆等

018《狩猎民族与发展：鄂伦春族社会调查研究》

何群等著，内蒙古人民出版社2002年出版

关键词：鄂伦春族 社会调查 黑龙江省

中图法分类号：D633.324

本书为“社会与发展研究丛书”之一。作者从对鄂伦春族的调查研究入手，开展了政治与发展研究、经济与发展研究、文化与发展研究、教育与发展研究、社会与发展研究、地域意识行为与发展研究6个专题研究。

收藏单位：国家图书馆、呼伦贝尔学院图书馆等

019《中共鄂伦春自治旗党史大事记》

林坤、何文柱编，内蒙古文化出版社2002年出版

关键词：中国共产党党史 鄂伦春族

中图法分类号：D235.264

本大事记由“综述”“大事记”“人物”“附录”四部分组成，时间上迄1941年，下至2002年6月。综述部分主要记述鄂伦春自治旗概况和党的活动与发展；大事记是本书主体，由新民主主义革命时期、社会主义革命与建设时期两部分组成；人物部分收录了自治旗党委、人大、政府、政协等单位主要负责同志简历；附录部分是党组织和党员统计数字资料。

收藏单位：大连民族大学图书馆、呼伦贝尔学院图书馆等

020《中国共产党内蒙古鄂伦春自治旗组织史资料：1951—1987》

马振文等编，内蒙古新闻出版局 1990 年印制

关键词：中国共产党党史 鄂伦春族 组织史

中图法分类号：D235.264

本书主要收录了 1951—1987 年鄂伦春自治旗各级党组织、政权、地方军事、政治统战、群众团体、乡镇级以上单位的组织机构沿革和领导人名录。

收藏单位：华东师范大学图书馆、鄂温克史志档案局等

F 经济

021《东丰养鹿场调查报告：供研究鄂伦春族经济发展方向的参考资料》

内蒙古少数民族社会历史调查组 1959 年编印

关键词：鄂伦春族 畜牧业经济 调查报告

中图法分类号：F326.372.6

内蒙古少数民族社会历史调查组鄂伦春分组三人于 1958 年 10 月 19 日至 21 日赴吉林省东丰县东丰养鹿场进行调研，调研主要目的是研究鄂伦春族今后经济发展方向问题。本书为根据调研情况编写的调查报告，由“一般情况”“养鹿技术”“经营管理”三部分构成。

收藏单位：国家图书馆、黑龙江省图书馆等

022《鄂伦春人文经济》

刘晓春著，知识产权出版社 2010 年出版

关键词：鄂伦春族 民族经济 经济发展

中图法分类号：F127.8

本书收录了作者十余篇有关鄂伦春族人文与经济研究的论文。作者秉持民族学、人类学田野调查的传统，用饱含激情的细腻文笔，描述了鄂伦春族的生存状态及他们对自己文化的思考。

收藏单位：国家图书馆、黑龙江省图书馆、佳木斯大学图书馆等

023《鄂伦春自治旗邮电志》

王晶华主编，内蒙古文化出版社 1997 年出版

关键词：鄂伦春族 邮电通信 地方志

中图法分类号：F632.726.4

本书全面记述了内蒙古自治区鄂伦春自治旗邮电通信的历史和现状，对邮电机构、业务、管理等方面的情况予以详细记载，主要包括“体制机构”“邮政通讯”“电信通讯”“企业管理”“职工队伍”“党群组织”“邮政支局及简介”“人物荣誉”等章节，并附照片、图表、附录等，为鄂伦春的邮电史志留下了宝贵的资料。

收藏单位：黑龙江省图书馆等

024《乌鲁布铁—讷尔克气猎民村调查：鄂伦春族》

张丽君主编，中国经济出版社 2009 年出版

关键词：鄂伦春族 民族经济 调查报告

中图法分类号：F327.265

本书为“中国民族经济村庄调查丛书”之一，包括“猎村”“猎户”“猎民”“附录”

四个部分内容。其以鄂伦春自治旗乌鲁布铁—讷尔克气猎民村为调查对象，对乌鲁布铁—讷尔克气猎民村的村庄历史、经济变迁及发展现状、生态环境和资源、人口、文化、传统手工业、法律制度和基层组织建设、社会事业等方面进行了调查，同时参考大量文献资料，力求展现中华人民共和国成立以来鄂伦春民族经济社会发展状况。

收藏单位：国家图书馆、黑龙江省图书馆等

025《中国民族地区经济社会调查报告：鄂伦春自治旗卷》

刘晓春主编，中国社会科学出版社2018年出版

关键词：民族地区 社会发展 调查报告 鄂伦春自治旗

中图法分类号：F127.8

本书包括“鄂伦春族狩猎文化的变迁与发展”“鄂伦春自治旗经济社会发展概况”“鄂伦春民族区域自治与可持续发展”“农牧业现状与特色产业发展”“地方林业建设与兴林富民”“工业经济现状与发展思路”“宗教工作与民族关系”“民族教育与文化传承”“鄂伦春族健康状况与卫生事业发展”“鄂伦春非遗保护项目及传承人”“鄂伦春语言使用现状”“鄂伦春民族文化生态保护区调查”“狩猎传统与生态旅游”“鄂伦春自治旗旅游资源综述”等内容，对21世纪以来的鄂伦春自治旗的政治、文化、经济、教育、宗教等问题进行了深入调查，并对其经济发展做出了评价。

收藏单位：国家图书馆、华东师范大学图书馆等

G 文化、科学、教育、体育

026《鄂伦春族教育史稿》

李瑛著，吉林教育出版社1987年出版

关键词：鄂伦春族 教育史

中图法分类号：G759.2

本书为“中国少数民族文库”之一。作者根据库玛尔路鄂伦春协领公署的大量原始档案和其他历史文献，对中华人民共和国成立前鄂伦春族的教育发展概貌及其规律做了系统探索，所引史料丰富、翔实，分析论述深刻，是一部专写一个少数民族的教育史著作，也是作者对中国少数民族教育史研究的一种尝试。

收藏单位：国家图书馆、黑龙江省图书馆、佳木斯大学图书馆等

027《鄂伦春族传统游戏的教育人类学研究：民族文化传承的危机与思考》

白洁著，中央民族大学出版社2016年出版

关键词：鄂伦春族 游戏 文化传承

中图法分类号：G898

本书通过历史文献法、理论分析法和人类学的实地调查方法，在对鄂伦春族传统游戏的起源、形成、主要内容及特征进行整理和分析的基础上，根据多元智能理论和心理学、教育学等学科关于游戏与儿童发展关系的理论，从教育人类学的视角，对游戏在鄂伦春人多种智力和心理素质、道德品质形成中的作用进行了分析。之后，通过对当今鄂伦春族传统游戏的传承现状的实地调查及

其相关因素分析，论证了自然环境、制度环境和文化环境的变迁与游戏传承困境之间的关系。最后，分别从历史、现实和未来三个视角，对鄂伦春族游戏的传承价值和发展途径进行了深入分析和探讨。本书主要包括“鄂伦春族传统游戏概说”“鄂伦春族传统游戏的社会文化功能及教育功能分析”“鄂伦春族传统游戏传承现状的田野调查”“鄂伦春族传统游戏传承机制与困境分析”“鄂伦春族传统游戏的传承思考”五章内容。

收藏单位：国家图书馆、吉林省图书馆、佳木斯大学图书馆等

028《神奇的鄂伦春》

高景光编，朝华出版社 2011 年出版

关键词：鄂伦春族 民族历史 乡土教材

中图法分类号：G634.591

本书是介绍鄂伦春族概况的中学地方乡土教材。学生通过探究性学习，了解大兴安岭独特的自然环境、物产、鄂伦春人的历史文化和风俗习惯等，实现认识家乡、认识民族、认识身边的大自然，激发学生热爱家乡、热爱祖国和维护民族团结的课程目标。

收藏单位：国家图书馆、内蒙古大学图书馆等

029《我们身边的少数民族：鄂伦春》

内蒙古呼伦贝尔市海拉尔区伊敏小学编，中国环境科学出版社 2013 年出版

关键词：鄂伦春族 乡土教材

中图法分类号：G624.451

本书为“校本教材系列丛书”之一，是海拉尔区伊敏小学的校本教材，分为七个部分，以培养学生可持续发展意识和习惯为宗旨，通过鄂伦春族日常吃、穿、住、行等方面的介绍，帮助学生了解鄂伦春族少数民族的文化等。

收藏单位：国家图书馆等

030《无文字民族文化传承中的教育选择：以鄂伦春族为个案》

陈旭远、杨宏丽著，东北师范大学出版社 2015 年出版

关键词：鄂伦春 民族教育

中图法分类号：G759.235

作者开展了以传承和创新鄂伦春民族文化为目的的校本课程开发活动。本书描写了此过程中课程设计者如何进行教育选择，并力图展示选择后的结果性事实。本书包括鄂伦春民族的族源、名称由来、历史演变及鄂伦春民族文化现状和本书的研究问题、研究方法、研究价值取向、研究的主要策略等内容。

收藏单位：国家图书馆、辽宁省图书馆、佳木斯大学图书馆等

H 语言、文字

031《鄂伦春语》

张彦昌等著，吉林大学出版社 1989 年出版

关键词：鄂伦春语 通古斯语支 民族语言

中图法分类号：H224

作者在深入调查的基础上，对我国鄂伦春族语言进行了较为全面系统的静态描写。本书用英语写成，采用国际音标注音，每一例句均有英语的直译和意译，书

末附有鄂伦春语—英语的词汇表，方便国外同行了解我国少数民族语言研究状况，有利于我们同国际学术界的交流。

收藏单位：内蒙古大学图书馆等

032《鄂伦春语》

韩有峰编，东北朝鲜民族教育出版社2004年出版

关键词：鄂伦春语 教材

中图法分类号：H224

本教科书的课文多为编写者创作，并收入了鄂伦春族的民间故事或传说等，同时还收入了人民教育出版社小学语文室编写的《九年义务教育五年制小学教科书》中的少量课文。本教科书不仅是语言教材，还可以作为一种语言予以保留，为语言学者或后人研究之用。书中所涉及的方言，以小兴安岭地区方言为主，也兼顾了大兴安岭地区的方言。

收藏单位：呼伦贝尔学院图书馆等

033《鄂伦春语常用语发音词典》

阿荔惠编，民族出版社2019年出版

关键词：鄂伦春语 词典

中图法分类号：H224.1

本词典从鄂伦春族的历史渊源、发展变迁出发，通过现代技术手段，采录鄂伦春语使用者语言发音，并使用最新国际音标对鄂伦春语进行标注，同时辅以有声电子版发音，记录了815个单字、16000个词、2985个短语、2200个整句，在抢救和保护人口较少民族语言的同时，也使鄂伦春语的教学、使用及研究更加便捷规范。

收藏单位：国家图书馆等

034《鄂伦春语汉语词典》

韩有峰、孟淑贤编著，北方文艺出版社2019年出版

关键词：鄂伦春语 词典

中图法分类号：H224.6

本词典主要以小兴安岭方言区语言为基础编撰，搜集词汇和词组约4万条、50多万字。

收藏单位：国家图书馆、辽宁省图书馆、佳木斯大学图书馆等

035《鄂伦春语汉语对照读本》

韩有峰、孟淑贤著，中央民族学院出版社1993年出版

关键词：鄂伦春语 通古斯语支

中图法分类号：H224.94

书中搜集词汇12450余条，既有单一词素构成的单纯词，也有几个词素构成的词组。书中的词汇以小兴安岭地区的方言为基础音，用国际音标标注；词汇按词义分类编排，便于查找和使用。有初中以上文化程度、会国际音标者，均可通过本书学习鄂伦春语。

收藏单位：国家图书馆、内蒙古大学图书馆、黑龙江省图书馆等

036《鄂伦春语简志》

胡增益编著，民族出版社1986年出版

关键词：鄂伦春语 语言研究

中图法分类号：H224

本书为“中国少数民族语言简志丛书”之一。本书根据鄂伦春自治旗甘奎乡的口语材料编写，包括“语言概况”“元音”“词汇”“语法”四个部分，是学习、了解、

研究鄂伦春语的参考资料。

收藏单位：国家图书馆、黑龙江省图书馆等

037《鄂伦春语释译》

何青花、莫日根布库编著，紫禁城出版社 2011 年出版

关键词：鄂伦春语

中图法分类号：H224.1

本书为我国第一部鄂伦春语典籍，收集了近 3 万条鄂伦春语词条，完整保留了狩猎环境下原生态的鄂伦春族语言，为挖掘、保护、传承中国人口较少民族的语言探索了新模式。本书的出版发行将对鄂伦春族语言文化的抢救和保护产生积极的推动作用，为研究鄂伦春语言文化提供了重要而宝贵的史料。

收藏单位：国家图书馆、内蒙古大学图书馆、吉林省图书馆等

038《鄂伦春语研究》

胡增益著，民族出版社 2001 年出版

关键词：鄂伦春语

中图法分类号：H224

本书包括前言和七个篇章及附录。第一章介绍了鄂伦春族民族分布及人口、历史渊源、民族自称、语言分布、语言亲缘关系及本书使用的符号，其余章节分别从语音、构词、语法、句法、词汇及语言结构、语言范畴等方面进行了分析研究。另附常用词表和话语材料、音德莫尔根。

收藏单位：国家图书馆、吉林省图书馆、佳木斯大学图书馆等

039《鄂伦春语与因纽特语比较研究》

尹铁超著，黑龙江人民出版社 2002 年出版

关键词：鄂伦春语 因纽特语 对比研究

中图法分类号：H224

中国的鄂伦春语和加拿大因纽特语是当今世界上仍然使用的两种最为古老的语言。两种语言分布的地理位置相隔千里，但却在许多方面存在相似之处。本书包括“鄂伦春、因纽特语言与民族概述”“语音比较”“形态比较”“句子类型和句子结构”“因纽特语块词缀”“词汇比较”七章，同时附三个附录。作者运用比较语言学方法，以分析语言现象的异同为基础，将鄂伦春语言与因纽特语言的语音、形态及意义、语法进行整体的对比、部分重构和分析，而不是孤立地将某个部分进行分析。

收藏单位：黑龙江省图书馆等

040《鄂伦春语 366 句会话句》

朝克著，社会科学文献出版社 2013 年出版

关键词：鄂伦春语 口语

中图法分类号：H224.94

本书为“中国少数民族会话读本”之一。作者将鄂伦春族的 366 句口语用特定符号系统转写下来，同时用汉语、英语、俄语、日语进行意译。作者的目的就是让更多的人参与到对我国民族语言文化的抢救、保护、学习、传承的伟大事业中来；抢救和保护濒危民族语言口语及其话语资料、口语历史文献等，传播我国少数民族语言口语及其会话知识，同时从少数民族语言角度向世界展示我国丰富多彩的少数民族文字以及风俗习惯。

收藏单位：国家图书馆、内蒙古大学

图书馆、黑龙江省图书馆等

041《简明鄂伦春语读本》

韩有峰、孟淑贤编著，黑龙江教育出版社 2013 年出版

关键词：鄂伦春语 参考资料

中图法分类号：H224

本书是一部通俗易懂的鄂伦春语简易读本。编者从最基础的发音及常用词汇开始，选用了部分汉语小学课文和能引发学习者兴趣的民间故事，采用国际音标作为标音符号，并有汉语译文，同时简要介绍了鄂伦春语的语法常识。

收藏单位：国家图书馆、黑龙江省图书馆、佳木斯大学图书馆等

042《简明汉语鄂伦春语对照读本》

萨希荣编著，民族出版社 1981 年出版

关键词：鄂伦春语 对照读物

中图法分类号：H224.94

本书以甘奎的语音为依据，根据鄂伦春语的音位系统，设计了 26 个符号标写鄂伦春语。在每一个汉语词的后面，都用鄂伦春语相对照，并在每个汉语词后面注上汉语拼音。

收藏单位：国家图书馆、黑龙江省图书馆、内蒙古大学图书馆等

043《楠木鄂伦春语研究》

朝克著，民族出版社 2009 年出版

关键词：鄂伦春语 语言研究

中图法分类号：H224

本书为“中国少数民族语言文字保护丛书”之一，是中国少数民族语言保护的专门著述。楠木鄂伦春语是指我国内蒙古自治区呼伦贝尔市辖的扎兰屯市楠木鄂伦春民族乡的鄂伦春人使用的语言。本书是作者长期深入鄂伦春地区进行实地调查和分析研究的成果，主要阐述濒危的鄂伦春语目前的发展状况和未来的保护方案等。

收藏单位：国家图书馆、内蒙古大学图书馆等

I 文学

044《鄂伦春故事》

中共呼玛县委宣传部编，黑龙江美术出版社 2016 年出版

关键词：民间文学 作品集 鄂伦春族

中图法分类号：I277.3

本书为“呼玛历史文化丛书”之一，选编了在鄂伦春族中广为流传并极具代表性的神话、传说和故事等，呈现出鄂伦春族最真实原始的生存状态，以及在丛林单调的困苦挣扎中，人们对精神理想执着的向往和诉求，反映了鄂伦春族人民与自然万物的互敬互爱、对人性操守至情至真至纯默默守护的精神。

收藏单位：国家图书馆、黑龙江省图书馆等

045《鄂伦春族民间故事》

隋书金整理，黑龙江人民出版社 1980 年出版

关键词：民间故事 鄂伦春族

中图法分类号：I277.3

本书包括在鄂伦春地区广泛流传的神话、传说、故事等，描写了原始游猎生活和氏族社会的历史图景、鄂伦春人骁勇强悍驱逐恶魔势力的斗争、地方风物、历史人物和族源变迁等，展现了鄂伦春族近

代的基本生活现状，反映了他们为民族生存，为争取幸福，不怕牺牲自己的高尚美德和憨厚淳朴的性格及反抗精神。

收藏单位：国家图书馆、黑龙江省图书馆等

046《鄂伦春族民间故事集》

巴图宝音搜集整理，中国民间文艺出版社 1984 年出版

关键词：鄂伦春族 民间故事

中图法分类号：I277.3

本书收入鄂伦春族传统民间故事 41 篇，包括《族源的传说》《火神的传说》《熊的传说》《大水的故事》等代表性篇章，体裁上包括了神话故事、寓言故事和动物故事等。这些故事是鄂伦春族民间文学的重要组成部分。

收藏单位：国家图书馆、内蒙古大学图书馆、黑龙江省图书馆等

047《鄂伦春族民间故事集：花姑娘》

王朝阳搜集整理，北方文艺出版社 1991 年出版

关键词：鄂伦春族 民间故事

中图法分类号：I277.3

本书为“东北民间故事丛书”之一。作者本着“全面搜集，慎重整理”的原则，从大量的鄂伦春族民间故事中选出 36 篇结集出版本书，不仅具有可读性，而且具有人类学、民族学、历史学、社会学、伦理学、文艺学等多学科的研究价值。

收藏单位：首都图书馆、黑龙江省图书馆、湖北省图书馆

048《鄂伦春民间故事集成》

峻林等编，内蒙古文化出版社 1997 年出版

关键词：民间文学 鄂伦春族 作品选集

中图法分类号：I277.3

本书收录民间故事 145 则，按故事内容分为八篇：一是“史说篇”，包括民族历史渊源的传说、历史人物的传说以及传说中的历史人物故事等；二是“信仰篇”，反映了鄂伦春人崇信大自然，认为万物有灵的纯朴情感；三是“风情篇”，收入了反映鄂伦春风土人情方面的故事，包括生产、生活、家庭、道德、友情等，是民间故事篇的主流；四是“情爱篇”，从不同角度讴歌人类最伟大的主题；五是“神怪篇”，讲述人与神交往与妖魔鬼怪斗争的故事；六是“地理篇”，体现了鄂伦春族与大自然的融入关系；七是“生物篇”，时刻提醒人类，要珍惜和热爱大自然中的朋友；八是“其他篇”，大多是童话和寓言，简单故事中蕴含深刻道理。

收藏单位：国家图书馆、黑龙江省图书馆、佳木斯大学图书馆等

049《鄂伦春族民间故事选》

隋书金编，上海文艺出版社 1988 年出版

关键词：鄂伦春族 民间故事

中图法分类号：I277.3

本书为“中国少数民族民间文学丛书 • 故事大系”之一。本书收入鄂伦春族有代表性的传统民间故事 86 篇，包括《九姓人的来历》《小伙子与太阳姑娘》《吴达内的故事》等，是研究鄂伦春族民间文学的重要参考。

收藏单位：国家图书馆、中央民族大

学图书馆、内蒙古大学图书馆等

050《鄂伦春民间文学》

孟淑珍整理，黑龙江省民族研究所1993年编印

关键词：鄂伦春族 民间文学 作品选集

中图法分类号：I277

本书是“中国少数民族古籍”丛书之一，是第一部以文学形式来反映鄂伦春族社会历史生活的作品，收入民间文学作品74篇（首、则），包括神话、传说、故事、笑话、说唱（史歌）、叙事诗、谚语、谜语、歇后语、顺口溜等，充分反映了以猎为生的鄂伦春族在各个不同历史阶段的社会生活、生产劳动、婚姻制度、道德观念、审美意识、思想感情、风俗习惯、宗教信仰等。

收藏单位：国家图书馆、黑龙江省图书馆、佳木斯大学图书馆等

051《鄂伦春民间文学选》

张凤铸、蔡伯文编写，内蒙古人民出版社1980年出版

关键词：鄂伦春族 民间文学

中图法分类号：I277.3

本书收入了鄂伦春族的神话传说故事、笑话、寓言、诗歌、酒歌、摇篮曲、谚语、谜语等丰富的民间文学形式，对于研究鄂伦春族的历史和文化提供素材。

收藏单位：国家图书馆、内蒙古大学图书馆、中央民族大学图书馆等

052《鄂伦春族民间说唱故事：国际音标版》

韩有峰、孟淑贤编，黑龙江人民出版社出版2018年出版

关键词：鄂伦春族 说唱文学 民间故事

中图法分类号：I277.3

本书汇集鄂伦春族说唱故事20余篇，并用国际音标标注语音。故事反映了鄂伦春族人民的生产、生活，情节动人，可读性强，是鄂伦春族民间文化的优秀作品的结集。本书具有重要的历史价值及人类学、民俗学价值，对鄂伦春族语言传承和文化的保护起到积极作用。

收藏单位：国家图书馆、中南民族大学图书馆等

053《鄂伦春族文学》

徐昌翰等著，北方文艺出版社1993年出版，2000年再版

关键词：鄂伦春族 少数民族文学 文学研究

中图法分类号：I207.924

本书为“中国少数民族文学史丛书”之一。主要对鄂伦春族的民间神话、民间传说、说唱故事、民歌及书面创作文学等进行了介绍和描述，并与其相近的少数民族文学做比较研究，是鄂伦春民间文学研究的阶段性成果，填补了这一研究领域的空白。

收藏单位：国家图书馆、黑龙江省图书馆、佳木斯大学图书馆等

054《鄂伦春族文学研究》

王丙珍等著，北方文艺出版社2014年出版

关键词：鄂伦春族 少数民族文学 文学研究

中图法分类号：I207.924

本书是一部关于鄂伦春族上溯远古时期下至21世纪初叶文学发展的史纲式著作，作者以全球化视域为基点，在文学研究的基础上，站在生态审美文化的高度，论证鄂伦春族文化的主要载体与象征系统。

收藏单位：国家图书馆、黑龙江省图书馆等

055《鄂伦春族文学作品选》

敖荣凤主编，内蒙古文化出版社2016出版

关键词：鄂伦春 文学作品

中图法分类号：I247.7

本书选编了鄂伦春族作者发表过的作品，内容多为歌颂家乡、赞美家乡山水风光以及鄂伦春人生产生活和美好的爱情等，不乏老中青作者代表作，反映了本民族创作的最高水平。

收藏单位：国家图书馆等

056《古里猎民村鄂伦春民间故事集》

王朝阳采写，北方文艺出版社1991年出版

关键词：鄂伦春族 民间故事 作品集

中图法分类号：I277.3

书中故事为作者1979年在内蒙古自治区鄂伦春自治旗古里猎民村采录的。本书在此基础上增加了新整理的19篇故事，共计53篇；并增加了附录，追述了搜集和整理本故事集的经过，具有珍贵的史料价值。其中部分故事为鄂伦春语讲述，经录音整理后翻译为汉文。

收藏单位：国家图书馆等

057《黑龙江流域少数民族英雄叙事诗：鄂伦春族卷》

黄任远主编，孟淑珍翻译注音，黑龙江人民出版社2019年出版

关键词：鄂伦春族 叙事诗

中图分类号：I222.7

本书用拉丁文记录鄂伦春语并以国际音标注音，配以汉文直译、意译对照，收入孟淑珍翻译注音的《英雄格帕欠》等鄂伦春族摩苏昆代表作品，均为在鄂伦春民族中流传久远的民族民间口头叙事诗经典，内容大致可分为英雄故事、神话传说和社会生活故事类。

收藏单位：华东师范大学图书馆等

058《黑龙江民间文学：鄂伦春民间故事专集　第11集》

中国民间文艺研究会黑龙江分会1984年编印

关键词：鄂伦春族 民间故事

中图法分类号：I218.354

本书收入了搜集整理的民间故事、传说共89篇，包括鄂伦春族起源的传说、风物传说、英雄和猎人的故事、爱情故事、动物故事和生活故事等。作品反映了鄂伦春人勤劳勇敢、豪放淳朴的性格和社会生活，内容朴实，想象丰富，形象鲜明，语言生动，富有浓郁的民族特色和游猎生活气息。

收藏单位：中央民族大学图书馆、黑龙江省图书馆等

059《黑龙江民间文学：鄂伦春民间说唱、叙事歌专集一　第17集》

中国民间文艺研究会黑龙江分会1986

年编印

关键词：民间故事 鄂伦春族

中图法分类号：I277.3

鄂伦春古老史诗“摩苏昆”被誉为鄂伦春语言艺术的活化石。本集收录了由鄂伦春民间艺人口述或说唱，由孟淑珍采集和整理的“摩苏昆”6部，另附新鄂乡鄂伦春族“摩苏昆”调查报告一篇，填补了我国北方少数民族史诗领域的空白。

收藏单位：国家图书馆、中央民族大学图书馆、黑龙江省图书馆等

060《黑龙江民间文学：鄂伦春民间说唱、叙事歌专集二　第18集》

中国民间文艺研究会黑龙江分会1986年编印

关键词：民间故事 选集 鄂伦春族

中图法分类号：I277.3

本集收录了由鄂伦春民间艺人口述或说唱，由孟淑珍采集和整理的“摩苏昆”5部、“坚珠恩”4部，并较为详细地介绍了6位鄂伦春民间说唱艺人。

收藏单位：国家图书馆、黑龙江省图书馆等

061《黑龙江摩苏昆》

孟淑珍编译，黑龙江人民出版社2011年出版

关键词：鄂伦春族 说唱文学

中图法分类号：I239.9

本书为“黑龙江流域非物质文化遗产代表作丛书”之一，收入了17篇鄂伦春说唱故事，反映了英雄人物领导百姓抗击恶魔、救劳苦大众脱离苦难的英雄行为，也有歌颂纯洁爱情、友情的故事，对于认识北方渔猎民族社会、经济、艺术、宗教、风俗等有重要的资料价值。

收藏单位：国家图书馆、黑龙江省图书馆、佳木斯大学图书馆等

062《摩苏昆集成》

张丽娜主编，黑龙江人民出版社2019年出版

关键词：鄂伦春族 说唱文学 作品集

中图法分类号：I277.292.4

本书收录了鄂伦春族摩苏昆长篇、短篇作品共计35篇。采用鄂伦春语原唱，标配国际音标加汉语翻译的方式，翔实记录讲唱者的作品，再现了鄂伦春族古老的民族文化和不同时代著名讲唱艺术家的风格风采。书中还收录了抢救摩苏昆的鄂伦春族专家、传承人孟淑珍1985年撰写的调查报告和孟淑珍的口述史，展示了专家学者发现、挖掘、抢救和传承濒危的文化遗产的足迹与功绩。

收藏单位：国家图书馆、陕西师范大学图书馆、贵州商学院图书馆等

063《内蒙古三少民族民间故事：鄂伦春族卷》

伊和白乙拉主编，杜梅、关红英搜集整理，远方出版社2013年出版

关键词：鄂伦春族 民间故事

中图法分类号：I277.3

本书为内蒙古民间文化遗产抢救工程成果之一。本书介绍了鄂伦春族大量的狩猎生活故事，通过引人入胜的情节和机智勇敢的人物形象，传授劳动和生活经验，教育人们善良、友爱、团结和助人为乐，鼓舞人们战胜艰难险阻，不畏强暴，为民族争取幸福。

收藏单位：国家图书馆、呼伦贝尔学院图书馆等

064《塔河民间文学集成》

张武主编，黑龙江省塔河县民间文学编委会 1987 年编印

关键词：民间文学 塔河县 作品集

中图法分类号：I277.3

本书收录鄂伦春故事 90 篇、传说 10 篇、歌谣 54 首及谚语等，是研究鄂伦春民间文学的重要资料。

收藏单位：国家图书馆等

065《新时期中国少数民族文学作品选集：鄂伦春族卷》

中国作家协会编，作家出版社 2015 年出版

关键词：鄂伦春族 文学作品集

中图法分类号：I29

全书共收录 1976—2011 年在国内公开出版发行的鄂伦春文学作品 106 篇，其中小说 20 篇，散文 55 篇，诗歌 31 篇。收录的作家作品基本概括了鄂伦春族主要作家；代表性作家作品较多，体现了鄂伦春族文学创作最高成就；补充兼顾文学新人新作，体现了鄂伦春族文学创作梯队形貌。本书展示了新时期鄂伦春民族文学创作成果，为民族文学研究者提供了一个较为全面和代表性的文学文本。

收藏单位：国家图书馆、辽宁省图书馆、佳木斯大学图书馆等

066《英雄格帕欠》

孟淑珍译，北方文艺出版社 1993 年出版

关键词：鄂伦春族 说唱文学

中图法分类号：I277.292.4

本书选辑了作者采集与翻译整理的鄂伦春族说唱文学作品 6 篇，包括《英雄格帕欠》《双飞鸟》《布提哈莫日报（片断）》等，每篇都有较强的艺术感染力，是一部有较高价值的民间文学著作。

收藏单位：国家图书馆等

067《1956 鄂伦春手记》

王肯著，吉林人民出版社 2002 年出版

关键词：鄂伦春族 民族文化

中图法分类号：I267

本书是作者 1956 年参加东北师范大学鄂伦春调查组所采集有关鄂伦春族资料的整理汇总。全书分为四编，第一编是作者从当年的调查日记中选出部分有关调查工作和鄂伦春基本情况；第二编收录了作者当年收集的民间故事 38 篇；第三编收入 36 首鄂伦春民歌；第四编是作者本人对鄂伦春的怀念和离开鄂伦春白银纳以后的个人创作。

收藏单位：吉林省图书馆等

J　艺术

068《大兴安岭的王洛宾：叶磊声乐作品集》

叶磊著，上海社会科学院出版社 2013 年出版

关键词：声乐曲

中图法分类号：J642.21

本书为声乐作品集。从题材上看，既有作者对美丽富饶的呼玛、奔腾不息的黑龙江、巍巍兴安茫茫林海的歌颂，又有对鄂伦春族渔猎生活和纯真爱情的描绘，有

对知青北大荒生活及当年乡亲们的追思，更有回沪后对江南景色和改革开放新生活的赞美。从体裁上看，有大合唱、小合唱、表演唱、男女声独唱、男女声对唱、歌舞等多种形式。从演唱方法上看，既有美声、民族唱法，又有通俗唱法，还有质朴的原生态唱法。

收藏单位：国家图书馆、黑龙江省图书馆等

069《鄂伦春传统民歌》

王丽坤主编，黑龙江省民族研究所 1988 年编印

关键词：鄂伦春族 民歌

中图法分类号：J642.21

本书收入鄂伦春族民歌 155 首，其中绝大部分是中华人民共和国成立前在鄂伦春族群众中传唱的传统民歌，每首民歌都有曲谱、鄂伦春语标音和汉语译词。本歌集的出版能为保存鄂伦春族文化遗产和推动鄂伦春族民间文艺的研究做出贡献。

收藏单位：国家图书馆、黑龙江省图书馆等

070《鄂伦春风情剪画》

空特勒著，中国文联出版社 2000 年出版

关键词：鄂伦春族 剪纸

中图法分类号：J528.1

本书收入鄂伦春风情剪画 200 余幅，包括《图腾之零》《石的崇拜》《剪画之魂》等。书中以桦皮、狍皮为原料的剪纸作品，是鄂伦春民族图腾与自然生活的精华，反映了处在原始氏族社会末期鄂伦春人的诸多生活画面，囊括了萨满教文化、自然崇拜、狩猎生产、衣食住行、生活习俗、爱情生活等广阔领域。

收藏单位：国家图书馆、辽宁省图书馆等

071《鄂伦春民歌集》

程延庆、隋书金等记，黑龙江省群众艺术馆 1961 年编印

关键词：鄂伦春族 民歌

中图法分类号：J642.212.4

本书为“黑龙江省少数民族文学艺术调查资料汇编”之一，收录的鄂伦春民歌包括“歌唱新生活”“婚姻类”“舞曲”“酒歌”“故事中插曲”“萨满调和无词类”六部分，充分体现了鄂伦春民歌的特点，表达了鄂伦春人民对美好生活的向往。

收藏单位：黑龙江省图书馆、北京大学图书馆、中央民族大学图书馆等

072《鄂伦春史诗：为交响乐队而作》

魏作凡著，中央音乐学院出版社 2014 年出版

关键词：鄂伦春族 史诗 交响乐 乐谱

中图法分类号：J647.611

本书是作者创作的一部交响乐作品。作品结构宏大、旋律宽广，作曲家充分利用交响乐强大的表现能力，以其丰富的表现手段、复杂的音乐语言为今人理解过去留下了鲜活的音响记载。作品所表现的不仅是某一件史实或人物，而是鄂伦春民族热情洋溢、斗志昂扬的民族精神。

收藏单位：国家图书馆等

073《鄂伦春原创金曲 80 首》

陈辉主编，辽宁人民出版社 2008 年出版

关键词：鄂伦春族 歌曲

中图法分类号：J642.212.4

本书收入鄂伦春原创歌曲80首，包括《草原鹰》《采红豆》《冰山雪莲》《鄂伦春之歌》《飞翔草原》《古老的歌》等，对宣传、保护丰富多彩的非物质文化遗产有积极作用。

收藏单位：国家图书馆、辽宁省图书馆等

074《鄂伦春族民歌选》

白亚光、暴侠主编，黑龙江人民出版社2005年出版

关键词：鄂伦春族 民歌

中图法分类号：J642.212.4

本书收录了《站在高山上想起共产党》《兴安岭高又高》《唱不完的歌》《富饶美丽的山河》等300余首民歌，是研究鄂伦春族民歌的重要资料。

收藏单位：国家图书馆、黑龙江省图书馆等

075《鄂伦春族民间艺术家关桃芳桦树皮镂刻艺术》

中共呼玛县委、呼玛县人民政府2013年编印

关键词：鄂伦春族 民间艺术 皮镂刻艺

中图法分类号：J314.2

本书介绍了鄂伦春族民间艺术家关桃芳桦树皮镂刻艺术作品。桦树皮镂刻艺术以兽皮、桦树皮、密度板等为原材料，采用独特的技法，集剪、刻、镂空、镶嵌、粘贴为一体，以剪刻画、镶嵌画、雕刻画、烙画和浮雕画等形式，体现了鄂伦春族人生产生活场景和自然风俗等内容，工艺精湛，蕴含浓郁的民族和地域特色，形成了自己独特的创作风格。

收藏单位：黑龙江省图书馆等

076《鄂伦春族民俗与音乐的传承流变》

王锐等编著，黑龙江大学出版社2012年出版

关键词：鄂伦春族 民族民俗 音乐研究

中图法分类号：J607.224

本书包括鄂伦春族生产、生活、社会、文艺、信仰五个方面的民俗和音乐，对鄂伦春族的民俗和音乐展开了全方位的介绍、分析和研究，是鄂伦春族传统民俗与传统音乐之大全。全书层次分明、行文流畅，极具可读性和研究价值。

收藏单位：国家图书馆、黑龙江省图书馆、佳木斯大学图书馆等

077《关桃芳桦皮艺术》

关桃芳著，黑龙江人民出版社2016年出版

关键词：木雕 民间工艺 鄂伦春族

中图法分类号：J314.2

作者是国家级桦树皮非遗项目代表性传承人，其作品以镂刻艺术为特长，在吸收传统镂刻工艺的基础上又形成自己的风格。本书共分三部分：用马鬃毛制作马鬃绳的过程；做鄂伦春族兽皮成衣的过程；桦树皮剪刻画作品赏析。通过百幅作品，向人们展示了鄂伦春族代代繁衍生息中最为质朴和本土的故事。

收藏单位：国家图书馆、黑龙江省图书馆等

078《皮衣桦篓秀兴安：访鄂伦春民族工艺大师》

马连军著，民族出版社2013年出版

关键词：鄂伦春族 民间工艺

中图法分类号：J528-64

本书采用边讲边述、图文并茂的形式，记录了鄂伦春民族工艺大师生活经历和成长过程，以及他们对本民族独有的兽皮和桦皮制作方法技艺传承及其切身体验和感受。全书由大师自述和大师风采两部分构成，向我们展示了源远流长的鄂伦春民族文化，读起来让人难忘，不忍释卷。

收藏单位：国家图书馆、呼伦贝尔学院图书馆

079《中国北方捕猎民族纹饰图案与造型艺术：鄂伦春族卷》

刘玉亮著，黑龙江教育出版社2008年出版

关键词：鄂伦春族 造型艺术

中图法分类号：J522.8

本书全面系统搜集整理了鄂伦春族的非物质文化遗产——纹饰图案与造型艺术。全书共五章并有附录，收录纹饰图案和造型作品400多幅。第一章介绍了纹饰图案的制作工艺；第二章介绍了服饰文化；第三章详细介绍了纹饰图案的样式；第四章侧重于万物有灵信仰对造型和绘画艺术的影响；第五章阐述了万物有灵信仰和造型文化的关系，最具人类学和民族学价值，对洞悉北方捕猎采集文化很有帮助。第五章还汇集了多幅极具价值的造型文化作品，反映了捕猎采集文化的核心内涵，是诠释万物有灵信仰的实证资料。

收藏单位：国家图书馆、黑龙江省图书馆、佳木斯大学图书馆等

K 历史、地理

080《爱辉县鄂伦春民族乡情况：鄂伦春族调查材料之六》

内蒙古少数民族社会历史调查组1959年编印

关键词：鄂伦春族 民族历史 社会调查

中图法分类号：K282.4

内蒙古少数民族社会历史调查组鄂伦春分组在黑龙江省爱辉县鄂伦春民族乡进行了鄂伦春族社会历史调查，此次调查的重点是了解中华人民共和国成立前后该地区鄂伦春族阶级分化和发展变化等情况。本书分四个部分，是了解和研究鄂伦春历史的参考资料。

收藏单位：国家图书馆、中央民族大学图书馆、内蒙古大学图书馆等

081《白银纳鄂伦春族乡志》

白银纳鄂伦春族乡人民政府2002年编印

关键词：鄂伦春族 地方志

中图法分类号：K293.55

本志书全面记述了白银纳鄂伦春族定居以来政治、经济、文化、社会等各领域取得的成就和重大变革，其上限主要始于1953年鄂伦春族人民下山定居，其下限止于2000年。

收藏单位：黑龙江省图书馆等

082《布特哈旗鄂伦春民族乡情况：鄂伦春族调查材料之五》

内蒙古少数民族社会历史调查组1959年编印

关键词：鄂伦春族 民族历史 社会调查

中图法分类号：K282.4

内蒙古少数民族社会历史调查组鄂伦春分组在内蒙古自治区布特哈旗鄂伦春民族乡进行调研，重点了解鄂伦春族解放前的生产关系和解放后的互助发展情况。本书为此次调研结束后调查组编写的调查报告，分为“概况”“社会面貌”“经济情况”“文教卫生”四个部分。

收藏单位：国家图书馆、中央民族大学图书馆、黑龙江省图书馆等

083《刺尔滨河：献给鄂伦春民族定居三十周年》

黑河市群众艺术馆 1983 年编印

关键词：鄂伦春族

中图法分类号：K282.4

本书是黑河市群众艺术馆为纪念鄂伦春民族定居三十周年而编印，整理收录了鄂伦春族的民间故事、民歌和手工艺品。民间故事情节简练，语言质朴，形象鲜明；民歌形式活泼，唱中有说、说中有唱；手工艺品构思奇特，图案精美，制作考究。收入的作品体现了鄂伦春族淳朴的感情和独特风格，给人以美的享受和强大的艺术感染力。

收藏单位：黑龙江省图书馆等

084《大兴安岭鄂伦春》

吴小云著，哈尔滨出版社 2003 年出版

关键词：鄂伦春族

中图法分类号：K282.4

本书为“黑龙江民族研究论丛”之一，作者以大兴安岭地区塔河县十八站、呼玛县白银纳两个鄂伦春民族乡和鄂伦春族人口为研究对象，以清代以来这一地区鄂伦春族社会演变历史为线索，描述、分析、总结了半个世纪以来该地区鄂伦春族的发展历程。全书共十八章，其中前两章概述清朝至 20 世纪 50 年代定居前的历史；第三章到第十七章描述、梳理、总结定居以来一直到 2003 年鄂伦春族社会的变迁、发展轨迹；第十八章为“鄂伦春族代表人物简介”，介绍了 72 名鄂伦春族代表人物。本书收集的历史文献资料和口述史资料丰富翔实，具有民族学、人类学研究价值。

收藏单位：国家图书馆、黑龙江省图书馆等

085《鄂伦春》

白皓等摄影，德学英主编，民族出版社 2001 年出版

关键词：鄂伦春族 作品集

中图法分类号：K922.64

本书包括“鄂伦春风光”“古老的森林狩猎民族”“历史的跨越”“今日鄂伦春”四个部分，以大量的摄影图片记录了鄂伦春人五十年的发展变化。

收藏单位：国家图书馆、佳木斯大学图书馆等

086《鄂伦春历史的自白》

刘晓春编著，远方出版社 2003 年出版

关键词：鄂伦春族 民族历史

中图法分类号：K283.4

本书以个人自传为主，收录了 30 多篇介绍鄂伦春的历史文化的文章，具体

篇章包括："我的回忆""我知道的几件事""在苦难中成长""白兰印象""我的心路历程"等。展示了鄂伦春族特殊的风俗背景，记述了鲜为人知的史料，为研究鄂伦春族历史提供了资料。

收藏单位：国家图书馆、佳木斯大学图书馆等

087《鄂伦春民族现代化研究》

王玉主编，民族出版社 1993 年出版

关键词：鄂伦春族 民族历史

中图法分类号：K282.4

本书是我国第一部研究鄂伦春族当代生产、生活和未来发展的专著。作者以建设具有中国特色的民族理论为指导，在深入鄂伦春地区充分调查研究的基础上，运用大量的翔实的资料，较系统地记述了鄂伦春民族的现代化历程，客观总结了社会主义现代化建设的基本经验，探讨了人口较少民族实现现代化的途径和措施，提出了经济发展的战略设想。本书对于在鄂伦春地区工作的干部和民族工作者有一定的参考价值。

收藏单位：国家图书馆、内蒙古大学图书馆、呼伦贝尔学院图书馆等

088《鄂伦春秋》

中共逊克县委宣传部、逊克县文联 2015 年编印

关键词：鄂伦春族

中图法分类号：K282.4

为庆祝鄂伦春民族定居六十周年，逊克县委宣传部组织县文艺、文学爱好者创作出一批具有代表性和影响力的作品并形成本书。作品从不同视角，以不同的表现形式，歌颂党的惠民政策，展示鄂伦春族人民的劳动者风采，弘扬鄂伦春族自强不息的民族精神，讴歌鄂伦春族人民在新的历史条件下的幸福生活，推介鄂伦春民族的风土人情与历史沿革，对研究者有参考价值。

收藏单位：黑龙江省图书馆等

089《鄂伦春人》

秋浦著，民族出版社 1956 年出版

关键词：鄂伦春族 民族经济 民族发展

中图法分类号：K282.4

本书主要介绍了鄂伦春族的地理位置、人口、生产生活及社会结构，并以神话的形式抒发了鄂伦春人民对美好安定生活向往。本书着重阐述了鄂伦春人作为大森林的保护者，逐渐改变原始单一的生产方式，走向多种经济形式，走下大山转向定居生活所带来的发展变化。

收藏单位：国家图书馆、黑龙江省图书馆等

090《鄂伦春人：赵凤兰回忆录》

刘德全等著，黑龙江朝鲜民族出版社 2003 年出版

关键词：鄂伦春族 人物传记 回忆录

中图法分类号：K825.2

本书内容主要以赵凤兰同志的亲身经历为主，通过作者采访、认证、补充，回忆了赵凤兰同志的一生，反映了民族抗日斗争的历史，讴歌了鄂伦春人民及整个中华民族在中国共产党领导下英勇抗击外来侵略，争取民族解放的伟大斗争精神。

收藏单位：国家图书馆、黑龙江省图书馆、佳木斯大学图书馆等

091《鄂伦春人物》

中共呼玛县委宣传部编，黑龙江美术出版社 2016 年出版

关键词：鄂伦春族 民间艺人

中图法分类号：K828.724

本书为“呼玛历史文化丛书”之一，选取 13 名白银纳鄂伦春族民间艺人为叙述对象，通过“传承轨迹”“坚强基石”“致富头雁”“教育精英”“民族骄傲”五部分内容介绍，挖掘为本民族做出杰出贡献、为珍贵民俗文化保护与传承默默耕耘的普通人的事迹，客观、真实、生动地书写了普通鄂伦春艺人在平凡朴素的生活里创造出的令人感动落泪的传奇。

收藏单位：国家图书馆、黑龙江省图书馆等

092《鄂伦春社会的发展》

秋浦著，上海人民出版社 1978 年出版

关键词：鄂伦春族 民族历史

中图法分类号：K282.4

本书是作者依据历次调查所得的大量材料写成的。在必要的地方，也引证了一些清朝以来的历史文献记载。全书主要介绍了鄂伦春民族社会发展的历史过程，包括“远古时代的一个轮廓”“家庭公社时期的经济生活”“开始衰亡的氏族和正在兴起的个体家庭”“生产力的发展导致血缘纽带关系的解体”“定居务农与雇佣劳动”“与外界的交换关系”“氏族关系已经走到了尽头”“民间文学和艺术”“萨满教与萨满”“在通向阶级社会的门槛上”十章内容，同时配有部分图片，后有附录，对于研究鄂伦春社会发展进程具有较高参考价值。

收藏单位：内蒙古大学图书馆、黑龙江省图书馆等

093《鄂伦春狩猎民俗与艺术》

鄂·苏日台著，内蒙古文化出版社 2000 年出版

关键词：鄂伦春族 狩猎民俗 民俗艺术

中图法分类号：K892.324

本书包括“鄂伦春族狩猎文化概述”“鄂伦春族狩猎时代精神民俗与艺术”“鄂伦春族狩猎时代物质民俗与艺术”三个部分，并附有图目、图谱。作者从艺术学的角度对鄂伦春族狩猎文化中的原始艺术加以探索，其目的是揭示鄂伦春族原始狩猎艺术形成的规律及特征，以此来丰富我国狩猎文化艺术的研究。

收藏单位：国家图书馆、呼伦贝尔学院图书馆等

094《鄂伦春田野日记》

于硕、赵式庆主编，新世界出版社 2017 年出版

关键词：鄂伦春族 田野调查

中图法分类号：K282.4

本书是大学生田野日记节选，生动再现了学生们的心路历程。学生们边做边学，与鄂伦春人的每一次交谈都是两个世界的相遇，这是一次人生探险和文化保护工程的亲历，学生们发现了北方的辽阔，发现了一个民族的命运和一种全然不同的生态关系。在与鄂伦春人交往中发现了高贵的单纯，在师生共同工作中体验了关爱和友谊，特别是在考察“他者”中发现了

自己。

收藏单位：国家图书馆、辽宁省图书馆等

095《鄂伦春文化》

中共呼玛县委宣传部编，黑龙江美术出版社 2016 年出版

关键词：鄂伦春族 民族文化

中图法分类号：K282.4

本书为“呼玛历史文化丛书”之一，从纯文化的角度，以呼玛县白银纳鄂伦春族为侧重，认真探究鄂伦春族的文化渊源，用九章的架构，展示了萨满文化、桦皮文化、兽皮文化、传统礼仪、习俗与禁忌、渔猎与采集文化、民间文学、民间艺术等内容，系统地把鄂伦春族在不同时期、不同环境中创造的各种璀璨文化如实展现在读者面前。

收藏单位：国家图书馆、黑龙江省图书馆等

096《鄂伦春问题》

唐道福编著，黑河行署人口普查办公室 1983 年编印

关键词：鄂伦春族 黑河市

中图法分类号：K282.4

本书是黑河地区第三次人口普查工作结果汇编，共分两编：第一编记录了黑河地区鄂伦春人的经济、文化、历史；第二编为鄂伦春人口普查资料汇编。

收藏单位：国家图书馆、黑龙江省图书馆等

097《鄂伦春乡村笔记》

刘晓春著，中国社会出版社 2007 年出版

关键词：鄂伦春族

中图法分类号：K282.4

本书通过对黑龙江省黑河市、内蒙古自治区鄂伦春自治旗鄂伦春乡村的实地调查，以问卷调查、访谈、案例分析和比较研究等方式，深入探讨了鄂伦春的经济走向和文化变迁问题，为政府有关决策部门提供参考依据，同时也为学科建设提供了学术积累。针对鄂伦春族社会发展的现状和存在的问题，本书提出了鄂伦春族乡村经济可持续发展的对策和建议。研究成果具有现实可操作性，对人口较少民族的发展具有一定的借鉴作用。本书涉及鄂伦春族经济发展及文化遗产保护等问题，人物访谈富有传奇色彩，可读性强，对研究北半球渔猎民族文化具有较为重要的参考价值。图文并茂，生动翔实，具有一定的收藏价值。

收藏单位：国家图书馆、中南民族大学图书馆、呼伦贝尔学院图书馆等

098《鄂伦春游猎生活》

于学斌编著，黑龙江美术出版社 2003 年出版

关键词：鄂伦春族 社会生活

中图法分类号：K892.324

本书为“东北风情旧影”丛书之一，包括“经济生活”“物质生活”“精神生活”“家庭生活”“社会生活”五个篇章，从生活的不同方面描述了鄂伦春族传统生活方式。全书资料翔实，语言表述细腻，并配有 300 余幅珍贵图片，具有非常珍贵的史料价值。

收藏单位：国家图书馆、黑龙江省图书馆、佳木斯大学图书馆等

099《鄂伦春原生态文化研究》

王为华著，黑龙江人民出版社2009年出版

关键词：鄂伦春族 民族文化

中图法分类号：K282.4

本书包括“中华人民共和国成立后的民族政策对民族文化融合的促进”“相邻民族间的文化互动”“民族政策与民族文化复兴”“鄂伦春族原生态文化的静态与动态保护”“田野手记”等内容。作者以独特的视角对鄂伦春族原生态文化进行了历史性考察，试图揭示其发生、发展、演变的历史进程与发展形态，并从人类可持续发展的角度分析鄂伦春原生态文化的价值及优势，以寻求对少数民族传统文化的传承与保护更有效的方法。

收藏单位：国家图书馆、黑龙江省图书馆等

100《鄂伦春自治旗的变迁与发展》

孟和等著，内蒙古文化出版社2016年出版

关键词：鄂伦春自治旗

中图法分类号：K922.64

本书从历史、社会发展、事业开发、文化研究、人物研究等方面记述了内蒙古自治区呼伦贝尔市鄂伦春自治旗65年的巨大发展和变迁，汇集了鄂伦春自治旗文化研究的丰硕成果，对鄂伦春自治旗的历史记录和传承民族文化有重大意义。

收藏单位：国家图书馆、呼伦贝尔学院图书馆等

101《鄂伦春自治旗概况》

《鄂伦春自治旗概况》编写组、《鄂伦春自治旗概况（修订本）》编写组编，民族出版社2009年出版

关键词：鄂伦春自治旗

中图法分类号：K922.64

本书为“中国少数民族自治地方概况丛书（修订本）”之一，主要从地理环境、历史沿革与社会变革、民族区域自治、农业、工业、交通通信、财政金融、贸易、旅游、对外开放、社会事业、城乡建设和环境保护等方面对鄂伦春自治旗进行了介绍，全面系统地反映了鄂伦春自治旗的历史、地理、经济、文化、社会的基本情况和实行民族区域自治的历程、成就和经验，是读者了解鄂伦春自治旗基本情况的参考资料。

收藏单位：国家图书馆、辽宁省图书馆等

102《鄂伦春自治旗军事志》

林建民主编，《鄂伦春自治旗军事志》编纂委员会编，军事科学出版社2012年出版

关键词：鄂伦春自治旗 军事史 地方志

中图法分类号：K292.6

本书除卷首的概述和卷末的人物荣誉、附录外，共八篇，内容包括“军事环境”“军事组织”“军队建设”“兵役”“国防后备力量”“国防动员与人民防空”“双拥”“战事与军事设施”既有历史的回顾，又有发展的记述，真实地反映了鄂伦春自治旗军事工作。本书上限时间未做划定，根据志书内容需要和资料情况尽量追溯；下限断至2009年。

收藏单位：国家图书馆、黑龙江省图书馆等

103《鄂伦春自治旗文化遗产图文集》

王艳梅编，内蒙古文化出版社 2016 年出版

关键词：鄂伦春族 文化遗产

中图法分类号：K292.64

本书通过图片和文字展示了鄂伦春族的民俗风情，丰富多彩的非物质文化、兽皮文化、桦树皮文化，拓跋鲜卑民族历史文化——嘎仙洞古遗址，距今4000多年前新石器时代彩绘岩画遗址等，引领更多的人走近鄂伦春，加入保护、传承、挖掘鄂伦春民族文化遗产的行列，让鄂伦春民族丰富灿烂的历史文化瑰宝绽放光彩。

收藏单位：暂时无法提供馆藏信息

104《鄂伦春自治旗志：1951—1991》

鄂伦春自治旗史志编纂委员会编，内蒙古人民出版社 1991 年出版

关键词：鄂伦春自治旗 地方志

中图法分类号：K292.64

本志为“内蒙古自治区地方志丛书”之一，以其宏大的气势、鲜明的特色、翔实的文字，全面系统地记载了鄂伦春自治旗建旗40年各族人民团结奋斗、艰苦创业的光辉历程，展示了我国第一个少数民族自治旗40年来的巨大变化和发展成就，是一部记述鄂伦春人在党的民族政策光辉照耀下，以其令世人瞩目的历史性进步，自立于中华民族之林的辉煌史篇。

收藏单位：国家图书馆、黑龙江省图书馆等

105《鄂伦春自治旗志：1989—1999》

林坤主编，鄂伦春自治旗史志编纂委员会编，内蒙古人民出版社 2001 年出版

关键词：鄂伦春自治旗 地方志

中图法分类号：K292.64

本志为“内蒙古自治区地方志丛书”之一，全志35卷，上限1989年，下限1999年，采用述、记、志、传、图、表、录等体裁，记录的内容以本旗各项事业的发展为主。

收藏单位：国家图书馆、黑龙江省图书馆等

106《鄂伦春自治旗志：2000—2009》

董明杰主编，内蒙古文化出版社 2010 年出版

关键词：鄂伦春自治旗 地方志

中图法分类号：K292.64

本志为“内蒙古自治区地方志丛书”之一，全面反映了2000—2009年鄂伦春自治旗政治、经济、文化、教育等建设情况，重点介绍了鄂伦春自治旗建设和谐社会的业绩，为研究者提供了参考资料。

收藏单位：呼伦贝尔学院图书馆等

107《鄂伦春族》

秋浦主编，文物出版社 1984 年出版

关键词：鄂伦春族

中图法分类号：K282.4

本书为“中国少数民族丛书”之一，以图文并茂的形式对鄂伦春族的生活环境、生产活动、物质生活、社会组织、宗教信仰、文化、婚姻和葬俗等做了形象和生动的介绍，描述了鄂伦春族人民在中国共产党和人民政府领导下建立的新生活，

反映了鄂伦春民族发展的历史，对民族学、历史学的研究具有珍贵价值。

收藏单位：黑龙江省图书馆等

108《鄂伦春族》

刘翠兰编著，中国水利水电出版社2003年出版

关键词：鄂伦春族 少数民族风俗习惯

中图法分类号：K892.3

本书为“中国少数民族风情游丛书”之一，包括“民族文化概览”“生活习俗”“宗教信仰习俗”“生产习俗”“文学艺术”“旅游交通与住宿”六个部分，对世代游猎于大、小兴安岭一带的鄂伦春族的民俗文化、生产生活等进行了详细阐述和介绍，为研究者提供了资料。

收藏单位：国家图书馆、辽宁省图书馆等

109《鄂伦春族》

林盛中、翟振武编，中国人口出版社2012年出版

关键词：鄂伦春族 民族文化

中图法分类号：K282.4

本书为“中国少数民族人口丛书”之一，由综述、五个章节和后记、参考文献构成，包括“民族起源和变迁”“社会组织与生活文化”“生息繁衍”“婚姻与家庭”以及“改革春风暖兴安鄂乡旧貌展新颜”等内容。作者力图从历史、文化、经济、社会等各个方面，用准确、科学、生动的语言，全方位描述和展现鄂伦春族灿烂辉煌的历史和现状。

收藏单位：呼伦贝尔学院图书馆等

110《鄂伦春族》

杨晶编著，吉林出版社2010年出版

关键词：鄂伦春 民族文化 民族历史

中图法分类号：K282.4

本书是“中国文化知识读本”丛书之一，包括“勤劳勇敢的民族”“淳朴自然的民俗”“源远流长的文化”“灿烂悠久的历史”“发展变化的经济”“美丽壮观的风景”六部分，主要介绍了鄂伦春族的民族特性、民俗、文化、历史、经济与风景等，图文并茂，可读性强。

收藏单位：国家图书馆、辽宁省图书馆等

111《鄂伦春族》

王骞主编，新疆美术摄影出版社2010年出版

关键词：鄂伦春族 民族历史 民族文化

中图法分类号：K282.4

本书为“中华民族大家庭知识读本”之一，包括“鄂伦春族概述”“鄂伦春族的历史沿革”“鄂伦春族的宗教信仰与文化艺术”三部分，具体内容包括鄂伦春族的基本概况、鄂伦春族的生产生活形态、鄂伦春族的族源与族称、鄂伦春族原始的渔猎经济等。

收藏单位：中南民族大学图书馆等

112《鄂伦春族》

白兰著，民族出版社1991年出版

关键词：鄂伦春族

中图法分类号：K282.4

本书为“民族知识丛书”之一，介绍了中华人民共和国成立前鄂伦春族人的生

产、生活方式、文化、宗教，以及中华人民共和国成立后四十余年间发生的变化和取得的成就，对于全面了解鄂伦春族具有重要作用。

收藏单位：国家图书馆、黑龙江省图书馆等

113《鄂伦春族》

王为华著，辽宁民族出版社 2012 年出版

关键词：鄂伦春族 民族历史 民族文化

中图法分类号：K282.4

本书为“走近中国少数民族丛书”之一，以图文并茂的形式、鲜活生动的语言、特色浓郁的图片、丰富的民族常识链接向读者展示了鄂伦春民族的历史渊源、民族变迁、社会生活、文化艺术、风俗习惯、历史人物、名胜古迹及区域自治等内容，是了解和认识我国北方古代民族的知识性读物。

收藏单位：国家图书馆、黑龙江省图书馆、佳木斯大学图书馆等

114《鄂伦春族：黑龙江黑河市新生村调查》

郭建斌、韩有峰主编，云南大学出版社 2004 年出版

关键词：鄂伦春族 调查报告 黑河市

中图法分类号：K282.4

本书为“中国民族村寨调查丛书”之一，以黑龙江省黑河市爱辉区鄂伦春族乡新生村为调查对象，重点反映了中华人民共和国成立 50 年来鄂伦春乡新生村鄂伦春族村寨的变化和发展。本书包括鄂伦春族的概况与历史、生态环境、人口、经济、社会政治、婚姻家庭、法律、文化、风俗习惯、教育、科教卫生、宗教等内容，结构严谨、资料丰富翔实，是了解我国鄂伦春族聚居村全貌的第一手资料，具有参考和历史保存价值。

收藏单位：国家图书馆、黑龙江省图书馆、佳木斯大学图书馆等

115《鄂伦春族百年实录》

全国政协文史和学习委员会暨内蒙古自治区、黑龙江省政协文史资料委员会编，中国文史出版社 2008 年出版

关键词：鄂伦春族 民族历史 史料

中图法分类号：K282.4

本书为“中国少数民族文史资料书系”之一，分上、下两册。上册包括“文化风情”“历史风云”“民族区域自治”，下册包括“经济社会”“人物春秋”。本书充分展现了鄂伦春民族的百年历史发展过程和民族特色，让其他民族乃至世界人民了解鄂伦春族，使鄂伦春族人民特别是青少年了解本民族的历史，增强民族自豪感，激发民族自尊心，振奋民族精神。

收藏单位：国家图书馆、黑龙江省图书馆、佳木斯大学图书馆等

116《鄂伦春族风情录》

刘晓春等编著，四川民族出版社 1999 年出版

关键词：鄂伦春族 少数民族风俗习惯

中图法分类号：K892.324

本书为“中国少数民族风情录”丛书之一，包括“起源、姓氏、地名篇”“行为、道德、气质篇”“宗教信仰篇”“节日

篇”“服饰工艺篇”等十三个部分，介绍了鄂伦春族的风情。

收藏单位：国家图书馆、内蒙古大学图书馆、呼伦贝尔学院图书馆等

117《鄂伦春族风俗概览》

关小云著，黑龙江省民族研究所1993年印刷

关键词：鄂伦春族　少数民族风俗习惯

中图法分类号：K892.4

书中详细记述了鄂伦春人在依附山岭游猎生产和不定居生活环境中，逐步形成的具有鲜明民族特点的服饰、饮食、居住及礼俗、婚丧，节庆、信仰、禁忌等传统习俗，以及在中华人民共和国成立之后的40年中，随着下山定居和产业变化，为适应新的生产力发展和社会进步所逐渐演化和形成新的风俗习惯。

收藏单位：内蒙古大学图书馆等

118《鄂伦春族风俗志》

韩有峰编著，中央民族学院出版社1991年出版

关键词：鄂伦春族 少数民族风俗习惯

中图法分类号：K892.324

本书为“民俗文库”之一，介绍了鄂伦春族独特鲜明的民俗文化，包括衣食住行、婚丧嫁娶、生产交通、家庭村屯、岁时禁忌、宗教信仰、道德礼仪、民间文学、传统艺术、体育娱乐等内容，并就其产生、发展、演变作了详细论述，为民俗学研究提供了参考。

收藏单位：国家图书馆、黑龙江省图书馆、佳木斯大学图书馆等

119《鄂伦春族简史》

《鄂伦春族简史》《鄂伦春族简史（修订本）》编写组编，民族出版社2008年出版

关键词：鄂伦春族 民族历史

中图法分类号：K282.4

本书为“中国少数民族简史丛书（修订本）”之一，简要介绍了鄂伦春的历史渊源、社会发展、生产生活、宗教信仰、意识形态和社会习俗等内容，是一本全面介绍鄂伦春族社会发展的历史书籍。全书共九章，即：“族源与族称”“清以前的鄂伦春族”“清代的鄂伦春族”“民国时期的鄂伦春族”“日伪统治时期的鄂伦春族”“解放战争的胜利和鄂伦春族的解放”“精神生活和社会习俗”“20世纪50—70年代的鄂伦春族”“20世纪80年代以来的鄂伦春族”，后附大事年表和修订后记。

收藏单位：国家图书馆、佳木斯大学图书馆、黑龙江省图书馆等

120《鄂伦春族简史简志合编（初稿）》

中国科学院民族研究所，内蒙古少数民族社会历史调查组1963年编印

关键词：鄂伦春族 民族历史

中图法分类号：K282.4

本书为“少数民族史志丛书”之一，包括“鄂伦春族分布略图”“概况”“社会政治情况”“经济情况”“文化习俗”等内容，并附鄂伦春大事年表等，有助于帮助读者更好了解鄂伦春民族的历史与发展现状。

收藏单位：国家图书馆、内蒙古大学图书馆、辽宁省图书馆等

121《鄂伦春族口述家族史》

吴亚芝著，民族出版社 2016 年出版

关键词：鄂伦春族 家族史

中图法分类号：K282.4

本书为“中国少数民族非物质文化遗产研究系列”之一。作者实地探访了内蒙古自治区鄂伦春自治旗等五个具有代表性的鄂伦春聚居区，共记录甘河流域阿氏家族、小二沟白氏家族、甘河流域何氏家族等 35 个家族的口述史。本书的特征：一是带有全民族性质的口述家族史；二是带有研究性质的口述家族史；三是探求被访者的心路历程；四是各流域习惯比较；五是纠正过去研究成果中的偏差。本书对研究鄂伦春族历史有参考价值。

收藏单位：黑龙江省图书馆、国家图书馆、佳木斯大学图书馆等

122《鄂伦春族历史、文化与发展》

韩有峰等著，哈尔滨出版社 2003 年出版

关键词：鄂伦春族 黑龙江省

中图法分类号：K282.4

本书为“黑龙江民族研究论丛”之一，包括“鄂伦春族历史概况”“社会结构与发展”“经济”“文化和调研报告”五部分，介绍了古老的鄂伦春民族历史发展进程、社会结构和文化状态，并以调研报告形式展现出经济体制改革中鄂伦春族民族发展情况。

收藏单位：国家图书馆、黑龙江省图书馆、佳木斯大学图书馆等

123《鄂伦春族社会变迁》

郑东日著，延边人民出版社 1985 年出版

关键词：鄂伦春族 民族历史

中图法分类号：K282.4

本书系作者多次深入鄂伦春自治旗、布特哈旗、呼玛县、爱辉县及逊克县等鄂伦春聚居地进行实地走访和调研后，根据所收集的大量一手材料所编著的鄂伦春民族变迁史。全书共十三章，详细阐述了鄂伦春族从远古时代到父权制时代、家庭公社阶段，一直到中华人民共和国成立后社会变革及社会风貌，全景式地描绘了鄂伦春民族的发展和演进过程。

收藏单位：国家图书馆、黑龙江省图书馆等

124《鄂伦春族社会历史调查 第一集》

内蒙古自治区编辑组、《中国少数民族社会历史调查资料丛刊》修订编辑委员会编，民族出版社 2009 年出版

关键词：鄂伦春族 民族历史 社会调查

中图法分类号：K282.4

本书为“中国少数民族社会历史调查资料丛刊（修订本）”之一，收入《鄂伦春族调查》《鄂伦春自治旗托扎敏努图克调查》《鄂伦春自治旗甘奎努图克调查》《布特哈旗鄂伦春民族乡调查》四篇调查报告，是研究鄂伦春民族宝贵的历史资料。

收藏单位：国家图书馆、黑龙江省图书馆

125《鄂伦春族社会历史调查 第二集》

内蒙古自治区编辑组、《中国少数民族社会历史调查资料丛刊》修订编辑委员会编，民族出版社 2009 年出版

关键词：鄂伦春族 民族历史 社会调查

中图法分类号：K282.4

本书为“中国少数民族社会历史调查资料丛刊（修订本）”之一，收入《逊克县鄂伦春民族乡调查》《逊克县新兴村调查》《呼玛县十八站鄂伦春民族乡调查》《爱辉县鄂伦春民族乡调查》四篇调查报告，是研究鄂伦春民族宝贵的历史资料。

收藏单位：国家图书馆、黑龙江省图书馆、佳木斯大学图书馆等

126《鄂伦春族审美文化研究》

王丙珍著，中国社会科学出版社2018年出版

关键词：鄂伦春族 审美文化

中图法分类号：K282.4

本书为“中国少数民族审美文化丛书”之一。作者采用田野调查法获取第一手资料，跨学科分析了鄂伦春族审美文化的内涵、特征及流变，阐释了鄂伦春族的宗教信仰、日常生活、文学、原始岩画、现代油画、工艺、歌舞等的审美观念、审美传统、审美意识、审美取向和审美表达，凸显了鄂伦春族审美文化的生存、生命、生活与生态层面，保护并传承了鄂伦春族文化，填补了中国少数民族审美文化研究的空白，促进了当代中华民族文化的多元发展。

收藏单位：国家图书馆、佳木斯大学图书馆、内蒙古大学图书馆等

127《鄂伦春族狩猎文化的变迁与聚居区村民健康研究》

方征、马强著，中央民族大学出版社2014年出版

关键词：鄂伦春族 狩猎文化

中图法分类号：K282.4

作者运用体育学、民族学等相关学科的理论与方法，对鄂伦春族社会的发展、狩猎文化的变迁，村民的体质健康、心理健康，村民的人口结构、疾病情况、死亡情况等进行了研究，提出了加强医疗救助、发展健康教育、提高生活技能和弘扬传统文化是促进鄂伦春族振兴的有效途径。本书包括“绪论”“鄂伦春族概况”“社会制度变迁”“生产生活方式变迁”“宗教文化变迁”“体质健康”“心理健康”“人口结构疾病与死亡”“影响鄂伦春族村民健康因素分析”“附录”等章节，为研究者提供了参考资料。

收藏单位：国家图书馆、吉林省图书馆、佳木斯大学图书馆等

128《鄂伦春族研究》

赵复兴著，内蒙古人民出版社1987年出版

关键词：鄂伦春族 民族历史

中图法分类号：K282.4

本书是一本论文集，共收录论文18篇。作者用历史唯物主义观点和方法，对鄂伦春的历史、原始社会形态、古老的物质文化和精神文化、特殊的风俗习惯等方面进行了研究和阐述，力求对鄂伦春族有一个科学全面的认识，同时也对鄂伦春族向社会主义过渡问题及今后的经济发展方向提出了见解。

收藏单位：国家图书馆、中央民族大学图书馆、黑龙江省图书馆等

129《鄂伦春族游猎、定居、发展》

都永浩著，中央民族学院出版社 1993 年出版

关键词：鄂伦春族 民族文化

中图法分类号：K282.4

本书是我国第一部研究单个民族实体从形成到发展全过程的专著。作者对鄂伦春民族体的形成、定居前的游猎文化、定居后的影响和发展等内容进行了阐述，特别是在鄂伦春民族文化系统转换方面进行了开拓性的研究，提出了独到的见解，对于研究这一类型民族的发展问题有一定的参考价值。

收藏单位：国家图书馆、内蒙古大学图书馆、呼伦贝尔学院图书馆等

130《鄂伦春族游猎文化》

赵复兴著，内蒙古人民出版社 1991 年出版

关键词：鄂伦春族 游猎文化

中图法分类号：K282.4

本书从族源、历史沿革、渔猎经济、手工业农业及商品交换的发展以及社会物质文化、民族、宗教、文学艺术、科学、民族习俗、教育等方面介绍了鄂伦春族及其古老的游猎文化，着重阐述了鄂伦春族的游猎经济和物质文化及其发展变化。本书资料丰富翔实，力求对鄂伦春族的游猎文化有一个全面的分析和科学的认识。

收藏单位：国家图书馆、黑龙江省图书馆、佳木斯大学图书馆等

131《飞跃发展中的黑河地区鄂伦春人》

黑河专员公署民族事务委员会 1959 年编印

关键词：鄂伦春族 历史资料

中图法分类号：K282.4

本书主要记载了鄂伦春民族在党和人民政府的领导下，在政治、经济、文化等各方面取得的成就，是研究鄂伦春民族历史发展的参考资料。

收藏单位：黑龙江省图书馆等

132《高高的兴安岭：鄂伦春族风情》

白兰著，内蒙古人民出版社 2014 年出版

关键词：鄂伦春族 民族文化

中图法分类号：K282.4

本书为“内蒙古旅游文化丛书”之一，图文并茂地描述了鄂伦春族的民族文化、宗教信仰、生活习俗、风土人情，是了解鄂伦春族的通俗读物。

收藏单位：国家图书馆、内蒙古大学图书馆、辽宁省图书馆等

133《葛德鸿传：一个鄂伦春人的足迹》

柴少敏著，远山出版社 1997 年出版

关键词：鄂伦春族 人物传记 回忆录

中图法分类号：K828.724

本书为鄂伦春族的第一部人物传记。葛德鸿是鄂伦春民族中最早走出原始森林、接触外界事物、接受先进思想的鄂伦春族人物之一。他的 70 多年经历是鄂伦春民族发展的缩影，折射出鄂伦春民族的政治、经济、文化方面的运行轨迹和发展变化。传记具有史实性、可读性、文学性，展示了许多从未见诸文字的历史资料，在讲述老人生平的同时，也向读者描绘了一

幅幅独具民族特色的婚丧嫁娶、深山涉猎的风景图。

收藏单位：国家图书馆、呼伦贝尔学院图书馆等

134《黑河地区鄂伦春族资料汇编：1957—1959》

内蒙古少数民族社会历史调查组 1960 年编印

关键词：民族史志 鄂伦春族

中图法分类号：K282.4

本书为内蒙古少数民族社会历史调查组鄂伦春分组 1960 年 9 月到黑河地区进行鄂伦春族补充调查期间，从黑河民委 1957—1959 年的档案中选取的部分有价值的档案材料摘录而成。全书分为 9 个部分，共收录档案资料 46 份。

收藏单位：黑龙江省图书馆等

135《黑龙江边兴安岭里的鄂伦春民族》

杨英杰著，东北人民出版社 1952 年出版

关键词：鄂伦春族 民族历史

中图法分类号：K282.4

本书系作者在赴黑河鄂伦春族聚居地区进行实地考察的基础上，结合大量鄂伦春人的历史文件所著的一部有关鄂伦春民族的总结和介绍。全书共分为四个部分，其中第二部分较为客观地记述了近代鄂伦春民族的生存状态，具有较高史料价值。

收藏单位：国家图书馆、北京师范大学图书馆等

136《黑龙江鄂伦春族文化》

韩有峰著，黑龙江教育出版社 2010 年出版

关键词：鄂伦春族 民族文化 黑龙江省

中图法分类号：K282.4

本书为“黑水世居民族文化丛书”之一。全书共 9 章，配图 146 幅，从人生礼仪、生产习俗、生活习俗、民族语言、教育与科技、文学与艺术、体育与卫生、礼节与节庆、宗教信仰等方面全景展示了鄂伦春族的文化，有助于读者更深入了解鄂伦春民族历史和文化。

收藏单位：国家图书馆、黑龙江省图书馆、佳木斯大学图书馆等

137《黑龙江流域文化影像图集：鄂伦春族卷》

刘玉亮、都永浩主编，黑龙江教育出版社 2014 年出版

关键词：鄂伦春族 民族文化 黑龙江省

中图法分类号：K280.35

本书是北方人口较少民族传统文化保护、传承与研究的重要成果，是鄂伦春族生产及生活记忆的真实再现，也是民族发展历程的缩影。全书包括文字和图片两部分，文字部分简明扼要介绍了鄂伦春族特色鲜明的文化遗产，如风俗习惯、原始宗教、猎渔游牧生产等；图片内容涵盖了传统的狩猎捕鱼和游牧、生活生产、宗教、习俗等方面内容。

收藏单位：国家图书馆、黑龙江省图书馆等

138《黑龙江省鄂伦春族下山定居五十年》

韩有峰著，哈尔滨出版社 2005 年出版

关键词：鄂伦春族 民族历史 黑龙江省

中图法分类号：K282.4

本书为“黑龙江民族研究论丛”之一。在党和各级政府关怀下，1953年9月黑龙江省境内的鄂伦春族全部下山定居，从此走向新生，走向繁荣。鄂伦春族下山定居的成功，与中国共产党民族政策的正确和中华人民共和国政治制度的优越有着密切的关系。因此，在鄂伦春族下山定居50周年之际来记述这段历史，总结成功经验，无疑具有重要的现实意义和深远的历史意义。本书包括鄂伦春族下山定居前的基本状况、鄂伦春族下山定居前的准备工作、实现定居、鄂伦春族下山定居后的发展与变化等内容，对鄂伦春族研究有一定的学术价值。

收藏单位：黑龙江省图书馆等

139《黑龙江文史资料：山岭上的鄂伦春人·第二十七辑》

中国人民政治协商会议黑龙江省委员会文史资料委员会编，黑龙江人民出版社1989年出版

关键词：鄂伦春族 民族历史 黑龙江省

中图法分类号：K250.6

这是一部聚居在黑龙江省鄂伦春民族的史料专辑，内容涉及民族历史、文化教育、重大事件、生产生活纪实等。展开本书，读者会看到一幅幅生动别致的鄂伦春风情画卷，会听到一曲曲悲壮激昂的战斗乐章。

收藏单位：黑龙江省图书馆等

140《呼伦贝尔草原文化与大兴安岭彩绘岩画》

胡桥华、崔越领著，上海人民出版社2016年出版

关键词：呼伦贝尔书 鄂伦春族 彩绘岩画

中图法分类号：K879.424

本书包括“呼伦贝尔草原的自然与人文”“呼伦贝尔草原上的奇葩——鄂伦春文化”“呼伦贝尔—大兴安岭彩绘岩画”“呼伦贝尔—大兴安岭彩绘岩画内容特色及断代”“呼伦贝尔草原文化与大兴安岭彩绘岩画的保护”等章节，是作者对鄂伦春彩绘岩画研究的新成果。本书详细介绍了鄂伦春族所在的呼伦贝尔草原的自然与人文背景，介绍了鄂伦春民族的文化和风俗，研究了彩绘岩画的年代、特色、功能与文化内涵，探讨了草原文化遗产的保护与继承。

收藏单位：国家图书馆、黑龙江省图书馆等

141《呼伦贝尔民族文物考古大系：鄂伦春自治旗卷》

中国社会科学院考古研究所等编，文物出版社2014年出版

关键词：历史文物 鄂伦春自治旗 呼伦贝尔市

中图法分类号：K872.264.2

本书收录鄂伦春地区的古代遗迹、遗物和反映鄂伦春地区人民生活状态的近现代民族文物约300件，可更直观、清晰了解鄂伦春族的历史和发展。

收藏单位：国家图书馆、内蒙古大学图书馆、呼伦贝尔学院图书馆等

142《桦树皮船制作技艺传承人：郭宝林》

那敏著，民族出版社 2011 年出版

关键词：鄂伦春族 民间艺人 生平事迹

中图法分类号：K825.7

本书为“中国民间文化杰出传承人丛书”之一，包括“水上飞舟”“流传至今的桦皮船”“郭宝林家乡”“郭家传人”“郭宝林技艺”“郭宝林的生活”“众人眼中的郭宝林”“困境与展望”等内容。作为桦树皮船制作技艺传承人，郭宝林对鄂伦春人世代流传下来的传统技艺样样不丢，他用自己的实际行动传承着鄂伦春人根深蒂固的狩猎文化。本书可帮助读者更深入了解鄂伦春族人、桦树皮文化和郭宝林制作的桦树皮船。

收藏单位：国家图书馆、呼伦贝尔学院图书馆等

143《金色的森林》

何青花著，民族出版社 2002 年出版

关键词：鄂伦春族 少数民族风俗习惯

中图法分类号：K892.324

本书内容包罗万象。作者不仅描述和介绍了鄂伦春人物质生活必需的交通工具，还有草药、火种，狩猎生产必须掌握的时间、对象、方法，鄂伦春人所信仰的精神支柱——萨满教中萨满的神衣、法具及褥词，世代流传的传说故事，社会分工中的妇女地位、好猎手必备的条件，民俗文化的年节、婚礼、丧葬、服饰、饮食、生育、摇车、妇女用的卫生品、工艺品、天文知识、长寿与环境等。在 27 篇文章中，动人的故事引人入胜，可以看出作者作为一个鄂伦春族人，对鄂伦春族生活的熟稔，对浸润着古老文化色彩的风俗民情的深刻理解。本书会使读者对鄂伦春族人生活、生产及情感世界、生活追求等诸多方面有所了解和认识。

收藏单位：国家图书馆、内蒙古大学图书馆、呼伦贝尔学院图书馆等

144《金色的岁月》

何青花著，民族出版社 2006 年出版

关键词：鄂伦春族 少数民族风俗习惯

中图法分类号：K892.324

作者是一位非凡的鄂伦春族妇女，她以自己童年时代游猎生活亲历，谱写出一组激荡人心的史诗般的森林交响曲，展现了鄂伦春民族丰富而多彩的山林生活。她讲述的不仅是一个人的故事，更是一个民族的生态文化和历史过程。

收藏单位：国家图书馆、内蒙古大学图书馆、呼伦贝尔学院图书馆等

145《静谧的那道湾：霍尔沁村纪行》

赵欣著，黑龙江大学出版社 2009 年出版

关键词：鄂伦春族 霍尔沁村 黑河市

中图法分类号：K923.55

本书作者从珍贵的史料中勾画了霍尔沁的历史发展轨迹，带读者走进静谧的村庄，一起寻觅大界江畔不同寻常的历史，认识这里一代又一代的霍尔沁人。

收藏单位：国家图书馆、黑龙江省图书馆、大连民族大学图书馆等

146《马背上的游猎生涯：鄂伦春族纪录片图集》

蔡家麒编著，云南人民出版社 2014

年出版

关键词：鄂伦春族 民族文化 图集

中图法分类号：K282.4-64

本书为“中国民族纪实影像书系”之一，书中的219幅图片拍摄于1963年。专著体例考究，图片排版构思精巧，在图片内容与留白的关系、图片内容的先后关系、同一内容与不同景别影像的关系处理上独具匠心，展现的效果动人心弦，在图像民族志领域被后学追溯为一部经典，是研究中国影视人类学学术史的重要参考文献。

收藏单位：国家图书馆、华东师范大学图书馆、中南民族大学图书馆等

147《飘雪的兴安岭——鄂伦春族》

白兰著，云南大学出版社2003年出版

关键词：鄂伦春族 家庭生活

中图法分类号：K282.4

本书为“20世纪中国民族家庭实录丛书”之一。作者选取了13个普通鄂伦春人家庭的故事，以记者的敏锐捕捉细节，将深奥、理性学术观点隐藏在寻常道白之中，让读者在欣赏故事中了解鄂伦春族的知识、生活及发展变迁。

收藏单位：国家图书馆、华东师范大学图书馆等

148《清代鄂伦春族满汉文档案汇编》

吴元丰、白英主编，民族出版社2001年出版

关键词：鄂伦春族 档案资料

中图法分类号：K282.4

本书所辑档案311件，起自康熙二十二年（1683年），止于宣统元年（1909年），时间长达226年。其中满文档案259件，满汉合璧档案24件，汉文档案28件，绝大多数为首次发布。档案内容丰富，主要反映清代鄂伦春族编设旗分佐领、世管佐领源流、官员挑选补放、打牲丁数目、进贡貂皮、兵丁训练、赏给饷银物件、奉调出征，以及兴安城总管衙门的设置裁撤和分归各城管理等方面的情况，是研究清代鄂伦春族历史的第一手资料，具有十分重要的研究价值。

收藏单位：国家图书馆、辽宁省图书馆、华东师范大学图书馆等

149《山村那边是界江：三合村纪行》

魏影著，黑龙江大学出版社2009年出版

关键词：乡村 呼玛县 三合村

中图法分类号：K923.55

本书从多角度讲述了黑龙江大界江边三合村的故事：有闯关东者淘金、放木排的记录，有大兴安岭开发建设壮观场面的回顾，有知青下乡时点点滴滴的记忆，还有现在村民们日常生活平凡而朴素的展现。同时，本书带着读者探寻民族风情、感受鄂伦春族的文化；寻访古迹、到古老的十八站旅行；看风景、领略最动人心魄的春季大开江……

收藏单位：国家图书馆、大连民族大学图书馆、黑龙江省图书馆等

150《山上啊，山上！ 鄂伦春猎民口述史》

于硕、赵式庆主编，新世界出版社2017年出版

关键词：鄂伦春族 口述史

中图法分类号：K282.4

本书记录了大量鄂伦春民族的历史故事，并就迁徙、家族谱系和文化遗产三个主题做了梳理和分析。全书由序、2014年呼伦贝尔市鄂伦春自治旗（古里乡、大杨树镇多布库尔猎民村、阿里河镇）口述史、2015年扎兰屯市南木鄂伦春民族乡口述史和附录组成。本书因其独特视角和观点被认为对于鄂伦春文化和民族的保护，以及人类学的学术研究方法都有着全新的意义。

收藏单位：国家图书馆、内蒙古大学图书馆、吉林省图书馆等

151《森林骄子：鄂伦春》

贺兆坤著，哈尔滨地图出版社2009年出版

关键词：鄂伦春族 民族文化

中图法分类号：K282.4

本书为作者多年来了解、研究鄂伦春民族文化的成果汇编，包括“随笔”“民族风俗”“轶闻趣事”“人物春秋”“灿烂文化”等篇章，从不同角度对鄂伦春民族进行全方位的介绍。

收藏单位：国家图书馆、黑龙江省图书馆等

152《新生鄂伦春族乡志》

王兆明主编，黑龙江人民出版社2003年出版

关键词：鄂伦春族 地方志

中图法分类号：K293.55

本书下限为2000年，以类设篇，共31篇，由“概述”“大事记”“自然篇”“居民篇”“社会篇”“附录”等部分构成。为突出民族特色，专设鄂伦春族篇，主要内容包括“建制”“村屯概况”“自然环境”“人口”“狩猎”“农业”“林业”“乡村企业”“旅游”“畜牧”“政权”“民政”“教育”“文化”等，对新生鄂伦春族乡及鄂伦春族的历史和今天进行了全面、实事求是的记述，具有鲜明的时代特色和地方特色，是一部资料翔实的地方志书。

收藏单位：国家图书馆、黑龙江省图书馆等

153《兴安猎神：献给鄂伦春族定居六十年》

张林刚著，中央民族大学出版社2013年出版

关键词：鄂伦春族 游猎民族

中图法分类号：K282.4-64

出版此画册是纪念鄂伦春族下山定居60周年。作者运用大量的照片和文字全面介绍了鄂伦春族的过去与现在，用史料完整地呈现了鄂伦春族的婚姻、民俗和衣食住行，是了解鄂伦春族的参考资料。

收藏单位：国家图书馆、内蒙古大学图书馆、呼伦贝尔学院图书馆等

154《逊克县志》

刘德林主编，逊克县地方志编纂委员会编，黑龙江人民出版社1991年出版

关键词：鄂伦春族 地方志 逊克县

中图法分类号：K293.5

本书上限为1906年建置毕拉尔路鄂伦春协领公署之日起，下限至1985年。

收藏单位：国家图书馆、黑龙江省图书馆

155《勇敢的鄂伦春》

涂利利主编，民族出版社2014年出版

关键词：鄂伦春族 民族历史

中图法分类号：K282.4

本书是一部纪实性画册，真实记录了鄂伦春民族的历史与今天，向人们展示中国共产党民族政策成功典范的光辉历程，真实记录了中华人民共和国成立60多年来鄂伦春民族的巨大变化。

收藏单位：国家图书馆、佳木斯大学图书馆等

156《中国鄂伦春人物志》

敖长福主编，内蒙古文化出版社2013年出版

关键词：鄂伦春 人物传记

中图法分类号：K828.724

本书记载了鄂伦春族从清代到现在261位历史人物的成长经历和创业事迹，凸显了鄂伦春族在历史发展进程中不畏强暴、勇于斗争、自强不息、开拓发展的精神风貌。同时，还涉及鄂伦春民族经济、军事、法律、宗教、教育、民俗、文学、艺术、体育等方面的内容，为研究鄂伦春民族历史与文化提供了宝贵资料和可靠依据。本书是一本珍贵的、富有地域性和民族特色的历史典藏，包含了编纂者对本民族历史研究的深入思考与重要设想，其成就与价值是多方面的。

收藏单位：国家图书馆等

157《中国鄂伦春族》

关小云、王再祥编著，黄河出版传媒集团、宁夏人民出版社2012年出版

关键词：鄂伦春族

中图法分类号：K282.4

本书为“中华民族全书”之一，包括“民族概况”“物质文化”“民间文化”“社会文化”“信仰文化”“对伟大祖国的贡献”“精神气质”“文化传承”“族际交往”“文化发展愿景”“有影响的文化人物”“重要文献和著作”十二章。本书坚持“左图右史”传统，图文并茂、生动有趣，是往昔民族生活的再现。

收藏单位：国家图书馆、黑龙江省图书馆、佳木斯大学图书馆等

158《中国名村志文化工程：新生村志》

黑龙江省黑河市爱辉区新生鄂伦春族乡新生村志编纂委员会编，方志出版社2018年出版

关键词：鄂伦春族 新生村

中图法分类号：K293.5

本书系统记述了黑龙江省黑河市爱辉区新生鄂伦春族乡新生村发展变化进程和改革开放成果，展现了鄂伦春人民为传承和抢救乡土历史文化、激发爱国爱乡情怀、留住乡愁所做的努力，为探索中国特色新型城镇化建设、服务乡村振兴战略提供了历史智慧和现实借鉴。

收藏单位：国家图书馆、黑龙江省图书馆等

159《最后的捕猎者》

宋兆麟著，山东画报出版社2001年出版

关键词：鄂伦春族 田野调查 民族文物

中图法分类号：K282.4

本书是作者40年前赴大兴安岭鄂伦春族自治旗进行田野调查、征集民族文物的实录。全书共分“猎人春秋”“林海狩猎”“传统猎技”“妇女采集”“男人捕鱼”“揉皮与桦皮工艺”“工具制作”“食肉衣皮”“树皮为屋”“桦皮船与滑雪板”“摇篮里长大”“婚丧习俗”“雕刻与回话”“剪刀下的艺术”“萨满信仰”“结语”16部分，并附大量照片和插图，内容丰富多彩，叙述中还常结合其他民族的材料进行对比研究，对研究原始采集、狩猎经济具有重要的参考价值。

收藏单位：国家图书馆、华东师范大学图书馆、内蒙古大学图书馆等

160《最后的传说：鄂伦春族文化研究》

吴雅芝著，中央民族大学出版社2006年出版

关键词：鄂伦春族 民族文化

中图法分类号：K282.4

本书为“阿尔泰学研究丛书”之一，包括“兴安岭骄子”“游动的部落”“猎神的足迹”“靠山吃山靠水吃水”“人生三部曲”“不成文的行为准则”“神秘的神灵世界”“古朴的山林文化”“最后的传说”九章内容，附有后记。本书全面叙述了鄂伦春族的物质文化和精神文化生活及风俗习惯，提出在自然生态环境遭到破坏、野生动物迅速消失，狩猎文化随之消亡的情形下，保护大自然、保护生态环境的同时，为鄂伦春族独特的传统文化留一点传承的空间。

收藏单位：国家图书馆、黑龙江省图书馆、佳木斯大学图书馆等

161《1982—1985探访兴安岭猎民生活日记》

顾德清著，山东画报出版社2001年出版

关键词：鄂伦春族 生活方式

中法图分类号：K892.324

本书为“中国边疆探察丛书”之一，包括“在黑龙江省鄂伦春聚居地”“乌苏门随猎记”“古里与鄂伦春人围猎野猪”“初识大兴安岭北坡的饲养驯鹿鄂温克猎民”“住进饲养驯鹿鄂温克人的帐篷”“与养鹿人在山上生活58天”“冬猎‘北极村’”“最后的‘交劳格道’等内容。作者通过日记和图片的形式向读者展示了猎民生活，作品充满了鲜活的细节和发自肺腑的情愫，以及绵延的联想和瞬间的憬悟。

收藏单位：国家图书馆、内蒙古大学图书馆、呼伦贝尔学院图书馆等

P　天文学、地球科学

162《鄂伦春火山探秘》

田明、兰源红编著，中国电影出版社2013年出版

关键词：鄂伦春族 自然摄影 火山

中图法分类号：P317.522

本书为“中国国家地质公园丛书”之一，介绍了鄂伦春地质公园的概况、各园区主要地质遗迹景观（特别是火山）和形成过程以及有关火山的地学知识；同时也介绍了鄂伦春其他自然与人文景观、旅游线路、交通、民族风情、特产等旅游信息，是鄂伦春地质公园的旅游指南，也是推介鄂伦春地质遗迹的科普读物。讲解

深入浅出，通俗易懂，内容丰富，图片精美，可以使读者在获得地学知识，尤其是火山知识的同时，也领略到这里独特的民族风情。

收藏单位：国家图书馆、辽宁省图书馆、佳木斯大学图书馆等

163《鄂伦春自治旗气象要素分析手册》

张胜利主编，内蒙古科学技术出版社2016年出版

关键词：鄂伦春自治旗 气象要素 天气分析

中图法分类号：P42

本书利用鄂伦春自治旗气象局1961—2010年温度、降水、风、日照、地温等气象要素观测值，采用距平分析、小波分析、信噪比突变性检验和重现期分析等统计分析方法，对50年来鄂伦春自治旗气象要素变化特征进行了分析，内容翔实，资料可靠，为鄂伦春自治旗的防灾减灾和应对气候变化提供了大量有科学价值的资料，对合理利用气候资源趋利避害及经济发展具有重要作用。

收藏单位：国家图书馆等

Q　生物科学

164《人类学课程设计模式的研究——以黑龙江省×鄂伦春民族学校为个案》

杨宏丽著，东北师范大学出版社2011年出版

关键词：人类学 课程设计 教学研究

中图法分类号：Q98-41

作者以黑龙江省×鄂伦春民族学校为个案，通过该学校鄂伦春民族文化课程设计的实践生成了人类学课程设计模式。该模式重在阐释课程设计过程的意义，进一步挖掘课程设计背后的权力、知识等问题。作者采取了民族志、扎根理论作为研究策略，具体采用了参与观察、深度访谈、集体审议、图片诱导、生活史调查、文献收集等研究方法，在研究中多种方法之间成为互证的工具，使研究更有意义，从而促进鄂伦春民族文化及其他无文字民族文化更合理地传承与创新。

收藏单位：国家图书馆、呼伦贝尔学院图书馆等

R　医药、卫生

165《鄂伦春民族习惯用药》

孙保芳、刘树民主编，中国中医药出版社2007年出版

关键词：鄂伦春族 民族医药

中图法分类号：R292.4

本书为我国第一部全面介绍鄂伦春民族用药的书籍，分上篇总论及下篇各论两部分。上篇介绍了鄂伦春民族特点、鄂伦春族民族医药的起源与发展、鄂伦春药的资源状况及用药特点。下篇具体介绍单味鄂伦春药，包括植物药130多种，动物药30多种；每种药材按正名、别名、鄂伦春语名称、药物来源、动植物形态、生活（生长）环境、采收加工、药材性状、化学成分、性味功效、临床应用、民间应用、禁忌等层次进行叙述，具有较强的实用性。本书全面反映了鄂伦春民族药用资源及用药情况，可供从事医药教学、科研工作者和有关学校师生及药材经营者学习、使用和参考，也是进一步开发黑龙江

省中药资源的有益资料，可拓宽少数民族地区药物资源的使用范围，丰富我国中医药文化资源。

收藏单位：国家图书馆、呼伦贝尔学院图书馆、辽宁省图书馆等

S 农业科学

166《鄂伦春：森林秘境火山王国》

田明中、王义夫等编，中国旅游出版社 2014 年出版

关键词：鄂伦春 旅游 火山

中图法分类号：S759.93

本书包括“内蒙古鄂伦春地质公园简介”“雄伟壮美的火山地貌”“情醉神迷的自然风光”“特色鲜明的民俗文化”“独具特色的旅游城市”等内容。

收藏单位：国家图书馆、安徽科技学院图书馆、内蒙古农业大学图书馆

T 工业技术

167《鄂伦春服饰》

何春花、何雷编，民族出版社出版 2010 年出版

关键词：鄂伦春族 少数民族服饰

中图法分类号：TS941.742

本书以彩色图册的方式介绍了鄂伦春族服饰，包括“简约而粗犷的鄂伦春服饰”“锁住温暖道平安鄂伦春坎肩”“美丽而多情的鄂伦春手套”“白雪映红花的鄂伦春皮裤”“娇娆的野杜鹃鄂伦春头饰”“一针一线总关情鄂伦春帽子”“人与神的对话鄂伦春萨满服”等内容。本书重在作为一种资料性的展示，为此在采样上尽最大可能采用电脑绘制，以便更加直观和清晰，并配有丰富的图片资料解释相关设计。全书文字流畅，图片精美，极具欣赏和收藏价值。

收藏单位：国家图书馆、黑龙江省图书馆、佳木斯大学图书馆等

168《猎民绝艺：鄂伦春族狍皮制作技艺》

张敏杰著，黑龙江人民出版社 2010 年出版

关键词：鄂伦春族 毛皮加工

中图法分类号：TS55

本书为“中国民间口头与非物质文化遗产推介丛书“之一，包括“鄂伦春族兽皮文化与狍皮制作技艺概述”“鄂伦春族狍皮制作技艺推介的达标程度评估”“鄂伦春族狍皮制作技艺的濒危报告”“狍皮制作技艺的保护、利用和发展规划”“国外与国内专家学者对狍（兽）皮文化与制作技艺的评论及权威研究著述节选”“狍皮制作技艺传承人群代表性人物自述”等章节。作者从人类文化遗产传承的视角，全面阐述了鄂伦春狍皮制作技艺的发展轨迹及文化价值、艺术价值、开发利用价值。

收藏单位：国家图书馆、黑龙江省图书馆、呼伦贝尔学院图书馆等

Z 综合性图书

169《中国少数民族古籍总目提要：鄂伦春族卷》

国家民族事务委员会全国少数民族古籍整理研究室编，中国大百科全书出版社 2010 年出版

关键词：鄂伦春族 古籍 内容提要

中图法分类号：Z838

本卷收录条目 1547 条，图片 185 幅，

分为文书和讲唱两大类。文书类 536 条，包括政务、职官、司法、军事、经济、文化、教育、历史等八类，每类按年代先后顺序编排；讲唱类 1011 条，有民歌、民间故事、禁忌语、谚语四个部分。本书介绍了鄂伦春族古籍的总体情况，有助于了解鄂伦春历史文化概况。

收藏单位：国家图书馆、黑龙江省图书馆、佳木斯大学图书馆等

第九章

鄂温克族研究图书索引

鄂温克族简介

鄂温克族总人口 34 617 人（2020 年第七次全国人口普查数据），主要分布在中国内蒙古、黑龙江和新疆等地。

鄂温克语属阿尔泰语系满—通古斯语族通古斯语支。无本民族文字，现通用蒙古语文和汉语文。

鄂温克族大多信奉萨满教，也有的信仰藏传佛教。

鄂温克族民歌曲调豪放，富有草原和森林气息。2008 年，“鄂温克叙事民歌”被列入第二批国家级非物质文化遗产代表性项目名录。

鄂温克抢枢是一项传统民间体育竞技游戏，2008 年，“鄂温克族抢枢”被列入第二批国家级非物质文化遗产代表性项目名录。

鄂温克人拥有中国唯一的驯鹿种群，是驯鹿唯一的饲养者。2008 年，“鄂温克驯鹿习俗”被列入第二批国家级非物质文化遗产代表性项目名录。

鄂温克族桦树皮制作工艺有着独特制作方法。2008 年，“鄂温克族桦树皮制作技艺”被列入第二批国家级非物质文化遗产代表性项目名录。

鄂温克族萨满舞是祭祀性舞蹈，对研究其历史文化有着极高的参考价值。2011 年，“鄂温克族萨满舞”被列入第三批国家级非物质文化遗产代表性项目名录。

“瑟宾节”是鄂温克族最重要的传统节日，“瑟宾”意为“欢乐、祥和”。2011 年，“鄂温克族瑟宾节”被列入第三批国家级非物质文化遗产代表性项目名录。

2014 年，“鄂温克族服饰”被列入第四批国家级非物质文化遗产代表性项目名录。

B 哲学、宗教

001《鄂温克族的萨满教》

孟慧英等著，吉林文史出版社 2005 年出版

主题词：鄂温克族 萨满教

中图法分类号：B933

本书为“萨满文化研究丛书”之一，运用考古学、神话学、民族学、历史学的资料，多角度、多层次地对中国北方鄂温克族的萨满教做了综合考察，展示了萨满教的兴衰历程及真实面目。

收藏单位：暂时无法提供馆藏信息

002《鄂温克族宗教信仰与文化》

朝克、汪立珍著，中央民族大学出版社 2002 年出版

关键词：鄂温克族 宗教信仰 民族文化

中国中图法分类号：B928.2

本书为“中国少数民族宗教与文化丛书”之一，介绍了鄂温克族的宗教信仰和文化，阐述了宗教信仰与桦树文化、驯鹿文化、婚姻文化、丧葬文化、服饰文化、饮食文化、节日文化和文学艺术等相互影响、相互渗透的关系。

收藏单位：国家图书馆、大庆师范学院图书馆、哈尔滨师范大学图书馆等

C 社会科学总论

003《鄂温克族人口概况》

沈斌华、高建纲著，内蒙古大学出版社 1991 年出版

关键词：鄂温克族 人口

中图法分类号：C924.253.5

本书是第一部有关鄂温克族人口问题的著作，作者沿着鄂温克族社会的历史变迁，描述了鄂温克族人口分布、人口再生产、人口结构、人口素质、婚姻家庭等各个方面的重大变化。

收藏单位：国家图书馆、吉林大学图书馆、辽宁大学图书馆等

004《鄂温克族自治旗统计年鉴：1990—2003 年》

鄂温克旗自治旗统计局 2004 年编印

关键词：鄂温克族 年鉴

中图法分类号：C832.264-54

本年鉴详细统计了 1990—2003 年鄂温克族自治旗主要自然、经济及社会生活的重要数据。内容涉及自然资源、行政区划、农、林、牧、渔、气象、工业、交通、邮电、固定资产投资、贸易、物价指数、财政、金融、保险、从业人员和职工工资、人民生活、教育、卫生、计划生育等项目。

收藏单位：国家图书馆等

005《鄂温克族自治旗统计年鉴：2015 年》

鄂温克旗自治旗统计局 2015 年编印

关键词：鄂温克族自治旗 统计资料 年鉴

中图法分类号：C832.264-54

本书反映了 2015 年鄂温克族自治旗经济、社会发展的新进展、新成就。全书包括“土地资源和行政区划”“综合”“农林牧渔气象”“工业”“能源”“固定资产投资”“国内贸易”“财政金融保险”等篇章。

收藏单位：国家图书馆等

006《鄂温克族自治旗2000年人口普查资料：鄂温克族卷》

王柱主编，鄂温克族自治旗第五次人口普查办公室2003年编印

关键词：鄂温克族人口

中图法分类号：C924.252.64

本书分三部分：一是有关图表和全部鄂温克族人口数据；二是普查表数据，从不同角度分析人口结构情况；三是附录，主要是普查的有关规定和技术事件等。这次人口普查获得了丰富翔实的资料，比较全面地反映了改革开放以来，鄂温克族自治旗社会经济和人口的发展变化情况。

收藏单位：内蒙古鄂温克族研究会、呼伦贝尔市图书馆等

007《茫茫草原融融国策：内蒙古鄂温克族自治旗人口和计划生育工作26年回顾》

常胜杰主编，中国人口出版社2005年出版

关键词：鄂温克族自治旗 计划生育工作

中图法分类号：C923

本书回顾和记录了鄂温克族自治旗1979—2004年计划生育工作的历程，讲述了计划生育政策在鄂温克草原实行20多年来，计划生育干部在草原上兢兢业业、脚踏实地地工作，走出了一条适合牧区特色、符合民族特点的计划生育工作新路子。

收藏单位：呼伦贝尔市图书馆等

008《内蒙古自治区鄂温克族自治旗第三次人口普查资料汇编》

内蒙古自区鄂温克族自治旗人口普查办公室1983年编印

关键词：鄂温克族 人口普查

中图法分类号：C924.252.64

本书分六个方面的内容：第一卷，提要；第二卷，民族；第三卷，年龄；第四卷，文化程度；第五卷，行业、职业、不在业；第六卷，家庭、婚姻、生育。整理出版此书有助于政府和有关部门了解鄂温克族自治旗人口状况，有效制定各项政策，合理安排劳动力，加快经济建设步伐、提高人民生活水平。

收藏单位：呼伦贝尔市图书馆等

009《内蒙古自治区鄂温克族自治旗第四次人口普查资料汇编》

内蒙古自区鄂温克族自治旗人口普查办公室1990年编印

关键词：鄂温克族 人口普查

中图法分类号：C924.252.64

本书主要汇总了鄂温克族自治旗的总户数、人口数和性别比，鄂温克族自治旗的农业人口和非农业人口数，鄂温克族自治旗各民族人口数，鄂温克族人口年龄状况、人口文化程度，鄂温克族人口的行业人口数、职业人口数和不在业人口数，鄂温克族人口分性别的婚姻状况，鄂温克族家庭户的规模、类别，鄂温克族自治旗新出生人口数、死亡数，鄂温克族人口迁移原因等方面的翔实数据，是一部政府出版的权威性的调查资料汇编。

收藏单位：鄂温克档案史志局、内蒙古鄂温克族研究会等

010《"驯鹿之乡"敖鲁古雅鄂温克族猎民现状研究：34 年后的追踪调查（1960—1994）》

中国社会科学院民族研究所 1994 年编印

关键词：鄂温克族　社会调查

中图法分类号：C912.5

本报告包括"变迁的背景与过程""发展的现状与问题""现状分析与对策"三个部分，较为全面地分析了内蒙古自治区呼伦贝尔盟额尔古纳左旗敖鲁古雅民族乡的鄂温克族猎民在发展变迁过程中所遇到的困境及其原因，并就如何走出困境寻求今后的发展提出了建议。

收藏单位：国家图书馆等

D　政治、法律

011《百县市经济社会调查：鄂温克卷》

丁伟志、高平主编，中国大百科全书出版社 1993 年出版

主题词：鄂温克族自治旗 社会调查 经济发展

中图法分类号：D668

本书为"中国国情丛书"之一，包括"概况""经济""社会""文化""政治"五个篇章，并有 3 篇附录："鄂温克族自治旗 500 户家庭调查汇总""鄂温克族自治旗中国共产党组织沿革及负责人名录""鄂温克族自治旗人民政府机构沿革及负责人名录"。全书介绍了鄂温克旗经济、社会、政治、文化、教育、科学技术、思想观念、生活方式等内容，客观反映了鄂温克族自治旗经济社会发展状况，是了解鄂温克族的参考资料。

收藏单位：呼伦贝尔学院图书馆、内蒙古大学图书馆、黑龙江省图书馆等

012《草原往事：记述鄂温克草原改革开放 30 年》

齐全主编，内蒙古文化出版社 2011 年出版

关键词：鄂温克族自治旗 地方志

中图法分类号：D619.264

本书为"内蒙古地方年鉴史志丛书"之一，用朴实的文字和生活图片记述了 30 位生活在鄂温克族自治旗的各族牧民，在党的改革开放政策指引下，在旗委旗政府的带领下三十年来生产生活的变化，并通过这些个体变化反映鄂温克草原的整体发展，反映全旗牧区改革开放三十年的历史。

收藏单位：呼伦贝尔学院图书馆等

013《传统与现代：鄂温克族牧民的生活》

祁惠君著，中央民族大学出版社 2008 年出版

关键词：鄂温克族 牧民 社会生活

中图法分类号：D422.7

本书包括"鄂温克族概况""社会改革与政治制度变迁""牧民生活现状""物质生活""精神文化""畜牧业生产的基本特征""草原建设""保护和管理""牧业经济可持续发展的研究和探讨"八个章节和四篇附录。作者在调查研究的基础上，论述了鄂温克族牧民生产和生活的现状和发展变迁。本书可供各大专院校作为教材使用，也可供从事相关工作的人员作为参考用书使用。

收藏单位：国家图书馆、辽宁省图书馆、天津图书馆等

014《鄂温克族自治旗妇女联合会志》

杜彪主编，内蒙古文化出版社2011年出版

关键词：鄂温克族自治旗 妇女组织

中图法分类号：D442.826.4

本书为“内蒙古地方年鉴史志丛书”之一，包括“鄂温克族自治旗妇女联合会组织机构沿革及基层妇女组织机构沿革”“早期妇女运动及中华人民共和国成立至自治旗成立前的妇女工作”“鄂温克族自治旗成立之后的妇女工作”“妇女工作大事记”等内容。

收藏单位：国家图书馆等

015《鄂温克族自治旗妇女联合会志》

娜仁托雅主编，内蒙古文化出版社2018年出版

关键词：鄂温克族自治旗 妇女组织

中图法分类号：D442.826.4

本书由“概述”“大事记”“专志”“人物荣誉”“附录”等部分组成，真实客观地反映了鄂温克旗妇女运动历史，记录了旗妇女联合会率领广大妇女在全旗物质文明、精神文明、政治文明和生态文明建设中所取得的成果，总结了妇女工作的经验，突出民族特点、地区特点和时代特点，达到思想性、科学性和资料性的统一。本书资料翔实，内容丰富，对于我们以史为鉴，了解鄂温克旗妇女状况和妇女工作开展情况、推动鄂温克旗妇女工作不断发展与进步将起到积极作用。

收藏单位：华东师范大学图书馆、湖北民族大学图书馆、黑龙江省图书馆等

016《鄂温克族自治旗关心下一代工作委员会志：1991—2011》

鄂温克族自治旗关心下一代工作委员会2011年编印

关键词：鄂温克族自治旗 儿童生活状况

中图法分类号：D432.62

本书记述了1991—2011年鄂温克族自治旗关心下一代工作委员工作的全部内容。本志采用述、记、志、传、图、表、录等体裁，以志为主，图、表随文。全志由“概述”“大事记”“专志（章）”“人物与荣誉”“附录”等部分组成。

收藏单位：呼伦贝尔学院图书馆等

017《鄂温克族自治旗人民代表大会志：1948—2010》

鄂温克族自治旗人大常委会编，内蒙古文化出版社2010年出版

关键词：鄂温克族自治旗 地方各级人民代表大会

中图法分类号：D624.262

本志上限始于1948年，下限止于2010年，记录了鄂温克族自治旗各项事业的发展历程。全志由“概述”“附录”“人物”“大事记”等组成，真实反映了鄂温克族自治旗人民代表大会的主要工作业绩。

收藏单位：国家图书馆、内蒙古科技大学图书馆、呼伦贝尔市图书馆等

018《鄂温克族自治旗政协志：1957—2007》

中国人民政治协商会议鄂温克族自治旗委员会编，内蒙古文化出版社2007年

出版

关键词：鄂温克族自治旗 中国人民政治协商会议 地方组织

中图法分类号：D628.264

本志上起1957年，下至2007年止，包括“概述”“机构与人员”“参政议政”“专题视察与调研”“提案工作”“人物”等十二章，记述了鄂温克族自治旗政协工作的发展历程。

收藏单位：国家图书馆、黑龙江省图书馆、呼伦贝尔市图书馆等

019《嘎鲁图嘎查调查：鄂温克族》

黄健英主编，中国经济出版社2014年出版

关键词：鄂温克族 农村调查 调查报告

中图法分类号：D668

本书为“中国民族经济村庄调查丛书”之一，分“嘎查”“牧户”“牧民”三个部分。通过对嘎鲁图嘎查的调研，详细介绍了嘎鲁图嘎查的概况、经济发展情况、经济政策、社会事业发展状况等方面的内容，较全面地反映游牧鄂温克族历史文化的变迁，以及在快速现代化进程中嘎查的变化和面临的问题。

收藏单位：北京大学图书馆、北京联合大学图书馆、东北林业大学图书馆等

020《生态移民政策与地方政府实践：以敖鲁古雅鄂温克生态移民为例》

谢元媛著，北京大学出版社2010年出版

关键词：移民政策 内蒙古自治区呼伦贝尔市根河市

中图法分类号：D632.4

本书为“社会发展理论与实践丛书”之一，全书共分为七章，通过对敖鲁古雅鄂温克生态移民事件的民族志叙述，从“规划现代化”的角度对这一问题进行探讨，从而自主地寻找到走出发展困境的办法，抓住发展中的机遇。

收藏单位：国家图书馆、安徽省图书馆、呼伦贝尔市图书馆等

021《政协鄂温克族自治旗第十一届委员会会议材料汇编》

政协鄂温克族自治旗委员会办公室编印。

关键词：鄂温克族自治旗 中国人民政治协商会议 地方组织

中图法分类号：D628.264

本汇编共收录材料55篇，包括：十一届一次会议材料17篇；十一届二次会议材料17篇；十一届一次常委会议材料6篇；十一届二次常委会议材料3篇；十一届三次常委会议材料3篇；十一届四次常委会议材料9篇。

收藏单位：呼伦贝尔学院图书馆等

022《中共鄂温克族自治旗党史大事记》

关英主编，内蒙古文化出版社1998年出版

关键词：鄂温克族自治旗 中国共产党党史

中图法分类号：D235.264

本书记录了不同时期中共鄂温克族自治旗党委的重大事件和活动，从不同的侧面展示了在中国共产党领导下鄂温克族自

治旗建设与发展的历史，反映了党的民族政策的伟大胜利。本书为鄂温克族自治旗的发展提供了借鉴，也是鄂温克族自治旗党史的重要资料。

收藏单位：国家图书馆、内蒙古自治区图书馆、黑龙江省图书馆等

023《中国共产党内蒙古自治区鄂温克自治旗组织史资料：1945—1988》

中共鄂温克族自治旗委组织部、鄂温克族自治旗史志编辑办公室、鄂温克族自治旗档案局编，中共鄂温克族自治旗委组织部、鄂温克族自治旗史志编辑办公室、鄂温克族自治旗档案局 2010 年编印

关键词：鄂温克族自治旗 中国共产党党史

中图法分类号：D235.264

本书收录了中国共产党内蒙古鄂温克族自治旗组织史资料，包括"内蒙古自治区鄂温克旗组织史资料""内蒙古自治区鄂温克旗政权系统组织史资料""内蒙古自治区鄂温克旗地方军事系统组织史资料""内蒙古自治区鄂温克旗政治协商委员会组织史资料""内蒙古自治区鄂温克旗群众团体系统组织史资料""内蒙古自治区鄂温克旗企业系统组织史资料"，同时收录了鄂温克族自治旗（包括索伦旗时期）苏木（乡）镇以上党组织以及同级政权、军事、统战（政协）、群众团体、企业单位的机构和领导人名录等。附录部分收录了历次旗党代会的主题报告。

收藏单位：呼伦贝尔学院图书馆等

024《中国共产党内蒙古自治区鄂温克族自治旗组织史资料：1989—2009》

李国强主编，中共鄂温克族自治旗委组织部、鄂温克族自治旗档案史志局 2010 年编印

关键词：鄂温克族自治旗 中国共产党党史

中图法分类号：D235.264

本书收录了 1989 年 1 月至 2009 年 12 月期间鄂温克族自治区的组织机构沿革和领导成员名录。全书内容包括五编，采用断代编年体编写。

收藏单位：呼伦贝尔学院图书馆等

F 经济

025《敖鲁古雅—鄂温克族猎民新村调查》

黄健英编，中国经济出版社 2009 年出版

关键词：乡村 民族经济 调查报告 内蒙古自治区呼伦贝尔市根河市

中图法分类号：F127.265

本书为"中国民族经济村庄调查丛书"之一，分三个部分，第一部分记述了猎民新村的基本情况、发展变迁、基本经济状况等；第二部分介绍了 29 户从事不同行业、经济来源不同的五大类村民的生活面貌；第三部分介绍了 16 名有代表性的鄂温克村民生产经营情况。本书通过对敖鲁古雅鄂温克族猎民新村的考察，反映村庄政治、经济、文化的总体发展情况，包括历史和现状，剖析特色，探讨其中包含的普遍性、规律性，为中国民族经济研究、

决策提供参考。

收藏单位：国家图书馆、呼伦贝尔学院图书馆、大连民族大学图书馆等图书馆等

026《鄂温克族经济简史》

沈斌华等编著，内蒙古大学出版社1995年出版

关键词：鄂温克族 民族经济史

中图法分类号：F127.26

本书为“内蒙古大学学术著作丛书”之一，对鄂温克民族的经济生活、经济结构、经济形态在各个历史阶段的发展变化进行了介绍。多姿多彩的鄂温克民族经济是我国少数民族经济发展的一个缩影，阅读此书，可了解鄂温克族及少数民族经济发展情况。

收藏单位：国家图书馆、内蒙古大学图书馆、黑龙江省图书馆等

027《鄂温克族自治旗供销合作社志：1945—1991》

海永安、陈绍先编，鄂温克族自治旗供销合作社1992年编印

关键词：鄂温克族自治旗 供销合作社志

中图法分类号：F717.2-09

本志从搜集资料到撰写成志，历经8年时间，记述了鄂温克族自治旗供销合作社从1945年至1991年的发展历程。介绍了鄂温克旗供销社的网点示意图，并对供销社的机构设置、商品收购、商品供应、多种经营、经济体制改革、民主管理、企业管理、党群工作进行了阐述。附录为鄂温克族自治旗供销合作社大事记。

收藏单位：鄂温克档案史志局、呼伦贝尔市图书馆

028《鄂温克族自治旗经济社会生态发展战略：2013—2020年》

杨思远主编，中国经济出版社2013年出版

关键词：鄂温克族自治旗 区域经济发展 经济发展战略

中图法分类号：F127.264

本书包括“鄂温克旗经济社会发展概况”“‘共进与持续’的鄂温克旗经济社会发展战略”“发挥国有大型企业在旗域经济发展中的战略作用”“战略新型支柱产业和中小微型企业的培育”“2020年鄂温克旗农牧业改革与发展战略”“鄂温克族经济与鄂温克族旗经济的战略‘共进’”“鄂温克旗社会事业发展战略”“均衡教育发展战略”“林业生态效益与经济效益共进战略”“鄂温克旗生态文明发展战略”十章内容，为鄂温克族自治旗经济社会生态发展制定了规划和战略。

收藏单位：长春市图书馆、吉林化工学院图书馆、黑龙江省图书馆等

029《鄂温克族自治旗社会经济发展概况：1981—1985》

鄂温克族自治旗地方志编辑办公室1986年编印

关键词：鄂温克族自治旗 经济发展

中图法分类号：F092

本书是综合性编年体著述，以反映鄂温克族自治旗1981—1985年经济发展为着手点，反映了鄂温克族自治旗第六个五年计划期间的变革和发展情况，内容丰

富，门类齐全，资料翔实，是了解鄂温克族自治旗在党的十一届三中全会以来贯彻各项改革方针所发生的巨大变化和取得的成就的参考资料。全书的编排接近志体，除序和编辑说明外，共分六个部分，包括概况、大事记、经济、文化教育卫生、政治、社会生活，另刊载照片 39 幅。

收藏单位：鄂温克档案史志局、呼伦贝尔学院图书馆、呼伦贝尔市图书馆等

030《鄂温克族自治旗邮电志》

巴特尔主编，鄂温克族自治旗邮电志编纂室 1992 年编印

关键词：鄂温克族自治旗 邮电业

中图法分类号：F632.726.4

本志记录了鄂温克族自治旗 1953—1990 年邮电事业发展历程，着重记述了鄂温克族自治旗邮电事业发展所取得的成就，以及邮电通信事业对牧区的发展和经济建设所做出的贡献。

收藏单位：鄂温克档案史志局等

031《腾飞的鄂温克：鄂温克卷》

孙兆文、贺静、于连锐主编，社会科学文献出版社 2008 年出版

关键词：鄂温克族自治旗 地区经济

中图法分类号：F127.264

本书为“中国国情丛书•百县市经济社会追踪调查”之一，分为 5 大部分，26 个章节，另附 5 份专题调研报告和 1 份社会调查问卷汇总。全书从经济建设、政治建设、文化建设、社会建设、发展环境等多层面描绘和论述了鄂温克族自治旗 20 世纪 90 年代以来的进步和腾飞，展现了中国特色社会主义理论和民族区域自治制度的成功和为各民族人民开拓的美好前景。

收藏单位：国家图书馆、内蒙古财经大学图书馆、黑龙江省图书馆等

032《伊敏煤电公司志：1978—1990》

张福林主编，伊敏煤电公司史志办编，内蒙古文化出版社 1994 年出版

关键词：鄂温克族自治旗 煤矿 工业史

中图分类号：F279.26

本志上限为 1978 年，下限到 1990 年，包括“伊敏煤田”“煤炭生产”“环境保护”“企业管理”“集体经济与多种经营”等内容，真实地记述了伊敏煤电的历史和现状。

收藏单位：国家图书馆、内蒙古自治区图书馆、黑龙江省图书馆等

033《伊敏煤电公司志：1991—2004》

伊敏煤电公司企管办 2006 年编印

关键词：鄂温克族自治旗 煤矿 工业史

中图法分类号：F279.26

本志以准确、翔实的史料展现了华能伊敏煤电公司 1991—2004 年的发展历程，记录了广大干部职工建设伊敏煤电公司付出的辛勤汗水和智慧，是伊敏煤电建设宝贵的历史资料及精神财富。全书共分六篇：“企业改革”“煤电建设与生产”“安全生产”“党群工作”“物业后勤”“企业办社会”。

收藏单位：呼伦贝尔市图书馆等

G 文化、科学、教育、体育

034《敖鲁古雅使鹿鄂温克人的体育文化》

崔兰英著，对外经济贸易大学出版社2014年出版

关键词：鄂温克族 体育文化 内蒙古自治区呼伦贝尔市根河市

中图法分类号：G852.9

作者深入敖鲁古雅鄂温克民族乡进行实地考察，通过对敖鲁古雅乡居民和老人的访谈、调查，以民族体育文化为切入点，对敖鲁古雅使鹿鄂温克体育项目进行了收集和整理，并在传统项目的基础上结合现代体育发展趋势，设计、充实各项规则，旨在挖掘和整理敖鲁古雅使鹿鄂温克体育文化，分析起源，形成基础、特点和价值，进一步丰富鄂温克传统体育的文化内涵。

收藏单位：国家图书馆、华东师范大学图书馆、对外经济贸易大学图书馆等

035《鄂温克人与电视》

姚玉芹著，中国传媒大学出版社2009年出版

关键词：鄂温克族 电视文化

中图法分类号：G22

本书为“传播心理研究丛书”之一，作者以态度与行为的微观视角为切入点，重点研究电视对鄂温克人认知、情绪情感、行为意向及行为变化的影响，并且就电视影响鄂温克人态度与行为改变的因素做了详尽的阐述与分析，适合新闻传播、心理、教育等专业的师生、研究者及爱好者阅读。

收藏单位：哈尔滨师范大学图书馆、齐齐哈尔大学图书馆、黑龙江省图书馆等

036《鄂温克语教程》

达•斯仁巴图主编，内蒙古教育出版社2011年出版

关键词：鄂温克语 教材

中图法分类号：G634.390.1

本教科书是专为在小学和初中学习的鄂温克族学生编写的，全书分上下两篇，上篇（30门课）为小学生所用，下篇（13门课）为初中生所用。本书中的鄂温克语拼写主要使用了鄂温克语注音符号及蒙文和汉文拼音。附录有蒙汉文翻译词汇。

收藏单位：呼伦贝尔学院图书馆等

037《鄂温克族教育文化》

朝克、汪立珍、凯琳编著，社会科学文献出版社2019年出版

关键词：鄂温克族 少数民族教育

中图法分类号：G759.2

本书为“鄂温克族濒危语言文化抢救性研究”丛书之一，由“早期教育”“中华人民共和国成立初期到改革开放前的教育”“改革开放后的教育”三个部分组成，具体内容包括“清朝时期的教育”“清末民初的新式教育”“民国时期的综合教育”“民国中后期的日式教育和俄式教育”“幼儿教育”“小学教育”“中学教育”“扫盲教育”等，较为系统、完整地呈现了我国鄂温克族的教育发展历史与现状，为进一步支持其教育事业发展、保护民族文化传承提供了重要参考。

收藏单位：国家图书馆等

038《鄂温克族自治旗百年学校发展实录》

齐全主编，内蒙古教育出版社2013年出版

关键词：鄂温克族自治旗 校史

中图法分类号：G639.282.64

本书对鄂温克旗第一实验小学、巴彦嵯岗学校等五所学校发展过程进行梳理，通过当事人的“亲历、亲见、亲闻”的叙述、五所学校的历史变迁和学校教师、学生、历史名人的故事，反映近百年来鄂温克草原上的民族教育发展历程，为民族教育的发展提供了借鉴。

收藏单位：暂时无法提供馆藏信息

039《与大自然和谐共处的鄂温克》

内蒙古呼伦贝尔市海拉尔区新农村小学编，中国环境出版社2013年出版

关键词：鄂温克族 民族历史 乡土教材

中图法分类号：G624.451

本书为“中小学校本课系列教材”丛书之一，作为海拉尔区新农村小学的校本教材，主要介绍了鄂温克族的相关知识。

收藏单位：国家图书馆、内蒙古师范大学图书馆、宁波大学园区图书馆等

H 语言、文字

040《阿荣鄂温克语》

朝克、卞丽娜著，社会科学文献出版社2017年出版

关键词：鄂温克语

中图法分类号：H223

本书为“鄂温克族濒危语言文化抢救性研究”丛书之一，包括阿荣鄂温克语口语会话资料、阿荣鄂温克语基本词汇、阿荣鄂温克语词汇索引、汉语词汇索引等内容。本书的出版，对鄂温克族濒危或严重濒危的语言文化进行抢救性保护、搜集、整理与分析研究，对我国东北寒温带地区远古历史文化与文明、宗教信仰、语言文字、物质文化与精神文化的研究均有深远而现实的学术价值和意义。

收藏单位：内蒙古财经大学图书馆、四川大学锦城学院图书馆、浙江图书馆等

041《敖鲁古雅鄂温克语读本：鄂温克文、蒙古文、汉文》

斯仁巴图、古香莲主编，内蒙古文化出版社2011年出版

关键词：鄂温克语 自学参考资料

中图法分类号：H223

本书为“地方文史资料丛书”之一，搜集和整理了敖鲁古雅鄂温克语词汇、民族常识等，用拉丁字母、国际音标、汉字进行注音。内容包括日常用语、日常对话、动植物名称、常用物品名称、常用短语、常用术语、常用动词、常用形容词、常用人称代词等。为了便于广大读者学习使用，附录了汉文翻译。本书对保护和传承鄂温克族文化具有重要作用。

收藏单位：呼伦贝尔学院图书馆等

042《敖鲁古雅使鹿部落鄂温克语言（词汇）》

何海青、何岸著，远方出版社2019年出版

关键词：鄂温克语 词汇

中图法分类号：H223.3

本书是一部记录敖鲁古雅使鹿部落鄂温克语言的图书，从少数民族语言功能

出发，选择敖鲁古雅鄂温克常用语句进行分类编排，每一词条配以敖鲁古雅鄂温克语、汉语释义、汉语拼音等，旨在保护、抢救这一少数民族语种。内容涉及敖鲁古雅生产生活的方方面面，并配以敖鲁古雅使鹿部落民族风俗图片百余张，融语言于情境，汇知识于一体。

收藏单位：国家图书馆、湖南师范大学图书馆、四川外国语大学图书馆等

043《杜拉尔鄂温克语词汇》

朝克、娜佳、塔米尔著，社会科学文献出版社 2019 年出版

关键词：鄂温克语 词汇

中图法分类号：H223 .3

本书为“鄂温克族濒危语言文化抢救性研究”丛书之一，包括“杜拉尔鄂温克语语音系统”“杜拉尔鄂温克语基本词汇”“杜拉尔鄂温克语词汇索引”“杜拉尔鄂温克语汉译词汇索引”“杜拉尔鄂温克语基本词汇英文索引”五个部分。作者对杜拉尔鄂温克语进行了系统整理，对杜拉尔语、汉语、英语进行了对照，弥补了目前该语支在学界研究中的空白，有重要的资料价值。

收藏单位：国家图书馆、吉林大学图书馆、大连民族大学图书馆等

044《杜拉尔鄂温克语研究》

娜佳著，社会科学文献出版社 2017 年出版

关键词：鄂温克语

中图法分类号：H223.3

本书为“鄂温克族濒危语言文化抢救性研究”丛书之一，从“语音结构体系”“词汇分类及其结构体系”“语法形态变化及其结构体系”“句子结构体系”四个方面探讨研究了杜拉尔民族乡的鄂温克语。本书的出版，对鄂温克族濒危或严重濒危的语言文化进行抢救性保护、搜集、整理与分析研究，对我国东北寒温带地区远古历史文化与文明、宗教信仰、语言文字、物质文化与精神文化的研究均有深远而现实的学术价值和意义。

收藏单位：国家图书馆、内蒙古财经大学图书馆、吉林大学图书馆等

045《鄂汉词典》

杜·道尔基编著，内蒙古文化出版社 1998 年出版

关键词：鄂温克语 词典

中图法分类号：H223.6

本辞典是我国第一部收词最多、字数最多、例句最多、内容最丰富的鄂温克汉语词典。内容包括语言、经济、政治、文化、历史、军事、宗教等方面，还收入了鄂温克族姓氏和部分地名，对于研究鄂温克语言的读者来说是一部具有知识性、综合性的工具书。

收藏单位：国家图书馆、呼伦贝尔市图书馆、内蒙古大学图书馆等

046《鄂温克语》

杜鲁基尔·锡阿番 - 杜拉尔·宝罗日瓦主编，内蒙古科学技术出版社 2019 年出版

关键词：鄂温克语 自学参考资料

中图法分类号：H223.3

本书是一本通俗易懂、体系比较完整的学习鄂温克语参考用书。主要内容：一

是介绍鄂温克语语音学，教授如何发音；二是以简明的语言讲授鄂温克语语法、词法、构词法、句法等基础知识；三是以课文的形式，按照通俗易懂、由浅入深的教课理念，展示了鄂温克族日常生活用语和民间传说故事等。

收藏单位：国家图书馆、华东师范大学图书馆等

047《鄂温克语参考语法》

朝克著，中国社会科学出版社2009年出版

关键词：鄂温克语 描写语法学

中图法分类号：H223.4

本书为“中国少数民族语言参考语法系列”丛书之一，包括“名词类词形态变化语法体系”“动词类词形态变化语法体系”“鄂温克语句法结构”三章内容。参考语法属于描写语法的一种，它以单一语言的共时语言特征为描写对象，目的是为语法的理论研究和应用研究提供比较充足、可靠的语言依据。

收藏单位：国家图书馆、呼伦贝尔学院图书馆、内蒙古大学图书馆等

048《鄂温克语动词形态论》

朝克著，中国社会科学出版社2017年出版

关键词：鄂温克语 动词

中图法分类号：H223.4

本书为“国家哲学社会科学成果文库”之一，由“前言”“态形态变化现象”“体形态变化现象”“陈述式形态变化现象”“祈求式形态变化现象”“命令式形态变化现象”“假定式形态变化现象”“形动词形态变化现象”“副动词形态变化现象”“助动词形态变化现象”“附件”“参考资料”“后语”等章节构成。该研究著作首次运用语法形态论、动词形态论及濒危语言学理论，对动词、形动词、副动词、助动词等动词类词的态、体、式、时、人称、形动、副动、助动等的形态变化现象展开全面系统研究，标志着我国阿尔泰语系语言动词类词的研究进入了更加成熟化、科学化、理论化的研究阶段，有很强的理论性、创新性、学术引领性作用和价值。

收藏单位：国家图书馆、内蒙古大学图书馆、黑龙江省图书馆等

049《鄂温克语和蒙古语比较研究：语音及语法范畴（蒙古文）》

斯仁巴图著，民族出版社2018年出版

关键词：鄂温克语 对比研究

中图法分类号：H223

本书主要由“导论部分”“鄂温克语概述”“鄂温克语和蒙古语语音比较研究”“名词语法范畴比较研究”“满语、达语和鄂伦春语的比较”“总结”等部分组成，阐明了鄂温克语和蒙古语的内在关联，进一步确定了两种语言的渊源关系。

收藏单位：国家图书馆、西南民族大学图书馆、中国人民大学图书馆等

050《鄂温克语简志》

胡增益、朝克编著，民族出版社1986年出版

关键词：鄂温克语

中图法分类号：H223.3

本书为“少数民族语言简志丛书”之

一，对鄂温克语的语言概况、方言、词汇、语法、文字等方面进行了系统研究、介绍，是极其珍贵的中国少数民族非物质文化遗产。

收藏单位：国家图书馆、黑龙江省图书馆、大庆师范学院图书馆等

051《鄂温克语名词形态论》

朝克著，中国社会科学出版社 2017 年出版

关键词：鄂温克语 名词

中图法分类号：H223.3

本书通过名词形态论研究，创新打造出名词类词研究理论框架，提出名词形态论学术范畴的数形态论、格形态论、领属形态论、级形态论等全新理论观点，科学阐述了名词类词词组及句子成分的结构关系与功能作用。全书正文包括“名词类词的分类及构词方法”“名词类词的数形态变化现象”“名词类词的格形态变化现象”“名词类词领属形态变化语法现象”“名词类词级形态变化语法现象”“名词类词词组结构系统”“名词类词句子成分”七章内容，附件包括鄂温克语语音系统、参考文献资料等。

收藏单位：国家图书馆、黑龙江省图书馆、包头师范学院图书馆等

052《鄂温克语研究》

朝克著，民族出版社 1995 年出版

关键词：鄂温克语

中图法分类号：H201

本书是作者历时 15 年，在收集了丰富的第一手田野调查语言材料的基础上，总结前人经验和研究成果形成的专著，包括语音结构、词汇结构和语法结构等内容。

收藏单位：大连民族大学图书馆、呼伦贝尔市图书馆、呼伦贝尔学院图书馆等

053《鄂温克语语音声学研究》

乌日格喜乐图、呼和著，社会科学文献出版社 2018 年出版

关键词：鄂温克语 语音学

中图法分类号：H223.1

本书为“中国少数民族语言方言实验研究丛书”之一，采用实验语言学的理论和方法，对鄂温克语元音、辅音等音段特征和词重音等超音段特征进行了较全面、系统的定量和定性分析。

收藏单位：国家图书馆、内蒙古财经大学图书馆、华东师范大学图书馆等

054《鄂温克语 366 句会话句：少数民族语汉英日俄对照》

朝克等著，社会科学文献出版社 2013 年出版

关键词：鄂温克语 口语

中图法分类号：H223.94

本书用鄂温克语、汉语、英语、日语、俄语分别介绍鄂温克族的 366 句日常会话，并对鄂温克民族的重要节日、风俗习惯进行简要说明，有利于加强对少数民族文化遗产的挖掘和保护，尊重、继承和弘扬少数民族优秀传统文化，积极促进少数民族文化产业发展，努力推进少数民族文化对外交流等工作任务和政策措施的完成和实施。

收藏单位：国家图书馆、内蒙古工业大学图书馆、内蒙古师范大学图书馆等

055《鄂温克族濒危语言文化抢救性研究：敖鲁古雅鄂温克语会话》

朝克主编，社会科学文献出版社2016年出版

关键词：鄂温克语 会话

中图法分类号：H223

本书的会话内容包括以问候、家庭、餐饮、打电话、医院、婚姻与家、机场、宾馆等十五个话题为核心，搜集整理的与敖鲁古雅鄂温克族现实生活紧密相关的交流内容。

收藏单位：国家图书馆等

056《鄂温克族濒危语言文化抢救性研究：敖鲁古雅鄂温克语研究》

朝克主编，社会科学文献出版社2016年出版

关键词：鄂温克语 谚语

中图法分类号：H223

本书概述了敖鲁古雅鄂温克族的历史、文化、社会及其现状，分析了国内外专家学者对敖鲁古雅鄂温克语做的田野调查、相关研究，科学研究敖鲁古雅鄂温克语的名词、代词、数词、形容词等名词类词的语法形态变化及一般动词、形动词、副动词、助动词等动词类词的形态变化语法现象。

收藏单位：国家图书馆等

057《鄂温克族濒危语言文化抢救性研究：鄂温克语教程》

朝克主编，社会科学文献出版社2016年出版

关键词：鄂温克语

中图法分类号：H223

本书包括鄂温克语语音、词汇、语法三部分，讲解字母及使用关系，名词词类词的形态变化现象，动词词类词的形态变化现象及句子结构。

收藏单位：国家图书馆等

058《鄂温克族濒危语言文化抢救性研究：鄂温克族民歌歌词》

朝克主编，社会科学文献出版社2016年出版

关键词：鄂温克语 民歌 歌词集

中图法分类号：H223

本书收录101首民歌，其中包括内蒙古自治区呼伦贝尔市鄂温克族自治旗、陈巴尔虎旗莫日格勒河鄂温克苏木、根河市敖鲁古雅鄂温克民族乡等地区的鄂温克人唱的民歌。

收藏单位：国家图书馆、温州市图书馆等

059《鄂温克族濒危语言文化抢救性研究：鄂温克族谚语》

朝克主编，社会科学文献出版社2016年出版

关键词：鄂温克语 谚语

中图法分类号：H223

本书收录450余条鄂温克族谚语，这些谚语在鄂温克语里的使用面比较广泛。根据谚语所包含的不同话语内容及语言结构特征，从与人相关的谚语、与生产及生产活动和生产生活工具相关的谚语、与自然界及自然现象相关的谚语、与信仰相关的谚语等部分进行介绍。

收藏单位：国家图书馆等

060《鄂温克族濒危语言文化抢救性研究：索伦鄂温克语会话》

朝克主编，社会科学文献出版社 2016 年出版

关键词：鄂温克语 会话

中图法分类号：H223

本书收录的鄂温克语会话，主要使用了内蒙古呼伦贝尔市的索伦鄂温克语口语调查资料，内容包括“鄂温克语语音系统”“鄂温克语会话”两部分。

收藏单位：国家图书馆等

061《鄂温克族濒危语言文化抢救性研究：索伦鄂温克语基本词汇》

朝克主编，社会科学文献出版社 2016 年出版

关键词：鄂温克语

中图法分类号：H223

本书包括“索伦鄂温克语词汇特征及分类”与“索伦鄂温克语基本词汇”两部分，索伦鄂温克语的词包括名词、代词、形容词、数词、动词、副词、拟声拟态词、连词、语气词等 12 类。

收藏单位：国家图书馆等

062《鄂温克族濒危语言文化抢救性研究：通古斯鄂温克语会话》

朝克主编，社会科学文献出版社 2016 年出版

关键词：鄂温克语 会话

中图法分类号：H223

本书收录了与通古斯鄂温克族生存环境、自然条件、地理结构、精神信仰、社会历史、经济关系等密切相关的话题及语言交流形式和内容。

收藏单位：国家图书馆等

063《鄂温克族濒危语言文化抢救性研究：通古斯鄂温克语研究》

朝克主编，社会科学文献出版社 2016 年出版

关键词：鄂温克语

中图法分类号：H223

本书概述了通古斯鄂温克族的历史、文化、社会及其现状，分析了国内外专家学者对通古斯鄂温克语做的田野调查、相关研究，科学研究了通古斯鄂温克语的名词、代词、数词、形容词等名词类词的语法形态及通古斯鄂温克语的一般动词、形动词、副动词、助动词等动词类词的形态变化语法现象。

收藏单位：国家图书馆等

064《鄂温克族濒危语言文化抢救性研究：通古斯鄂温克族社会历史》

朝克主编，社会科学文献出版社 2016 年出版

关键词：鄂温克语 民族历史

中图法分类号：H223

本书勾勒出居住在内蒙古自治区呼伦贝尔市陈巴尔虎旗鄂温克苏木的通古斯鄂温克人的社会历史全貌，对其所走过的道路和所取得的成就进行回顾。内容包括族源族称、姓氏图腾、历史沿革、经济形态、衣食住行、萨满信仰等。

收藏单位：国家图书馆等

065《鄂温克族历史词语》

乌热尔图选编，内蒙古文化出版社 2005 年出版

关键词：鄂温克族 词语

中图法分类号：H042

本书是作者在乌云达赉先生所著《鄂温克民族的起源》基础上，编撰而成的一部历史阅读参考书，对于研究鄂温克族历史的读者有参考价值。

收藏单位：中国音乐学院图书馆、内蒙古自治区图书馆、呼伦贝尔市图书馆等

066《鄂温克族三大方言词汇比较》

朝克著，社会科学文献出版社2017年出版

关键词：鄂温克语 方言 词汇

中图法分类号：H223.7

本书为“鄂温克族濒危语言文化抢救性研究”丛书之一，包括“鄂温克语三大方言语音关系”“鄂温克族三大方言词汇比较”“鄂温克族三大方言词汇索引”等内容。本书的出版，对鄂温克族濒危或严重濒危的语言文化进行抢救性保护、搜集、整理与分析研究，对我国东北寒温带地区远古历史文化与文明、宗教信仰、语言文字、物质文化与精神文化的研究均有深远而现实的学术价值和意义。

收藏单位：国家图书馆、内蒙古财经大学图书馆、吉林大学图书馆等

067《蒙古与鄂温克语言文化研究（蒙古文）》

斯仁巴图著，中央民族大学出版社2019年出版

关键词：对比研究 鄂温克语

中图法分类号：H223

本书运用描写语言学和历史比较语言学的方法，系统地研究了鄂温克语和蒙古语的语音及名词语法范畴方面的共同成分。本书在蒙古族与鄂温克族传统文化比较研究方面有新的成果和创新点。

收藏单位：国家图书馆等

068《讷河鄂温克语基本词汇》

朝克、卡佳著，社会科学文献出版社2017年出版

关键词：鄂温克语 词汇

中图法分类号：H223.3

本书为“鄂温克族濒危语言文化抢救性研究”丛书之一，从名词、方位词、代词、数量词及年月日词、形容词、动词、副词与虚词七个大类分析研究讷河鄂温克语基本词汇。本书的出版，对鄂温克族濒危或严重濒危的语言文化进行抢救性保护、搜集、整理与分析研究，对我国东北寒温带地区远古历史文化与文明、宗教信仰、语言文字、物质文化与精神文化的研究均有深远而现实的学术价值和意义。

收藏单位：国家图书馆、内蒙古财经大学图书馆、浙江图书馆等

069《内蒙古敖鲁古雅鄂温克语》

乌日格喜乐图著，商务印书馆2019年出版

关键词：鄂温克语

中图法分类号：H223

本书为“中国濒危语言志”丛书之一，利用第一手田野调查语料，从语音、词汇、语法、句法角度详细描写了敖鲁古雅鄂温克语的全貌，并对敖鲁古雅鄂温克人的历史与现状、社会变迁、语言系属、语言使用及濒危现状进行了详细介绍。通过田野调查收集了大量敖鲁古雅鄂温克语驯鹿、狩猎文化和桦树皮技艺特色词汇，对

词汇系统的借词来源、共有词、特有词进行了比较研究，同时提供了丰富的语料。

收藏单位：国家图书馆、华东师范大学图书馆、大连民族大学图书馆等

070《内蒙古鄂温克族语言生活调查》

金洁著，内蒙古文化出版社 2019 年出版

关键词：鄂温克语 语言调查

中图法分类号：H223

本书选取内蒙古自治区为调查区域，研究内蒙古自治区内鄂温克族人口聚居、杂居、散居的城镇、乡村鄂温克族语言生活情况，对城镇和乡村的鄂温克族语言生活情况进行对比，分析影响鄂温克族语言使用变化的相关因素，探讨保留和传承鄂温克族语言的对策。该研究对保护鄂温克族语言、鄂温克族传统文化具有重要现实意义。通过对内蒙古自治区鄂温克族语言生活个案的深入研究，力求为其他少数民族的语言使用和保持提供理论思考。

收藏单位：暂时无法提供馆藏信息

I 文学

071《鄂温克民间故事（蒙古文）》

吉特编，内蒙古文化出版社 2006 年出版

关键词：鄂温克族 民间故事 蒙古语

中图法分类号：I277.3

本书为“呼伦贝尔民间故事丛书”之一，收录了在呼伦贝尔牧区广泛流传的鄂温克族民间故事 100 余篇。

收藏单位：东北师范大学图书馆、中央民族大学图书馆、沈阳市图书馆等

072《鄂温克民族民间故事集》

敖嫩搜集整理，内蒙古文化出版社 2008 年出版

关键词：民间故事 鄂温克族 作品集

中图法分类号：I277.3

本书收录民间故事 38 篇，其中有鄂温克民族起源的传说、萨满的由来、早期部族迁徙的信息，还涉及鄂温克人与大自然的关系、对动物的态度、鄂温克人的价值观、鄂温克民族的历史英雄故事等。

收藏单位：内蒙古大学图书馆、呼伦贝尔学院图书馆、内蒙古自治区图书馆等

073《鄂温克旗民间故事（蒙古文）》

铁木尔布和主编，内蒙古教育出版社 2018 年出版

关键词：鄂温克族 民间故事 作品集 中国 蒙古语

中图法分类号：I277.3

本书为“蒙古族民间故事作品集”之一。神话传说是民族生命力的源泉，是民族文化的根，是民族精神之所在。鄂温克民族的神话传说，是塑造鄂温克民族心理和情感的精神食粮，是鄂温克民族的文化基因宝库，因此，编辑出版有关鄂温克民族神话传说的专著，是十分珍贵的。

收藏单位：国家图书馆等

074《鄂温克人的神话与传说》

乌热尔图编著、武军绘画，内蒙古大学出版社 2019 年出版

关键词：鄂温克族 民间故事

中图法分类号：I277.3

本书收录了 62 条神话与传说，内容涉及鄂温克民族的起源、祖先传说、早期

信仰、氏族分布、群族迁徙等重要历史信息。编者对重点章节进行了深度解读，其文字简短精炼，并为部分内容绘制了具有浓郁地域特色的彩色插图，使得本书图文并茂。这是一本通俗易懂，具有不可忽视的历史文化价值的普及读物。

收藏单位：国家图书馆、大连民族大学图书馆、济南市图书馆等

075《鄂温克语民间故事》

朝克编著，社会科学文献出版社 2017 年出版

关键词：鄂温克族 民间故事

中图法分类号：I277.3

作者搜集整理了 37 篇鄂温克族民间故事及神话传说，并根据它们的内容划分为“人与动物的故事”“爱情和家庭的故事”“英雄的故事”“萨满信仰和神仙的故事”四个部分，是了解鄂温克族的参考资料。

收藏单位：国家图书馆、大连民族大学图书馆、黑龙江省图书馆等

076《鄂温克族民间故事》

杜梅搜集整理，内蒙古人民出版社 1989 年出版

关键词：鄂温克族 民间故事

中图法分类号：I277.3

本书收录了作者经过九年时间收集整理、流传于雅鲁河流域的鄂温克神话故事、传说与童话 66 个，反映了鄂温克人生产生活、风俗习惯等。

收藏单位：国家图书馆、内蒙古自治区图书馆、呼伦贝尔市图书馆等

077《鄂温克族民间故事选》

王士媛等编，上海文艺出版社 1989 年出版

关键词：鄂温克族 民间故事

中图法分类号：I277.3

本书为“中国少数民族民间文学丛书”之一，共收入鄂温克民间故事 75 篇，充分反映了鄂温克民族的优秀传统。除狩猎放牧的劳动故事以外，还有描述家庭、婚姻、习俗、伦理道德、历史人物及山川风物等方面的故事，题材广泛，极具民族特色。

收藏单位：国家图书馆、哈尔滨师范大学图书馆、黑龙江省图书馆等

078《鄂温克族神话研究》

汪立珍著，中央民族大学出版社 2006 年出版

关键词：鄂温克族 神话 文学研究

中图法分类号：I207.7

本书包括“鄂温克族神话与鄂温克族文化”“鄂温克族起源神话研究”“鄂温克族自然神话研究”“鄂温克族图腾神话研究”“鄂温克族萨满神话研究”等内容。作者对零散的鄂温克族文本神话、田野神话进行了综合性研究，阐述了鄂温克族神话特征，初步确立了鄂温克族神话体系。

收藏单位：国家图书馆、东北农业大学图书馆、黑龙江省图书馆等

079《鄂温克族文学》

黄任远等著，北方文艺出版社 2000 年出版

关键词：鄂温克族 文学史

中图法分类号：I207.923

本书为“中国少数民族文学史丛书”之一，分为三编：“古代鄂温克族文学（公元 1840 年以前）”“近现代鄂温克族文

学（公元1840-1949年9月30日）”“当代鄂温克族文学（公元1949年10月1日后）”，是了解鄂温克族文学发展历史的参考资料。

收藏单位：国家图书馆、呼伦贝尔学院图书馆、黑龙江省图书馆等

080《鄂温克族文学研究》

赵延花、宝音著，人民出版社2013年出版

关键词：鄂温克族 文学研究

中图法分类号：I207.923

本书分别从鄂温克族文学构成的内容体系、发展脉络和研究现状对其进行了深入的研究。作者在书中运用了大量的鄂温克族口头文学作品和书面文学作品，包括传说、故事、歌谣、谚语、谜语等，向读者展示了鄂温克族灿烂悠久的历史。本书分为上下两编，上编是民间文学，介绍了鄂温克族神话、民间故事、民间传说、民间歌谣的特点和内涵；下编是书面文学部分，分别对乌热尔涂、涂志勇、杜梅、安娜等四位有代表性的鄂温克族作家作品进行了分析和点评，条理清晰，可读性很强。

收藏单位：国家图书馆、内蒙古工业大学图书馆、黑龙江省图书馆等

081《鄂温克族文学作品选》

苏伦高娃编，内蒙古文化出版社2014年出版

关键词：鄂温克族 少数民族文学 作品综合集

中图法分类号：I292.3

本书收录了中华人民共和国成立以来鄂温克族作者用汉语创作的在国内公开发表的小说、散文、诗歌等文学作品41篇、作家24人。作品集中反映了鄂温克族人民在新时期积极努力、奋发向上的拼搏精神和热情不屈的民族性格，展现了鄂温克族民俗文化的独特魅力。

收藏单位：中央民族大学图书馆、内蒙古自治区图书馆、呼伦贝尔市图书馆等

082《内蒙古三少民族民间故事：鄂温克族卷》

伊和白乙拉主编，敖嫩，杜梅搜集整理，远方出版社2013年出版

关键词：鄂温克族 民间故事

中图法分类号：I277.3

本书为内蒙古民间文化遗产抢救工程成果之一。鄂温克族的民间文学是鄂温克族活的历史典籍，它朴实地反映了这个民族的历史和社会生活的广阔领域，表现了鄂温克族人民世代勤劳、勇敢、热爱生活及对美好未来的憧憬，有着鲜明的民族特色和多样的形式。鄂温克民族的民间故事是塑造鄂温克民族心理和情感的精神食粮，是鄂温克民族的文化基因宝库，是民族文化的根。

收藏单位：国家图书馆、呼伦贝尔学院图书馆等

083《西伯利亚鄂温克民间故事和史诗》

（俄罗斯）纳·布拉托娃 编，白杉译，内蒙古文化出版社2009年出版

关键词：鄂温克族 民间文学

中图法分类号：I277.292.3

俄罗斯鄂温克族生活在西伯利亚地区，他们与生活在中国北方的鄂温克族拥

有共同的祖先。千百年来，两国的鄂温克人继承了祖先创造的语言、信仰和习俗，保持着文化的共性。本书系中俄两国鄂温克民族文化交流项目之一，所收入的作品包括大地、人类和动物起源神话，动物故事，传说和英雄故事等，是俄罗斯联邦境内的鄂温克人的口头文学作品，具有一定的学术价值。

收藏单位：呼伦贝尔学院图书馆等

084《新时期中国少数民族文学作品选集：鄂温克族卷》

中国作家协会编，作家出版社 2015 年出版

关键词：鄂温克族 少数民族文学 作品综合集

中图法分类号：I29

本书编选了鄂温克族各类题材的代表性作品，集中展示了新时期鄂温克族文学繁荣发展的景象，也拓展和扮靓了中国当代文学的版图。本书分为小说、散文两部分，小说包括《彩虹在远方》《最后的猎人》等 24 篇；散文包括《一个学生的倾诉》《心中的小溪》《蔚蓝的天边》等 4 篇，是鄂温克族文学新时期成果的展示，又是走向新征程的起点。

收藏单位：国家图书馆、呼伦贝尔市图书馆，呼伦贝尔学院图书馆等

J 艺术

085《迟云德鄂温克族驯鹿系列画作》

迟云德著，中国摄影出版传媒有限责任公司 2020 年出版

关键词：鄂温克族 绘画 作品集

中图法分类号：J221.8

本书精选了作者多年创作的绘画作品，包括油画、国画、装饰画、丝网版画等，体现了作者对家乡草原、森林及特有的民族文化的眷恋之情。作者通过绘画的形式，展现、挖掘、整理、保护驯鹿饲养这一民族文化，作品格调高雅，对喜爱探索研究少数民族文化和艺术的美术工作者和广大爱好者极具参考价值。

收藏单位：国家图书馆等

086《鄂温克风光》

齐全主编，中国民族摄影艺术出版社 2009 年出版

关键词：鄂温克族自治旗 摄影集

中图法分类号：J424

本画册是由 25 位摄影人共同拍摄完成，主要包括六部分："陪你一起看草原""祭拜天下第一敖包""陪你探秘大森林，走进樟子松的故乡""陪你约会白天鹅，天鹅飞来不想归的地方""陪你饮圣水，鄂温克草原的母亲河——维纳河矿泉""陪你欣赏独特民俗，欢乐祥和的色宾节、冰雪节、丰收会""陪你走进草原的历史，细石器文化、古城遗址"。这六条风景线亦梦亦幻，亦真亦切，带给读者六种迥然不同的感受，为读者了解鄂温克草原，走进鄂温克草原提供参考。

收藏单位：国家图书馆、呼伦贝尔市图书馆、西北民族大学图书馆等

087《鄂温克歌曲全集（汉、蒙）》

乌日娜、伊利、布仁巴雅尔主编，内蒙古文化出版社 2020 年出版

关键词：鄂温克族 民歌 歌曲

中图法分类号：J642.212.3

本书在2016年版基础上共收录了671首鄂温克歌曲。它以数量巨大的鄂温克族民歌为基础，又收录了鄂温克族优秀的词曲作家和热爱鄂温克民族文化的其他民族优秀的词曲作家合作或独立完成的有关鄂温克森林草原文化题材的歌曲作品，经专业分类，综合汇编，最终呈现给广大读者一个完整且丰富的鄂温克民族音乐信息库。

收藏单位：国家图书馆、呼伦贝尔市图书馆、中央民族大学图书馆等

088《鄂温克民歌100首》

黎明主编，远方出版社2003年出版

关键词：鄂温克族 民歌

中图法分类号：J607.2

本书收入鄂温克民歌100首，有鄂温克族世代流传下来的传统民歌，也有中华人民共和国成立以后创作的新民歌。每首民歌都配有曲谱，用国际音标标注鄂温克语，同时标注汉语含义。

收藏单位：中国音乐学院图书馆、长春师范大学图书馆、大连民族大学图书馆等

089《鄂温克民间美术研究》

鄂·苏日台著，内蒙古文化出版社1997年出版

关键词：鄂温克族 美术研究

中图法分类号：J528

本书结合鄂温克地区丰富的民间美术类非物质文化遗产，从多学科的视角探讨其深刻的文化内涵，实施对非物质文化遗产保护和抢救的对策，并贯穿在民族教育中以提高人们的保护意识。全书分七章，分别是“概述”“美术比较研究”“造型装饰比较研究”“绘画、雕刻研究”“皮毛工艺艺术”“民间刺绣、剪纸、纸偶艺术”“新时代美术”。

收藏单位：内蒙古自治区图书馆、呼伦贝尔学院图书馆、呼伦贝尔市图书馆等

090《鄂温克音乐文化》

乌日娜著，中央民族大学出版社2017年出版

关键词：鄂温克族 民族音乐

中图法分类号：J607.223

本书是对西伯利亚和远东鄂温克人最为广泛的音乐创作进行研究的第一次尝试，内容主要限于对其歌曲文化的研究，包括其创作歌曲的风格、曲调形态构成以及与周边各民族创作的相互关系等。

收藏单位：国家图书馆、西南大学图书馆、黑龙江省图书馆等

091《鄂温克族民歌精选》

丽娜主编，内蒙古文化出版社2010年出版

关键词：鄂温克族 民歌

中图法分类号：J121

本书收录了不同地区、不同方言区的鄂温克族民歌，分为歌曲类、舞歌类、叙事歌类、萨满调类、器乐类，展示了鄂温克民族民间音乐的不同风格和艺术魅力，为今后传承和研究鄂温克族民歌提供了珍贵的文献资料，填补了历史空白。配套发行的CD光盘为广大民族音乐爱好者提供了很好的学习资料。

收藏单位：呼伦贝尔学院图书馆、内蒙古科技大学图书馆等

092《鄂温克族民间手工艺》

何秀芝编著、乌热尔图整理，内蒙古大学出版社 2018 年出版

关键词：鄂温克族 民间工艺

中图法分类号：J528

本书收录了作者剪纸、刺绣纹样、器物图片、衣物图片等样品百余种，旨在保留鄂温克民族索伦支系的民间文化样本，为民间文化研究提供一份可信赖的资料。

收藏单位：国家图书馆、北京建筑大学图书馆、南京艺术学院图书馆等

093《情暖鄂温克：纪念鄂温克族自治旗成立 50 周年》

多明主编，鄂温克族自治旗委、旗政府 2008 年印制

关键词：鄂温克族自治旗

中图法分类号：J421.264

本书是在鄂温克族自治旗成立五十周年之际（1958—2008 年），鄂温克族自治旗委、旗政府出版的历史画册。该画册以图片方式记录了半个世纪以来党和国家领导人亲临鄂温克族自治旗视察时的身影，用光影表达鄂温克族自治旗各族人民的感激之情。全书共五章："永恒的记忆""春风送暖""难忘的岁月""亲切关怀""情系草原"。

收藏单位：呼伦贝尔学院图书馆等

094《使鹿部落民俗艺术》

鄂晓楠、鄂·苏日台著，内蒙古文化出版社 2011 年出版

关键词：鄂温克族 民间工艺 工艺美术

中图法分类号：J528

使鹿鄂温克人是我国境内最后一支以狩猎生产和饲养驯鹿群为生的微小部落，人口只有二百余人。他们长期在大兴安岭中生活，创造了极为丰富而又独具特色的森林狩猎文化。本书以图文并茂的形式，全面展示了使鹿鄂温克人创造的绚丽多彩的民族艺术。全书共分九个部分，并附有大量插图。

收藏单位：呼伦贝尔学院图书馆等

095《一个画家与一个民族：于志学画敖鲁古雅鄂温克族作品集》

于志学绘，线装书局 2017 年出版

关键词：鄂温克族 中国画

中图分类号：J222.7

本书是个人国画作品集。作者多次走进鄂温克聚居区敖鲁古雅，与鄂温克族同胞同吃同住，创作了大量以鄂温克族民族风情为主的国画作品，本书收入的就是代表作品，约有 200 余幅，其中多以"森林之舟"的驯鹿和少女为创作题材。

收藏单位：国家图书馆、浙江图书馆、上海建桥学院图书馆等

096《中国北方捕猎民族纹饰图案与造型艺术 . 鄂温克族卷》

刘玉亮著，黑龙江教育出版社 2011 年出版

关键词：鄂温克族 装饰美术 造型艺术 图案

中图法分类号：J522.8

本书由"鄂温克族民族史概述""宗教与造型艺术""鄂温克族习俗文化""鄂温克族民间美术寻绎""鄂温克族服饰艺术""驯鹿文化"及"附录"七个部分组

成。本书全面系统地介绍了中国北方捕猎民族鄂温克族的非物质文化遗产，既有原始文化的特征，又具现代文化的特征；既是黑龙江流域原始的遗存，又是了解黑龙江原始文化的窗口；既具有十分重要的艺术价值，又为研究文化人类学提供了宝贵的资料。

收藏单位：国家图书馆、呼伦贝尔学院图书馆、黑龙江省图书馆等

097《中国鄂温克族音乐的生态美学研究》

杨斯童著，沈阳出版社 2017 年出版

关键词：鄂温克族 民族音乐

中图法分类号：J607.223

作者对鄂温克族音乐进行了专门的田野考察，并以生态实践为准则，通过对典型的美学生态，特别是马克思实践哲学与生态美学诞生的思考，对马克思“美的规律”进行诠释。在马克思生态美学理论基础上具体地透视鄂温克族音乐天人合一的生态经济意涵和民胞物与的生态伦理风尚，为生态文明建设提供启示。

收藏单位：暂时无法提供馆藏信息

K　历史、地理

098《敖鲁古雅鄂温克猎民史话》

孔繁志编，呼伦贝尔盟历史研究会 1985 年印

关键词：鄂温克族 民族历史

中图法分类号：K282.3

全书共十四章，作者用通俗的语言和比较丰富的资料，写出了一个没有文字的狩猎民族的历史和民族风情，对今后敖鲁古雅鄂温克猎民的历史、狩猎经济、文化、风俗等方面的研究有一定的推动作用。

收藏单位：内蒙古大学图书馆、内蒙古师范大学图书馆、北京大学图书馆等

099《敖鲁古雅的鄂温克人》

孔繁志编著，天津古籍出版社 1989 年出版

主题词：鄂温克族

中图法分类号：K282.3

本书是作者利用业余时间历时数载，深入额尔古纳河的敖鲁古雅的鄂温克族聚居区进行走访调查，所记录和整理的有关鄂温克民族的真实报道，内容涉及鄂温克民族的历史沿革、原始生活、猎民的苦难与新生、生产工具、生产方式、贸易交换、文学艺术、宗教风俗等各个方面。

收藏单位：国家图书馆、陕西师范大学图书馆、暨南大学图书馆等

100《敖鲁古雅鄂温克人的文化变迁》

孔繁志著，天津古籍出版社 2002 年出版

关键词：鄂温克族 民族文化

中图法分类号：K282.3

本书主要反映了敖鲁古雅的鄂温克人定居后从物质文化、精神文化、社会生活诸方面发生的深刻变革。

收藏单位：国家图书馆、内蒙古大学图书馆、烟台大学图书馆等

101《敖鲁古雅鄂温克人文集》

孔繁志主编，内蒙古文化出版社 2015 年出版

关键词：鄂温克族 民族文化

中图法分类号：K282.3 -53

作者从田野调查开始，用民族学的方法从不同的角度记录鄂温克猎民文化变迁的过程，对促进鄂温克猎民实现社会发展、民族团结、经济繁荣、文化进步、生活富裕有积极意义。

收藏单位：国家图书馆、呼伦贝尔学院图书馆等

102《敖鲁古雅狩猎往事》

古新军著，内蒙古文化出版社 2016 年出版

关键词：鄂温克族 狩猎 民族文化

中图法分类号：K282.3

本书以敖鲁古雅使鹿部落鄂温克人的狩猎生活为主线，用文学的形式记录了他们狩猎生产生活的真实画面，从使鹿部落鄂温克人抗击日本侵略者的艾雅苏克河的枪声起步，到深入记录使鹿部落鄂温克人狩猎传统，详细描绘了使鹿部落鄂温克人淳朴的狩猎文化和与大自然搏击抗争的艰苦生活，为读者展示了使鹿鄂温克人多彩的人生场景。

收藏单位：呼伦贝尔学院图书馆等

103《巴彦鄂温克民族乡志》

中共巴彦鄂温克民族乡委员会，巴彦鄂温克民族乡人民政府 2008 年编印

关键词：鄂温克族 民族乡志

中图法分类号：K292.65

本书清晰、准确地描述了巴彦乡自有居民以来社会、政治、经济、文化各项事业发展的历史和现状。志书材料翔实，文笔流畅，图文并茂，可读性强，集存史、资政、教育功能于一体，是巴彦乡之百科全书。

收藏单位：北京大学图书馆，中国社会科学院图书馆等

104《贝加尔湖沿岸的鄂温克人》

（俄）A. C. 舒宾著、李志庆译，内蒙古大学出版社 2019 年出版

关键词：鄂温克族 民族文化

中图法分类号：K512.8

本书是作者最有影响力的代表作，从整体上展示了居住在贝加尔湖沿岸的鄂温克人的文化形态、精神信仰及民间习俗，对森林狩猎文化的描述翔实而深刻，其人类学价值不可低估。

收藏单位：国家图书馆、华中农业大学图书馆、北京中医药大学图书馆等

105《俄罗斯鄂温克族图片资料集》

乌热尔图、（俄）布拉托娃•娜杰日达•雅卡夫列夫娜编著，内蒙古文化出版社 2014 年出版

关键词：鄂温克族 摄影集

中图法分类号：K512.8-64

本书为图片资料集。编者精选了 300 多幅摄影作品，以西伯利亚地区鄂温克民族的生活为题材，反映了他们的日常生活、生产方式，以及壮美的自然风光。本书内容丰富，具有民族学、艺术学的价值。

收藏单位：国家图书馆、呼伦贝尔学院图书馆等

106《鄂温克地名考》

内蒙古自治区鄂温克族研究会、黑龙江省鄂温克族研究会编，民族出版社 2007 年出版

关键词：鄂温克族 地名

中图法分类号：K282.3

本书记录了中国鄂温克人活动过的地域、山林、河流，居住过的村屯。包括：17世纪中叶，明末清初索伦鄂温克人从黑龙江上游南迁后所建村屯名；18世纪中叶，索伦部驻防呼伦贝尔草原和驻防新疆伊犁索伦营驻牧地域名；19世纪初叶使鹿鄂温克人从勒拿河迁徙到中国莫河、额尔古纳河以南，在大兴安岭北部原始森林里狩猎过程中留下的地域名；20世纪初通古斯鄂温克人迁入呼伦贝尔草原在莫尔格勒河流域游牧地域名。从地域上讲，主要收入了内蒙古自治区、黑龙江省、新疆维吾尔自治区的鄂温克地名、村屯。记录、保存下鄂温克地名，对民族学研究将是一部完美的第一手材料。

收藏单位：国家图书馆、北京大学图书馆、黑龙江省图书馆等

107《鄂温克风光》

刘艾平主编，内蒙古文化出版社2003年出版

关键词：鄂温克族自治旗 摄影集

中图法分类号：K922.64-64

本书为“呼伦贝尔文化丛书“之一，献给鄂温克族自治旗成立45周年。作者以精美的摄影作品详细展示了鄂温克族自治旗的自然地理环境，包括草原、森林、湿地、民风民俗及民族特色旅游项目，使读者更加直观地了解鄂温克族。

收藏单位：国家图书馆、内蒙古大学图书馆、呼伦贝尔学院图书馆等

108《鄂温克风情》

乌热尔图著，内蒙古文化出版社1993年出版

关键词：鄂温克族 民族文化

中图法分类号：K282.3

本书包括“历史篇”“社会生活篇”“经济篇”“山水篇”“风俗礼仪篇”“民间艺术、民间游艺、古迹篇”“宗教篇”。作者以风情民俗的形式介绍了鄂温克民族文化，具有知识性和趣味性，对研究了解鄂温克族的历史、经济、风俗以及民间艺术具有参考价值。

收藏单位：呼伦贝尔学院图书馆等

109《鄂温克记忆（蒙古文、汉文）》

丽霞著，内蒙古文化出版社2019年出版

关键词：鄂温克族 摄影集

中图法分类号：K282.3-64

本书是一部图文集。摄影者通过摄像视角比较全面地记录了鄂温克民族的历史文化、风俗习惯和生产生活方式的演变和发展历程。画册分“草原游牧鄂温克”“森林狩猎鄂温克”和“农耕鄂温克”三个相对独立的篇章，用精美的图片和优美的文字，记录了鄂温克人的过去和现在，热情讴歌了鄂温克族人民在党的领导下欣欣向荣的幸福生活。

收藏单位：暂时无法提供馆藏信息

110《鄂温克历史文化发展史》

阿本千著，中国社会科学出版社2015年出版

关键词：鄂温克族 民族历史 民族文化

中图法分类号：K282.3

本书详细介绍了鄂温克族的悠久历

史和传统文化，展示了鄂温克族的民族精神、民族性格和民族风俗，从其生活方式到各个历史时期的迁移变迁，史料丰富，内容详尽，是读者了解鄂温克族的科普性读物，对研究鄂温克族历史文化有参考价值。

收藏单位：国家图书馆、内蒙古大学图书馆、黑龙江省图书馆等

111《鄂温克民族传统社会与文化》

白丽民主编，科学出版社2007年出版

关键词：鄂温克族 民族文化

中图法分类号：K282.3

本书以图文并茂的形式介绍了鄂温克民族的自然风光、衣食住行、婚丧嫁娶、文化娱乐、风俗礼仪、宗教信仰、历史人物等内容，是关于鄂温克民族的知识普及读物。

收藏单位：国家图书馆、呼伦贝尔学院图书馆、内蒙古大学图书馆等

112《鄂温克民族志略》

王永曦、刘凯飞、涂亚君编，黑龙江省民族研究所2017年印

关键词：鄂温克族 民族史志

中图法分类号：K282.3

本书记述范围以内蒙古自治区、黑龙江省所辖鄂温克族为主，包括族称族源、人口语言、历史沿革、社会结构、经济结构、教育、文化、体育、风俗习惯、宗教信仰、人物等内容，记载了鄂温克族发展历史。篇目结构设章、节、目、子目四级；记录方式以志为主，志、述、记、传、图、表、录并用；除大事记外，均采用记事本末体。本志所采用资料来源于各级档案部门和图书资料，数据均来源于相关统计部门。

收藏单位：山西省图书馆、江西省图书馆等

113《鄂温克人》

吴守贵著，内蒙古文化出版社2000年出版

关键词：鄂温克族 民族历史

中图法分类号：K282.3

这是一部反映鄂温克族悠悠往事的历史著作。根据鄂温克族大分散、小聚居的分布特点，分为若干专题，对鄂温克人的族源、生产历史、狩猎历史、战争历史、迁徙历史等方面内容做了介绍，对研究鄂温克族历史具有参考价值。

收藏单位：国家图书馆、呼伦贝尔学院图书馆、长春师范大学图书馆等

114《鄂温克人的原始社会形态》

秋浦等著，中华书局1962出版

关键词：鄂温克族 原始社会

中图法分类号：K282.3

本书是依据历次实地调查所得到的大量第一手资料撰写而成。全书分四章，附插图36幅。书中概括了鄂温克民族直到中华人民共和国成立前仍身处的原始社会风貌，描述了鄂温克人坚守了千百年的游猎生活以及由此构成的生产关系和社会组织形态，介绍了鄂温克民族跨越了几个发展阶段直接向社会主义过渡的壮举，是了解鄂温克民族历史发展的参考资料。

收藏单位：国家图书馆、哈尔滨师范大学图书馆、黑龙江省图书馆等

115《鄂温克史稿》

乌热尔图编著，内蒙古文化出版社2007年出版

关键词：鄂温克族 民族历史

中图法分类号：K282.3

本书为“蓝白绿丛书”之一，在《鄂温克族的起源》的基础上进行梳理、扩充，以适应一般读者的阅读需求。书中的重要论断、主要章节（包括一些注释）均引自《鄂温克族的起源》。本书主要论述了鄂温克人的起源及其历史大迁徙，对研究鄂温克族历史有参考价值。

收藏单位：呼伦贝尔学院图书馆、山东青年政治学院图书馆等

116《鄂温克研究资料集》（1-3集）

乌热尔图主编，内蒙古自治区鄂温克族研究会编，内蒙古文化出版社2012年出版

关键词：鄂温克族 民族历史 民族文化

中图法分类号：K282.3-53

本套书共三集，收入了研究中国鄂温克族历史、人物、文化、经济、民俗、生存状态等方面的论文及资料，全面反映了当今鄂温克族各个方面的发展现状和学界对鄂温克民族的研究情况，对了解鄂温克族有参考价值。

收藏单位：呼伦贝尔学院图书馆等

117《鄂温克族》

吕光天著，民族出版社1983年出版

关键词：鄂温克族 民族文化

中图法分类号：K282.3

本书为“民族知识丛书”之一，分为七章，运用简明易懂的语言简要介绍了“鄂温克民族的自然地理环境”“族称族源”“以游牧为主的社会经济”“文学艺术”“婚丧习俗”“宗教信仰”及“中华人民共和国成立后崭新的生活面貌”，是一部有关鄂温克民族文史知识的普及读物。

收藏单位：国家图书馆、黑龙江省图书馆、大庆师范学院图书馆等

118《鄂温克族》

满晓燕编著，吉林出版集团有限责任公司2010年出版

关键词：鄂温克族 民族文化

中图法分类号：K282.3

本书为“中国文化知识读本”丛书之一，包括“住在大山里的人们”“‘使鹿部’人的生活”“别样的民族风情”“丰富多彩的民族文化”和“鄂温克族的传统节日”五个篇章，并配有大量插图，以图文并茂的形式向读者展示了鄂温克民族风貌和民族文化，对了解鄂温克族有参考价值。

收藏单位：国家图书馆、哈尔滨医科大学图书馆、东北石油大学图书馆等

119《鄂温克族》

包路芳著，中国人口出版社2014年出版

关键词：鄂温克族 民族文化

中图法分类号：K282.3

本书为“中国少数民族人口丛书”之一，全面介绍了鄂温克族的历史、社会风情、宗教信仰、人口变化与变迁、发展现状等方面的内容，向读者全景式地展示了鄂温克族独有的民族特色和民族风情，语言可读性较强，具有科学性和文学性，对

于了解鄂温克族具有重要的参考作用。

收藏单位：黑龙江省图书馆、南开大学图书馆、南京大学图书馆等

120《鄂温克族》

黄任远、那晓波著，辽宁民族出版社2014年出版

关键词：鄂温克族 民族历史 民族文化

中图法分类号：K282.3

本书为“走近中国少数民族丛书”之一，介绍了辽阔草原和莽莽山林赋予鄂温克人自由豪放的性格、世代延续的民族传统所形成的绚丽多彩的口头文学和民间艺术、独特的狩猎生活和民族风情、世代传承的桦树皮艺术和独具特色的驯鹿文化；介绍了鄂温克族发源地，以及在亚洲北方历经几个世纪的漫长迁徙等，展示了鄂温克民族丰富多彩的精神世界和物质世界，是了解鄂温克族的参考资料。

收藏单位：黑龙江省图书馆、齐齐哈尔大学图书馆、黑龙江中医药大学图书馆等

121《鄂温克族》

周娟妮，外语教学与研究出版社2011年出版

关键词：鄂温克族 民族文化

中图法分类号：K282.3

本书为“民族文化经典故事丛书”之一，包括“鄂温克族概况”“鄂温克族的家园”“鄂温克族的日常生活”“鄂温克族的节日和习俗”“鄂温克族的信仰”“鄂温克族民间故事”六章内容。

收藏单位：乌鲁木齐市图书馆、广东外语外贸大学图书馆等

122《鄂温克族》

王骞主编，新疆美术摄影出版社2010年出版

关键词：鄂温克族 民族历史 民族文化

中图法分类号：K282.3

本书是“中华民族大家庭知识读本”之一，主要介绍了我国鄂温克族的起源、发展历史、宗教信仰与民俗文化，节日礼仪，以及相关的神话传说和历史故事等。本书内容丰富，语言通俗易懂，知识性、可读性强。

收藏单位：呼伦贝尔学院图书馆、内蒙古大学图书馆、内蒙古自治区图书馆等

123《鄂温克族：内蒙古鄂温克族旗乌兰宝力格嘎查调查》

孛·吉尔格勒等主编，云南大学出版社2004年出版

关键词：鄂温克族 民族调查

中图法分类号：K282.3

本书为“中国民族村寨调查丛书”之一，此次调查由云南大学和内蒙古大学共同组成的调查小组完成。调查小组深入内蒙古鄂温克族旗乌兰宝力格嘎查进行了为期一个月的调查研究工作。本书为此次调查结束后调查小组根据调研取得的资料形成的最终研究报告，分十一个章节，详细介绍了乌兰宝力格嘎查的人口、政治、经济、社会、文化、风俗、婚姻、教育等情况。

收藏单位：齐齐哈尔大学图书馆、东北农业大学图书馆、黑龙江中医药大学图书馆等

124《鄂温克族百年实录》

全国政协文史和学习委员会暨内蒙古自治区、黑龙江省政协文史资料委员会编，中国文史出版社 2008 年出版

关键词：鄂温克族 民族历史 史料

中图法分类号：K282.3

本书为“中国少数民族文史资料书系”之一，由“综述”“民族区域自治”“历史风云”“当代新貌”“文化纵横”“民族风情”“人物风采”“附录”8 部分组成，共 200 余篇文章，图片 40 余幅，是了解鄂温克的“百科全书”。

收藏单位：国家图书馆、黑龙江省图书馆、内蒙古农业大学图书馆等

125《鄂温克族的起源》

乌云达赉著，内蒙古大学出版社 2018 年出版

关键词：鄂温克族 民族历史

中图法分类号：K282.3

本书收录了 1998 年出版的《鄂温克族的起源》原稿，并补充编辑了未发表的遗留手稿。本书从古地名学、历史语言学的角度，通过数十年的实地考察和深入研究相关历史资料，苦心钻研，反复求证，就鄂温克民族的起源、族群迁徙、氏族分布，以及鄂温克民族所经历的重大历史事件，提出了独到的见解，并以全新的视角进行梳理分析，令人信服地推导出一系列新的研究成果。

收藏单位：国家图书馆、内蒙古自治区图书馆、呼伦贝尔市图书馆等

126《鄂温克族风情》

涂建军编著，内蒙古人民出版社 2014 年出版

关键词：鄂温克族 民族文化 民族历史

中图法分类号：K282.3

本书为“内蒙古旅游文化丛书”之一，以翔实、可靠的史料介绍了鄂温克族的由来、分布、历史、日常生活、民族习俗、文化艺术、宗教信仰、生产活动等情况，展现了鄂温克族独特的民族风情，是读者了解鄂温克族的通俗读物。

收藏单位：国家图书馆、哈尔滨医科大学图书馆、长春师范大学图书馆等

127《鄂温克族简史》

《鄂温克族简史》修订本编写组编，民族出版社 2009 年出版

关键词：鄂温克族 民族历史

中图法分类号：K282.3

本书为“中国少数民族简史丛书（修订本）”之一，内容涉及民族来源，南北朝到明朝、清朝的鄂温克人，历史上鄂温克人对维护祖国统一做出的贡献，在中国共产党的领导下反对日本殖民主义的斗争，中华人民共和国成立前鄂温克民族的社会经济形态及文化习俗，中华人民共和国成立以来，特别是改革开放以来鄂温克族的发展史实等内容。

收藏单位：国家图书馆、北京大学图书馆、黑龙江中医药大学图书馆等

128《鄂温克族简史简志合编（初稿）》

中国科学院民族研究所内蒙古少数民族社会历史调查组 1963 年编印

关键词：鄂温克族 民族历史

中图法分类号：K282.3

本书为“少数民族史志丛书”之一。全书分七章，第一章概况；第二章历史简述，介绍古代及近代的鄂温克族，中国共产党领导下的抗日斗争及中华人民共和国成立前的社会形态；第三章叙述民族关系的根本变化及区域自治的实现；第五章介绍了中华人民共和国成立以后民族地区经济的飞速发展；第五章介绍了中华人民共和国成立以后文教卫生事业的发展；第六章讲述鄂温克民族的风俗习惯、宗教及其变化；第七章介绍中华人民共和国成立后党的民族政策对民族地区的影响及带来的改变。本书是了解鄂温克族历史及发展变化的珍贵资料。

收藏单位：国家图书馆、内蒙古大学图书馆、内蒙古科技大学图书馆等

129《鄂温克族精神文化》

朝克著，社会科学文献出版社 2017 年出版

关键词：鄂温克族 民族文化

中图法分类号：K282.3

本书包括“鄂温克族思想文化”“鄂温克族文学文化”“鄂温克族民歌与舞蹈”“鄂温克族谚语文化”“鄂温克族节日文化”“鄂温克族信仰文化”“鄂温克族禁忌文化”“鄂温克语宝贵的精神财富”八章。作者根据实际掌握的调研资料、历史文献资料等，分析了鄂温克族的世界观、人生观、宗教信仰，对鄂温克族精神文化世界进行了客观的探索性研究。

收藏单位：内蒙古财经大学图书馆、内蒙古工业大学图书馆、、黑龙江省图书馆等

130《鄂温克族历史资料集》

巴德玛等编辑整理，内蒙古文化出版社 1993 年出版

关键词：鄂温克族 民族历史

中图法分类号：K282.3

本书将《大清历朝实录》中有关鄂温克民族的资料摘抄下来，并按《清实录》的顺序编排整理出版，包括“清太祖实录”“清太宗实录”“清世祖实录”“清圣祖实录”“清世宗实录”“清高宗实录”“清仁宗实录”“清宜宗实录”“清文宗实录”“清穆宗实录”“清德宗实录”“清宣统政纪”等，反映了鄂温克民族当时的政治、军事、经济、人物等诸方面的史实，有一定的研究和参考价值。

收藏单位：呼伦贝尔学院图书馆等

131《鄂温克族民俗及文化艺术展览资料选编》

呼伦贝尔盟展览办公室 1988 年编印．

关键词：鄂温克族 民族历史

中图法分类号：K892.323

“鄂温克族民俗及文化艺术展览”于 1985 年在北京和呼和浩特正式展出。展览以图片和实物资料为主，向国内外介绍了具有悠久历史的鄂温克民族独具特色的传统文化，以及中华人民共和国成立以来，鄂温克民族在政治经济、文化等各方面取得的长足进步。本资料汇集了展览的有关文件、讲话、图片、报道等资料，旨在记录和介绍展览的组织过程及展览的盛况。

收藏单位：北京大学图书馆、内蒙古大学图书馆、呼伦贝尔学院图书馆等

132《鄂温克族民俗文化研究》

色仁巴图、安娜著，内蒙古文化出版社 2008 年出版

关键词：鄂温克族 民族文化 民族风俗

中图法分类号：K892.323

本书是内蒙古民俗协会第九届学术讨论会的论文（包含多篇蒙文）汇编。选编的论文题材广泛、内容新颖，在一定程度上反映了我国鄂温克族研究的水平，对鄂温克族传统风俗文化的挽救和发展起到促进作用。

收藏单位：呼伦贝尔学院图书馆等

133《鄂温克族人物志》

吴守贵主编，内蒙古文化出版社 1996 年出版

关键词：鄂温克族 历史人物

中图法分类号：K820

本书收录了鄂温克族在各个历史时期中有重要影响和贡献的人物 270 人，生动记述了历代鄂温克族具有代表性人物的历史功绩，是了解鄂温克族历史发展的参考资料。

收藏单位：国家图书馆、黑龙江省图书馆、内蒙古自治区图书馆等

134《鄂温克族社会历史》

吴守贵著，民族出版社 2008 年出版

关键词：鄂温克族 民族历史

中图法分类号：K282.3

本书从鄂温克族的发源地—贝加尔湖说起，包括“鄂温克族在历史上生活、活动过的地域”“鄂温克族自身的历史沿革和发展的进程”“相关朝代对鄂温克族的影响和邻近民族之间的关系”等内容，全方位、多侧面、系统地叙述了鄂温克人以自己的智慧和力量创造的森林狩猎文化特色的生产、生活方式，讴歌了鄂温克人在漫长的历史岁月里，一代又一代历经沧桑、奋斗不息、开拓进取的精神，反映了鄂温克人进入 17 世纪中叶至 20 世纪中叶政治上受压迫和经济上受剥削的悲惨生活，歌颂了英勇顽强的鄂温克族人民与历代反动统治不屈不挠的斗争，以及在共产党的领导下，为了全国各族人民的解放做出的贡献。本书完整地展现了鄂温克族悠久历史和传统文化，为深入研究鄂温克族历史和文化提供了参考。

收藏单位：国家图书馆、黑龙江中医药大学图书馆、黑龙江省图书馆等

135《鄂温克族社会历史调查》

《中国少数民族社会历史调查资料丛刊》修订编辑委员会编，民族出版社 2009 年出版

关键词：鄂温克族 民族历史 社会调查

中图法分类号：K282.3

本书为“中国少数民族社会历史调查资料丛刊（修订本）”之一，是 50 年代末到 60 年代初对鄂温克族主要居住区做的社会历史调查汇编，收入了五篇调查报告，包括《阿荣旗查巴奇乡鄂温克族调查报告》《额尔古纳旗使用驯鹿的鄂温克人的调查报告》《陈巴尔虎旗莫尔格河鄂温克族社会历史调查报告》《鄂温克族自治旗辉索木调查报告》《额尔古纳旗鄂温克族社会历史补充调查》。2009 年修订版未做大的调整。

收藏单位：国家图书馆、黑龙江省图书馆等

136《鄂温克族社会历史文化》

那敏、塔米尔著，社会科学文献出版社2018年出版

关键词：鄂温克族 民族历史 民族文化

中图法分类号：K282.3

本书为“鄂温克族濒危语言文化抢救性研究”丛书之一，分为“鄂温克族的历史文化”“鄂温克族的早期社会组织”“鄂温克族清朝时期的社会组织”“鄂温克族现有行政辖区”“鄂温克族的家族姓氏文化”等八章。本书的出版，对鄂温克族濒危或严重濒危的语言文化进行抢救性保护、搜集、整理与分析研究，对我国东北寒温带地区远古历史文化与文明、宗教信仰、语言文字、物质文化与精神文化的研究均有深远而现实的学术价值和意义。

收藏单位：国家图书馆、内蒙古财经大学图书馆、大连民族大学图书馆等

137《鄂温克族社会历史与民俗文化：阿荣旗鄂温克族调查报告》

张东升著，沈阳出版社2016年出版

关键词：鄂温克族 民族历史 民族风俗 调查报告

中图法分类号：K282.3

内蒙古阿荣旗是我国鄂温克族聚居地，其反映与体现的社会历史与民俗文化一定程度地代表了我国境内鄂温克族的固有风貌。作者将着眼点置于此，以阿荣旗鄂温克族民俗馆资料为蓝本，系统整理、研究、编纂本书，力求客观、准确地反映阿荣旗鄂温克族的历史传承、文化交流和民族风貌，具有学术价值。

收藏单位：暂时无法提供馆藏信息

138《鄂温克族狩猎故事研究》

那敏著，社会科学文献出版社2018年出版

关键词：鄂温克族 狩猎文化 民族文化

中图法分类号：K282.3

本书为“鄂温克族濒危语言文化抢救性研究”丛书之一，包括“狩猎故事的文化背景”“狩猎故事的区域类型”“狩猎故事的核心内容及其特征”“狩猎故事中的主要形象”等部分。本书的出版，对鄂温克族濒危或严重濒危的语言文化进行抢救性保护、搜集、整理与分析研究，对我国东北寒温带地区远古历史文化与文明、宗教信仰、语言文字、物质文化与精神文化的研究均有深远而现实的学术价值和意义。

收藏单位：国家图书馆、浙江图书馆、内蒙古财经大学图书馆等

139《鄂温克族资料选编》

涂格敦·林娜、金海选编，内蒙古人民出版社1988年出版

主题词：鄂温克族 民族历史

中图法分类号：K282.3

本书所搜集的资料都是从中华人民共和国成立后用蒙汉两种文字出版的报刊、杂志、图书等资料中摘选的，时间从1951年至1988年。内容包括鄂温克民族和鄂温克族自治旗的政治、经济、文教卫生、历史地理、自然资源、风俗习惯、宗教信仰及通讯报道、论文、回忆录等各个方面。

收藏单位：黑龙江省图书馆、内蒙古大学图书馆、内蒙古师范大学图书馆等

140《鄂温克族自治旗地图》

黑龙江省测绘局编，黑龙江省测绘局 1976 年出版

关键词：鄂温克族自治旗 县乡地图

中图法分类号：K922.226.4

鄂温克族自治旗地图是鄂温克族自治旗疆域图，1976 年 9 月由黑龙江省测绘局编制，比例尺为 1 ∶ 250000。

收藏单位：国家图书馆、黑龙江省图书馆、呼伦贝尔市图书馆等

141《鄂温克族自治旗二十年：1958—1978》

鄂温克族自治旗二十年编辑组编 1978 年编印

关键词：鄂温克族自治旗

中图法分类号：K292.64

本书从各个不同的侧面，讴歌了鄂温克族自治旗二十年来社会主义建设的辉煌成就，反映了鄂温克族自治旗各族人民奋勇前进，夺取新胜利的坚定信念。全书由论述性文章《草原凯歌》，摄影美术作品《草原新貌》和文艺作品选《草原彩虹》三部分内容组成。

收藏单位：呼伦贝尔市图书馆等

142《鄂温克族自治旗非物质文化遗产史录》

齐全主编，内蒙古文化出版社 2014 年出版

关键词：鄂温克族自治旗 非物质文化遗产

中图法分类号：K292.64-62

本书是一部史料集，以图片和文字的形式介绍鄂温克族自治旗的旗级、呼伦贝尔市级、内蒙古自治区级、国家级非物质文化遗产项目，附有部分非物质文化遗产传承人简介。本书对了解和研究鄂温克族的历史文化有参考价值。

收藏单位：湖北民族大学图书馆、湖北省图书馆、西安图书馆等

143《鄂温克族自治旗概况》

《鄂温克族自治旗概况》修订本编写组编，民族出版社 2008 出版

关键词：鄂温克族自治旗

中图法分类号：K922.64

本书为“中国少数民族自治地方概况丛书（修订本）”之一，主要内容包括鄂温克族自治旗行政区划、自然资源、民族分布、历史发展、政权建设、社会变革、经济文化以及名胜古迹、宗教信仰、风俗习惯等，除介绍民族起源、历史、宗教、习俗外，还用了大量的篇幅介绍了中华人民共和国成立以来鄂温克族自治旗所发生的历史巨变。

收藏单位：国家图书馆等

144《鄂温克族自治旗人物志》

鄂温克族自治旗档案史志局编，内蒙古文化出版社 2013 年出版

关键词：鄂温克族 人物

中图法分类号：K828.723

鄂温克族自治旗不仅有美丽富饶的自然资源，更有丰厚悠久的人文资源，在漫长的历史长河中，涌现出了众多的杰出人物。本书记录展现这些历史和现实的人物，既是对历史的回眸也是对当代人的鞭

策，更是为流芳百世集存史料。

收藏单位：国家图书馆、呼伦贝尔市图书馆等

145《鄂温克族自治旗三十年》

鄂温克族自治旗史志编辑办公室编，内蒙古人民出版社 1988 年出版

关键词：鄂温克族自治旗 地方志

中图法分类号：K292.62

书中主要叙述了从 1958 年 8 月至 1988 年 8 月的 30 年间，鄂温克族自治旗在政治、经济、文化教育、科学技术等方面发生的巨大变化及取得的重大成就，是一部具有资料性、实用性的专著。

收藏单位：国家图书馆、内蒙古自治区图书馆、呼伦贝尔市图书馆等

146《鄂温克族自治旗文史资料：第 1 辑》

鄂温克族自治旗文史资料办公室 1987 年编印

关键词：鄂温克族自治旗 文史资料

中图法分类号：K292.64

本辑是党史部分，主要内容包括在鄂温克族自治旗工作过的老同志们的回忆；人物专栏中追忆了图盟巴雅尔、桑瑛等同志的事迹；资料专栏中介绍了鄂温克族自治旗各方面情况及建旗初期中共党员及组织等情况。

收藏单位：内蒙古大学图书馆、内蒙古师范大学图书馆、内蒙古自治区图书馆等

147《鄂温克族自治旗文史资料：第 2 辑》

鄂温克族自治旗文史资料研究办公室 1987 年编印

关键词：鄂温克族自治旗 文史资料

中图法分类号：K292.64

本辑包括两个部分内容：即“纪念索伦部驻防呼伦贝尔 255 周年座谈会资料专辑”和“史志资料”。“座谈会资料专辑”是 1987 年 8 月 30 日召开座谈会的资料，除文字稍有修改外，基本保存了原文。史志资料部分，收录了中华人民共和国成立前的历史资料。

收藏单位：鄂温克档案史志局等

148《鄂温克族自治旗文史资料：第 3 辑》

齐全主编，中央民族大学出版社 2017 年出版

关键词：鄂温克族自治旗 文史资料

中图法分类号：K292.64

本书内容围绕鄂温克族自治旗发展过程中的特定历史片段和珍贵史料，从不同视角述说历史、经济、文化、传奇人物、历史档案等多个领域，勾勒鄂温克历史脉络的深处回忆。这些资料记录了鄂温克族自治旗建旗 60 年走过的光辉历程，从不同侧面再现全旗各族人民在党的领导下发生的翻天覆地的变化，体现党的民族政策对边疆少数民族地区发展的伟大意义，具有史存价值和资料价值。

收藏单位：国家图书馆、北京师范大学图书馆、黑龙江省图书馆等

149《鄂温克族自治旗志：1990》

鄂温克族自治旗志编纂委员会编，中国城市出版社 1997 年出版

主题词：鄂温克族自治旗 地方志

中图法分类号：K292.64

本志为鄂温克族自治旗第一部志书，上限不限，据实追溯发端，下限为1990年。此志全面、系统地记录了鄂温克族的历史沿革、自然地理、资源和社会生活的各个方面，包括政治、经济、文化、教育、卫生，以及世代生活在这里的鄂温克族、蒙古族、达斡尔族等少数民族的风土人情、生活习惯等；记录了全旗各族人民在鄂温克草原开发建设的历史、取得的巨大成就和发生的深刻变化。

收藏单位：国家图书馆、黑龙江省图书馆、北京大学图书馆等

150《鄂温克族自治旗志：1991—2005》

鄂温克族自治旗史志编纂委员会编，内蒙古文化出版社2008年出版

关键词：鄂温克族自治旗

中图法分类号：K292.64

此志全面、系统地记录了鄂温克族自治旗1991年至2005年的历史沿革、自然地理、资源和社会生活等的发展变化，包括政治、经济、文化、教育、卫生等方面。

收藏单位：国家图书馆、呼伦贝尔学院图书馆等

151《鄂温克族自治旗志：2006—2016》

鄂温克族自治旗史志编纂委员会编，内蒙古文化出版社2018年出版

关键词：鄂温克族自治旗 地方志

中图法分类号：K292.64

此志全面、系统地记录了鄂温克族自治旗2006年至2016年的历史沿革、自然地理、资源和社会生活等的发展变化，包括政治、经济、文化、教育、卫生等方面。

收藏单位：华东师范大学图书馆等

152《高禄玹驯鹿人》

玛尼主编，深圳雅臣印务公司2000年出版

关键词：鄂温克族

中图法分类号：K282.3

生活在大兴安岭的鄂温克人，由于环境的因素，他们创造出了独特的驯鹿文化。本画册以图文并茂的形式向读者展示了使鹿鄂温克人的狩猎文化、熟皮文化、铸铁文化、桦树皮文化及宗教文化。

收藏单位：呼伦贝尔市图书馆、呼伦贝尔学院图书馆等

153《黑龙江鄂温克人历史与文化》

闫沙庆著，黑龙江人民出版社2005年出版

关键词：鄂温克族 民族历史

中图法分类号：K282.3

本书以历史与文化研究为主线，记述了黑龙江鄂温克人的族称族源、社会状况、经济结构、历史足迹、文化教育、医药卫生、生活习俗和历史上的抗暴斗争等内容。

收藏单位：黑龙江省图书馆、大连民族大学图书馆等

154《黑龙江鄂温克族》

波·少布著，哈尔滨出版社2008年出版

关键词：鄂温克族 民族历史

中图法分类号：K281.3

本书为“黑龙江流域民族历史与文化丛书”之一，是一本关于鄂温克民族的通俗读物。全书分为七章，全面介绍了“鄂温克民族的族源族称”“历史建制”“社会组织”“民族经济”“风俗习惯”“文化教育”“宗教信仰”内容。除文字内容外，书中还附有图表62份，插图64幅。

收藏单位：国家图书馆等

155《黑龙江鄂温克族概论》

相华、汤洋著，黑龙江教育出版社2019年出版

关键词：鄂温克族 黑龙江省

中图法分类号：K282.3

本书秉承着科学精炼、通俗易懂、贴近现实等原则，从历史、人口地理、经济、文化、教育、宗教等方面多角度展示出现代黑龙江鄂温克族的多种面貌。内容包括：“概述”“人口与地理”“经济发展与现代化”“民族文化变迁”“民族教育”。

收藏单位：国家图书馆等

156《黑龙江鄂温克族简史》

汤洋著，黑龙江教育出版社2014年出版

关键词：鄂温克族 民族历史 黑龙江省

中图法分类号：K282.3

本书为介绍鄂温克民族生活、生产及精神文化方面的珍贵资料，翔实地介绍了鄂温克民族鲜明的风俗习惯、猎渔游牧生产等场景特色；同时涵盖了传统的狩猎捕鱼和游牧、生活生产、宗教、习俗等方面内容。本书堪称是我国北方渔猎民族传统文化的纪实映像，全面再现了鄂温克族在原始社会末期至阶级社会初期的生活状况，极具民族学和文化学价值，对于我们研究、了解鄂温克族的社会发展进程具有重要参考价值。

收藏单位：国家图书馆、黑龙江省图书馆等

157《黑龙江鄂温克族文化》

吴天喜著，黑龙江教育出版社2008年出版

关键词：鄂温克族 民族文化 黑龙江省

中图法分类号：K282.3

本书为“黑水世居民族文化”丛书之一，图文并茂介绍了鄂温克族民族文化，涉及到传统的生产生活习俗、教育、文学艺术、语言文字、新闻、广播、出版、期刊杂志、宗教等领域，全面系统地勾画出一幅色彩斑斓的鄂温克族民族文化巨卷，亦深刻地揭示出鄂温克族先民筚路蓝缕、以启山林的开拓之功。

收藏单位：黑龙江省图书馆、呼伦贝尔学院图书馆、内蒙古大学图书馆等

158《黑龙江鄂温克族文化》

波•少布著，哈尔滨出版社2009年出版

关键词：鄂温克族 民族文化 黑龙江省

中图法分类号：K282.3

本书为“黑龙江流域民族历史与文化丛书”之一，包括黑龙江省鄂温克族的族称族源、历史建制、社会组织、民族经济、风俗习惯、文化教育、宗教信仰等内容。本书亦史亦志，史志结合，可以让读

者对黑龙江省的鄂温克族有一个更全面、更深入的了解。

收藏单位：呼伦贝尔学院图书馆等

159《呼伦贝尔辉河鄂温克人》

徐占江等编著，内蒙古文化出版社2010年出版

关键词：鄂温克族 民族历史

中图法分类号：K282.3

本书为“樟子松文丛”之一，记载了呼伦贝尔市鄂温克族自治旗辉河苏木的鄂温克人于清代雍正十年从布特哈地区迁来呼伦贝尔草原戍边270多年的历史、经济生活、民族习俗、社会文化、宗教文化、旅游、地名人名等内容，反映了辉河鄂温克人在呼伦贝尔草原上的历史和生存现状。

收藏单位：暂时无法提供馆藏信息

160《鹿鸣兴安岭：鄂温克族》

都永浩主编，上海锦绣文章出版社、上海文化出版社2017年出版

关键词：鄂温克族 民族文化 民族历史

中图法分类号：K282.3

本书为“中华民族文化大系”之一，以专家的视角和通俗易懂的表述方式，全方位解读了鄂温克族的历史源流、人文地理、文学艺术、经济生产、宗教信仰、社会民俗、工艺制作、民族旅游等方面内容。同时，通过新媒体技术，使传统图书与手机、平板电脑移动终端等有效结合，让读者在阅读时还能够欣赏到视频、音频等内容。

收藏单位：国家图书馆、中山大学图书馆、黑龙江省图书馆等

161《莫尔格勒河鄂温克人》

徐占江、越玉霞、巴雅尔编著，内蒙古文化出版社2009年出版

关键词：鄂温克族 民族文化 呼伦贝尔市

中图法分类号：K282.3

本书为“呼伦贝尔历史文化丛书”之一，记述了居住在呼伦贝尔市陈巴尔虎旗鄂温克苏木的鄂温克人的历史、姓氏语言、民俗、经济生活、文化艺术、宗教信仰、教育卫生体育、旅游、自然环境等。

收藏单位：暂时无法提供馆藏信息

162《内蒙古自治区陈巴尔虎旗莫尔格河鄂温克索木调查报告：鄂温克材料之三》

中国科学院民族问题研究所内蒙古少数民族社会历史调查组1959年编印

关键词：鄂温克族 民族历史 社会调查

中图法分类号：K282.3

本调查报告共分四个部分，第一部分主要介绍了内蒙古陈巴尔虎旗莫尔格河鄂温克索木的地理环境、行政沿革及中华人民共和国成立后的情况；第二部分是本报告的重点，主要介绍了畜牧业经济和副业经济以及当时村民的物质生活条件等；第三部分讲述了鄂温克民族的亲属称谓、婚姻、丧葬和节庆。第四部分为精神生活，主要介绍了宗教、图腾及民歌与故事。

收藏单位：国家图书馆、内蒙古医科大学图书馆、内蒙古财经大学图书馆等

163《内蒙古自治区额尔古纳旗使用驯鹿的鄂温克人的社会情况》

全国人民代表大会民族委员会办公室1958年编印.

关键词：鄂温克族 民族历史 社会调查

中图法分类号：K282.3

本调查报告共分五个部分，第一部分介绍了自治旗的地理环境、人口、历史演进、与俄罗斯鄂温克族的关系、俄罗斯的影响、中华人民共和国成立前后的生存状态等内容；第二部分主要介绍了鄂温克居民世代传承的渔猎经济及由此构成的生产关系情况以及物质生活条件等；第三部分主要介绍了部落的沿革、氏族的发展与分化、亲属称谓等；第四部分主要介绍鄂温克民族的婚姻、丧葬和节庆；第五部主要介绍其宗教信仰、民族知识及文学艺术作品。

收藏单位：国家图书馆、南京大学图书馆、广西师范大学图书馆等

164《内蒙古自治区鄂温克族资料汇编：1958—1960》

内蒙古少数民族社会历史调查组中国科学院内蒙古分院历史研究所1961年编印

关键词：鄂温克族 民族史料 汇编；

中图法分类号：K282.3

本书为一部资料汇编，收录内蒙古自治区阿荣旗查巴奇1958年至1960年文件资料共9份，包括鄂温克社工作总结、统战工作总结、生产队林场合并情况报告等。

收藏单位：内蒙古农业大学图书馆、内蒙古医科大学图书馆、内蒙古师范大学图书馆等

165《内蒙古自治区呼伦贝尔盟鄂温克族自治旗辉索木调查报告：鄂温克族调查材料之四》

中国科学院民族问题研究所内蒙古少数民族社会历史调查组1959年编印

关键词：鄂温克族 民族历史 社会调查

中图法分类号：K282.3

本调查报告共分五个部分，第一部分介绍了自治旗的自然环境、气候物产和人口分布；第二部分介绍了鄂温克民族的族称，族源，清代至中华人民共和国成立前的发展、演变及生存状态，中华人民共和国成立以后的民主建设、民族区域自治及民族关系；第三部分主要介绍了畜牧业经济和副业经济、商品交易以及物质生活条件等；第四部分主要介绍中华人民共和国成立以后自治旗文教、卫生事业的发展；第五部分主要介绍了鄂温克民族的婚姻、丧葬和节庆，宗教信仰及民间故事等。

收藏单位：国家图书馆、首都图书馆、武汉大学图书馆等

166《社会变迁与文化调适：游牧鄂温克社会调查研究》

包路芳著，中央民族大学出版社2006年出版

关键词：鄂温克族自治旗 鄂温克族 社会调查

中图法分类号：K282.3

本书综合采用了人类学、社会学、历史学等多学科的理论和方法，以实地调查

为主，深入剖析内蒙古鄂温克族自治旗游牧鄂温克人在社会经济快速发展的同时所表现出来的种种文化失调现象，总结当地政府和人民在文化调适上所做的不懈努力等。全书主要内容为：第一章梳理了有关鄂温克族的研究文献，并对调查地点做了基本介绍。第二章论述鄂温克族的起源、分布和三次民族大迁徙。第三章探讨了鄂温克人的文化调适问题。第四章以社会体制的变革为主线，分析在这条主线下鄂温克族生产方式、生活方式、传统社会结构的变迁和调适过程。第五章论述了农牧文化的冲突与交融，草原生态环境的变化、扶贫模式的新尝试，以及商品经济发展过程中的新调适。第六章从节日仪式的认同与再造、教育模式的变迁、萨满教信仰的复苏阐述了鄂温克族精神文化的重构与调适。第七章认为鄂温克族社会文化的快速变迁，是在外部强力推动下、结合本民族内部社会文化的积极调适而形成的。

收藏单位：国家图书馆、黑龙江省图书馆等

167《使鹿鄂温克族的百年变迁及心理重建》

关宇霞著，中国商业出版社2017年出版

关键词：鄂温克族 民族历史 民族心理学

中图法分类号：K282.3

本书从分析使鹿鄂温克人在一百年的时间跨度上所发生的社会变迁为基础，阐述在百年变迁中使鹿鄂温克人面临的心理冲突，探讨了如何帮助他们进行心理重建及影响因素。

收藏单位：国家图书馆等

168《述说鄂温克》

乌热尔图编著，远方出版社2009年出版

关键词：鄂温克族 社会历史

中图法分类号：K282.3

本书是“内蒙古三少民族自述”丛书之一，选择几十位鄂温克族代表性人物为采访对象，以自述方式追忆人生历程，以及与鄂温克民族整体相关的经历。其内容涉及几代人的情感、追求、理想、命运，时间跨度超出半个世纪，反映了鄂温克民族整体的精神状态、历史意识、文化传统的继承以及民族语言的使用与保留等诸多问题。

收藏单位：国家图书馆、黑龙江中医药大学图书馆、大连大学图书馆等

169《索伦部的西征与戍边》

阿力著，中央民族大学出版社2018年出版

关键词：索伦部 民族历史

中图法分类号：K289

本书依据《清实录》《清史稿》等历史资料，较为详细地阐述了康熙、雍正、乾隆时期索伦部族西征及其戍边的过程，具有史料价值。清朝康熙、雍正、乾隆时期是我国统一多民族国家形成的重要时期，索伦部族顺应历史潮流，与其他民族一道在长期的历史发展过程中，开发了祖国辽阔的疆域，创造了祖国悠久的历史和灿烂文化，为建立统一的多民族国家创造了有利条件，做出了巨大的历史贡献，在新的历史时期具有积极意义。

收藏单位：黑龙江省图书馆等

170《天边那绚丽的彩虹：鄂温克族风情》

涂建军编著，内蒙古人民出版社2014年出版

关键词：鄂伦春族 民族文化

中图法分类号：K282.3

本书以翔实、可靠的史料介绍了鄂温克族的由来、分布、历史、日常生活、民族习俗、文化艺术、宗教信仰、生产活动等情况，是一本具有历史真实性与科学性、知识性与趣味性为一体的文化读物。

收藏单位：国家图书馆、吉林省图书馆、呼伦贝尔市图书馆等

171《驯鹿鄂温克人文化研究》

卡丽娜著，辽宁民族出版社2006年出版

关键词：鄂温克族 民族文化

中图法分类号：K282.3

本书从四个部分分析、讨论了鄂温克人的传统文化，包括狩猎文化、驯鹿文化、桦树皮文化、兽皮文化、饮食居住文化等，并从语言、婚姻、丧葬、口头文学与艺术、动植物崇拜等鄂温克人浓厚的民族特点进行了分析与论述。

收藏单位：国家图书馆、北京大学图书馆、黑龙江省图书馆等

172《中俄鄂温克族经济文化学术研讨会论文集》

乌热尔图编，内蒙古文化出版社2012年出版

关键词：鄂温克族 民族文化 论文集

中图法分类号：K282.3-53

本书为学术研讨会论文集，收录鄂温克族自治旗在2010年6月举办的“中俄鄂温克族经济文化学术研讨会”论文44篇。本论文集的内容主要包括俄罗斯鄂温克族及中国鄂温克族的语言、体育、医学、政治、经济、旅游、历史文化、教育、宗教信仰、风俗等各个领域，对了解和研究中、俄两国鄂温克族具有一定的学术性和资料性。

收藏单位：呼伦贝尔学院图书馆等

173《中国鄂温克人家（蒙古文、汉文）》

程朝贵著，内蒙古文化出版社2018年出版

关键词：鄂温克族 摄影集

中图法分类号：K282.3-64

本书收录了中国境内80多家鄂温克人家照片，反映了改革开放后鄂温克人的精神面貌。

收藏单位：华东师范大学图书馆、四川旅游学院图书馆、珠海市金湾区图书馆等

174《中国鄂温克族》

朝克编著，宁夏人民出版社2012年出版

关键词：鄂温克族 民族文化

中图法分类号：K282.3

本书为“中华民族全书”之一，从鄂温克族的历史文化、语言文化、衣食住行文化、婚姻丧葬文化、节日文化、信仰文化等方面对鄂温克民族进行了详细的介绍，并配以图片，是了解鄂温克族的参考资料。

收藏单位：国家图书馆、东北林业大

学图书馆、黑龙江省图书馆等

175《中国莫尔格勒鄂温克人》

徐占江主编，内蒙古文化出版社 2013 年出版

关键词：鄂温克族 呼伦贝尔市

中图法分类号：K282.3

本书共十六章，主要包括“美丽鄂温克苏木”“鄂温克族历史”“人口、姓氏、姓名、称谓、语言”“经济组织”“畜牧业”“多种经营、工矿业、通讯交通”“社会事业”“精神文明建设”等内容。

收藏单位：国家图书馆、黑龙江省图书馆、呼伦贝尔市图书馆等

176《中国少数民族设计全集：鄂温克族卷》

中国少数民族设计全集编纂委员会编，山西人民出版社 2019 年出版

关键词：鄂温克族 民间工艺 工艺设计

中图法分类号：K28

本卷甄选鄂温克族各族群传统建筑、传统服饰、传统餐饮、传统生活用具、传统生产工具、传统民俗和宗教造像等方面约 80 个传统造物设计案例，对其设计形式、设计特点以及文化价值进行专业阐释和评述，附有大量珍贵历史图片和专业设计图片。本书比较全面地展示了鄂温克族传统造物设计成就，从而体现了鄂温克族的民族文化特点。

收藏单位：北京服装学院图书馆、南方科技大学图书馆、华东师范大学图书馆等

177《中国狩猎鄂温克人》

徐占江、张磊编著，内蒙古文化出版社 2009 年出版

关键词：鄂温克族 民族历史

中图法分类号：K282.3

本书为“呼伦贝尔历史文化丛书”之一，记述了居住在呼伦贝尔根河市的狩猎鄂温克人的历史、姓氏语言、民俗、狩猎和经济活动、文化艺术、宗教信仰、旅游、自然环境等。

收藏单位：暂时无法提供馆藏信息

178《中国最后的狩猎部落》

董联声著，内蒙古人民出版社 2007 年出版

关键词：鄂温克族 民族历史

中图法分类号：K282.3

本书是一部反映敖鲁古雅鄂温克人历史发展进步的重要史书。全书分 10 章：“使鹿鄂温克人发展简史”“使鹿部鄂温克人的狩猎生产与驯鹿饲养”“敖鲁古雅使鹿部鄂温克人历史上人口变化及定居 40 年现状”“大兴安岭西北麓使鹿部鄂温克语地名”“历史上的民族制度与狩猎区域的划分”“历史上的图腾崇拜与萨满崇拜”“鄂温克猎民的籍贯和姓名”“日常用语”“鄂温克人习惯法”“四大氏族近代族谱”。

收藏单位：呼伦贝尔学院图书馆等

179《走遍鄂温克》

鄂温克族自治旗旗委宣传部 2010 年编印

关键词：鄂温克族自治旗 地方简介

中图法分类号：K292.64

本书简要介绍了鄂温克族自治旗的历

史古迹、民俗风光、传说故事、旅游线路和以伊敏河为界的三个景观带，即沿伊敏河行进的百公里文化景观带、伊敏河西部的辉河湿地自然景观带、伊敏河东部的森林人文景观带，是一部介绍鄂温克自治旗人文景观为主的旅游导读书。

收藏单位：呼伦贝尔学院图书馆等

P 天文学、地球科学

180《鄂温克族自治旗气象灾害防御规划》

张荣菊著，内蒙古文化出版社2016年出版

关键词：鄂温克族自治旗 气象灾害 灾害防治

中图法分类号：P429

本书共分九章，介绍了鄂温克族自治旗现状和形势气象灾害时空分布特征、灾害设防气象指标、气象灾害风险区划、气象灾害对敏感行业影响与防御措施等内容。

收藏单位：国家图书馆等

Q 生物科学

181《鄂温克族自治旗野生植物图谱》

布和敖斯编著，中国农业科学技术出版社2017年出版

关键词：野生植物 图谱 鄂温克族自治旗

中图法分类号：Q948

本书以鄂温克族自治旗600余种植物形态图片为主线，记载了各种植物的中文名、学名、蒙名、生境、用途及分布等相关内容，是一本系统介绍鄂温克族自治旗野生植物资源的专业书籍，也是近年来鄂温克族自治旗收集整理野生种质资源的成果汇报，是从事草原、林业、生态、园林、中蒙医药等工作以及植物爱好者认识当地植物资源的重要参考资料。

收藏单位：国家图书馆、东北林业大学图书馆、内蒙古农业大学图书馆等

R 医药、卫生

182《鄂温克族医药》

伊乐泰、包羽主编，中医古籍出版社2014年出版

关键词：鄂温克族 民族医学

中图法分类号：R292.3

本书为“民族医药抢救性发掘整理丛书”之一，采用文献收集、专题座谈、人物访谈、实地调查、问卷调查、表格调查等定性研究方法，在获得有关鄂温克民族医药的第一手资料的同时，依据以往相关研究所涉及的零散资料，对鄂温克医药进行了系统的梳理。全书分五章：“鄂温克族概况”“鄂温克族历史上的民族医药”“介绍鄂温克民族医药知识”“鄂温克民族的保健文化”“鄂温克萨满教的疾病观”。

收藏单位：国家图书馆、黑龙江中医药大学图书馆、黑龙江省图书馆等

S 农业科学

183《鄂温克草原骏马史话》

齐全编著，内蒙古文化出版社2016年出版

关键词：鄂温克族自治旗 马文化

中图法分类号：S821

本书以翔实的文字和形象的图片，全面地讲述鄂温克族自治旗马的故事——马的历史、马的现实、马的未来。表述详

尽、科学权威、数字具体、脉络清晰、角度独特、图文并茂，可细细品味、可浏览欣赏；既具文献价值，又有艺术品位；既可作马文化研究材料，又可作产业发展依据，是一部展现鄂温克旗马业、马文化发展的经典之作，可读，可藏，其价值会随时间愈加弥足珍贵。

收藏单位：暂时无法提供馆藏信息

184《鄂温克草原马背情缘》

齐全主编，中央民族大学出版社 2017 年出版

关键词：鄂温克族自治旗 马文化

中图法分类号：S821

本书以弘扬、传承草原马文化为主题，实地采访了鄂温克自治旗养马、牧马、马改良、驯马、赛马、马具制作，马文化技艺传承人等具有代表性的人物，讲述他们爱马、爱草原、爱祖国以及在草原上繁育良马、传承马文化、发家致富的故事，是《鄂温克草原骏马史话》的姊妹篇。

收藏单位：暂时无法提供馆藏信息

185《鄂温克族自治旗草地资源与评价》

布和敖斯主编，中国农业出版社 2013 年出版

关键词：草地资源 资源评价 鄂温克族自治旗

中图法分类号：S812

本书详细论述了鄂温克族自治旗草地资源的种类，分布特点，生产能力和等级评定，对草地“三化”现状和草地载畜能力进行了科学分析，提出了全面保护、积极建设、科学利用的具体措施，是一本将生产实践与科学研究紧密结合的草地资源专著。

收藏单位：国家图书馆、呼伦贝尔市图书馆、黑龙江省图书馆等

186《呼盟鄂温克族自治旗草场资源及其合理利用问题》

黑龙江省呼盟土地资源考察队鄂旗草原分队 1975 年编印

关键词：鄂温克族自治旗 草场资源 合理利用

中图法分类号：S812

1974 年 8 月，黑龙江省呼盟土地资源考察队组织鄂温克族自治旗草原考察队，深入到呼盟鄂温克族自治旗对四个典型草场进行实地考察，并组织了访问和座谈。本书为考察队组织整理编印的总结报告之一，共分五部分：“自然经济条件特点”“草场资源及其评价”“草场资源合理利用问题”“草场改良及建立基本草牧场问题”“土地资源分区利用方向”。本报告清晰地说明了鄂温克族自治旗草原的数量、分布、类型、生产力等重要指标，为草原建设和可持续发展提供了可靠依据。

收藏单位：中国科学院地理科学与资源研究所图书馆等

T 工业技术

187《鄂温克民族服饰》

乌日娜编著，内蒙古文化出版社 2014 年出版

关键词：鄂温克族 民族服饰 图集

中图法分类号：TS941.742.823-64

在长期的生产生活实践中，鄂温克族人民创造了独特的服饰文化，其服装款式

古老而独特，但由于居住地域不同，生产方式不同，民族服饰也各有千秋。本书共收集拍摄了鄂温克三个部落（索伦部、使鹿部、通古斯部）的服饰图片四百多幅，并配有一万多字的文字说明。本画册意在让更多的人了解鄂温克民族服饰文化的内涵，为保护、传承民族服饰文化做了资料性的展示。

收藏单位：国家图书馆、呼伦贝尔市图书馆等

Z 综合性图书

188《鄂温克年鉴：2017 卷》

鄂温克旗档案史志局，内蒙古文化出版社 2017 年出版

关键词：鄂温克族自治旗 年鉴

中图法分类号：Z522.64

本年鉴全面、系统、准确、翔实地记述了鄂温克族自治旗 2016 年自然、政治、经济、文化等各方面的基本情况和发展过程，为各部门今后工作提供借鉴，为编史修志积累资料，是一部具有综合性、年度资料性的文献。全书记述旗直各部门、苏木乡镇及驻旗单位主要工作业绩，设概况、政党政务、群众团体、军事政法、社会事业等内容。

收藏单位：国家图书馆等

189《鄂温克年鉴：2019 卷》

鄂温克族自治旗档案史志馆编，内蒙古文化出版社 2020 年出版

关键词：鄂温克族自治旗 年鉴

中图法分类号：Z522.64

本年鉴全面、翔实地记载了鄂温克族自治旗 2018 年政治、经济、文化及社会生活各方面取得的成就，年鉴以习近平新时代中国特色社会主义思想为指导，内容包括“概况”“党政群团”“武装政法”“综合政务”“经济建设”“经济综合管理”“财税金融”“文化社会事业”“苏木镇街道办事处”“驻旗单位选介”“表彰先进”“大事记”“特载”“附录”等，是总览鄂温克族自治旗 2018 年各方面工作情况及信息的资料性、综合性年刊。

收藏单位：国家图书馆等

190《鄂温克年鉴：2020 卷》

鄂温克族自治旗档案史志馆编，中国文史出版社 2020 年出版

关键词：鄂温克族自治旗 年鉴

中图法分类号：Z522.64

本书为“呼伦贝尔年鉴丛书”之一，由中共鄂温克旗委、旗人民政府主办，旗档案史志馆具体组织编纂的地方综合性年刊，是集知识、信息、资料为一体的资料性工具书。年鉴编写以马克思列宁主义、毛泽东思想、邓小平理论、“三个代表”重要思想、科学发展观和习近平新时代中国特色社会主义思想为指导，全面、系统、客观地记载鄂温克旗 2019 年各项事业发展情况，为各领导、各部门决策和开展工作提供参考和借鉴，也是鄂温克旗精神文明建设、对外宣传的窗口和联络的纽带。

收藏单位：国家图书馆等

191《中国少数民族古籍总目提要：鄂温克族卷》

国家民委全国少数民族古籍整理研究室组织编，中国大百科全书出版社 2010 年出版

关键词：鄂温克族 古籍

中图法分类号：Z838

本书是一部全面的鄂温克族古籍目录。全书分为甲、乙、丙、丁四编。甲编“书籍类”，收入鄂温克氏族家谱6部；乙编“铭刻类”，收入各类碑刻7幅；丙编“文书类”，又分为宗教、政务、职官、军事、司法、经济、教育、风俗习惯、历史九个大类共700多篇各类文书；丁编“讲唱类”，即口传传统文化，收入民间故事244篇，民间歌舞116首，禁忌语245条，谚语40条。

收藏单位：国家图书馆、内蒙古师范大学图书馆、黑龙江省图书馆等

第十章

高山族研究图书索引

高山族简介

高山族总人口 3479 人（2020 年第七次全国人口普查数据）。高山族主要分布在中国台湾本岛的山区和东部沿海纵谷平原及兰屿岛上，在福建省、湖北省武汉市、北京市、上海市、江苏省南京市、山东省和安徽省等地也有分布。

高山族语言属南岛语系印度尼西亚语族，大体可分为泰雅语、邹语、排湾语三种语群。没有本民族文字，散居于大陆的高山族通用汉语。

随着时代变迁，高山族的宗教信仰形成了原始宗教信仰、佛教、道教和西方宗教等交错并立的局面。

高山族有着丰富的口头文学，包括神话、歌谣、故事传说等，朴素而鲜明地表现了劳动人民的情感。歌谣是高山族口头文学中重要体裁，多数是群体即兴创作，内容涉及社会生活各个侧面和人情世态，其中颂祖歌、劳动歌、征战歌、祭祀歌与情歌占有相当比重。

高山族乐器有嘴琴、竹笛、鼻箫和弓琴。杵乐是具有独特民族风格的音乐。

高山族的歌舞、音乐、雕刻等民族艺术驰名于世。“拉手舞”是高山族民间舞蹈中历史悠久、流传广泛的一种自娱性舞蹈。2008 年，“高山族拉手舞”被列入第二批国家级非物质文化遗产代表性项目名录。

H　语言、文字

001《高山族语言简志：阿眉斯语》

何汝芬等编著，民族出版社 1982 年出版

关键词：高山语 阿眉斯语

中图法分类号：H284

本书为“中国少数民族语言简志丛书”之一。作者从概况、语音、词汇、语法四个方面介绍了阿眉斯语。

收藏单位：国家图书馆等

002《高山族语言简志：布嫩语》

何汝劳等编著，民族出版社 1982 年出版

关键词：高山语 布嫩语

中图法分类号：H284

本书为“中国少数民族语言简志丛书”之一。作者从概况、语音、词汇、语法四个方面介绍了布嫩语。

收藏单位：国家图书馆等

003《高山族语言简志：排湾语》

陈康、马荣生编著，民族出版社 1986 年出版

关键词：高山语 排湾语

中图法分类号：H284

本书为“中国少数民族语言简志丛书”之一。排湾语是高山族排湾人说的语言。本书包括概况、语音、词汇、语法四个部分内容。

收藏单位：国家图书馆、黑龙江省图书馆、广州市越秀区图书馆等

004《高山族语言文学》

中央民族学院少数民族语言文学三系高山族语言文学教研室编，中央民族学院出版社 1988 年出版

关键词：高山族 语言学 论文集

中图法分类号：H284

本书为高山族语言文学研究论文集，共收入论文 15 篇，31 万余字，包括论文和材料注释两部分。论文中有阿眉斯语、布嫩语、排湾语三种语言的概况及专题研究，有高山族民族文学的综合论述和专题研究。本书内容广泛，材料丰富，对研究高山族语言文学有一定参考价值。

收藏单位：国家图书馆等

I　文学

005《高山族民间故事选》

蔡铁民编，上海文艺出版社 1982 年出版

关键词：高山族 民间故事

中图法分类号：I277.3

本书为“中国少数民族民间文学丛书”之一，收入高山族民间故事 90 余篇，包括高山族的神话、传说、故事、寓言、动物故事等口头文学。可以说，从远古的神话到现代的生活故事，形成了一条涓涓不息的高山族民间文学长流。

收藏单位：国家图书馆等

006《新时期中国少数民族文学作品选集：高山族卷》

中国作家协会编，作家出版社 2015 年出版

关键词：高山族 少数民族文学 作品综合集

中图法分类号：I29

本书收入了高山族作家创作的代表

性作品，其中散文12篇，诗歌14篇，集中展示了新时期我国高山族文学繁荣发展的景象，也拓展和扮靓了中国当代文学的版图。

收藏单位：国家图书馆等

J　艺术

007《高山族的音乐》

吕炳川、郎樱著，中国艺术研究院音乐研究所1982年印制

关键词：高山族 民族器乐 合奏

中图法分类号：J632.758

本书详细描述了高山族四种歌谣及高山族歌谣特有的演唱方法，介绍了20几种高山族民族乐器，运用音乐学的方法分析了高山族音乐的音组织、节奏等特征，是了解高山族音乐的参考资料。

收藏单位：国家图书馆、福建省图书馆、广州市图书馆等

K　历史、地理

008《高山族》

牟景珊编著，吉林出版集团有限责任公司、吉林文史出版社2010年出版

关键词：高山族 民族文化

中图法分类号：K288.4

本书为“中国文化知识读本”之一，以优美生动的文字、简明通俗的语言、图文并茂的形式，介绍了“古老神秘的高山族部落”“古朴粗犷的高山族习俗”“多姿多彩的高山族节日”“风格奇特的高山族礼仪”“载歌载舞的高山族文艺”“秀美怡人的高山族风景”等内容，是了解高山族历史，传播中华五千年优秀传统文化，提高全民文化修养的知识读本。

收藏单位：国家图书馆、福建省长乐市图书馆、莆田市图书馆等

009《高山族》

陈国强、田富达著，民族出版社1988年出版

关键词：高山族

中图法分类号：K288.4

本书为“民族知识丛书”之一，全面介绍了高山族的人口分布、历史文化、风俗习惯、语言文字、文学艺术等方面的内容，对全面了解高山族历史文化具有重要作用。

收藏单位：国家图书馆等

010《高山族》

陈文新编著，新疆美术摄影出版社、新疆电子音像出版社2009年出版

关键词：高山族 民族历史 民族文化

中图法分类号：K288.4

本书为“中华民族大家庭知识读本”之一，主要介绍了高山族的起源、发展历史、宗教信仰与民俗文化、节日礼仪以及相关的神话传说和历史故事等，是了解高山族历史的通俗读物。

收藏单位：国家图书馆、重庆图书馆、福建省长乐市图书馆等

011《高山族》

查干姗登编著，中国人口出版社2014年出版

关键词：高山族 民族文化

中图法分类号：K288.4

本书为“中国少数民族人口丛书”之一，主要介绍高山族各族群的历史起源、社会组织与日常生活、丰富多彩的传统文

化、恋爱与婚姻家庭、民族人口状况以及新时期的民族发展状况。内容丰富翔实，语言描述形象生动，材料真实可靠，是展现高山族历史风貌和现实生活的重要载体。

收藏单位：国家图书馆等

012《高山族风情录》

陈国强著，四川民族出版社 1997 年出版

关键词：高山族 少数民族风俗习惯

中图法分类号：K892.384

本书依据高山族的物质文化、社会文化、精神文化的不同特点，分为“农耕渔猎”“衣食住行”“人生礼俗”“工艺技术”“社会家庭”“传统节日”“文化艺术”“宗教信仰”八部分，较为全面地反映了高山族的民俗风情，有助于读者对高山族社会生活和民族特点的认识。

收藏单位：国家图书馆、广东省立中山图书馆、厦门市图书馆等

013《高山族风俗志》

许良国、曾思奇编著，中央民族学院出版社 1988 年出版

关键词：高山族 少数民族风俗习惯

中图法分类号：K892.384

本书为“民俗文库”之一，分八个部分，系统介绍了高山族的“物质生活”“生产与交换”“社会组织”“宗教信仰”“人生礼仪”“身体毁饰”“文学艺术”和“体育与游戏”，是了解高山族民族风情和民族风俗的参考资料。

收藏单位：国家图书馆、福建省晋江市图书馆、厦门市图书馆等

014《高山族简史》

《高山族简史》编写组、《高山族简史》修订本编写组编，民族出版社 2009 年出版

关键词：高山族 民族历史

中图法分类号：K288.4

本书为“中国少数民族简史丛书（修订本）”之一，全书分八个部分，系统介绍了高山族的历史、族称、生存环境、人口分布及不同时期高山族的生存状况、生活习俗及文化等。是了解高山族历史的参考资料。

收藏单位：国家图书馆、呼伦贝尔市图书馆、福建省晋江市图书馆等

015《高山族简史简志合编（初稿）》

中国科学院民族研究所福建少数民族社会历史调查组 1963 年编印

关键词：高山族 民族志

中图法分类号：K288.4

本书为“少数民族史志丛书”之一，全书分八个部分，系统介绍了高山族的历史、族称、生存环境、人口分布以及不同时期高山族的生存状况、生活习俗及文化等。

收藏单位：国家图书馆等

016《高山族民俗》

田富达、陈国强著，民族出版社 1992 年出版

关键词：高山族 少数民族风俗习惯

中图法分类号：K892.384

本书包括“高山族概况”“物质生活”“生产经济”“工艺技术”“社会组织”“人生礼仪”“传统节日”“文化艺术”“宗教信仰”九部分，每部分又分若干小节，反

映了高山族固有的传统民俗文化特点。

收藏单位：国家图书馆、广东省立中山图书馆、福建省晋江市图书馆等

017《希列鸟神曲：高山族》

戴抗、罗新元著，云南大学出版社2001年出版

关键词：高山族 家庭生活

中图法分类号：K288.4

本书是“20世纪中国民族家庭实录”之一，收入了8个极具代表性的高山族家庭的故事，让读者在欣赏故事中了解高山族的知识、生活及发展变迁。

收藏单位：国家图书馆、南宁市图书馆、东莞图书馆等

018《中国高山族》

陈金结等编著，宁夏人民出版社2011年出版

关键词：高山族 民族文化

中图法分类号：K288.4

本书为“中华民族全书”之一，分别从“民族概况”“物质文化”“民间文化”“社会文化”“信仰文化”“对伟大祖国的贡献”“精神气质”“文化传承”“族际传承”“族际交往”“文化发展愿景”“有影响的文化人物”“重要贡献”等方面对高山族进行了详细的介绍，每章内容配以精美的图片，图文并茂，是一本读者了解高山族的通俗读物。

收藏单位：国家图书馆等

第十一章

赫哲族研究图书索引

赫哲族简介

赫哲族总人口 5373 人（2020 年第七次全国人口普查数据）。主要分布在黑龙江、松花江、乌苏里江冲积而成的三江平原和完达山山脉，现主要聚居在同江市街津口赫哲族乡、八岔赫哲族乡、双鸭山市饶河县四排赫哲族乡、佳木斯市敖其镇敖其赫哲族村和抚远市抓吉镇抓吉赫哲族村。

赫哲语属阿尔泰语系满-通古斯语族满语支。无本民族文字，通用汉语。

赫哲族信奉萨满教。

赫哲族是我国北方典型的渔猎民族。“夏捕鱼为食，冬猎貂易货以为生计”是其传统的生产、生活方式，在此基础上，形成了独具特色的赫哲族渔猎文化。其中，鱼皮制作技艺和桦树皮制作技艺是赫哲族在与自然环境长期互适过程中形成的传统手工制作技艺，既充分反映了赫哲族人的勤劳、勇敢和智慧，也体现了赫哲族渔猎文化的精髓。2006 年，“赫哲族鱼皮制作技艺”“桦树皮制作技艺”被列入第一批国家级非物质文化遗产代表性项目名录。

伊玛堪是赫哲族民间说唱文学的一种重要形式，也是赫哲族历史文化得以口耳相传的重要载体，其内容丰富，被誉为“赫哲族百科全书”。2006 年，“赫哲族伊玛堪”被列入第一批国家级非物质文化遗产代表性项目名录。

2014 年，“赫哲族婚俗”被列入第四批国家级非物质文化遗产代表性项目名录。

B 哲学、宗教

001《赫哲那乃阿伊努原始宗教研究》

黄任远著，黑龙江人民出版社2003年出版

关键词：赫哲族 那乃人 阿伊努人 原始宗教

中图法分类号：B933

作者系统论述了赫哲族（那乃族）和阿伊努族的萨满教和他们的原始信仰，揭示了居住在中国、俄罗斯和日本不同地域的两个民族原始文化的交流和相互影响。

收藏单位：国家图书馆、吉林省图书馆、黑龙江省图书馆等

002《赫哲族的萨满教》

孟慧英等著，吉林文史出版社2005年出版

关键词：赫哲族 萨满教

中图法分类号：B933

本书为“萨满文化研究丛书”之一，作者运用考古学、神话学、民族学、历史学的资料，多角度、多层次地对中国北方萨满教做了综合考察，展示了萨满教的兴衰历程及真实面目。

收藏单位：暂时无法提供馆藏信息

003《赫哲族萨满文化遗存调查》

黄任远著，民族出版社2009年出版

关键词：赫哲族 萨满教

中图法分类号：B933

本书为“中国少数民族非物质文化遗产研究系列丛书”之一，是一本有关赫哲族萨满教的调查研究报告，内容包括：民族生态环境，萨满文化遗存，萨满文化实录。

收藏单位：国家图书馆、内蒙古自治区图书馆、中山大学图书馆等

004《赫哲族神话集解》

尹春红、孙中馗、吕品著，黑龙江教育出版社2019年出版

关键词：赫哲族 神话

中图法分类号：B932.2

本书是一部关于赫哲族神话的研究著作，对赫哲族神话（包括田野调查和文献记载）进行全新分类、列举（包括各种异文）、整理、分析、介绍，并提出新见解。内容包括：“赫哲族神话概说”“赫哲族标记神话”“赫哲族起源神话”“赫哲族祖先神话”“赫哲族英雄神话”“赫哲族萨满神话”“赫哲族神话与那乃神话”“赫哲族神话与阿伊努神话”“赫哲族神话与印第安神话”“赫哲族神话与满族神话”等。

收藏单位：国家图书馆、佳木斯大学图书馆等

005《萨满文化研究·第4辑》

薛刚主编，民族出版社2015年出版

关键词：萨满教 宗教文化

中图法分类号：B933-53

本书由关于萨满教研究的16篇文章组成，分“专题研究”“人物访谈”“研究述评”“域外天地”“书评书讯”“田野调查”等专题，包括《瑞典萨米人萨满教的历史流变》《萨满文化知情人孟和先生访谈记录》《赫哲族原始宗教信仰研究综述》《对萨满教研究的介绍性评论》《一部考译精湛的满文萨满神谕》等。

收藏单位：国家图书馆等

C 社会科学总类

006《赫哲族拾珍》

尤金良著，佳木斯市文学艺术界联合会 1990 年编印

关键词：赫哲族

中图分类号：C53

作者较为全面地记述了赫哲族社会历史的变迁情况，其中许多事例都是作者本人的亲历，因而富有真实感。本书语言朴实，内容生动，包括“民族沿革”“民族习俗”“民间故事”“民族斗争故事”“民间谚语和谜语”五部分内容。本书是研究赫哲族社会历史文化发展变迁的重要资料之一。

收藏单位：暂时无法提供馆藏信息

D 政治、法律

007《赫哲族女性历史文化研究》

吕秀莲、赵坤宇著，黑龙江人民出版社 2012 年出版

关键词：赫哲族 女性

中图法分类号：D442.9

本书包括“古老多源的民族历史”“渔猎为主的经济形态”“别具一格的生活习惯”“兼容并蓄的婚育风俗”“绚烂多彩的民俗与宗教”“丰富独特的文化与艺术”“新时期的女性风采”七个专题，以图文并茂的形式，有针对性地围绕赫哲族女性的生产生活方式、民风民俗、日常习惯、梳妆服饰、经济形态、文化与艺术等情况进行介绍，总结出赫哲族女性的人生观、价值观及对赫哲族历史发展所作的贡献，也探讨了赫哲族非物质文化遗产及传承问题。

收藏单位：国家图书馆、黑龙江省图书馆、齐齐哈尔大学图书馆等

F 经济

008《赫哲族敖其区域旅游资源揽胜》

吕品主编，黑龙江教育出版社 2019 年出版

关键词：赫哲族 旅游资源

中图法分类号：F592.735.5

本书为“赫哲族历史文化遗产系列丛书”之一。在祖国东北角的松花江上，有一个古老的赫哲村落——佳木斯郊区敖其赫哲族村。它是松花江中部的赫哲部落首府，统辖区域包括及松花江下游、黑龙江下游、乌苏里江广大地区，素有“使犬部”“鱼皮部”“使鹿部”之称，今已成为三江地域历史、民族、文化、旅游名村。全书分为“印象敖其”“地理敖其”“历史敖其”“文化敖其”“节庆敖其”“艺术敖其”“人物敖其”等章节，介绍民俗风情之旅、森林探秘之旅、渔家体验之旅、红色战地之旅等内容，并附旅游攻略等。

收藏单位：佳木斯大学图书馆等

009《赫哲族社会经济变迁》

杨光、张晓光著，黑龙江人民出版社 2014 年出版

关键词：赫哲族 少数民族经济

中图法分类号：F127.8

本书介绍了赫哲族的基本概况，探讨地理环境对赫哲族传统社会经济的影响，着重论述包括渔业经济、猎业经济、采集经济在内的传统社会经济变迁和诸如农业经济、手工业经济、商业经济以及旅游业等非传统社会经济的产生和发展，以揭示赫哲族社会经济变迁中的客观规律。最后分析其民族经济变迁后带来的诸多社会问题，探究经济变迁对社会组织、民族文化

所产生的影响，从而展望赫哲族未来发展方向。

收藏单位：国家图书馆、佳木斯大学图书馆等

010《两江交汇国际港——同江》

赵绍芬主编，哈尔滨出版社 1996 年出版

关键词：经济史 经济地理 同江市

中图法分类号：F127.35

本书分“概况篇”“发展篇”“规划篇”“开放篇”，描绘了同江的历史和发展，地貌和资源，经济和社会，民族和文化，其中重点介绍了世居民族赫哲族的历史、渔猎、民俗、文学、旅游等，是研究赫哲族历史文化的重要资料。

收藏单位：北京大学图书馆等

G 文化、科学、教育、体育

012《赫哲族传统体育游戏规则》

孙玉森编，同江市民族宗教事务局 2013 年编印

关键词：赫哲族 民族形式体育

中图法分类号：G852.9

本书是作者在近三十年的民族体育活动中不断积累并悉心研究编写而成，是一部规范说明赫哲族传统体育游戏规则的资料与工具类书籍。本书旨在将流行于民间的赫哲族传统体育、游戏做个历史阶段性的总汇，并为今后的发展研究提供一个样本。

收藏单位：黑龙江省图书馆等

013《赫哲族体育文化》

隋东旭、李再娣编著，黑龙江人民出版社 2020 年出版

关键词：赫哲族 民族形式体育 体育文化

中图法分类号：G852.9

作者对黑龙江省赫哲族的体育文化做了细致的介绍和研究，从体育文化这个侧面了解赫哲族同胞的生活和文化发展脉络，对更深入地了解赫哲族的文化历史具有一定的价值。

收藏单位：暂时无法提供馆藏信息

014《赫哲族文化课程校本教材》

荆长志主编，同江市街津口赫哲族乡中心校 2008 年编印

关键词：赫哲族 教材

中图法分类号：G758.1

本书是赫哲族教师编写的赫哲语教材，供在校学生使用。全书收录赫哲族语言课教学 76 课时，传统体育 15 课时，歌曲 18 课时，附有关赫哲族歌曲共 27 首，是研究赫哲族文化的参考资料。

收藏单位：暂时无法提供馆藏信息

015《佳木斯非物质文化遗产概览》

张鸿雁编著，黑龙江人民出版社 2018 年出版

关键词：非物质文化遗产 佳木斯市

中图法分类号：G127.353

佳木斯市有着丰厚的历史文化底蕴和独具特色的冰雪文化、渔猎文化。非物质文化遗产资源丰富，“赫哲族鱼皮制作技艺”“赫哲族伊玛堪”“赫哲族婚俗”3 个项目被列入国家级非物质文化遗产项目名录，本书从各级名录中选出佳木斯地区有代表性的一批项目进行展示和介绍。

收藏单位：佳木斯大学图书馆等

016《中国赫哲族体育》

赵德龙主编，黑龙江人民出版社 2014 年出版

关键词：赫哲族 民族形式体育

中图法分类号：G852.9

本书包括“赫哲族体育文化”“赫哲族传统体育项目”“赫哲族体育科研”三个篇章。第一篇由四章组成；第二篇由运动技能篇和休闲娱乐篇两部分组成，其中运动技能篇介绍了 21 个赫哲族运动项目，包括项目的起源、发展、竞赛规则以及裁判法等内容；休闲娱乐篇介绍了赫哲族 25 个常见的娱乐体育项目；第三篇收入了近 10 年来编写组成员公开发表的学术论文 22 篇。本书内容丰富全面，图文并茂，讲解详细，堪称赫哲族体育文化的百科全书。

收藏单位：吉林省图书馆、天津体育学院图书馆、佳木斯大学图书馆等

H 语言

017《濒危的赫哲语》

何学娟著，黑龙江教育出版社 2005 年出版

关键词：赫哲语

中图法分类号：H225

本书分 7 个部分对现代赫哲语进行了深入研究，得出赫哲语掌握者的人数，在此基础上分析了赫哲语掌握者的地理分布、年龄结构、语言能力和语言观念，重点归纳了濒危状态下赫哲语的语音系统、词法和句法特点；总结造成赫哲语濒危状态的主要原因，预测濒危的赫哲语的发展方向和对其研究的价值。

收藏单位：黑龙江省图书馆、长春师范大学图书馆、佳木斯大学图书馆等

018《濒危语言：满语、赫哲语共时研究》

赵阿平、郭孟秀、何学娟著，社会科学文献出版社 2013 年出版

关键词：满语 赫哲语 共时研究

中图法分类号：H221

本书在对黑龙江省满语、赫哲语现存地区进行田野调查的基础上，参阅国内外有关的文献资料与研究成果，将理论与实际相结合，对濒危满语和赫哲语的现状进行全面、系统的科学分析和理论探讨，同时对满语、赫哲语发生变化的社会背景进行考察分析，进而对满语和赫哲语进行比较研究，揭示满语和赫哲语的濒危原因及其濒危过程中存在的差异与联系，为进一步揭示和认识语言濒危原因的一般规律提供依据。

收藏单位：黑龙江省图书馆、哈尔滨学院图书馆、长春市图书馆等

019《赫哲语》

张彦昌等著，吉林大学出版社 1989 年出版

关键词：赫哲语

中图法分类号：H225

本书分“语音”“语法”“词汇”3 部分。作者通过实地调查，用现代语言学的理论与技术，对赫哲语的语音体系、语法结构和词汇进行了系统和全面的描写。本书用英语写成，采用国际音标注音，每一例句均有英语的直译和意译，书末附有赫哲语—英语的词汇表，极大地方便国外同行了解我国少数民族语言，为国内外学者研究赫哲族的语言与文化提供了第一手素材。

收藏单位：国家图书馆、湖南省图书馆等

020《赫哲语》

董兴业著，黑龙江人民出版社 2016 年出版

关键词：赫哲语

中图法分类号：H225

本书是作者 10 多年在赫哲族聚居区学习、采风总结出的关于赫哲语使用中的语法、助词、助动词活用的词语及词汇，常用语 700 句汇编，是赫哲语学习的工具书，对赫哲语传承有重要作用。本书是用国际音标标音的工具书，内容涵盖了赫哲族衣食住行、婚嫁风俗、语言宗教、生产生活和文化艺术等各个方面，是学习、研究赫哲语，了解赫哲族历史文化的参考资料。

收藏单位：国家图书馆、哈尔滨学院图书馆、黑龙江省图书馆等

021《赫哲语简志》

安俊编著，民族出版社 1986 年出版

关键词：赫哲语

中图法分类号：H225

本书是“中国少数民族语言简志丛书”之一，包括“概况”“语音”“词汇”“语法”“方言及词汇”“附录”等内容，是了解赫哲语的重要参考。

收藏单位：国家图书馆、吉林省图书馆、黑龙江省图书馆等

022《赫哲语图文点读教材》

董晓佳主编，黑龙江科学技术出版社 2020 年出版

关键词：赫哲语 教材

中图法分类号：H225

本书主要针对赫哲族语言而编写，介绍常用单词和常用语句，并通过点读的方式，可以使越来越多的人了解、掌握赫哲族语言。主要形式为赫哲语和汉语逐句对照，包括问候、家人、服装、捕鱼、采集、节日六大主题，并附有单词表和常用句整理，便于读者跟读和学习。本书有利于赫哲语的推广和传承，有利于赫哲族文化的保护与传承。

收藏单位：国家图书馆等

023《赫哲语语法功能词典》

董兴业、董晓佳主编，黑龙江人民出版社 2018 年出版

关键词：赫哲语 语法

中图法分类号：H225.4-64

本书作者根据多年的赫哲语族聚居区学习、采风的记录，将赫哲语词汇与汉语词汇对照，对常用的赫哲语词汇进行了翻译，并附有该词语使用语境讲解，方便记忆，便于学习和研究参考。本书是学习赫哲语的工具书，对赫哲语传承有重要作用。

收藏单位：国家图书馆等

024《赫哲语 366 句会话句：少数民族语汉英日俄对照》

朝克著，社会科学文献出版社 2014 年出版

关键词：赫哲语 口语

中图法分类号：H225.94

本书用少数民族语言、汉语、英语、日语、俄语分别介绍赫哲族的 366 句日常会话，并对赫哲族的重要节日、风俗习惯进行简要说明，有利于加强对少数民族文化遗产的挖掘和保护，尊重、继承和弘扬

少数民族优秀传统文化，积极促进少数民族文化产业发展，努力推进少数民族文化对外交流等工作任务和政策措施的完成和实施。

收藏单位：国家图书馆、哈尔滨市图书馆、黑龙江省图书馆等

025《赫哲族——图画文字》

黄任远著，黑龙江教育出版社 2019 年出版

关键词：赫哲语 表形文字

中图法分类号：H225.2

本书是一部关于赫哲族图画文字的学术著作，内容包括："自然类图画文字""社会类图画文字""动植物类图画文字""衣食住行类图画文字""渔猎生产类图画文字""萨满信仰图画文字""民间流传的图画文字"等。过去很多人认为赫哲族无文字，现在用事实证明有早期的图画文字，对于非物质文化遗产的抢救与保护意义重大。

收藏单位：暂时无法提供馆藏信息

026《赫哲族语教程》

董群主编，黑龙江省民族研究学会赫哲族研究分会同江市民族宗教事务局 2012 年印

关键词：赫哲语 教材

中图法分类号：H225-43

本书为"赫哲族文库系列丛书"之一。为了学习、传承赫哲语，作者编写了本书（一、二册）以供学习者使用。赫哲语通过"口耳相传"的家族条件、社会条件已经不复存在，只能以教学方式来学习和传承赫哲语。本书对赫哲族语学习者有重要参考价值。

收藏单位：佳木斯大学图书馆等

027《赫哲族语言普及读本》

毕旭编著，团结出版社 2018 年出版

关键词：赫哲语

中图法分类号：H225

本书为"赫哲族文化艺术传承全书"之一。作者尝试用汉语拼音（不标声调）来标注赫哲语，采用汉语拼音标注为主、汉字标注为辅的双标注方式，只要掌握了汉字和汉语拼音，就能较为准确地学说赫哲语，发音正确率可达 98% 以上。本书是一部赫哲族语言词汇发音大全，有助于帮助更多的爱好者学习掌握赫哲语，更好地传承和弘扬赫哲族文化。

收藏单位：国家图书馆、大连民族大学图书馆、华东政法大学图书馆等

028《赫哲族语言浅探》

邢容、毕德林、吕品编著，黑龙江教育出版社 2019 年出版

关键词：赫哲语

中图法分类号：H225

本书是作者关于赫哲语研究成果的集合。内容包括："赫哲族语言通论""赫哲族语言现状调查""赫哲族语言中的色彩词汇的本义""赫哲族语言中的鱼类称谓探源""赫哲族语言在歌曲创作中的翻译问题""赫哲族语言中的女真语支""赫哲族语言中的奇楞语支""赫哲族语言与满族语言、鄂伦春族语言、鄂温克族语言""赫哲族语言的抢救与保护"等。

收藏单位：黑龙江省图书馆、佳木斯大学图书馆等

029《黑龙江同江赫哲语》

金莉娜、程亚恒著，商务印书馆 2019 年出版

关键词：赫哲语 黑龙江省同江市

中图法分类号：H225

本书以赫哲语田野调查为依据，运用社会语言学方法和结构主义语言学方法，描写了我国赫哲语的使用现状和语言结构特点，并转写了所采录、搜集的赫哲语句子及长篇话语。本书共分六章："导论""语音""词汇""分类词表""语法""语料"。赫哲语是我国极度濒危的少数民族语言，本书为记录、保存和研究濒危赫哲语做出了一定的贡献。

收藏单位：国家图书馆北京语言大学图书馆、大连民族大学图书馆等

030《简明赫哲语词典》

孙亚强主编，黑龙江人民出版社 2017 年出版

关键词：赫哲语 词典

中图法分类号：H225.64

本书分上、中、下三部分。上部是学习语言的基础，包括了语音、语法、词汇等学习语言必须具备的基础知识和日常词汇，并且用汉语标注了读音；中部包括赫哲族日常生活词汇及莫日根中摘编的词汇，对于语言的运用有重要的借鉴意义；下部为赫哲语常用会话 700 句以及课文，为理论提供实践的阵地。本书具有出版价值、语言学价值。

收藏单位：国家图书馆大连民族大学图书馆、黑龙江省图书馆等

031《简明赫哲语汉语对照读本》

尤志贤、傅万金编著，黑龙江省民族研究所 1987 年印制

关键词：赫哲语

中图法分类号：H225

本书为"赫哲文库"丛书之一，包括赫哲语的语音、语法、词汇、会话和阅读材料等内容，对初学赫哲语、保存赫哲语话语资料以及研究赫哲语都具有重要的意义。

收藏单位：内蒙古大学图书馆等

032《那乃语与赫哲语语音、词汇共时比较研究》

尹铁超、娜·维·库拉舍娃著，黑龙江人民出版社 2008 年出版

关键词：那乃语 赫哲语 语音 词汇 对比研究

中图法分类号：H545

本书作者试图通过努力，对那乃语和赫哲语这两种语言的分化情况进行记录和解释。本书内容主要包括："那乃族，赫哲族和语言概述""那乃语与赫哲语语音比较""词汇比较"等。

收藏单位：国家图书馆、哈尔滨市图书馆、黑龙江省图书馆等

033《说赫哲话》

毕拉哈拉•德林编著，同江市民委 2015 年印

关键词：赫哲语

中图法分类号：H225

本书作者编选了 1750 多句赫哲语，用汉语标注语义，用赫哲语标注发音，是初学赫哲语者较实用的教材。

收藏单位：暂时无法提供馆藏信息

I 文学

034《非物质文化遗产重点名录伊玛堪探索与解读》

张碧波、丛晴晴著，黑龙江人民出版社 2017 年出版

关键词：伊玛堪

中图法分类号：I207.925

本书选取非物质文化遗产重点名录《伊玛堪》中的《满都莫日根》《香叟莫日根》《木都力莫日根》等 10 篇具有代表性的篇目，对《伊玛堪》所反映的赫哲族渔猎文化的生活习俗、社会进程、政治理想、社会生活等方面进行了系统研究，是研究《伊玛堪》及赫哲族历史文化的重要著作。

收藏单位：国家图书馆、黑龙江省图书馆等

035《葛长胜伊玛堪遗存》

唐秋梅主编，黑龙江教育出版社 2019 年出版

关键词：赫哲族 说唱文学 作品集

中图法分类号：I239.9

本书为“赫哲族历史文化遗产系列丛书”之一，收录了著名伊玛堪歌手葛长胜讲唱的《满根木莫日根》《胡莎德都》《青鹰德都》《毕尔达巧克乔莫日根》《弗尔干和弗拉红》5 部伊玛堪作品，是采录者在 1958 年采录的，是宝贵的民族文化遗产，对抢救和保护非物质文化遗产具有重要的意义和价值。

收藏单位：国家图书馆等

036《葛德胜伊玛堪遗存》

付春梅主编，黑龙江教育出版社 2019 年出版

关键词：赫哲族 说唱文学 作品集

中图法分类号：I239.9

本书为“赫哲族历史文化遗产系列丛书”之一，收录了著名伊玛堪歌手葛德胜讲唱的《香叟莫日根》《吴呼萨莫日根》《沙伦莫日根》三部伊玛堪长篇代表作。其中《沙伦莫日根》是国际音标本，原汁原味地反映了伊玛堪的原貌，具有科学性、实用性和保护性。这三部作品都是采录者在 20 世纪 80 年代采录完成的，具有迫切的现实意义、抢救意义和保护意义。

收藏单位：国家图书馆等

037《赫哲莫日根绝唱：葛德胜、葛长胜〈伊玛堪〉作品选集》

葛忠兴等编，煤炭工业出版社 2018 年出版

关键词：说唱文学 作品集

中图法分类号：I239.9

赫哲族有自己的说唱文学形式，称为“伊玛堪”。2006 年，被列为国家级非物质文化遗产。2011 年 11 月被联合国教科文组织列为《急需保护的非物质文化遗产名录》。伊玛堪历史悠久，是赫哲族的文化瑰宝，不仅具有极高的文学、文化人类学和社会学、语言学、民俗学、文艺学等多种学科的研究价值，而且保存了极有特色、极有价值的原始渔猎文化。

收藏单位：暂时无法提供馆藏信息

038《赫哲人的英雄史诗：口述伊玛堪》

李大为著，吉林文史出版社 2020 年出版

关键词：赫哲族 伊玛堪

中图法分类号：I207.925

作者站在宏观的民族学和人类学的视野，对赫哲族的说唱艺术进行了全方位的梳理。全书采用口述的方式，对伊玛堪说唱艺术的起源、演进、发展和传承展开叙述。作者采访了伊玛堪国家级和省级传承人，伊玛堪研究的国内外学者，还有热爱伊玛堪艺术的赫哲族同胞。伊玛堪是赫哲人的英雄史诗，伊玛堪说唱的历史沿革，在书中都有鲜明的体现。

收藏单位：国家图书馆等

039《赫哲族民间传说故事精选》

王长玲编著，团结出版社 2018 年出版

关键词：赫哲族 民间故事 作品集

中图法分类号：I277.3

本书为“赫哲族文化艺术传承全书”之一。在长期的渔猎生产生活中，勤劳勇敢、善于歌唱的赫哲人，用自己的智慧和才能创造了以“渔猎文化”为核心的民间文学样式，这些民间传说故事反映了特定时空范畴内赫哲族人民的世界观、价值观、道德观和审美观，是了解赫哲族发展历程的参考资料。

收藏单位：国家图书馆、大连民族大学图书馆、东南大学图书馆等

040《赫哲族民间故事选》

王士媛、马名超、黄任远编，上海文艺出版社 1986 年出版

关键词：赫哲族 民间故事

中图法分类号：I277.3

本书为“中国少数民族民间文学丛书”之一。赫哲族民间故事大体有四类：山水风物传说、关于民族来历的传说、关于天地起源的传说、与劳动生活有联系的事物的传说。本书收入赫哲族有代表性的民间故事 76 篇，其内容和形式呈现多样性，反映了赫哲族民间故事的概貌。

收藏单位：国家图书馆、黑龙江省图书馆、中山大学图书馆等

041《赫哲族人物传》

哈普都·隽明、黄任远编著，国际炎黄文化出版社 2006 年出版

关键词：赫哲族 传记 作品集

中图法分类号：I267

本书分为五辑，分别为历史人物、当代人物、人物通讯、人物口述、赵氏家族，介绍了 200 多位赫哲族代表人物，旨在弘扬民族精神、宣传民族文化，让更多的读者了解赫哲族、认识赫哲族；同时也展示赫哲人风采，达到缅怀先人，激励后代的作用。

收藏单位：暂时无法提供馆藏信息

042《赫哲族特伦固》

梁春雨主编，黑龙江教育出版社 2017 年出版

关键词：赫哲族 神话

中图法分类号：I227.3

本书选编了赫哲族传说 50 余篇，其中有神话传说、英雄传说、族源传说、渔猎传说、动植物传说、风物传说、风俗传说等。特伦固，汉语是传说之意，是黑龙

江省非物质文化遗产保护项目，是赫哲族社会生活的百科全书。特伦固展示了赫哲族渔猎社会的生活，带着明显的时代印记，是赫哲族历史文化的记录，具有重要的文化价值。

收藏单位：国家图书馆等

043《赫哲族文学》

徐昌翰、黄任远著，北方文艺出版社1991年出版，2000年再版

关键词：赫哲族 文学史

中图法分类号：I207.9

本书为“中国少数民族文学史丛书”之一，内容包括：“赫哲族的历史概况”“神话”“民族说唱文学概说”“说唱文学与萨满文化”“民族说唱文学的多元文化结构”“民族说唱文学的作品结构”“赫哲说唱故事的演变与发展”“说唱文学的演唱和艺术形式”“传统故事‘特仑固’‘说胡力’、民歌‘嫁令阔’”“谚语”“当代赫哲族说唱艺术家和口头文学翻译工作者”“书面创作文学”等，本书是一部材料丰富的赫哲族文学史，作者在掌握大量第一手材料并全面总结国内外研究成果的基础上，从文学、历史学、考古学、文化学、民族学、宗教学、语言学、民俗学、神话学等学科综合研究的角度，对渔猎社会口头文学提出了一系列卓有新见的理论认识。本书对萨满文化及其与口头文学的关系研究尤为深入，取得大量突破性进展。

收藏单位：国家图书馆、哈尔滨师范大学图书馆、黑龙江省图书馆等

044《赫哲族伊玛堪代表性传承人口述史》

孙亚强主编，黑龙江人民出版社2015年出版

关键词：赫哲族 伊玛堪

中图法分类号：I207.925

本书为“黑龙江省非物质文化遗产系列丛书”之一，以国家级代表传承人吴明新、吴宝臣，省级代表性传承人尤文凤、尤文兰、万秀云等赫哲族伊玛堪代表性传承人的口述为主线，对赫哲族伊玛堪代表性传承人集体记忆进行了整理，从传承人个体的精神世界中体现了对赫哲族伊玛堪历史和文化的追思。

收藏单位：国家图书馆、西南大学图书馆、广西壮族自治区图书馆等

045《赫哲族伊玛堪选》

尤志贤编译，黑龙江省民族研究所1992年印

关键词：赫哲族 伊玛堪

中图法分类号：I207.925

本书为“赫哲文库丛书”之一，收入了《满都莫日根》《沙伦莫日根》两部完整的伊玛堪作品及其他两部伊玛堪作品的片段，不仅有准确、优美、散、韵结合的汉文译文，而且用国际音标标注出了赫哲语原文，弥补了以往整理出版伊玛堪作品的不足。本书在保存“伊玛堪”作品和赫哲语原始资料方面做出了历史性的贡献，使整理出版赫哲族文化遗产的工作提高到了一个新高度。

收藏单位：黑龙江省图书馆等

046《赫哲族伊玛堪研究史》

黄任远、刁乃莉著，民族出版社 2016 年出版

关键词：赫哲族 伊玛堪 文学研究

中图法分类号：I207.925

本书作者采用了丰富的调查资料、研究成果以及田野笔记等，第一次梳理了 20 世纪 30 年代至 2016 年，伊玛堪 80 余年的研究史。作者分 6 个时间段阐述了伊玛堪采录、搜集整理、出版、国内外学者研究情况、将伊玛堪流传较广的篇目、说唱者以及研究者系统地介绍给了读者，为后人提供了翔实的研究史料。

收藏单位：国家图书馆、中山大学图书馆、佳木斯大学图书馆等

047《黑龙江流域少数民族英雄叙事诗：赫哲族卷》

黄任远主编，黑龙江人民出版社 2012 年出版

关键词：赫哲族 叙事诗 诗集

中图法分类号：I227.3

本书从生产生活、宗教信仰、民族风俗等多角度，反映了赫哲族的原始渔猎文化生活面貌。书中精选了四位著名赫哲族伊玛堪歌手葛德胜、吴连贵、尤金良等说唱的八部英雄叙事诗作品，分别用罗马字母注音、汉语直译和意译，具有保存民族语言语音资料、填补民族历史空白、反映民族风情的价值和“文化标本学”的意义，对研究赫哲族英雄叙事诗有参考作用。

收藏单位：国家图书馆、北京师范大学图书馆、西南民族大学图书馆等

048《黑龙江民间文学：赫哲族民间文学专集·第 2 集》

中国民间文艺研究会黑龙江分会 1981 年编印

关键词：赫哲族 伊玛堪 民间故事

中图法分类号：I277

本书收录赫哲族长篇伊玛堪 4 部、伊玛堪片断 5 部，刊登介绍歌手的文章 2 篇、调查报告 1 篇，对了解赫哲族伊玛堪具有重要的价值。

收藏单位：中央民族大学图书馆、福建省图书馆、柳州市图书馆等

049《黑龙江民间文学：赫哲族民间故事专集·第 5 集》

中国民间文艺研究会黑龙江分会 1983 年编印

关键词：民间故事 赫哲族

中图法分类号：I277

本书共选传统故事和渔猎、爱情、英雄、风物、动物故事 95 篇，故事简短却表达了赫哲族人民的理想，歌颂了人民英雄的聪明才智和善良勇敢，有着很高的艺术价值，是了解赫哲族历史、经济、文化、生产、生活、风俗习惯等多方面情况的重要资料。

收藏单位：国家图书馆、浙江图书馆、星海音乐学院图书馆等

050《黑龙江民间文学：赫哲族伊玛堪论文专集·第 12 集》

中国民间文艺研究会黑龙江分会 1984 年编印

关键词：民间故事 赫哲族 伊玛堪

中图法分类号：I277

本书收录了关于伊玛堪研究的论文 16 篇，对于研究赫哲族英雄叙事诗的来源问题具有参考价值。

收藏单位：国家图书馆、聊城大学图书馆、长沙医学院图书馆等

051《黑龙江民间文学·第 20 集》

王士媛编，中国民间文艺研究会黑龙江分会 1987 年印

关键词：民间故事 赫哲族 伊玛堪

中图法分类号：I277

本书收录赫哲族长篇“伊玛堪”2 部，一是尤树林说唱，尤树林、尤志贤翻译，黄任远记录整理的《马尔托莫日根》；二是葛德胜说唱，傅万金、葛忠厚翻译，傅万金采录整理的《希尔达鲁莫日根》。另外收录葛德胜口述、李熏风记录整理的口述史《从吞声哭到放声歌》，李福清著、方红象翻译的《中国古神话研究史试探》，关沫南的《〈梳妆楼〉序》等，是研究伊玛堪的重要资料和参考。

收藏单位：中央民族大学图书馆、贵州省图书馆、黑龙江省图书馆等

052《黑龙江民间文学·第 21 集》

王士媛编，黑龙江省文联印刷厂 1990 年印

关键词：民间故事 赫哲族 伊玛堪

中图法分类号：I277

本书收录葛德胜说唱，方行、王士媛、晓寒采录，尤志贤翻译，王士媛整理的赫哲族“伊玛堪”《木都力莫日根》，葛德胜说唱、晓寒翻译整理的《牟都里莫日根》。同时还收录吴连贵说唱、黄任远采录整理的赫哲族民歌 32 首，果尔特人（即那乃人）的故事和传说 17 篇，是研究赫哲族民间文学的参考资料。

收藏单位：暂时无法提供馆藏信息

053《黑龙江文学通史·第 1 卷》

黄任远、刁绍华等著，北方文艺出版社 2001 年出版

关键词：文学史 黑龙江省

中图法分类号：I209.935

本书刊有黄任远撰写的《黑龙江民族民间文学》，分六章：“史前民族民间文学”“古代英雄故事”“古代民间传说”“古代民间故事”“近现代民间文学”“当代民间文学”。书中重点论述赫哲族的神话、古歌、伊玛堪、莫日根故事、地方传说、歌谣谚语等，对赫哲族民间文学研究具有重要的参考价值。

收藏单位：华东师范大学图书馆、绥化学院图书馆、长春市图书馆等

054《黑龙江伊玛堪》

黄任远、王士媛主编，黑龙江人民出版社 2011 年出版

关键词：赫哲族 英雄史诗 黑龙江省

中图法分类号：I222.7

本书为“黑龙江流域非物质文化遗产代表作丛书”之一。“伊玛堪”是赫哲族世代口耳相传的口头文学遗产，是研究我国渔猎时代口头文字的标本。作品塑造了英雄莫日根、神鹰阔力、萨满神灵及妖魔等形象，讲述了部落英雄历经磨难、西征复仇最终胜利凯旋的故事，反映了当时原始渔猎社会的生活和风俗，具有民族风格和地方特色。伊玛堪有说有唱，无乐器伴奏，是一种古老的民间说唱文学，被誉为

"北部亚洲原始语言艺术的活化石"，具有重要的历史价值、语言价值、社会价值和学术价值。

收藏单位：国家图书馆、辽宁省图书馆、黑龙江省图书馆等

055《佳木斯民间文学集成》

佳木斯市民间文学集成编委会 1991 年编印

关键词：民间故事 作品集 佳木斯市

中图法分类号：I227

本书收录各民族神话、传说、故事、歌谣、谚语等，共计 70 万字，分上下两册。其中收录赫哲族神话 9 篇，传说 27 篇，故事 45 篇，歌谣 76 首，谚语 223 条，主要采录整理者为黄任远、韩福德、尤志贤等人，是研究赫哲族民间文学重要的参考资料。

收藏单位：国家图书馆等

056《恰克莫的往事》

孙代君著，团结出版社 2017 年出版

关键词：民间故事 作品集 佳木斯市

中图法分类号：I227

本书为"佳木斯民间文学集成"丛书之一，是一本以佳木斯区域山水景物为载体的传说专著。作者以考证历史、尊重史实的态度，翻阅了大量的学者文章和历史资料，讲述了远古时代赫哲人的历史，使读者在观赏景点的同时了解赫哲族发展历史。

收藏单位：华东师范大学图书馆、佳木斯大学图书馆等

057《萨满英雄之歌：伊玛堪研究》

孟慧英著，社会科学文献出版社 1998 年出版

关键词：赫哲族 说唱文学 文学研究

中图法分类号：I207.9

本书为"萨满文化丛书"之一，包括"伊玛堪概述""伊玛堪与英雄时代""伊玛堪的艺术表现""伊玛堪解读""伊玛堪的符号解释"五章，探讨了只限于在我国赫哲族中流传的伊玛堪作品，对后来的深入研究提供了参考。

收藏单位：国家图书馆、大庆师范学院图书馆、哈尔滨师范大学图书馆等

058《守望与薪传：赫哲族"伊玛堪"传承人研究》

侯儒、丁媛著，社会科学文献出版社 2020 年出版

关键词：赫哲族 伊玛堪 民族音乐研究

中图法分类号：J607.225

本书从人类学视角出发，用文字记录"伊玛堪"传承人的学艺经历、技艺传承脉络、人生轨迹，将个人生命史并入口述历史的研究范围中，以期从生命历程的角度呈现"伊玛堪"传承人对于"伊玛堪"保护工作的重要意义和价值，旨在力求最大限度地保护和传承"伊玛堪"这项民间说唱艺术，并让更多人领略"伊玛堪"文化艺术的魅力，进一步增强赫哲族人民的文化自豪感和自信心。

收藏单位：国家图书馆等

059《梳妆楼》

王士媛编，北方文艺出版社 1999 年出版

关键词：民间故事

中图法分类号：I277

全书共收录民间故事86篇，其中选录赫哲族故事10篇，分别是：《北斗》《天河》《彩虹》《月亮》《蓥花姑娘》《七女峰》《人参娃》《达子香》《鸳鸯鸟》《天鹅湖》是研究赫哲族民间故事的参考资料。

收藏单位：东北林业大学图书馆、东北农业大学图书馆、哈尔滨学院图书馆等

060《通古斯—满语族神话研究》

黄任远著，黑龙江人民出版社2000年出版

关键词：通古斯-满语族 神话 文学研究

中图法分类号：I207.7

本书的下篇主要阐述了赫哲族伊玛堪研究以及伊玛堪流传与演变过程，分析了伊玛堪中莫日根、阔力、神灵、妖魔的艺术形象，探讨了《伊玛堪》多元文化结构、《伊玛堪》情节模式、《伊玛堪》艺术特色，分析了伊玛堪《香叟莫日根》、萨满文化对《伊玛堪》的渗透、《伊玛堪》与《摩苏昆》比较等，对于研究赫哲族历史文化与其他民族的文化关系有参考价值和借鉴意义。

收藏单位：国家图书馆、辽宁省图书馆、黑龙江省图书馆等

061《同江民间文学集成》

田志华主编，同江市民间文学集成编委会2002年编印

关键词：赫哲族 民间文学

中图法分类号：I207.9

本书分为神话、传说、故事、笑话、歌谣、谚语六大类，收录赫哲族神话7篇、传说25篇、故事64篇、笑话4篇、歌谣173首、谚语百余条。采录整理者主要有黄任远、孙玉森、韩福德、尤志贤等人。本书是研究赫哲族民间文学的第一手资料。

收藏单位：暂时无法提供馆藏信息

062《吴进才伊玛堪遗存》

贺春艳主编，黑龙江教育出版社2019年出版

关键词：赫哲族 说唱文学 作品集

中图法分类号：I239.9

本书为“赫哲族历史文化遗产系列丛书”之一，收录了著名伊玛堪歌手吴进才讲唱的《安徒莫日根》《阿格弟莫日根》《尤虎莫日根》，其中《安徒莫日根》采用国际音标标注赫哲语音，先直译，后意译，原汁原味地反映伊玛堪原貌。书后附有吴进才伊玛堪调曲谱和其女儿吴国芳的回忆文章，具有科学性、实用性，同时具有抢救、保护和研究价值。

收藏单位：国家图书馆等

063《吴连贵伊玛堪遗存》

刘炽主编，黑龙江教育出版社2019年出版

关键词：赫哲族 说唱文学 作品集

中图法分类号：I239.9

本书为“赫哲族历史文化遗产系列丛书”之一，收录了著名伊玛堪歌手吴连贵讲唱的《木竹林莫日根》《木都里莫日根》等11部伊玛堪作品，是至今为止收录吴连贵伊玛堪作品最全的版本，书后附有吴连贵伊玛堪调曲谱和其儿子吴明荣回忆父亲的文章。这些绝唱作品全部采用国际音标标注赫哲语音，先直译、后意译，原汁原味地反映伊玛堪的原貌，具有科学性、实

用性和保护性，有利于推动伊玛堪的保护和研究。

收藏单位：国家图书馆等

064《希特莫日根》

尤金良说唱，黄任远、于晓飞采录整理，赫哲族伊玛堪说唱项目保护组2013年编印

关键词：赫哲族 伊玛堪

中图法分类号：I207.925

本书上篇是国际音标标注赫哲语并直译，下篇是汉语意译本。本书特点是对赫哲语方言等进行注释，对尤金良说唱时的表情神态作了采录附记，并进行详细描述，还原了演唱时的情景，是研究伊玛堪的参考资料。

收藏单位：暂时无法提供馆藏信息

065《新时期中国少数民族文学作品选集：赫哲族卷》

中国作家协会编，作家出版社2015年出版

关键词：赫哲族 少数民族文学 作品综合集

中图法分类号：I29

本书收录了新时期赫哲族作家群体创作的小说、散文、诗歌、报告文学56篇。作品中，有的描写以捕鱼为生的赫哲渔民日常生活和民俗，有的反映对爱情和新生活的向往与追求，有的再现赫哲人与大自然抗争、与日本侵略者斗争的历史，多角度地表现了赫哲族的渔猎文化，讴歌了赫哲族人民的新生活和精神面貌，集中展示了新时期赫哲族文学繁荣发展的景象。

收藏单位：国家图书馆、齐齐哈尔大学图书馆、佳木斯大学图书馆等

066《伊玛堪：从民族史诗到非物质文化遗产》

韩成艳著，社会科学文献出版社2020年出版

关键词：伊玛堪赫哲族 说唱文学

中图法分类号：I207.925

本书主要包含两方面内容：第一，对作为民族口头传统的“伊玛堪”进行背景交代和文本分析，阐释一度作为民族日常生活内容与核心象征体系的“伊玛堪”与社区以及民族历史文化体系之间的密切关联；第二，通过社区参与观察，回顾“伊玛堪”借助非物质文化遗产保护机制重建社区的公共文化生活这一复杂过程，从理论和现实的角度证明我国非物质文化遗产在县域实践社区保护的可能性和独特意义，进而探索如何通过非物质文化遗产保护机制推进（民族）文化社区建设，最终实现个体之间，个体与社区，以及（民族）社区与（民族）社区之间的文化认同与分享的可能性。

收藏单位：国家图书馆、广西大学图书馆、成都大学图书馆等

067《伊玛堪：赫哲族》

黑龙江省民间文艺家协会编，黑龙江人民出版社1998年出版

关键词：赫哲族 说唱文学

中图法分类号：I292.57

本书为“黑龙江流域民族民间史诗叙事诗丛书”之一。编者从已经翻译成汉语的伊玛堪中遴选出代表作品，汇编成集出版，为我国少数民族文学史添上新的

篇章。

收藏单位：国家图书馆、北京大学图书馆、佳木斯大学图书馆等

068《伊玛堪集成》

宋宏伟主编，黑龙江人民出版社 2014 年出版

关键词：伊玛堪

中图法分类号：I207.22-53

本书分上、中、下 3 卷，收录了伊玛堪说唱 48 部，图片 300 余幅，精选了伊玛堪传承人口述史、伊玛堪调查报告、伊玛堪艺人和翻译家的介绍等内容，比较完整、客观、系统地反映了赫哲族伊玛堪说唱的全貌，同时还收录了诠释伊玛堪说唱传承区域、代表性传承人、历史渊源、表现形态、文化价值、濒危状况及保护的重要理论学术文章。本书为伊玛堪的传承、保护留下了珍贵的资料。

收藏单位：国家图书馆、湖州师范学院图书馆、佳木斯大学图书馆等

069《伊玛堪论集》

黄任远、刁乃莉、金朝阳主编，民族出版社 2013 年出版

关键词：赫哲族 英雄史诗 诗歌研究

中图法分类号：I207.22-53

本书为“黑龙江历史文化研究工程系列丛书”之一，由“前言”“伊玛堪的价值和研究”“名称研究”“总体研究”“比较研究”“文本研究”“价值研究”“歌手研究”“文化研究”“保护研究”“其他研究”“后记”等组成，收录了《萨满教与伊玛堪》《赫哲伊玛堪探源》《赫哲族民间文学研究》《伊玛堪中的莫日根》等文章，是研究赫哲族历史文化的重要参考资料。

收藏单位：国家图书馆、黑龙江省图书馆、哈尔滨市图书馆等

070《伊玛堪论文集》

张学文主编，黑龙江人民出版社 2013 年出版

关键词：伊玛堪 文集

中图法分类号：I207.9-53

本书是关于《伊玛堪》的学术论文集，收录研究赫哲族伊玛堪的论文 17 篇，包括《赫哲民族的说唱叙事传统——伊玛堪》《赫哲族伊玛堪说唱现状调研》《从伊玛堪专用曲调看其说唱音乐的原生性特征》《赫哲族伊玛堪说唱的保护与传承》等，是研究赫哲族伊玛堪的重要参考资料。

收藏单位：国家图书馆、黑龙江省图书馆等

071《伊玛堪田野研究报告：对赫哲族歌手吴连贵的调查》

黄任远著，中国社会科学出版社 2016 年出版

关键词：伊玛堪

中图法分类号：I207.925

本书为“中国社会科学院民俗学研究书系”之一，是作者在 1975-1980 年间，对伊玛堪歌手吴连贵长期田野采录调查所得大量的第一手资料的基础上梳理研究而写成的，其中包括“伊玛堪名称和形式、传承和价值研究”“伊玛堪歌手吴连贵口述史的研究”“伊玛堪情节模式、艺术形象和艺术特色的研究”“伊玛堪传承和曲调的研究”。另外附录有歌手吴连贵生平和其绝唱伊玛堪作品，供民俗学界专家学

者和民俗文化爱好者研究和欣赏。

收藏单位：国家图书馆、中山大学图书馆、佳木斯大学图书馆等

072《伊玛堪与赫哲人田野调查》

黄任远著，黑龙江人民出版社2015年出版

关键词：“伊玛堪”田野调查

中图法分类号：I207.925

本书为“黑龙江省非物质文化遗产系列丛书”之一，是一部珍贵的关于伊玛堪的田野调查报告，收录了22位赫哲人讲述的口述史和民族风俗，其中有6位是著名的伊玛堪歌手，2位是伊玛堪翻译，另外一些是本民族著名作家、名医、画家、艺人、抗日老兵、村长、乡长、人大代表、民族干部等。田野调查时间从1970-2006年，时间跨度36年，再现了伊玛堪抢救保护的全过程。

收藏单位：国家图书馆、哈尔滨市图书馆、黑龙江省图书馆等

073《尤金良伊玛堪遗存》

李雪主编，黑龙江教育出版社2019年出版

关键词：赫哲族 说唱文学 作品集

中图法分类号：I239.9

本书为“赫哲族历史文化遗产系列丛书”之一，收录了著名伊玛堪歌手尤金良讲唱的《希特莫日根》和《坎特莫日根》两部长篇伊玛堪代表作，其中《希特莫日根》采用国际音标标注赫哲语音，先直译，后意译，原汁原味地反映伊玛堪原貌，其录音光盘被黑龙江省非遗保护中心复制发给伊玛堪传习所，成为伊玛堪传承教材。书后附有尤金良伊玛堪调曲谱和其儿子尤星的回忆文章，具有现实的抢救保护意义和重要的学术研究价值。

收藏单位：国家图书馆等

074《尤树林伊玛堪遗存：佳木斯地区赫哲族文物概览》

付春梅编著，黑龙江教育出版社2019年出版

关键词：赫哲族 说唱文学 作品集

中图法分类号：I239.9

本书为“赫哲族历史文化遗产系列丛书”之一，收录了著名伊玛堪歌手尤树林讲唱的《马尔托莫日根》《猎人莫日根》《射日莫日根》，书后附有尤树林伊玛堪调曲谱和其女儿尤桂荣回忆父亲的文章。这三部伊玛堪作品都是采录者在20世纪80年代向讲唱者采录的，是一份宝贵的民族文化遗产，是赫哲族民间文学的经典作品。

收藏单位：国家图书馆等

075《中国各民族神话：满族 赫哲族 朝鲜族》

姚宝瑄主编，书海出版社2014年出版。

关键词：神话 赫哲族

中图法分类号：I277.5

本书被收入《中国各民族神话丛书》。编者经过多年的实地考察、现场采集、资料收集，将满族、赫哲族、朝鲜族的创世神话、洪水神话、天体神话、英雄神话搜罗净尽，并以整理口述的方式，最大限度保留神话流传地的方言特色，全面、生动地展示了中国古老神话的面貌，存留了关于中国民族神话的第一手资料，有很高的

文化价值和出版价值。

收藏单位：国家图书馆、黑龙江省图书馆、广西艺术学院图书馆等

076《中国绝唱伊玛堪》

黄任远，黑龙江教育出版社 2019 年出版

关键词：伊玛堪 赫哲族 说唱文学

中图法分类号：I207.925

本书为“赫哲族历史文化遗产系列丛书”之一，共十八章，包括“伊玛堪田野采录与翻译整理”“伊玛堪名称原始意义”“伊玛堪的时代特征”“伊玛堪的歌手作品”“伊玛堪歌手谈艺术”“伊玛堪的流传演变”“伊玛堪的情节模式”“伊玛堪的叙事结构”“伊玛堪的艺术形象”“伊玛堪的艺术特色”“伊玛堪的民俗文化”等内容，是研究赫哲族伊玛堪的参考资料。

收藏单位：国家图书馆等

077《中国民间文学大系：史诗·黑龙江卷：伊玛堪分卷》

中国文学艺术界联合会、中国民间文艺家协会总编纂，中国文联出版社 2019 年出版

关键词：民间文学 作品综合集 伊玛堪

中图法分类号：I277

本书是“中国民间文学大系出版工程系列图书”之一，精选了既具历史意义又有文化艺术价值的 14 部伊玛堪文本，它们由多位歌手演唱，其中 13 部为 20 世纪 60 年代至 80 年代抢救采录的成果，1 部为 20 世纪 30 年代民族学家凌纯声采录的伊玛堪故事。伊玛堪具有渔猎生活气息和艺术魅力，反映了赫哲族古代部落时期的征战、迁徙、社会、生活、民族、信仰，保存了萨满文化，是赫哲族的精神瑰宝、文化遗产、口碑历史、艺术精品。

收藏单位：国家图书馆等

078《中国伊玛堪——赫哲绝唱》

黄任远著，黑龙江人民出版社 2010 年出版

关键词：赫哲族 英雄史诗

中图法分类号：I207.925

本书为“中国民间口头与非物质文化遗产推介丛书”之一。作者从“伊玛堪概述”“伊玛堪文化形式的达标程度评估”“伊玛堪濒危报告”等几个方面，全面阐述了世代相传的赫哲族英雄史诗伊玛堪的形成与发展的轨迹、文化形式、传承方式、专家评价、保护价值与抢救价值等内容，本书对抢救和保护“伊玛堪”具有重要意义。

收藏单位：国家图书馆、黑龙江省图书馆、沈阳市图书馆等

J　艺术

079《重现图腾：赫哲族百神脸谱及其内涵》

姜涛等著，黑龙江教育出版社 2012 年出版

关键词：赫哲族 图腾 面具 脸谱

中图法分类号：J528.3-64

本书为“东北三江流域文化丛书”之一，分为三个部分，一是介绍赫哲百神鱼皮面具产生的历史渊源，发掘整理过程，脸谱的特征等；二是展示赫哲百神鱼皮面具脸谱图片，相关神灵原物图片等；三是给出赫哲百神鱼皮面具脸谱名称并说明其

内涵。本书具有一定的资料和研究价值，对当代国际萨满学的研究具有参考作用。

收藏单位：国家图书馆、黑龙江省图书馆、长春师范大学图书馆等

080《赫乡之声》

《赫乡之声》歌曲集编辑委员会2006年编印

关键词：赫哲族 歌曲

中图法分类号：J642.22

本书囊括了同江市和热爱家乡的音乐工作者几十年来创作的歌曲及赫哲族民歌的精华。突出民族特色，传承优秀文化，彰显民族文化蕴涵，是本书的显著特征。《赫乡之声》的问世，对于保护、发展、传承赫哲族文化，具有重要的现实意义和深远的历史意义。

收藏单位：佳木斯大学图书馆等

081《赫哲美术探寻录》

吕品著，哈尔滨出版社2002年出版

关键词：赫哲族 美术史

中图法分类号：J120.9

本书是“五花草文丛”之一，是一本探寻美术领域的散文作品集，包括：《像烟一样白》《青铜骑士青铜马》《日出东方》《游动的服饰》《美食余韵》《复制木器时代》等内容。

收藏单位：国家图书馆、哈尔滨市图书馆、黑龙江省图书馆等

082《赫哲族传统图案集锦》

王英海、孙熠、吕品编著，黑龙江教育出版社2011年出版

关键词：赫哲族 图案

中图法分类号：J522.8

本书为“东北三江流域文化丛书”之一，收集了20种赫哲族传统图案，包括生产工具图案、生活用具图案、居室图案、桦皮盒图案、猎装图案、婚装图案、螺旋纹服装图案、服饰图案、帽子图案、鞋袜手套图案、装饰纹样图案、纹饰分类图案、雕刻图案、剪镂图案、铜配饰图案、萨满神具图案、萨满鼓具图案、萨满面具图案、神偶纹饰图案、神像画图案等，并对每一类别的图案做了简短的说明，是了解赫哲族历史文化的参考资料。

收藏单位：国家图书馆、东北林业大学图书馆、佳木斯大学图书馆等

083《赫哲族风俗画》

王益章、黄任远编著，尤永贵绘，黑龙江美术出版社2006年出版

关键词：赫哲族 少数民族风俗习惯 风俗画

中图法分类号：J222.7

本书为“黑龙江流域民族民间艺术研究系列丛书”之一，画家用画笔表现民族的风俗、反映民族的历史，为抢救民族文化遗产，弘扬赫哲族文化做出了贡献。他创作的反映赫哲族服饰习俗、饮食习俗、居住习俗、渔猎习俗、婚嫁习俗、丧葬习俗、礼仪习俗及原始信仰渔猎生活的风俗画，为赫哲族留下了珍贵的绘画风俗志。

收藏单位：国家图书馆、黑龙江省图书馆、佳木斯大学图书馆等

084《赫哲族剪纸工艺拾萃》

蒋丽萍、吕一丁、吕品编著，黑龙江教育出版社2019出版

关键词：赫哲族 剪纸 民间工艺

中图法分类号：J528.1

本书为“赫哲族历史文化遗产系列丛书”之一，共十四章，包括“赫哲族剪纸概述”“赫哲族剪纸的渊源”“赫哲族剪纸的类型”“赫哲族剪纸的剪材分类”“赫哲族剪纸的传承”“赫哲族剪纸的特征”“赫哲族剪纸的代表性作品”“赫哲族剪纸的特殊剪材及其工艺流程”等，对赫哲族剪纸代表作品做了全面陈列，具有一定的实用性。

收藏单位：佳木斯大学图书馆等

085《赫哲族民歌歌曲集》

张志权编著，黑龙江朝鲜民族出版社1997年出版

关键词：赫哲族 民歌

中图法分类号：J642.212.5

赫哲族民歌是赫哲族民间文化艺术的瑰宝。作者将流传多年、久唱不衰、脍炙人口的赫哲族民歌40首及广大文艺工作者深入生活、精心创作的富有浓郁赫哲族风情的歌曲51首汇集成册，充分反映了赫哲族人民世世代代的生活风貌，深刻展示了赫哲族人民粗犷豪放、顽强拼搏的性格。本书不仅使读者观赏到赫哲族歌曲的全貌，而且也能比较系统地了解到赫哲族歌曲源远流长的演变过程。

收藏单位：国家图书馆、佳木斯大学图书馆、黑龙江省图书馆等

086《赫哲族民歌情感蕴涵》

邢容、邢铁红、邢铁志著，黑龙江教育出版社2011年出版

关键词：赫哲族 民歌 黑龙江省

中图法分类号：J607.225

本书为“东北三江流域文化丛书”之一，作者将田野考察和音乐理论相结合，对赫哲族传统民歌这一音乐形式进行了全面介绍和研究。作者搜集整理了颂歌、民谣、情歌、对唱、猎歌、渔歌、叙事歌、摇篮曲等近百首，语言生动丰富，极富表现力。

收藏单位：国家图书馆、哈尔滨医科大学图书馆、佳木斯大学图书馆等

087《赫哲族民歌总集》

李利佳、杨润主编，中国文联出版社2010年出版

关键词：赫哲族 民歌

中图法分类号：J607

赫哲族民间音乐是我国民族音乐中不可或缺的重要组成部分，挖掘和整理赫哲族民间音乐有不可忽视的重要性。本书是普通高等院校区域文化教材赫哲民歌卷，作者从原生态民歌、创作民歌、乌日贡系列三个方面对赫哲族民间音乐进行整理与研究，是学习、研究赫哲族民间音乐的参考资料。

收藏单位：黑龙江省图书馆、佳木斯大学图书馆等

088《赫哲族民间音乐的保护与传承研究》

于淼淼、李姗姗著，黑龙江人民出版社2016年出版

关键词：赫哲族 民族音乐

中图法分类号：J607.225

2011年11月23日，赫哲族民间说唱音乐“伊玛堪”被联合国教科文组织列入“急需保护的非物质文化遗产名录”。在此背景下，作者对赫哲族的民间音乐（伊玛

堪、嫁令阔、舞蹈音乐和宗教音乐等）从内容、曲调、艺术形式到文化内涵进行剖析，从而提出了保护赫哲族民间音乐的模式与策略。本书内容包括“赫哲族概述”“赫哲族民间音乐”“赫哲族民歌—‘嫁令阔’”“说唱形式—‘伊玛堪’”“赫哲族民间音乐的文化内容”“赫哲族民间音乐保护与传承”等。

收藏单位：国家图书馆、黑龙江省图书馆等

089《赫哲族戏剧选》

贾振东、付淑梅编，北京燕山出版社1999年出版

关键词：赫哲族 歌舞剧

中图法分类号：J82

本书收入赫哲族各类剧目11部，其中话剧2部、戏曲3部、歌剧1部、音乐剧1部、歌舞剧2部、伊玛堪歌舞剧2部，系统整理了20世纪50年代到90年代赫哲族戏剧创作成果。

收藏单位：长春师范大学图书馆、佳木斯大学图书馆等

090《赫哲族伊玛堪》

陈恕著，黑龙江人民出版社2012年出版

关键词：赫哲族 说唱文学 伊玛堪

中图法分类号：J826

本书为“黑龙江省非物质文化遗产系列丛书”之一，包括“赫哲族伊玛堪音乐文化的历史轨迹”“赫哲族伊玛堪的研究”“赫哲族伊玛堪音乐研究”“赫哲族伊玛堪的调查”“赫哲族伊玛堪的抢救与保护”等内容。作者从伊玛堪唱腔入手研究伊玛堪的音乐形式，研究角度新颖，对伊玛堪的传承及保护有积极的作用，附录中又收录了一些著名说唱艺术的唱腔乐谱，更为珍贵。

收藏单位：国家图书馆、黑龙江省图书馆等

091《赫哲族伊玛堪说唱》

李鼎仁主编，黑龙江美术出版社2015年出版

关键词：赫哲族 说唱文学 伊玛堪

中图法分类号：J826

本书为“赫哲族非物质文化遗产丛书”之一，以黑龙江省同江市地区赫哲族伊玛堪说唱艺术为编纂背景，从“族源追溯”“伊玛堪概述”“传承谱系”“发展现状”“存留问题”“对策”等方面进行阐述，对赫哲族伊玛堪说唱文化遗产的保护、抢救与传承提出可参照性建议。

收藏单位：国家图书馆、黑龙江省图书馆、佳木斯大学图书馆等

092《赫哲族伊玛堪音乐艺术研究》

赵薇、黄任远著，民族出版社2019年出版

关键词：赫哲族 民族音乐 伊玛堪

中图法分类号J607.225

本书包括赫哲族历史文化与民间音乐、伊玛堪的曲调采录、伊玛堪的曲调分析、伊玛堪的歌手曲调分析、伊玛堪的艺术特色、伊玛堪的音乐特点以及结语和《希特莫日根》曲谱、赫哲族民间乐器、赫哲族民间歌谣音乐、赫哲族民间舞蹈音乐等内容，从音乐的角度进行了相关研究。

收藏单位：暂时无法提供馆藏信息

093《赫哲族音乐文化纵览》

郭玲玲著，吉林出版集团股份有限公司 2018 年出版

关键词：赫哲族 民族音乐 音乐文化

中图法分类号：J607.225

本书包括“赫哲族概述”“赫哲族民间音乐的形式与特点”“赫哲族民歌—‘嫁令阔’”“赫哲族说唱形式—‘伊玛堪’”“赫哲族民乐的重要组成—萨满歌”“赫哲族民间音乐对当今声乐演唱的影响”等八章。作者首先对赫哲族人民的生活习惯与音乐形式进行分析，进而对赫哲族民间音乐的分类、特点及文化内涵进行梳理，其中对赫哲族的各种民间音乐（伊玛堪、嫁令阔、舞蹈音乐和宗教音乐等）从内容、曲调、艺术形式到文化内涵进行剖析，从而提出了保护赫哲族民间音乐的模式与策略。

收藏单位：国家图书馆、湖北省图书馆、南京邮电大学图书馆等

094《赫哲族鱼皮画文化传承》

高晓梅、解永亮编著，团结出版社 2018 年出版

关键词：赫哲族 民族艺术

中图法分类号：J12

本书为“赫哲族文化艺术传承全书”之一，探究赫哲族传统鱼皮画中的原始装饰艺术的本源，是对人类美术创造本质的揭示，了解、保护并将它完整的传承下去是现代人不可推卸的历史责任。本书图文并茂，引人入胜，介绍了赫哲族鱼皮画文化的发展历史、赫哲族鱼皮画的文化背景、赫哲族鱼皮画的制作工艺、赫哲族鱼皮画中典型形象的文化寓意、赫哲族鱼皮画的社会价值、美术基础在鱼皮画中的应用等内容，展现了赫哲族鱼皮文化的精彩与美丽。通过对赫哲族鱼皮画的专题研究，旨在使读者更深刻地理解和领会民间图案的精神价值，对民族文化的保护和传承有着极其重要的意义。

收藏单位：国家图书馆、佳木斯大学图书馆等

095《环境·国境·心境：中俄跨界民族（赫哲—那乃）音乐研究》

李然、陶亚兵著，黑龙江人民出版社 2011 年出版

关键词：赫哲族 那乃人 民族音乐研究

中图法分类号：J607

在中国与俄罗斯绵延 4300 多公里的边境线两侧，生活着若干历史上的同源民族，这些民族曾经拥有相对统一的语言、习俗及生产方式。伴随国家边境线的勘分，他们衍变为跨中、俄两国而居的双边跨界民族，中国赫哲族与俄罗斯那乃人就是其中之一。本书呈现了中国赫哲族与俄罗斯那乃人这对跨界民族在音乐文化方面的同源关系以及由于长期处在不同的国家背景下而发生的音乐文化变迁，作者从环境、国境、心境三个层面解读了跨界民族音乐文化变迁的影响因素。

收藏单位：国家图书馆、黑龙江省图书馆等

096《视觉赫哲》

王相生等编，吉林美术出版社 2017 年出版

关键词：赫哲族 民间工艺 工艺美术

中图法分类号：J528-64

本书以图片纪实的手段在众多民族美术研究方法中选择视觉纪实展现的方式，尽可能提供全面、详尽、细节丰富的赫哲族生产、生活场景以及风俗和生活方式等的视觉资料，在此背景基础上直观展示赫哲族传统工艺美术品的种类、样貌、工艺以及蕴含于其中的造型观念、造型方法、材料特点，图案生成的观念等，旨在全面、详尽地记录、保存、展示赫哲族工艺美术的典型特征。本书具有很高的艺术欣赏和研究价值，是美术爱好者和学者值得收藏的艺术佳作。

收藏单位：佳木斯大学图书馆等

097《伊玛堪说唱艺术传承》

尤利峰编著，团结出版社 2018 年出版

关键词：赫哲族 曲艺史 伊玛堪

中图法分类号：J826

本书为“赫哲族文化艺术传承全书”之一，包括“伊玛堪说唱艺术传承概述”“伊玛堪艺术的形成与演进”“伊玛堪的艺术价值”“伊玛堪说唱形式和艺术”“伊玛堪表达的主要内容”“伊玛堪代表作品选录”等内容，是一部伊玛堪说唱艺术发展史。

收藏单位：国家图书馆、北京服装学院图书馆、大连民族大学图书馆等

098《渔家绝技：赫哲族鱼皮制作技艺》

张敏杰、王益章著，黑龙江人民出版社 2008 年出版

关键词：赫哲族 民间工艺

中图法分类号：J529

本书为“中国民间口头与非物质文化遗产推介丛书”之一，包括“赫哲族鱼皮文化与制作技艺概述”“赫哲族鱼皮制作技艺制品诸形态”“赫哲族鱼皮制作的现状报告”等内容，阐述了赫哲族鱼皮文化的形成与发展及鱼皮制作工艺的传承方式、社会意义、历史价值等。本书为保存、研究赫哲族鱼皮文化的历史价值、社会价值提供了翔实、珍贵的资料。

收藏单位：国家图书馆、辽宁省图书馆、黑龙江省图书馆等

099《渔家天锦：赫哲族鱼皮文化研究》

张敏杰著，黑龙江美术出版社 2008 年出版

关键词：赫哲族 民间工艺

中图法分类号：J529

本书为“黑龙江省非物质文化遗产丛书”之一，全书约 23 万字，图片 408 幅，立意新颖，特色鲜明，深入浅出，图文并茂。作者在文化调查与研究过程中，充分利用了博物馆学与民族民俗学资料，既采集研究了有形的物质文化遗存，又注重了无形的非物质文化遗产，是专题研究鱼皮文化的第一部学术著作，填补了这一领域研究的空白，使读者对散发黑土芳香的颇具神秘色彩的鱼皮文化有更深层次的了解，并为民族文化专题研究开拓了新思路、新途径。

收藏单位：国家图书馆、黑龙江省图书馆、吉林省图书馆等

100《纸艺神灵：赫哲族萨满剪纸艺术》

张豪、于淼、吕品著，黑龙江教育出版社 2014 年出版

关键词：赫哲族 剪纸 民间工艺

中图法分类号：J528.1

本书为“东北三江流域文化丛书”之一，包括“赫哲族萨满剪纸概述”“赫哲族萨满剪纸内涵分析”和“赫哲族萨满剪纸图例”三部分内容，搜集了赫哲族有代表性的萨满神灵剪纸三百余幅并进行相应分类，在调研、考证的基础上从内涵和形式上做了分析和说明，力图在传统的血液中探求新的发现，为挖掘、整理、保护、传承赫哲族这一非物质文化遗产做出“实物为证”的贡献。

收藏单位：黑龙江省图书馆、佳木斯大学图书馆等

101《中国北方捕猎民族纹饰图案与造型艺术：赫哲族卷》

刘玉亮著，黑龙江教育出版社 2008 年出版

关键词：赫哲族 图案 造型（艺术）

中图法分类号：J522.8

全书共分四章，即“工艺美术”“原始信仰与造型艺术”“捕猎文化”“习俗文化”，有照片四百余幅，生动展示了赫哲族纹饰图案与造型艺术的发展轨迹，对深入了解赫哲族的传统文化甚有裨益，是一部不可多得的文化艺术画卷。

收藏单位：国家图书馆等

102《中国赫哲族民歌全集》

李利佳主编，黑龙江人民出版社 2015 年出版

关键词：赫哲族 民歌 歌曲

中图法分类号：J642.212.5

本书收集了赫哲族传统民歌和近年新创作的歌曲 200 余首，反映了赫哲族人民的生产、生活、民风、民俗以及赫哲族音乐的发展脉络，对于保护、传承赫哲族民间音乐有积极意义。

收藏单位：国家图书馆、内蒙古科技大学图书馆、佳木斯大学图书馆等

K 历史、地理

103《八岔村志》

黑龙江省同江市八岔赫哲族乡八岔村志编纂委员会编，方志出版社 2017 年出版

关键词：村史 同江市

中图法分类号：K293.55

本书为“中国名村志丛书”之一，描述了八岔村的自然地理特色、历史文化特色、社会经济发展特色、民族民俗特色，详细记录了赫哲族人民在长期的渔猎生活中保留下来的传统经济、文化和习俗，印证了古老赫哲的文化底蕴，不仅为各级党政机关、研究部门和社会各界人士及中外投资者了解、认识、研究八岔村提供了资料，也对宣传八岔村、扩大八岔村的文化影响力具有重要价值。

收藏单位：湖北省图书馆、南京大学图书馆、佳木斯大学图书馆等

104《白桦遗韵：中国北方桦皮文化》

王益章、王铁峰著，黑龙江人民出版社 2010 年出版

关键词：赫哲族 民族文化

中图法分类号：K282.5

本书为“中国民间口头与非物质文化遗产推介丛书”之一。中国桦皮文化是一种古老文化，桦皮制品是渔猎生活人群

重要的生活用品，其使用代表民族是赫哲族。很久以来赫哲族人就善于利用桦皮制作各种器皿，制品做工精美、耐用，体现了赫哲族人民的智慧。本书介绍了桦皮制品的加工流程，包括采皮、处理、下料、成器等工序，并阐述了其独特的文化价值与传承方式、保护与利用价值。

收藏单位：国家图书馆等

105《当代赫哲族文化发展概览》

孙玉森编著，团结出版社 2018 年出版

关键词：赫哲族 民族文化 文化发展

中图法分类号：K282.5

本书为“赫哲族文化艺术传承全书”之一。作者在赫哲族的生产生活习俗、民族语言、宗教信仰等方面做重点记述的基础上，对中华人民共和国成立后，特别是改革开放以来赫哲族聚居区文化发展取得的成就进行了全面的梳理。全书运用简练的文字和相应的图片，对赫哲族文学艺术、传统体育、文化机构、民族节日、文化人才、民族旅游、文化交流、文化研究成果等做了全面客观的介绍。

收藏单位：国家图书馆、佳木斯大学图书馆等

106《东北风情旧影：赫哲族渔猎生活》

于学斌编著，黑龙江美术出版社 2006 年出版

关键词：赫哲族 生活方式

中图法分类号：K282.5

本书由“经济生活篇”“物质生活篇”“精神生活篇”“社会生活篇”“家庭生活篇”等内容构成，以图文并茂的形式全面反映了赫哲族的生活方式。

收藏单位：黑龙江省图书馆、佳木斯大学图书馆等

107《馆藏赫哲族文献资料》

王冰著，黑龙江教育出版社 2019 年出版

关键词：赫哲族 文献资料

中图法分类号：K282.5

本书收录了有关赫哲族的古代文献资料、档案和地方志等文献资料，清朝文献资料，俄罗斯、日本、韩国的文献资料，近代和当代人的著述资料，有关著作的序言和评论，是目前关于赫哲族文献资料的集大成。全书选用资料封面图片百余幅，是保护和研究赫哲族文化遗产的重要参考资料和工具书。

收藏单位：国家图书馆、佳木斯大学图书馆等

108《赫哲风情》

黄任远著，中国商业出版社 1992 年出版

关键词：赫哲族 少数民族风俗习惯

中图法分类号：K892.325

本书以一题一事形式全面介绍了赫哲族居住区的渔猎生活、特产、名胜及风俗民情等，具有知识性、趣味性，是认识和了解赫哲族多彩文化和生活的窗口。

收藏单位：国家图书馆、黑龙江省图书馆、哈尔滨市图书馆等

109《赫哲—那乃同族兄弟交往纪实》

尤秀珍、尤延生主编，黑龙江人民出版社 2017 年出版

关键词：赫哲族 民族历史

中图法分类号：K282.5

本书共十四章，包括“俄罗斯那乃区简介”“寻找同族兄弟及同江见面”“签订协议”“那乃区相聚”“参加那乃区建区60、65、70、75、80周年”及“德亚那乃村建村350周年”等，并附有大量的珍贵图片、信函。本书详细记述了20世纪80年代黑龙江省同江市赫哲族与俄罗斯那乃族交往情况，充分体现了党和政府对赫哲族等少数民族文化的保护。

收藏单位：国家图书馆、黑龙江省图书馆等

110《赫哲人》

刘忠波著，民族出版社1981年出版

关键词：赫哲族 民族历史

中图法分类号：K282.5

本书为“民族知识丛书”之一，包括“祖居江岸”“食鱼兽肉为主”“穿鱼兽皮御寒”“住宅和交通工具”“渔猎和交换”“文化艺术”“婚姻丧葬”“宗教信仰”“欣欣向荣的生活”等章节，全面介绍了赫哲族的历史、生产、生活与风情，具有知识性与可读性。全书附有12幅照片，有助于读者对书中内容的理解，是一部了解赫哲族的通俗性读物。

收藏单位：国家图书馆、黑龙江省图书馆、佳木斯大学图书馆等

111《赫哲昔话》

赵振才著，1985年印

关键词：赫哲族 民族文化 民族风俗

中图法分类号：K892.23

本书是关于赫哲族研究的专著，包括“渔猎生活”“萨满宗教”“羽族图腾”“龙蛇崇拜”“文化艺术”“婚丧占卜”等内容，其中大部分作为论文先后发表于《黑龙江民间文学》《满语研究》等刊物，是赫哲族研究的重要参考资料。

收藏单位：暂时无法提供馆藏信息

112《赫哲鱼文化》

王世卿、王积信、吕品著，黑龙江教育出版社2010年出版

关键词：赫哲族 民族文化

中图法分类号：K282.5

本书为“东北三江流域文化丛书”之一，通过探讨原生态的思维特征来认识“赫哲鱼文化”的特点，采取随笔、小品文夹叙夹议的手法，图文并茂，对“赫哲鱼文化”的历史演变、地域特色和人文风范等进行了探究。

收藏单位：国家图书馆、哈尔滨医科大学图书馆、佳木斯大学图书馆等

113《赫哲族》

刘忠波著，民族出版社1996年出版

关键词：赫哲族 民族文化 民族历史

中图法分类号：K282.5

本书为“民族知识丛书”之一，介绍了赫哲族发展的简要历史，在中华人民共和国成立初期的经济社会形态、文化特点、风俗习惯以及目前的发展状况，包括赫哲族的人口、分布、历史、风俗习惯、语言、文字、文学艺术等内容。1996年再版时，在原版基础上补充了最新的人口统计数字和其他方面的发展数据，增加了图片。本书对于全面了解赫哲族历史文化具有重要参考价值。

收藏单位：国家图书馆、西南政法大

学图书馆、佳木斯大学图书馆等

114《赫哲族》

彭程编著，吉林出版集团有限责任公司、吉林文史出版社2010年出版

关键词：赫哲族 民族文化

中图法分类号：K282.5

本书为“中国文化知识读本”之一，主要介绍了赫哲族的渔猎传统、鱼皮服饰、美食、房屋建筑、交通工具、神话传说、森林歌舞、民风民俗等内容，文字优美生动，图文并茂，涵盖了中国文化中的物态文化、制度文化、行为文化、精神文化等知识要点，是了解赫哲族文化的参考资料。

收藏单位：国家图书馆、陕西省图书馆、佳木斯大学图书馆等

115《赫哲族》

王骞主编，新疆美术摄影出版社、新疆电子音像出版社2009年出版

关键词：赫哲族 民族历史 民族文化

中图法分类号：K282.5

本书为“中华民族大家庭知识读本”之一，主要从“赫哲族概述”“赫哲族的历史沿革”“赫哲族的宗教信仰与民俗文化”“赫哲族的神话传说与历史故事选”四个方面简要介绍了赫哲族的文化历史知识。

收藏单位：国家图书馆、宁波市图书馆、天津图书馆等

116《赫哲族》

黄任远著，辽宁民族出版社2012年出版，2014年再版

关键词：赫哲族 民族历史 民族文化

中图法分类号：K282.5

本书为“走近中国少数民族丛书”之一，全书分六章：第一章“赫哲族历史”；第二章“赫哲族风俗”；第三章“赫哲族萨满”；第四章“赫哲族文化”；第五章“赫哲族名人”；第六章“赫哲族乡”。作者全面介绍了赫哲族的历史、风俗、信仰、文化、名人和自治状况等，具有知识性、趣味性，是走近赫哲族、了解赫哲族多彩生活的窗口。

收藏单位：国家图书馆、黑龙江中医药大学图书馆、佳木斯大学图书馆等

117《赫哲族》

林盛中著，中国人口出版社2014年出版

关键词：赫哲族 民族文化

中图法分类号：K282.5

本书为“中国少数民族人口丛书”之一，立足于全面介绍赫哲族的民族起源和变迁，社会组织、生活与文化，人口规模、结构及变动，婚姻家庭，发展前景等方面的特色，向读者全景式地展示了赫哲族独有的民族特色和民族风情，语言可读性较强，具有科学性和文学性，对于了解赫哲族有重要的参考价值。

收藏单位：国家图书馆等

118《赫哲族：黑龙江同江市街津口乡调查》

黄泽、刘金明主编，云南大学出版社2004年出版

关键词：赫哲族 调查报告 同江市

中图法分类号：K282.5

本书为“中国民族村寨调查丛书”之一，真实反映了黑龙江省同江市街津口赫

哲族乡赫哲族的历史概况、生态环境、人口、经济、政治、婚姻家庭、法律、文化、风俗习惯、教育、宗教、科技卫生等方面情况。

收藏单位：国家图书馆、佳木斯大学图书馆等

119《赫哲族非物质文化遗产保护与旅游开发研究》

郭晓勋、孙素洁编著，东北林业大学出版社 2020 年出版

关键词：赫哲族 非物质文化遗产 旅游资源开发

中图法分类呈：K282.5

本书从分析旅游生态的多元背景出发，对各少数民族生态旅游自然、文化、经济和多元类型进行了深入分析，并对赫哲族生态旅游面临的实际问题进行了现实的挖掘，从而对非物质文化遗产和旅游开发路径进行了研究与探索，为少数民族的非物质文化遗产保护和旅游开发提供借鉴和参考。全书内容包括："非物质文化遗产的概念和特征""非物质文化遗产保护与旅游开发的必要性与可行性""赫哲族非物质文化遗产的文化特色""赫哲族非物质文化遗产的旅游价值及开发条件""非物质文化遗产保护与旅游开发面临的难题""非物质文化遗产保护与旅游开发的路径选择""非物质文化遗产保护与旅游开发启示"。

收藏单位：国家图书馆等

120《赫哲族非物质文化遗产项目集萃》

李鼎仁主编，黑龙江美术出版社 2015 年出版

关键词：赫哲族 非物质文化遗产

中图法分类号：K282.5-62

本书主要从赫哲族非物质文化遗产项目概况、项目抢救、项目保护、项目传承和项目传承人的管理、学员培养和民俗民风、传统手工技艺、宗教信仰等方面进行非物质文化遗产项目探究，试图给读者一个全面、清晰、明朗的赫哲族非物质文化遗产项目解读。

收藏单位：国家图书馆、黑龙江省图书馆、佳木斯大学图书馆等

121《赫哲族风俗志》

黄任远编著，中央民族学院出版社 1992 年出版

关键词：赫哲族 风俗习惯

中图法分类号：K892.325

本书为"民俗文库"丛书之一，作者古今融会贯通，介绍了赫哲族居住、饮食、服饰、生产、交通、婚姻、家庭、村落、岁时、节日、丧葬，宗教、道德、礼仪、口头文学等风俗民情，是了解赫哲族风俗习惯的通俗读物。

收藏单位：黑龙江省图书馆、佳木斯大学图书馆、牡丹江师范学院图书馆等

122《赫哲族简史》

《赫哲族简史》编写组、《赫哲族简史》修订本编写组编，民族出版社 2009 年出版

关键词：赫哲族 民族历史

中图法分类号：K282.5

本书为"中国少数民族简史丛书（修订本）"之一，共分为九章，书首有赫哲族分布图，书中有 152 幅照片和黑龙江流域明朝卫所分布图，后附有大事年表，是了解赫哲族全面情况的重要参考资料。

收藏单位：国家图书馆、黑龙江省图书馆、佳木斯大学图书馆等

123《赫哲族简史简志合编（初稿）》

中国科学院民族研究所黑龙江少数民族社会历史调查组1963年编印

关键词：赫哲族 民族历史

中图法分类号：K282.5

本书为“少数民族史志丛书”之一，包括一般概况、历史简述、中华人民共和国成立前的经济、中华人民共和国成立后的政治变化和经济变化及发展、精神文化等内容，阐述了党的民族政策，反映了中华人民共和国成立十年来党在民族工作方面取得的伟大成就、各少数民族的历史新面貌以及新的民族关系等。

收藏单位：北京大学图书馆、内蒙古大学图书馆、内蒙古师范大学图书馆等

124《赫哲族历史文化研究》

刘敏著，黑龙江人民出版社2007年出版

关键词：赫哲族 民族历史

中图法分类号：K282.5

本书以历史文献、历史档案和考古资料为依据，借鉴学术界一个多世纪以来，尤其是近二十年有关赫哲族研究成果撰写的一部赫哲族历史文化研究专著。全书分“历史篇”“物质文化篇”“民俗文化篇”“精神文化篇”四部分，对赫哲族共同体形成、氏族组织、社会发展、人口问题、渔猎文化、传统手工艺、生产生活习俗、宗教信仰、文学艺术、民族体育等问题进行深入研究，并对赫哲族历史文化的形成、发展与特征，赫哲族历史文化的传承与演变等问题进行了理论探讨。

收藏单位：国家图书馆、辽宁师范大学图书馆、佳木斯大学图书馆等

125《赫哲族历史文化与社会发展研究》

宋远航、刘敏主编，黑龙江人民出版社2014年出版

关键词：赫哲族 民族历史 民族文化

中图法分类号：K282.5

全书收录了113篇论文，分为十一个专题，分别为“赫哲族历史研究”“赫哲族生产文化研究”“赫哲族语言与文学研究”“赫哲族宗教与民俗研究”“赫哲族鱼皮文化研究”“赫哲族音乐文化研究”“赫哲族工艺美术研究”“赫哲族体育文化研究”“旅游管理研究”“赫哲族非物质文化遗产保护与传承研究”“数字化建设与社会发展研究”等。每篇文章都是以新的视角，引用历史资料和田野调查记录情况进行论证，观点鲜明、论证充分，全面反映了赫哲族的历史与文化的多个侧面，是一部不可多得的研究赫哲族的综合性学术著作。

收藏单位：国家图书馆、黑龙江省图书馆、佳木斯大学图书馆等

126《赫哲族漫记》

姚中、王吉厚编著，黑龙江人民出版社2014年出版

关键词：赫哲族

中图法分类号：K282.5

作者以散记的形式记述了自古就居住在黑龙江、乌苏里江沿岸的赫哲族的历史地理、民俗风情，反映了赫哲人居住地的自然、历史和现实。

收藏单位：国家图书馆、佳木斯大学图书馆等

127《赫哲族民俗文化传承》

沈艳玲编著，团结出版社2018年出版

关键词：赫哲族 少数民族风俗习惯

中图法分类号：K892.325

本书共十三章，包括“敬畏自然”“赫哲图腾”“信奉萨满”“赫哲捕鱼”“赫哲狩猎”“智慧居住”“绿色出行”“装点生活”“艺术生活”“赫哲婚礼”“生育习俗”“丧葬习俗”等内容，是了解赫哲族民俗文化传承与发展的参考资料。

收藏单位：国家图书馆、大连民族大学图书馆、佳木斯大学图书馆等

128《赫哲族那乃族文化变迁比较研究》

何玉芳著，世界图书出版公司2009年出版

关键词：赫哲族 民族文化 民族分布 民族文化

中图法分类号：K282.5；K512.8

全书包括“导论”“传统文化变迁”“跨界后的文化变迁”“人口变迁”“物质文化变迁”“精神文化变迁”“制度文化变迁”“结语”八章。作者将中国赫哲族与俄罗斯那乃族的文化变迁进行对比、综合研究，具有一定的开创意义，尤其在世界经济走向一体化、多元化的今天，研究跨界民族的文化变迁，更具有现实意义。

收藏单位：暂时无法提供馆藏信息

129《赫哲族社会历史调查》

黑龙江编辑组、《中国少数民族社会历史调查资料丛刊》修订编辑委员会编，民族出版社2009年出版

关键词：赫哲族 民族历史 社会调查

中图法分类号：K282.5

本书为“中国少数民族社会历史调查资料丛刊（修订本）”之一，是根据中国科学院民族研究所黑龙江少数民族社会历史调查组，于1957年和1958年在黑龙江省抚远县下八岔赫哲民族乡街津口村、饶河县西林子乡四排村对赫哲族进行全面调查后编写的调查报告，为赫哲族的历史研究提供了有价值的依据。

收藏单位：国家图书馆、黑龙江省图书馆、中南民族大学图书馆等

130《赫哲族社会文化变迁研究》

杨光著，吉林文史出版社2014年出版

关键词：赫哲族 民族文化

中图法分类号：K282.5

本书主要从赫哲族社会文化所包含的物质文化、制度文化、精神文化三个方面对如何变迁、变迁的原因及在变迁过程中所遇到的曲折进行深入剖析，进而对赫哲族社会文化的未来前景做客观的展望。在论述上首先介绍了赫哲族的基本概况，其中分析了赫哲族所处地理位置的特殊性，进而探讨了地理环境对赫哲族传统文化的影响。

收藏单位：国家图书馆等

131《赫哲族社会文化变迁研究》

郝庆云、纪悦生著，学习出版社2016出版

关键词：赫哲族 民族文化

中图法分类号：K282.5

本书为国家社会科学基金后期资助项目，是在《17至20世纪赫哲与那乃社会文化变迁比较研究》修订完善基础上完成的，其间对清朝赫哲族志略等文献进行了缜密的梳理，形成了15万字左右的资料长编，翻译整理了关于那乃、乌尔奇人的俄文资料约20万字，收集了相关图片500余幅，故论点愈加清晰明确，论据充分翔实。

收藏单位：国家图书馆、吉林大学图书馆、哈尔滨学院图书馆等

132《赫哲族丝路民俗文化探源》

吕品编著，黑龙江教育出版社2019年出版

关键词：赫哲族 少数民族风俗习惯

中图法分类号：K892.325

本书为“赫哲族历史文化遗产系列丛书”之一，共十八章，包括“亦失哈远航黑龙江”“明清时代吉林造船业”“历史上的库页岛”“狗站与狗橇”“狗站与舟楫”“贡貂与赏乌林”“貂的猎捕方式”“三姓地方的商贸交流”“鹰路与海东青”“‘鳇鱼贡’与大马哈的传说”“黑龙江流域与日本的古代文化交流”等内容，揭示了我国交通史上著名的黑龙江商贸通道“五国鹰路”上赫哲族先民服饰、食物、物品、交通工具等民俗文化记忆，成为珍贵的文化遗产、重要的精神财富和永续的地标符号。赫哲族的“鹰路”文化的挖掘与整理，与国家“一带一路”南北呼应，东西唱和，并提供智力支持和文化涵养。

收藏单位：国家图书馆、佳木斯大学图书馆等

133《赫哲族文化传承与民族学校基础教育课程改革》

张宏玉著，黑龙江人民出版社2016年出版

关键词：赫哲族 民族文化 课程改革

中图法分类号：K282.5

本书主要以3所赫哲族学校，即街津口赫哲族乡中心校、八岔赫哲族乡中心校和四排赫哲族乡中心校为主要研究对象，在深入分析调查结果的基础上，从文化传承视角提出赫哲族学校课程改革的理论构想，提出解决课程改革实践层面问题的具体操作策略，为现代化进程中少数民族文化的保护与传承提供借鉴。

收藏单位：广东海洋大学图书馆、韩山师范学院图书馆、黑龙江省图书馆等

134《赫哲族乌日贡》

鄂善军、黄任远著，黑龙江教育出版社2019年出版

关键词：赫哲族 民族节日 少数民族风俗习惯

中图法分类号：K892.1

本书共五章，包括“乌日贡溯源”“乌日贡体育竞技”“乌日贡文艺表演”“乌日贡篝火晚会”“乌日贡节日习俗”，全面阐述了乌日贡的历史渊源、形成过程，是了解黑龙江省非物质文化遗产保护项目的参考资料。

收藏单位：国家图书馆等

135《赫哲族乌日贡：1985—2017》

尤利军主编，黑龙江省赫哲族研究会2018年印

关键词：赫哲族 民族风俗

中图法分类号：K892.325

“乌日贡”，赫哲语“欢乐喜庆”之意。“乌日贡”大会是1985年6月形成，成为赫哲族全民族大聚会的节日。本书详细记载了自1985年至2017年每届乌日贡大会的具体方案。

收藏单位：佳木斯大学图书馆等

136《赫哲族“乌日贡”视角比对研究：首届与九届》

邢容、邢铁志著，黑龙江人民出版社2015年出版

关键词：赫哲族 民族节日

中图法分类号：K892.1

赫哲族“乌日贡”大会是赫哲族音乐体育的综合反映。本书将赫哲族“乌日贡”大会第一届与第九届进行对比研究，包括音乐、活动程序、表演特点、亮点等方面，阐述了第九届比第一届大会的组织更全面、更完善及今后“乌日贡”大会办会的方向及传承方法。本书是首次研究赫哲族“乌日贡”大会的学术著作，对了解赫哲族文化有积极意义。

收藏单位：佳木斯大学图书馆等

137《赫哲族现状与发展研究》

何学娟、徐万邦主编，中国社会科学出版社2008年出版

关键词：赫哲族 社会发展 研究

中图法分类号：K282.5

本书为“民族现状与发展研究丛书”之一，主要介绍了赫哲族现状与发展状况，内容包括经济转型与现状、民间工艺、民族语言濒危、民间文学衰落等内容，对赫哲族未来发展前景提出思考。

收藏单位：国家图书馆、中央民族大学图书馆等

138《赫哲族研究》

张嘉宾主编，哈尔滨出版社2004年出版。

关键词：赫哲族 民族文化

中图法分类号：K282.5

本书为“黑龙江民族研究论丛”之一。为进一步推进我国赫哲族的研究，避免科研成果散失，作者将黑龙江省民族研究所科研人员自1987年至1999年公开发表在国内学术刊物上的研究赫哲族的论文编辑成集。本书精选了38篇论文，涉及赫哲族历史、经济、文化、教育、民俗等十几个专题，为深入研究赫哲族提供参考。

收藏单位：国家图书馆、黑龙江省图书馆、大连民族大学图书馆等

139《赫哲族研究通讯·第2期》

黑龙江省民族研究学会赫哲族研究会1996年编印

关键词：赫哲族 民族历史 民族文化

中图法分类号：K282.5

本书包括“赫哲族专著简介”“会讯”“文摘”“赫哲族人物介绍”“赫哲族研究会首次学术讨论会专页”等五个专题，介绍了部分赫哲族图书、1996年赫哲族会讯、1995年部分学术期刊赫哲研究文摘、赫哲族人物简介以及首次赫哲族学术讨论会会议内容。

收藏单位：佳木斯大学图书馆等

140《赫哲族与阿伊努文化比较研究》

于晓飞、黄任远著，黑龙江人民出版社2002年出版

关键词：赫哲族 阿伊努人 民族文化对比研究

中图法分类号：K282.5

本书为“黑龙江流域少数民族文化研究”丛书之一。作者运用人类学、考古学、民族学、语言学、民俗学、民间文学等理论知识，对赫哲族与阿伊努文化进行多层次、多方位的研究，揭示民族与文化的关系，民族之间的文化交流和相互影响，以及少数民族对世界文化和人类文明的贡献。主要内容包括：“赫哲族与阿伊努的历史”“文化与研究概述”“语言文化研究”“人生文化研究”“生活文化研究”“经济文化研究”“信仰文化研究”“民间文化研究”等。

收藏单位：国家图书馆、内蒙古大学图书馆、黑龙江省图书馆等

141《赫哲族渔猎文化遗存》

张敏杰著，黑龙江人民出版社 2009 年出版

关键词：赫哲族 渔猎文化 民族文化

中图法分类号：K282.5

本书从民族文物入手，从渔猎工具、交通工具、捕鱼工具、礼仪、艺术、文体娱乐、信仰、服饰、用品等角度，对赫哲族文物进行了总结、梳理，对研究、保护赫哲族丰富的传统渔猎文化有积极意义。

收藏单位：国家图书馆、黑龙江省图书馆、黑龙江中医药大学图书馆等

142《赫哲族鱼皮艺术》

张琳编著，哈尔滨工程大学出版社 2013 年出版

关键词：赫哲族 鱼皮服饰 民族文化

中图法分类号：K892.23

本书作者从鱼皮艺术的起源讲起，以图文并茂的形式，详细介绍了赫哲族文化历史、鱼皮画的种类、鱼皮画制作的美术基础、鱼皮的制作、鱼皮画作品创作、平贴鱼皮画制作、鱼皮挂件和吊件的制作、圆雕粘贴鱼皮摆件、鱼皮画的鉴赏等内容，比较系统全面介绍了赫哲族鱼皮艺术。本书集知识性、艺术性、实用性于一体，独具教学功能。对于被列入非物质文化遗产艺术项目的鱼皮艺术的传承具有承前启后的作用，意义深远。

收藏单位：哈尔滨工程大学图书馆、哈尔滨师范大学图书馆、佳木斯大学图书馆等

143《赫哲族渔文化研究》

谭杰著，吉林文史出版社 2018 年出版

关键词：赫哲族 渔猎文化 民族文化

中图法分类号：K282.5

本书包括“渔之歌者—赫哲族”“生产习俗中的渔文化”“生活民俗中的渔文化”“精神礼俗中的渔文化”“赫哲族渔文化的传承与发展”等五章内容，对于研究赫哲族独特的渔文化有参考价值。

收藏单位：国家图书馆、佳木斯大学图书馆等

144《黑龙江赫哲族》

张嘉宾著，哈尔滨出版社 2003 年出版

关键词：赫哲族 民族历史

中图法分类号：K282.5

本书为“黑龙江流域民族历史与文

化丛书”之一。作者博采众长，力求反映出以往在赫哲族研究方面所取得成绩的概貌，尽可能反映出中华人民共和国成立之后我国赫哲族发生的巨大变化，同时对以往的研究成果做拾遗补缺、匡误纠偏的工作。本书不仅可以传播关于黑龙江流域民族历史与文化的知识，也将促进国内外对黑龙江流域历史文化的了解，加强民族团结，促进民族文化研究。

收藏单位：国家图书馆、黑龙江省图书馆、佳木斯大学图书馆等

145《黑龙江赫哲族文化》

都永浩、姜洪波著，黑龙江教育出版社 2008 年出版

关键词：赫哲族 民族文化 黑龙江省

中图法分类号：K282.5

本书为“黑水世居民族文化丛书”之一，全面介绍了黑龙江省世居民族赫哲族的人生礼仪、生产习俗、生活习俗、语言、教育、文学艺术、体育、卫生、宗教等方面内容，勾画出一幅色彩斑斓的赫哲族文化画卷，是了解赫哲族文化的通俗读物。

收藏单位：国家图书馆、哈尔滨医科大学图书馆、黑龙江省图书馆等

146《黑龙江省非物质文化遗产名录图典》

宋宏伟主编，黑龙江人民出版社 2012 年出版

关键词：非物质文化遗产 黑龙江省 图集

中图法分类号：K293.5-64

本书共十一章，以图文并茂的形式，全面展示黑龙江省非物质文化遗产资源，囊括了国家级和省级非物质文化遗产名录诸多项目的挖掘、整理、传习、研究等保护成果。其中赫哲族列入国家级非物质文化遗产项目的有：伊玛堪、鱼皮文化、婚俗文化；列入省级非物质文化遗产项目有：鱼骨文化、特伦固、天鹅舞、鱼皮画、乌日贡。

收藏单位：国家图书馆、黑龙江省图书馆、哈尔滨学院图书馆等

147《黑龙江省抚远县下八岔赫哲民族乡情况·赫哲族调查材料之一》

全国人民代表大会民族委员会办公室 1958 年编印

关键词：赫哲族 民族历史 社会调查 抚远县

中图法分类号：K282.5

本书包括一般情况、关于民族名称及民族由来、经济、生活习俗、精神文化等五章，主要是介绍了黑龙江省抚远县下八岔赫哲民族乡情况的基本情况。

收藏单位：国家图书馆、中央民族大学图书馆、华东师范大学图书馆等

148《黑龙江省饶河县西林子乡四排村赫哲族情况·赫哲族调查材料之二》

中国科学院民族研究所黑龙江少数民族社会历史调查组 1958 年编印

关键词：赫哲族 民族调查 饶河县

中图法分类号：K292.5

中国科学院民族研究所黑龙江少数民族社会历史调查组于 1958 年 5 月至 7 月在饶河县四排村对赫哲族的历史、经济、生活习俗、文化教育和民间知识等方面进行了全面的调查，本书是针对此次调查而形成的调查报告。

收藏单位：黑龙江省图书馆等

149《黑龙江省抚远县街津口村赫哲族调查报告·赫哲族调查材料之三》

中国科学院民族研究所黑龙江少数民族社会历史调查组 1958 年编印

关键词：赫哲族 民族调查 街津口村

中图法分类号：K292.5

中国科学院民族研究所黑龙江少数民族社会历史调查组于 1958 年 9 月至 10 月在抚远县街津口村对赫哲族的一般情况、历史沿革、经济、生活习俗、文教卫生与宗教信仰等方面进行了全面调查，本书是针对此次调查而形成的调查报告。

收藏单位：黑龙江省图书馆等

150《黑龙江少数民族传统民俗与音乐·赫哲族》

王锐主编，东北林业大学出版社 2008 年出版

关键词：民族音乐 赫哲族

中图法分类号：K892.435

本书主要介绍了黑龙江省赫哲族的传统民俗，包括“黑龙江省赫哲族的概况”“丰富多彩的传统民俗”“民俗音乐及其艺术特点”“赫哲族传统民俗与民俗音乐的变迁及发展态势”等内容，并在附录部分选取了部分创作歌曲、伊玛堪片段、部分赫哲语与汉语发音对照、我国语言系属及分布。

收藏单位：国家图书馆、黑龙江省图书馆、佳木斯大学图书馆等

151《江上船歌：街津口赫哲乡纪行》

孟修、胡凡著，黑龙江大学出版社 2009 年出版

关键词：乡村 同江市

中图法分类号：K923.55

本书包括“街津口概况”“赫哲人的历史文化”“现代气息的新农村”三个部分。作者从自然地理环境、文化形态、民俗、农村建设等方面对赫哲族人民当下生活状态进行了介绍，侧重展现赫哲族民俗和地理民族风情，对赫哲族民族发展情况从历史与现实两方面进行了梳理，对了解赫哲族历史与现状有参考意义。

收藏单位：黑龙江省图书馆、齐齐哈尔大学图书馆、佳木斯大学图书馆等

152《江湾渔歌：赫哲中部部落首府敖其考纪》

孙代君、刘殿生、吕品编著，黑龙江教育出版社 2012 年出版

关键词：赫哲族 民族历史

中图法分类号：K282.5

本书为“东北三江流域文化丛书”之一，分为“源远流长”“千古传奇”“义薄云天”“多彩文化”“灵山秀水”“江湾明珠”等六部分，介绍了敖其赫哲族的历史、文化、景色等。作者以叙述的方式，回溯历史，讲述现实，是了解赫哲族历史与变迁的参考资料。

收藏单位：国家图书馆、北京大学图书馆、黑龙江省图书馆等

153《聆听乌苏里船歌：赫哲族》

李旭著，云南人民出版社 2003 年出版

关键词：赫哲族 家庭生活

中图法分类号：K282.5

本书为“20 世纪中国民族家庭实录丛书”之一，记述了一户生活在黑龙江省同

江市街津口的赫哲族家庭的实际情况，反映了赫哲族人民在20世纪的生产、生活、婚姻家庭，风俗情况、服饰、住房等的变化，以及这个民族、这个家庭在未来发展中所面临的问题。

收藏单位：国家图书馆、东北农业大学图书馆、黑龙江科技大学图书馆等

154《龙江春秋·黑水文化论集之一》

王克文、李兆栋主编，黑龙江教育出版社1997年出版

关键词：文化史 黑龙江省 文集

中图法分类号：K293.5-53

本书是黑龙江省中华炎黄文化研究会学术会议论文集，共收录论文42篇，其中有赫哲族研究论文4篇，分别是《赫哲族渔猎文化简说》《伊玛堪艺术特色探析》《赫哲和日本阿依努的树木崇拜》《通古斯-满语族的萨满文化》，均为黑龙江省社会科学院研究员黄任远撰写，是研究赫哲族文化的参考资料。

收藏单位：哈尔滨师范大学图书馆、黑龙江八一农垦大学图书馆等

155《龙江春秋·黑水文化论集之二》

郭淑梅、石莹主编，哈尔滨地图出版社2004年出版

关键词：文化史 黑龙江省 文集

中图法分类号：K293.5-53

本书是黑龙江省中华炎黄文化研究会学术会议论文集，共收录论文52篇，其中关于赫哲研究的论文有5篇，分别是《我省少数民族文化研究的回顾与建议》《从伊玛堪看赫哲族萨满教信仰观》《探索伊玛堪中的萨满》《从希特莫日根看赫哲族原始信仰》《古老的原始宗教——读〈赫哲那乃阿伊努原始宗教研究〉》，对研究赫哲族具有一定参考价值。

收藏单位：黑龙江省图书馆等

156《龙江春秋·黑水文化论集之三》

郭崇林等主编，哈尔滨地图出版社2005年出版

关键词：文化史 黑龙江省 文集

中图法分类号：K293.5-53

本书是黑龙江省中华炎黄文化研究会学术会议论文集，共收录论文54篇，其中有赫哲族研究相关论文，如《赫哲动植物神话与图腾崇拜》《赫哲自然神话与自然崇拜》《黑龙江民间故事文化特征》《以生存的意志——析各民族神话的心理基础》《信仰赫哲族文化，建设特色馆藏》等，对研究赫哲族具有参考价值。

收藏单位：哈尔滨师范大学图书馆、哈尔滨学院图书馆、黑龙江省图书馆等

157《龙江春秋·黑水文化论集之四》

王忠桥等主编，哈尔滨地图出版社2007年出版

关键词：文化史 黑龙江省 文集

中图法分类号：K293.5-53

本书是黑龙江省中华炎黄文化研究会学术会议论文集，共收录论文65篇，其中赫哲族研究论文有9篇，分别是《洪水神话比较研究》《萨满神话与萨满崇拜》《英雄神话与祖先崇拜》《赫哲宗教与婚葬习俗》《人类起源神话比较》《鱼皮文化研究》《赫哲舞蹈天鹅舞的认识》《赫哲民歌的变化演唱》《赫哲传统民俗与音乐》，对研究赫哲族具有参考价值。

收藏单位：哈尔滨学院图书馆、黑龙

江省图书馆、华东师范大学图书馆等

158《绿野心灵·赫哲族审美文化研究》

李岩松著，黑龙江人民出版社2014年出版

关键词：赫哲族 民族文化 审美文化

中图法分类号：K282.5

本书是一本力图解析审美智慧的书籍。作者立足于美学角度，用历史学、人类学、民族学、音乐学等多学科、多角度融合的方法，诠释了赫哲族特有的审美文化以及赫哲人独有的审美的心理。

收藏单位：国家图书馆等

159《马名超民俗文化论集》

马秀娟编，黑龙江人民出版社1997年出版

关键词：风俗习惯 文集

中图法分类号：K892.43

本书收录30篇论文，其中有《三江赫哲族的伊玛堪文学》《从〈满都莫日根〉记录看赫哲族伊玛堪的诗体特征》《伊玛堪、摩苏昆、柔卡拉》《赫哲族民间故事选》等15篇关于赫哲族民间文学与民俗文化研究的论文，是研究赫哲族的重要参考资料。

收藏单位：北京大学图书馆、哈尔滨师范大学图书馆、哈尔滨学院图书馆等

160《民族志电影文本·赫哲族的渔猎生活》

杨光海编著，黑龙江人民出版社2014年出版

关键词：赫哲族 民族文化

中图法分类号：K282.5

本书是一部民族志电影文本，汇集了20世纪60年代初摄制的《赫哲族的渔猎生活》和80年代初摄制的《今日赫哲族》的拍摄提纲、分镜头、解说词等，多角度、多时空地展现了赫哲族的社会历史变迁，以及渔猎生活、婚丧嫁娶、衣食住行等生活习俗。

收藏单位：佳木斯大学图书馆等

161《饶河赫哲族》

《饶河赫哲族》编委会编，饶河县民族宗教事务局2006年印

关键词：赫哲族 民族历史

中图法分类号：K282.5

本书主要以四排乡、四排村为蓝本，记述了中华人民共和国成立后在党的领导下，赫哲族人民实现了当家作主的历程，民族干部、教师、医生和科技人员茁壮成长的事迹，渔业生产由过去的单一形式转向了农林结合、捕养结合的发展道路。另外还详细记载了乌苏里江饶河地区赫哲族的风土人情、风俗习惯、宗教信仰、民间文学艺术等，是了解赫哲族历史和现实生活的参考资料。

收藏单位：南京大学图书馆、佳木斯大学图书馆等

162《三江赫哲》

政协佳木斯市委员会文史资料委员会1991年编印

关键词：赫哲族 民族历史

中图法分类号：K282.5

本书是佳木斯文史资料第13辑，共22篇，力求全面记述赫哲族的民族历史、民俗民风、生产生活、新老人物、文化教

育、医药卫生、民间文学等，是了解、研究赫哲族的参考资料。

收藏单位：黑龙江省图书馆、南京大学图书馆、佳木斯大学图书馆等

163《三江流域的赫哲族》

鄂善军主编，黑龙江教育出版社2018年出版

关键词：赫哲族 民族文化

中图法分类号：K282.5

赫哲族分布在东北三江（松花江、黑龙江、乌苏里江）流域。三江流域肥土沃野，蕴藏着丰富的物质资源，给以渔猎为生的赫哲族人民以舟楫之利，以衣食之源。本书主要介绍赫哲族在长期的渔猎生产、生活中创造的民间文学“伊玛堪”、鱼皮制作技艺和桦树皮制作技艺等丰富多彩的文化，通过口口相传，在民间一代一代地流传下来，形成独具特色的赫哲族渔猎文化。

收藏单位：国家图书馆等

164《松花江下游的赫哲族》

凌纯声著，上海文艺出版社1990年出版

主题词：赫哲族 民族历史

中图法分类号：K282.5

本书为“民俗、民间文学影印资料丛书”之一，包括“东北的古代民族与赫哲族”“赫哲的文化”“赫哲的语言”“赫哲故事”四编。作者在实地考察赫哲族生活状况与社会情形的基础上，从物质、精神、家庭、社会四个方面描述赫哲族的生活，对于古代东北民族与赫哲族均详加考证，以阐明其源流及其相互关系。本书内容涉猎广泛，图文并茂，深入浅出，融历史学、民族学、民俗学、语言学、社会学、宗教学、文艺学、地理学为一体，反映了历史上赫哲族的全貌，是研究赫哲族的重要参考。

收藏单位：国家图书馆、哈尔滨师范大学图书馆、黑龙江省图书馆等

165《松花江下游的赫哲族》（全2册）

凌纯声著，民族出版社2012出版

关键词：赫哲族 民族历史

中图法分类号：K282.5

本书为“20世纪中国民族学人类学经典著作丛书”之一，是民族学、人类学、民俗学等学科的经典民族志著作，具有里程碑意义。上册的主要内容为赫哲族的族源及社会文化研究，下册对赫哲族的族源、历史、分布、语言、文化等进行了细致入微的分析记录，书内有大量的照片、图谱、曲谱等珍贵资料，对研究赫哲族以及保存赫哲族的文化遗产具有重要作用。

收藏单位：国家图书馆、甘肃民族师范学院、广西民族师范学院图书馆等

166《同江赫哲风物》

《同江赫哲风物》编辑委员会编，黑龙江人民出版社2015年出版

关键词：赫哲族 民族历史 民族文化 同江市

中图法分类号：K282.5

本书收入反映同江市地理、民俗、民族和历史知识的传说、故事127篇，融历史、山水、渔猎、民俗、物产、传奇等10个部分，重点突出了同江市的地域性和民族性，反映了同江人民勤劳勇敢、豪爽质

朴的性格和对美好生活的向往与追求，从多个角度形象概括地再现了同江市的人文历史和社会风貌。

收藏单位：国家图书馆、黑龙江省图书馆、佳木斯大学图书馆等

167《同江文史资料·第一辑》

中国人民政治协商会议黑龙江省同江县委会文史资料研究委员会 1985 年编印

关键词：地方史志 黑龙江省同江市

中图法分类号：K293.5

全书收入 7 篇资料，分别是《同江县概况》《同江人民政权》《回忆章克华》《日寇对赫哲族的迫害》《光复军始末》《鲁门店惨案》《赫哲族教育发展情况》，是了解、研究同江市赫哲族的重要资料。

收藏单位：南京大学图书馆、云南农业大学图书馆等

168《同江文史资料·第二辑》

中国人民政治协商会议同江县委员会文史资料研究委员会 1986 年编印

关键词：地方史志 黑龙江省同江市

中图法分类号：K293.5

全书收入 13 篇资料，其中 11 篇由赫哲族老人撰写，2 篇由汉族作者记录，内容包括渔猎生活、日伪迫害、抗日斗争、民间文学、民间体育、回忆文章等，是了解、研究同江市赫哲族的重要资料。

收藏单位：黑龙江省图书馆、云南农业大学图书馆等

169《同江县志》

吴文孝主编、同江县志编纂委员会编，上海社会科学院出版社 1993 年出版

关键词：地方志

中图法分类号：K293.5

本县志包括“建置”“地理”“农业”“工业”“交通邮电”“城镇建设”“商业”“财政金融”“政党社团”“政权”“民政劳动人事”“军事”“教育”“文化”“卫生”“体育”“科技”“人物”“社会”等内容，记录了同江县各项事业的发展。本志涉及赫哲族信仰、故事、语言、谚语、歇后语、风俗、人物、乡村、医药、卫生、体育、伊玛堪、歌手、文工团等内容，是研究同江市赫哲族历史、社会、文化的重要资料。

收藏单位：国家图书馆、黑龙江省图书馆、北京大学图书馆等

170《乌日贡》

何玉芳主编，光明日报出版社 2017 年出版

关键词：赫哲族 民族节日 少数民族风俗习惯

中图法分类号：K892.325

本书为“中国节日志”丛书之一。作者结合历史文献和田野调查，从“综述”“志略”和“调查报告”三个主要方面，客观、真实、全面地勾勒出了赫哲族乌日贡节的整体样貌。综述部分从历时态与共时态相结合的角度审视了赫哲族自 1986 年诞生乌日贡节日以来诸多节日民俗事项的酝酿产生、传承与创新的流变过程，帮助读者认识乌日贡节的生存基础和变迁的社会意义；志略部分是对乌日贡节日事项的各个文化单元、要素进行延展式阐释，帮助读者对节日事项有更广、更深的理解；个性、差异化的调查报告是具体时空的节日呈现和节日相关重要事项的交代，具有鲜明的民族特色，让每一个读者领略到真

实、鲜活、生动的赫哲族节日文化，以期为赫哲族及其后代构筑起永恒的乌日贡节日记忆。

收藏单位：国家图书馆、深圳图书馆、黑龙江省图书馆等

171《乌苏里渔歌—赫哲族》

都永浩主编，上海锦绣文章出版社2017年出版

关键词：赫哲族 民族历史 民族文化

中图法分类号：K282.5

本书为“中华民族文化大系”之一，汇集了赫哲族研究的高水平专家学者队伍和一流的学术研究成果，以图文并茂、通俗易懂的表述形式，解读赫哲族的历史源流、人文地理、文学艺术、经济生产、宗教信仰、社会民俗、工艺制作、民族旅游等方面内容。同时，通过新媒体技术，使传统图书与手机、平板电脑等有效结合，让读者在阅读时还能够欣赏到视频、音频等内容。

收藏单位：国家图书馆、大连民族大学图书馆、黑龙江省图书馆等

172《中国赫哲族》

舒景祥主编，黑龙江人民出版社1999年出版

关键词：赫哲族 民族文化

中图法分类号：K282.5

作者以赫哲人的视角来观察、分析、描述、评介赫哲族社会发展中的诸方面事务，并对前人研究中的疏漏做了补充修正。本书从“历史篇”“经济篇”“当代建制篇”“地理篇”“文化篇”“风俗篇”“人物篇”“语言篇”“宗教篇”9个篇章对赫哲族的历史、经济、地理、文化等做了详细阐述，通俗易懂，可读性强，为了解赫哲族、研究赫哲族提供了翔实的资料。

收藏单位：国家图书馆、黑龙江省图书馆、南京大学图书馆等

173《中国赫哲族》

孙玉民、孙俊梅编著，宁夏人民出版社2011年出版

关键词：赫哲族 民族文化

中图法分类号：K282.5

本书为“中华民族全书”之一，分别从“民族概况”“物质文化”“民间文化”“社会文化”“信仰文化”“对伟大祖国的贡献”“精神气质”“文化传承”“族际传承”“族际交往”“文化发展愿景”“有影响的文化人物”“重要贡献”等方面对赫哲族进行了详细的介绍，每章内容配以精美的图片，图文并茂，是了解赫哲族的通俗读物。

收藏单位：国家图书馆、佳木斯大学图书馆等

174《中国赫哲族摄影集》

肖殿昌撰文、摄影，黑龙江教育出版社2019年出版

关键词：赫哲族 民族文化 画册

中图法分类号：K282.5-64

本书共十二个篇章、300多幅照片，是一部赫哲族摄影专题画册。作者以图文并茂的形式展现了北方少数民族赫哲族的人文地理、民俗风情，窥斑见豹，以典型民俗风情活动为切入点，忠实而全面地定格赫哲族的生产、生活各个侧面，使作品承载的信息异常丰富，让读者能够全面感触到赫哲族文化的温度。作者把赫哲族捕鱼文化、饮食文化、服饰文化甚至是传统婚俗都精准地定位，再现了赫哲族人民

欣欣向荣的生活场景，让读者感受到了赫哲文化的特殊魅力，欣赏了壮美的赫哲族画卷。

收藏单位：国家图书馆 佳木斯大学图书馆等

175《中国赫哲族通论》

都永浩、姜洪波著，黑龙江教育出版社 2016 年出版

关键词：赫哲族 民族历史

中图法分类号：K282.5

本书从“迁徙”“宗教祭祀”“社会组织”“社会经济”“语言文学”“习俗”等多方面对赫哲族进行了系统详尽的研究和阐述，是研究赫哲族的重要参考资料。

收藏单位：国家图书馆等

176《中国历史文化名村：黑龙江街津口》

中国民间文艺家协会编，知识产权出版社 2020 年出版

关键词：乡村 赫哲族

中图法分类号：K928.5

本书为“中国历史文化名城·名镇·名村丛书”之一，通过追溯赫哲民族历史、村落状况、山水物产、生活习惯、民俗信仰、渔捕生产等历史文化，体现环境与人互相影响、相互作用、相互发展的既矛盾又统一的关系；通过记述口传文学、音乐舞蹈、手工技艺等文化形式，展示赫哲族人民在长期的生产生活实践中摸索和总结出的智慧结晶，是了解赫哲族历史和文化的参考资料。

收藏单位：国家图书馆、佳木斯大学图书馆等

177《中国少数民族设计全集：赫哲族卷》

中国少数民族设计全集编纂委员会编，山西人民出版社 2019 年出版

关键词：赫哲族 民族设计

中图法分类号：K28

本书分七个方面解析了赫哲族传统造物 100 个典型案例，涉及赫哲族传统生产生活的方方面面，是全体赫哲族人民智慧的结晶，传达着赫哲族旺盛的生命力及美好的心路历程，充分展示了赫哲族的民族特色和传统造物文化，具有积极的社会意义和文化价值，也为当代造物设计理念提供了借鉴。

收藏单位：北京服装学院图书馆、华东师范大学图书馆、四川音乐学院图书馆等

T 工业技术

178《赫哲族服饰工艺寻珍》

张秀娟、郝兴华、吕品编著，黑龙江教育出版社 2019 年出版

关键词：赫哲族 民族服饰 手工艺

中图法分类号：TS941.742.825

本书详细阐述了赫哲族服饰工艺的历史变迁、材料选择、制作技艺、样式类别、美学特征、装饰功能、工艺传人，以及服饰工艺与自然环境、民俗信仰的关系，总结了赫哲服饰工艺的历史性、民族性、区域性、类别性等特点。内容包括：赫哲族服饰的历史源流、材料变迁、特色技艺、纹饰风格、传承创新等，赫哲族服饰与那乃族服饰比较，赫哲族服饰与阿伊努服饰比较，赫哲族服饰与满族服饰比较，赫哲族服饰与鄂伦春服饰比较，赫哲

族服饰与鄂温克服饰比较。

收藏单位：国家图书馆、佳木斯大学图书馆等

179《赫哲族服饰文化传承》

李鸿岩编著，团结出版社 2018 出版

关键词：赫哲族 民族服饰 服饰文化

中图法分类号：TS941.742.825

本书为“赫哲族文化艺术传承全书”之一，包括“赫哲族服饰的形成和发展”“图腾的产生和图案的发展”“鱼皮服饰的传承和改良”“赫哲服饰在宗教信仰和节庆活动中的进步与发展”“赫哲族的服饰技艺及影响”等内容，是赫哲族服饰文化的发展纪实。

收藏单位：国家图书馆、北京服装学院图书馆、佳木斯大学图书馆等

180《赫哲族“三皮”工艺探颐》

吕一丁、蒋丽萍，吕品编著，黑龙江教育出版社 2019 出版

关键词：赫哲族 皮革制品 手工艺品制作

中图法分类号：TS56

赫哲族鱼皮、桦皮、兽皮工艺，是举世无双的“三绝工艺”。本书包括“赫哲族‘三皮’工艺概述”“赫哲族‘三皮’工艺的文化特征”“赫哲族鱼皮工艺”“赫哲族鱼皮画工艺”“赫哲族桦皮工艺”“赫哲族桦皮画工艺”“赫哲族兽皮工艺”“赫哲族‘三皮’工艺的纹饰图案”“赫哲族‘三皮’工艺的习俗禁忌”“赫哲族‘三皮’工艺歌谣谚语”“赫哲族‘三皮工艺’的应用”等内容。作者对赫哲族“三皮工艺”分别做了介绍，对发展“三皮工艺”事业具有一定的指导作用。

收藏单位：国家图书馆、佳木斯大学图书馆等

Z 综合性图书

181《赫哲族文献辑要》

范明智、姜殿清、吕品主编，黑龙江教育出版社 2017 出版

关键词：赫哲族 民族历史 文献

中图法分类号：Z89

本书包括“赫哲族文献综述”“古代文献辑要”“清代文献辑要”“民国时期文献辑要”“新中国时期文献辑要”“国外文献辑要”等内容，辑录了国内外从古迄今记录赫哲族的各类文献，对书名、作者、出版、内容等做了提要式介绍，以期在研究和了解赫哲族历史文化时便于查找，是一部提供查考的专科性工具书。

收藏单位：国家图书馆、佳木斯大学图书馆等

182《中国少数民族古籍总目提要：赫哲族卷》

国家民族事务委员会全国少数民族古籍整理研究室编，中国大百科全书出版社 2010 年出版

关键词：赫哲族 古籍

中图法分类号：Z838

本书全面反映赫哲族现存古籍面貌，涵盖文书类、讲唱类、书籍类、铭刻类等古籍资料，展现赫哲族丰富多彩的民族遗产。

收藏单位：国家图书馆、佳木斯大学图书馆等

第十二章

基诺族研究图书索引

基诺族简介

基诺族总人口 26 025 人（2020 年第七次全国人口普查数据）。主要聚居于云南省西双版纳傣族自治州景洪市基诺山基诺族民族乡及四邻的勐旺、勐养、勐罕，勐腊县的勐仑、象明也有少量基诺族散居。

基诺语属汉藏语系藏缅语族彝语支。基诺族没有文字，过去多以刻木、刻竹记数、记事，现大多使用汉语。

基诺族除具有一定的祖先崇拜和对诸葛孔明尊奉外，最具特色、占主要地位的宗教观是万物有灵思想。

基诺族的传统节日有“特懋克”“好希早”（新米节）。“特懋克”即过年，意为“打大铁”，是基诺族人民为纪念铁器的创制和使用而举行的最隆重、最盛大的节庆。

基诺族的文化艺术多姿多彩。民间流传着丰富的神话传说、故事、诗歌和谜语、谚语。比较有名的民间文学有神话传说《玛黑和玛妞》、民间故事《宝刀和竹笛》和叙事长诗《巴诗与米诗》。

基诺族人民喜爱歌舞。民间舞蹈分为习俗性舞蹈和娱乐性舞蹈两大类，大鼓舞是基诺族最具民族特色的习俗性舞蹈。基诺族跳大鼓舞是为了感谢传说中用大鼓拯救了基诺人的创世女神阿嫫腰白，以过“特懋克节”时最为隆重，蕴涵丰富的历史文化内涵，有一定的艺术性和观赏性。2006 年，“基诺大鼓舞”被列入第一批国家级非物质文化遗产代表性项目名录。

F 经济

001《巴飘村调查：基诺族》

王玉芬主编，中国经济出版社2010年出版

关键词：乡村 民族经济 社会调查

中图法分类号：F327.744

本书为“中国民族经济村庄调查丛书”之一，介绍了巴飘村概况，使读者对基诺族聚居村有一个较全面的了解，并深入分析基诺族村庄发展、演变的历史，探索人口较少民族经济发展的模式和规律。

收藏单位：国家图书馆、广西壮族自治区图书馆、杭州图书馆等

H 语言、文字

002《基诺族语言使用现状及其演变》

戴庆厦著，商务印书馆2007年出版

关键词：基诺语 语言调查

中图法分类号：H249

本书为“新时期中国少数民族语言使用情况研究丛书”之一，主要论述了基诺语使用的现状及其成因、基诺族全民双语制的建立及其成因、基诺语受汉语影响引起的变化、青少年语言状况的新问题及今后对基诺语使用演变的预测，同时后附村寨个案调查材料、访谈录、基诺语五百测试表、调查日志等内容。通过这次对基诺族语言的调查，作者从微观上获取基诺族语言使用的第一手材料，为我国少数民族语言使用的国情调查增添了一份可靠、有说服力的文献材料。

收藏单位：国家图书馆、宁夏图书馆、佳木斯大学图书馆等

I 文学

003《巴诗与米诗：基诺族民间长诗》

云南民族古籍丛书编纂委员会编，云南民族出版社1996年出版

关键词：基诺族 叙事诗

中图法分类号：I297.822

本书为“云南民族古籍丛书”之一。作品具有悲剧色彩，约1000余行，展现了基诺族社会的特有风貌，热情歌颂了男女主人公的纯真爱情以及反抗精神。本书语言朴实，情调优美，具有浓郁的抒情色彩和边疆民族特色。本书还收录了两首基诺族年节礼俗歌和时节歌，对研究基诺族社会历史和民族文化艺术有重要的参考价值和欣赏价值。

收藏单位：国家图书馆、云南省图书馆、佳木斯大学图书馆等

004《贝壳歌：基诺族血缘婚恋古歌实录及相关人文叙事》

沈洽主编，上海音乐出版社2004年出版

关键词：基诺族 民歌 作品集

中图法分类号：I277.297.8

本书包括上、下编两部分，上编包括《贝壳歌》的译稿及其有关注释、与古歌相关的人文叙事，是对基诺族主要文化脉络的描述和介绍，为理解古歌提供基诺文化的全方位背景。下编阐述了基诺人的文化，记述了基诺族的历史、社会状况、经济生活、风俗习惯、文化艺术等方面的情况。

收藏单位：国家图书馆、杭州图书馆、广州市图书馆等

005《基诺族民间故事》

《基诺族民间故事》编辑组编，云南人民出版社 1990 年出版

关键词：基诺族 民间故事

中图法分类号：I277.3

本书为“云南民族民间故事丛书”之一，选编了“祭祖的由来”“庆‘抛猜’的来历”“基诺族服饰的传说”“献树神的传说”“稻种的来历”等 56 篇具有一定代表性和广泛性的基诺族民间故事，包括“风习传说”“传奇故事”“生活故事”“阿推的故事”和“动物故事”五个部分，充分反映出了基诺族先民的精神世界，以及对事物的理解、想象和愿望。

收藏单位：国家图书馆、云南省图书馆、四川省图书馆等

006《基诺族民间文学集成》

刘怡、陈平编，云南人民出版社 1989 年出版

中图法分类号：I277

本书内容包括神话、传说、故事、风俗歌、儿歌。编者用世代相传的故事、歌谣及保存至今的传统习俗，向我们传递历史的信息，为当今的历史学、民族学、人类学、社会学、美学等学科的研究提供依据，也为广大读者提供趣味盎然的文学作品。书中所蕴藏的历史内容更令人耳目一新，读者可以从基诺族先民们所创造的极为古老的文化中，窥见其生活和思维模式。本书对研究基诺族的源流、社会形态、民族心理、民族关系乃至基诺族自身的精神文化有重要价值。

收藏单位：国家图书馆、云南省图书馆、四川省图书馆等

007《基诺族文学简史》

杜玉亭著，云南民族出版社 2014 年出版

关键词：基诺族 文学史

中图法分类号：I207.978

本书为“中国少数民族文学史丛书•云南少数民族文学史系列”之一，包括“基诺族文学的社会历史背景”“基诺族文学的基本形式”“‘巴什’——一种古老的文学现象”“母系制文学”“父系制文学”“村社规范文学”“文学传承机制及其基本主题”“反映民族关系的文学与基诺族文学的现代变迁”等内容，全面阐述了基诺族文学发展的变迁，对于弘扬优秀的民族文化、促进民族文学的繁荣发展、增进民族团结都有重要的意义。

收藏单位：国家图书馆、云南省图书馆、佳木斯大学图书馆等

008《新时期中国少数民族文学作品选集：基诺族卷》

中国作家协会编，作家出版社 2015 年出版

关键词：基诺族 少数民族文学

中图法分类号：I29

本书包括“小说”“散文”“诗歌”三部分，涵盖基诺族优秀作家各类题材的代表性作品，集中展示了新时期基诺族文学繁荣发展的景象，也拓展和扮靓了中国当代文学的版图。

收藏单位：国家图书馆、广州市越秀区图书馆、湖北省图书馆等

J 艺术

009《大鼓舞魂：基诺族大鼓舞流变》

赵云艳编著，云南科技出版社 2012 年出版

关键词：基诺族 民族舞蹈

中图法分类号：J722.227.8

本书通过对基诺族大鼓舞流变过程及影响因素的探究，总结归纳出了基诺族大鼓舞在流变中形成的多元化类型，从而以民族学理论为依托，阐释了基诺族大鼓舞的文化价值，推进了基诺族舞蹈文化研究向纵深方向发展。

收藏单位：国家图书馆、云南省图书馆等

010《基诺族大鼓舞：通天神器的精神力量》

李云川著，云南教育出版社 2018 年出版

关键词：基诺族 鼓舞

中图法分类号：J722.227.8

本书是“西双版纳傣族自治州国家级非物质文化遗产丛书”之一，记述了基诺族历史、基诺族大鼓的制作、大鼓舞与基诺文化、大鼓舞的传承与创新等内容，是了解基诺族国家级非物质文化遗产的参考资料。

收藏单位：国家图书馆等

011《基诺族民间舞蹈》

云南西双版纳傣族自治州文化局、《中国民族民间舞蹈集成（云南卷）》编辑部编，国际文化出版公司 1989 年出版

中图法分类号：J722.227.8

本书收入“厄扯咽（大鼓舞）”“剁锅克（贺新房舞）”“司们（安息）”“打克锅（跳竹片）”等民族民间舞蹈，包括具体舞蹈的动作、场记、音乐、服饰、道具及历史文化背景资料，采用图文对照、音舞结合的方式，全面反映云南省基诺族民间舞蹈的历史和现状。本书不仅保存了民族民间舞蹈文化遗产，是一部翔实的历史文献，还可为当今新舞蹈艺术的研究、创作、表演和教学工作提供可靠的依据，对民族学、历史学、民俗学、美学、艺术史等人文学科提供较丰富的资料。

收藏单位：国家图书馆、昆明学院图书馆、云南农业大学图书馆等

K 历史、地理

012《当代基诺社会研究》

吴应辉著，云南大学出版社 2000 年出版

关键词：基诺族

中图法分类号：K287.8

本书主要对当代基诺族社会的经济、生活、文化和社会问题四个方面进行了系统地研究，以求全面展现基诺族的全貌。

收藏单位：国家图书馆、云南省图书馆、南京图书馆等

013《和而不同的中国民族学探索：杜玉亭基诺族研究文论》

杜玉亭，云南大学出版社 2009 年出版

关键词：基诺族 民族学

中图法分类号：K287.8-53

本书为“云南大学民族学文库”之一，是基诺族研究专家杜玉亭五十余年基诺族调研成果的浓缩。作者从“基诺族识

别与有关民族理论的探讨”“基诺族社会经济研究”“基诺族历史研究”“口传文学与歌唱文化”等方面，将五十年来已发表过的文论编辑成书，内容涉及民族学、经济学、社会学、政治学、历史学、文学、宗教学、民俗学等众多学科，既是对作者五十年基诺族研究成果的总结，又是基诺族社会历史及其五十余年变迁的反映。

收藏单位：国家图书馆等

014《和而不同的中国民族学探索：基诺族人文社会经济史论》

杜玉亭著，云南大学出版社 2014 年出版

关键词：基诺族

中国图书分类法：K287.8

本书为“云南文库·学术名家文丛”之一，从基诺族识别与有关民族理论的探讨，到基诺族社会经济研究、基诺族历史研究、基诺族口传文学与歌唱文化、原始宗教以及基诺族相关的礼仪文化、爱情文化等方面解读基诺族文化。本书“以和而不同”为名，有利于不同见解之间的互相切磋，因此，“和而不同”的中国民族学成为本书初步的学理探索。

收藏单位：国家图书馆、中国传媒大学图书馆等

015《基诺族》

杜玉亭著，民族出版社 1989 年出版

关键词：基诺族

中国图书分类法：K287.8

本书为“民族知识丛书”之一，以文字为主，适当配有反映基诺族民族特点的照片，图文并茂，全面介绍了基诺族的人口、分布、历史、风俗、习惯、语言、文字、文学艺术等，对全面了解基诺族有重要作用。

收藏单位：云南大学图书馆、云南农业大学图书馆、云南师范大学图书馆等

016《基诺族》

崔华洋编著，吉林出版集团有限责任公司 2010 年出版

关键词：基诺族 民族文化

中图法分类号：K287.8

本书为“中国文化知识读本”之一，包括“古老的基诺民族”“刀耕火种的社会生产”“开放自由的恋爱婚姻”“野味十足的民族饮食”“古朴素雅的服饰风格”“打着太阳鼓的庆典”“风格独特的民风民俗”“万物有灵的宗教信仰”“文化精髓的沿袭与传承”“神奇迷离的竹楼建筑”等内容，翔实记录了基诺族的民族概况、族源、生产生活、宗教信仰与民族文化情况等，为读者提供了宝贵的参考资料。

收藏单位：国家图书馆、哈尔滨师范大学图书馆、黑龙江中医药大学图书馆等

017《基诺族》

刘强主编，新疆美术摄影出版社、新疆电子音像出版社 2009 年出版

关键词：基诺族 民族历史 民族文化

中图法分类号：K287.8

本书为“中华民族大家庭知识读本”之一，不仅介绍了基诺族及其由来、基诺族的人口与分布、基诺族的生产与生活等，还介绍了基诺族的历史沿革、基诺族的宗教信仰与文化艺术等内容，对了解基诺族历史概况有一定参考价值。

收藏单位：国家图书馆、云南省图书

馆、甘肃省图书馆等

018《基诺族》

朱映占著，辽宁民族出版社 2014 年出版

关键词：基诺族 民族历史 民族文化

中图法分类号：K287.8

本书为“走近中国少数民族丛书”之一，包括“基诺族的由来与发展”“亚热带山林中的基诺族”“有序和谐的基诺族社会”“日常生活中的独特创造”“基诺族的社会礼俗”“基诺族的艺术生活”“基诺族与普洱茶”“基诺族人物故事”等内容，全面、翔实地搜集基诺族的资料，以全新的视角和新颖的描述为广大读者再现了基诺族的真实写照，是了解基诺族的参考资料。

收藏单位：国家图书馆、浙江图书馆、黑龙江省图书馆等

019《基诺族》

张巍编著，中国人口出版社 2014 年出版

关键词：基诺族 民族文化

中图法分类号：K287.8

本书为“中国少数民族人口丛书”之一，通过“基诺山里的‘基诺’”“走进基诺村落”“流光溢彩的传统文化”“基诺族人口状况”“遗风遗俗的婚姻与家庭”“‘茶马古道’的现代经济生产”六个章节介绍了基诺族的历史起源、社会组织与日常生活、丰富多彩的传统文化、遗风遗俗的婚姻与家庭状况、民族人口状况以及基诺族现在的经济生产，内容丰富翔实，语言描述形象生动，展现了一幅栩栩如生的基诺族生活全景图。

收藏单位：国家图书馆、中山市图书馆等

020《基诺族》

于希谦著，中国民族摄影艺术出版社 2007 年出版

关键词：基诺族

中图法分类号：K287.8

本书为“中国人口较少民族丛书”之一，通过“伴着木鼓声追赶太阳”“无文字时代的神秘符号”“人生历程的独特礼俗”等翔实的资料，图文并茂解读了古老的基诺族文明，介绍了基诺族的历史和现状，为广大读者了解基诺族提供了宝贵的资料，同时也为研究基诺族经济社会发展、制定扶持政策措施提供了有益的借鉴和帮助。

收藏单位：国家图书馆、云南省图书馆、佳木斯大学图书馆等

021《基诺族：景洪基诺山基诺族乡》

张锡盛主编、基诺族调查组编写，云南大学出版社 2001 年出版

关键词：基诺族 民族调查

中图法分类号：K280.74

本书为“西南边疆民族研究书系”之一，包括“基诺乡的历史沿革”“生态环境”“人口状况”“经济发展”“婚姻家庭”“政治”“法律”“文化习俗与宗教”“教育”“医疗卫生与科技”十章内容，真实记录了当时基诺族民族村寨的全貌，是第一手的最新资料。编者从民族政治、民族经济、民族文化、民族教育、民族人口、民族科技等方面完整地反映了基诺族生活的变化与发展，具有现实的参考价值和历史的保存价值。

收藏单位：国家图书馆等

022《基诺族传统爱情文化》

杜玉亭著，云南人民出版社 2008 年出版

关键词：基诺族 民族文化

中图法分类号：K287.8

本书为“当代中国人类学民族学文库”之一，包括“基诺族爱情命题研究过程”“成年礼仪与爱情礼仪”“爱情过程礼俗”“成年或爱情过程的社会经历”“成年终礼”“婚礼仪式及其象征意义”等内容，充分体现了基诺族爱情形式及其人文内涵，具有社会礼俗与生物本性的和谐，富有自由、平等共享与社会性宽容。

收藏单位：国家图书馆、云南省图书馆、广州市图书馆等

023《基诺族风俗志》

陈平编著，中央民族学院出版社 1993 年出版

关键词：基诺族 风俗习惯

中图法分类号：K892.378

本书是“民俗文库”之一，包括“充满神话色彩的地方”“基诺人的来历”“母系氏族社会的史影和遗风”“父系制社会短波”“神秘幕纱笼罩的世界——宗教信仰”“来到人间——生育”“‘豹子的花斑花在皮上，我俩的爱情刻在心上’——恋爱与婚姻”“至祖先居住的地方去——丧葬”“‘刀耕火种’盼丰收——农业生产习俗”“竹筒叮咚猎人归——狩猎习俗”等内容，描述了基诺族的民俗风情，展示了基诺族古朴、勤劳的民风，优美、生动的原始文学和基诺山绮丽的风光。

收藏单位：国家图书馆、云南省图书馆、湖北省图书馆等

024《基诺族简史》

《基诺族简史》编写组、《基诺族简史》修订本编写组编，民族出版社 2008 出版

关键词：基诺族 民族历史

中图法分类号：K287.8

本书为“中国少数民族简史丛书（修订本）”之一，在对基诺族社会历史多年调查研究基础上，就其社会发展的历史层次进行分析研究，包括“族源与族称”“母系制时代以前史”“父系氏族——家庭公社时代的历史”“中央封建王朝对基诺族的统治”“捍卫民族生存的战斗”“20 世纪 50 年代前的村社”“中华人民共和国成立到改革开放前基诺族的变化”“改革开放后基诺族的新面貌”等内容。全面系统地反映了基诺族的历史、地理、经济、文化、社会的基本情况和实行民族区域自治的历程、成就和经验，是了解、研究基诺族历史发展的参考资料。

收藏单位：国家图书馆、云南省图书馆、佳木斯大学图书馆等

025《基诺族普米族社会历史综合调查》

《民族问题五种丛书》云南省编辑委员会、《中国少数民族社会历史调查资料丛刊》修订编辑委员会编，民族出版社 2009 年出版

关键词：基诺族 普米族 社会调查

中图法分类号：K287.8

本书为“中国少数民族社会历史调查资料丛刊（修订本）”之一，上篇是基

诺族社会历史综合调查，包括“自然环境”“人口分布与族源族称”“历史发展的考察”“‘刀耕火种’山地农业经济”“成年礼”“父系家庭与长老制”“文化习俗”；下篇是普米族社会历史综合调查，包括《兰坪、宁蒗两县普米族社会调查》《宁蒗县永宁温泉乡普米族婚丧习俗调查》《宁蒗县红桥区翠培乡普米族社会历史调查》等内容。对民族研究和民族工作者具有更重要参考价值。

收藏单位：国家图书馆、云南省图书馆、黑龙江省图书馆等

026《基诺族起义》

王军著，云南人民出版社 1982 年出版

关键词：基诺族 民族起义

中图法分类号：K287.8

本书包括“起义前的基诺族社会”“国民党的残酷剥削和压迫”“基诺族起义”“勐宋哈尼族的武装斗争”“勐混哈尼族的武装斗争”“基诺族起义的意义”等内容，是作者经过三年多的时间，在六次实地调查并查阅大量历史档案、历史文献，对初稿反复进行补充和改写的基础上撰写的，是了解基诺族抗战史的参考资料。

收藏单位：国家图书馆、云南省图书馆等

027《基诺族特懋克》

朱映占著，云南人民出版社 2009 年出版

关键词：基诺族 民族节日

中图法分类号：K892.1

本书为“非物质文化遗产的田野图像丛书”之一，包括“特懋克的起源与时空”“起源神话”“起源的社会历史条件”“庆祝特懋克的地域”“庆祝特懋克的典型村寨”“一个完整的特懋克”“退隐的主角”等内容，精美的图像配有文字的解说，图文并茂地呈现了基诺族特懋克节这一非物质文化遗产的全貌图景。本书对促进读者对非物质文化遗产的理解，进而推动保护实践的广泛有效展开有积极意义。

收藏单位：国家图书馆、云南省图书馆、辽宁省图书馆等

028《基诺族文化大观》

刘怡、白忠明主编，云南省民族事务委员会编，云南民族出版社 2013 年出版

关键词：基诺族 民族文化

中图法分类号：K287.8

本书是“云南民族文化大观丛书”之一，包括“基诺族的历史渊源”“社会结构”“语言文字”“宗教信仰”“风俗习惯”“历法”“经济生产”“伦理道德”“文学艺术”“教育体育”“交通通信”“医疗卫生”等内容，采用整体研究的方法，全面系统地介绍了基诺族的物质生活方式及精神生活方式，是基诺族生活方式的真实写照。

收藏单位：国家图书馆、佳木斯大学图书馆等

029《基诺族文化史》

于希谦著，云南民族出版社 2014 年出版

关键词：基诺族 民族文化 文化史

中图法分类号：K287.8

本书为“云南少数民族文化史丛书”之一，包括“历史源流”“社会物质生产方式”“语言文字与符号的历史”“原始宗

教”“原始哲学”“岁时礼俗”“婚姻家庭与人生礼仪”“民间文学艺术”等十章内容，全面介绍了基诺族在长期社会生活中形成的文化现象。作者在对基诺族文化的起源、阶段、发展等历史过程进行叙述的同时，能够透过丰富多彩的文化现象，认识内在的规律，并对基诺族的风俗习惯、民族性格、气质、社会心理、思维方式进行中肯的分析，具有一定的参考价值。本书再版时保持2000年版的思想观点、学术观点、编写体和书中的数据、地名等原貌，仅对原版以国家最新实施的标准进行规范，调整了部分图片，诠释了基诺族文化的历史继承性。

收藏单位：国家图书馆、浙江图书馆、黑龙江省图书馆等

030《景洪文史资料（第3辑）：基诺族》

景洪市政协文史资料委员会编，成都科技大学出版社1994年出版

关键词：基诺族 文史资料

中图法分类号：K297.428.21

本书包括“地理概况”“创世传说”“族源族称”“历史演变”“经济”“文学艺术”“教育科技体育卫生”“家庭和社会组织”“宗教”“习俗”十个部分以及四个附录，反映了基诺族昔日求生存、求发展、与大自然和恶势力英勇斗争的精神和中华人民共和国建立后党的民族政策的光辉胜利，以及改革开放以来基诺族发生的巨大变化，为研究基诺族的历史和繁荣民族文化提供了丰富的史料。

收藏单位：国家图书馆、云南农业大学图书馆、南京大学图书馆等

031《民族心理调查与研究：基诺族》

韩忠太、傅金芝著，贵州教育出版社1992年出版

关键词：基诺族 民族心理 调查研究

中图法分类号：K287.8

全书共分7章，阐述了基诺族的传统社会化、民族意识、民族感情、民族心理特征及基诺族中小学生的学习心理等内容。作者拓宽视野，采用了心理学研究方法，从普通心理学、社会心理学、劳动心理学、教育心理学、儿童心理学等角度，运用现代心理科学测试方法及计算机处理，对基诺族心理诸特征做了较细的分析研究。本书揭示了民族心理学的研究前景，对民族心理的科学研究提供了参考。

收藏单位：国家图书馆、广西壮族自治区图书馆、广州市图书馆等

032《亲情与亲人：基诺族》

赵捷著，云南人民出版社2003年出版

关键词：基诺族 家庭生活

中图法分类号：K287.8

本书为“20世纪中国民族家庭实录”丛书之一，以基诺族的一个家庭为点，以实录的方式，以小见大的手法详述了基诺族的历史、习俗、习性和传统，使读者在欣赏故事中了解基诺族人民的生活及发展变迁，对了解基诺族的家庭生活具有较高的参考价值。

收藏单位：国家图书馆、云南省图书馆、深圳图书馆等

033《特懋克》

周巍峙、郑晓云主编，光明日报出版社2014年出版

关键词：基诺族 民族节日

中图法分类号：K892.11

本书为“中国节日志”丛书之一，包括“特懋克的自然和社会文化背景”“主要内容”“现状”“基诺族的其他节日”“节日时空”“组织”“节日缘起”“仪式活动”“表演艺术与口头传统”“游艺娱乐”等内容，详细记述了基诺族特懋克节日的相关活动。

收藏单位：国家图书馆、南宁市图书馆、吉林省图书馆等

034《王懿之学术文选：傣族基诺族历史文化论》

王懿之著，云南人民出版社 2014 出版

关键词：基诺族 民族文化 民族历史

中国图书分类法：K287.8-53

本书搜集、遴选和整理云南省从古至今的傣族、基诺族的民族学术著作，在传承云南地域文明、提高云南文化方面有着重要的意义。学术作品凝聚了深邃的思想和超凡的智慧，体现出超凡的地域特色和民族特色。

收藏单位：南京大学图书馆、中国人民大学图书馆、中南民族大学图书馆等

035《雾中的阿居：基诺族的亲属制度》

唐晓春著，云南人民出版社 2009 年出版

关键词：基诺族 亲属制度

中图法分类号：K287.8

本书为“‘田野与发现’人类学系列丛书”之一，包括“田野调查对象概述”“身体表征系统与社会血亲”“生育仪式和名号的归属”“婚姻”“家庭”“分析”和“结论”七个章节，揭示了基诺族亲属制度运作的逻辑起点——身体表征系统和社会血亲观念，描述了基诺族的婚姻制度和社会组织，在性生活形态、联姻、居住方式、财产分割的各方面展现大量翔实的细节，是研究基诺族亲属制度的重要参考。

收藏单位：佳木斯大学图书馆等

036《云南特有民族百年实录：基诺族》

全国政协文史和学习委员会暨云南省政协文史委员会编，中国文史出版社 2010 年出版

关键词：基诺族 民族历史

中图法分类号：K287.8

本书为“中国少数民族文史资料书系”之一，是基诺族历史上的人、事、物的汇集。包括“综述”“民族的起源与变迁”“政治·军事·经济、思想·文化”“民族风情”“社会调查”“民族工作与民族区域自治”“当代风貌”等内容，讲述了基诺族的民族起源与变迁、百年的历史进程、独特的民族习俗，以及中华人民共和国成立后基诺族在经济、社会发展中的巨大变化，对了解基诺族的历史发展有参考价值。

收藏单位：国家图书馆、云南大学图书馆、北京师范大学图书馆等

037《中国基诺族》

张云编著，宁夏人民出版社 2012 年出版

关键词：基诺族 民族文化

中图法分类号：K287.8

本书为“中华民族全书”之一，分别

从“民族概况”“物质文化”“民间文化”“社会文化”“信仰文化”“对伟大祖国的贡献”“精神气质”“文化传承”“族际传承”“族际交往”“文化发展愿景”“有影响的文化人物”“重要贡献”等方面对基诺族进行了详细的介绍，每章内容配以精美的图片，图文并茂，让读者在趣读中了解基诺族，增长知识，引发想象，是了解基诺族的通俗读物。

收藏单位：国家图书馆、云南省图书馆、安徽省图书馆等

038《最后的长房：基诺族父系大家庭与文化变迁》

郑晓云著，云南人民出版社 2008 年出版

关键词：基诺族 父系民族 民族历史

中图法分类号：K287.8

本书为“当代中国人类学民族学文库”之一。作者运用民族学和社会史学的方法，通过基诺族长房这一主线展示了基诺族文化在 20 世纪 40 年代至 80 年代的变迁。本书主要介绍了“基诺族的文化特征”“基诺族长房之源”“最后的长房：亚诺寨的父系大家庭及其解体”“三个存在过父系大家庭的典型村寨的考察”等内容，详细地记录了当时的文化现象与相关的历史，展现了基诺族父系大家庭特殊的居住形式——长房最后的分化过程。由于本书的每一条资料都来源于田野，是研究基诺族历史的第一手资料。

收藏单位：国家图书馆、云南省图书馆、甘肃省图书馆等

R 医药、卫生

039《基诺族医药》

杨正林、郭绍荣、郑品昌主编，云南科技出版社 2001 年出版

关键词：基诺族 民族医药 医药学

中图法分类号：R297.8

本书分上、中、下三篇，上篇为基诺族医，讲述了基诺族医及其发展，对基诺族传统医药进行了简要介绍；中篇为基诺族常用药，具体列出了的遮（蓖齿苏铁）、特苏（云南松）、勒白生迷（买麻藤）、少母（八角香兰）等 319 种药物及其相关信息；下篇为常用方剂，包括概述和分病论方，共收入基诺族常用方剂 248 个，并附药物墨线形态图 303 幅。本书对基诺族民间医药进行了较为全面的调查和收集整理研究，对发掘、继承和弘扬基诺族的医药文化有参考价值。

收藏单位：国家图书馆、云南省图书馆、辽宁省图书馆等

040《云南基诺族帕西傣体质调查》

骆毅等主编，云南民族出版社 1989 年出版

关键词：基诺族 人体测量

中图法分类号：R15

本书对云南省基诺族体质调查进行了深入的研究，包括“一般调查及咨询”“健康普查及身体素质的初步分析”“医学遗传及遗传病的调查结果及分析”“对基诺族健康”“遗传性状和遗传病调查研究”等内容，对今后优生优育工作的开展，提高人口素质，促进民族健康繁荣昌盛和经济发展提供了参考。

收藏单位：国家图书馆、云南省图书馆等

T 工业技术

041《基诺族竹乐器七柯、布姑音响特性的声学研究》

杨琛著，人民音乐出版社2020年出版

关键词：基诺族 民族乐器

中图法分类号：TS953.06

本书为“中国音乐学院博士文库”之一。作者以云南基诺族竹类体鸣乐器七柯、布姑为研究对象，在基诺乡多个村寨对七柯、布姑制作流程的充分考察基础上，以乐器的调音过程为研究重点，运用音乐声学测量的方法，整体分析竹筒调音过程中体现出的音高、音程变化以及总体音域特点，并对典型样本的音色变化进行分析，以此为依据研究七柯、布姑的音响特性。本书还阐释了七柯音名特点，以及七柯、布姑为伴奏的歌唱旋律，当今七柯、布姑的演奏形式等问题。

收藏单位：国家图书馆等

第十三章

京族研究图书索引

京族简介

京族总人口 33 112 人（2020 年第七次全国人口普查数据），主要聚居在广西壮族自治区东兴市的澫尾、山心、巫头三个半岛（俗称“京族三岛”）上。

京族是我国海洋性少数民族，临海而居，以海为生，以海为歌，形成了独特的海洋文化。京族有自己本民族的语言，谓之京语，与越南主体民族的语言相通。京族也有自己本民族的文字，称之为“喃”字。“喃”字是从汉语方块象形文字演变过来的。

京族信仰多元化，部分人信仰道教、佛教、天主教。

民族节日主要有“哈节”“春节”“中元”“食新米节”等。“哈节”是京族最隆重的民族节日，举办迎神、祭神、乡饮和送神等重要活动。2006 年，“京族哈节”被列入第一批国家级非物质文化遗产代表性项目名录。

长期以来，京族民间艺人在社会生活的实践中，创作了大量的民歌、故事、舞蹈、音乐和戏剧，并在京族民间中广为流传。京族口头流传的民间故事和神话传说，内容丰富，情节生动，给人以思想营养和美的享受，主要有《金云翘传》《宋珍》《田头公》等。

京族乐器有独弦琴、月琴、竹筒琴等。独弦琴是京族特有的民族乐器，乐器结构简单而所奏乐曲音调丰富、音色优美，和“唱哈”“竹竿舞”同誉为京族传统文化的三颗珍珠。2011 年，“京族独弦琴艺术”被列入第三批国家级非物质文化遗产代表性项目名录。

D 政治、法律

001《巫头村调查：京族》

李澜主编，中国经济出版社2014年出版

关键词：京族 农村调查 调查报告

中图法分类号：D668

本书为“中国民族经济村庄调查丛书”之一，包括“村庄”“农户”“农民”三个部分，围绕京族村落社会经济发展现状开展了深入研究，系统梳理中华人民共和国成立以来，特别是改革开放以来巫头村的经济社会发展变迁，阐述了民族文化在村庄经济社会发展中的重要地位及作用，促使读者对民族地区经济发展战略的制定与实施产生了新的认识与思考。

收藏单位：国家图书馆、广西民族大学图书馆、中山大学图书馆等

G 文化、科学、教育、体育

002《多学科视野下的京族非物质文化遗产研究》

陈丽琴等著，民族出版社2019年出版

关键词：京族 非物质文化遗产

中图法分类号：G122

本书在大量田野调查基础上，运用民族学、文化人类学、教育人类学、文化生态学、民俗学等多学科理论方法，探讨京族民间文学、民间歌舞、独弦琴艺术、衣食住习俗、医药习俗等非物质文化遗产的特征、功能、传承途径、生存状态，对京族非物质文化遗产传承的现状及其原因以及保护对策等问题进行了深入研究，并对具有普遍性和规律性的问题进行归纳、提炼和总结，促进京族非物质文化遗产的生存和发展问题获得更多学者关注。

收藏单位：国家图书馆、同济大学图书馆、广东外语外贸大学图书馆等

H 语言、文字

003《广西东兴京语参考语法》

康忠德著，中国社会科学出版社2019年出版

关键词：京语（少数民族语言）语法

中图法分类号：H282.4

本书为“中国少数民族语言参考语法系列丛书”之一，包括六章：第一章介绍了京语的语言背景情况；第二章对京语音系进行了系统描写分析，并简要介绍了京族文字；第三章介绍了京语词汇的构成及其特点；第四章对京语词汇进行了系统分类；第五章对语法进行了系统描写；第六章为京语形式多样的语言材料。作者以南亚语系京语为研究对象，在田野调查基础上，利用翔实的语料，采用参考语法的描写分析方法，对京语语法结构及其特点进行了较为系统、全面、深入的共时描写与分析。本书意义在于首次全面系统描写了京语语法，有利于后续语言保护与研究工作。

收藏单位：国家图书馆等

004《京语研究》

韦树关著，广西民族出版社2009出版

关键词：京语（少数民族语言）

中图法分类号：H282

本书主要包括“语音”“词汇”“语法”“京族的文字”“关于京语的归属问题”“京语-衰变中的语言”等内容。作者

以现代语法学理论为指导，全面、系统地研究了京族语言的历史与现状，是我国第一部研究京族语言的专著。

收藏单位：国家图书馆等

005《京族喃字史歌集》

陈增瑜主编，民族出版社 2007 年出版

关键词：京族 文字“喃”字

中图法分类号：H282.2

本书为“中国少数民族语言文字保护丛书”之一，包括《京族史歌》《京族哈节唱词》《京族传统叙事歌》三部分，均是以京族“喃字”书写记载。为了传承京族“喃字”文化，让更多的人对京族“喃字”史歌能读会唱，本书编译成“喃字”、国际音标、汉语三种文字，留于后人传承。京族“喃字”是研究京族语言文化的珍贵史料，保护京族“喃字”文化资料，是保护京族传统文化的重要组成部分，收集整理京族古籍和“喃字”，使京族的大量古籍文献和“喃字”得到保护，对京族历史文化的研究极具价值，同时，有利于促进民族文化资源的开展，带动民族文化旅游业的发展。

收藏单位：国家图书馆、南宁市图书馆、广西壮族自治区图书馆等

006《中国京语词典》

韦树关、颜海云、陈增瑜编著，世界图书出版广东有限公司 2013 年出版

关键词：京语（少数民族语言）词典

中图法分类号：H282.6-61

本词典收入中国京语词目 10000 余条，主要是京语日常生活用词，也收入了流传在京族民间的喃字手抄本中的一些词语及若干新词术语。京语词以京族传统文字“喃字”为词目，以国际音标注音。本词典对读者了解京族文化有重要的参考价值，可供京语研究者、京族文化研究者使用，也可供京族人学习普通话参考之用。

收藏单位：国家图书馆等

007《中国京族喃字汉字对照手册》

何思源著，民族出版社 2016 年出版

关键词：京族“喃”字

中图法分类号：H282.2-62

本书为“中国少数民族古文字文献研究丛书”之一，是查阅中国京族喃字的工具书，收录了作者搜集的京族喃字手抄本及出版物中出现的约 5000 个喃字（与汉字形义相同的喃字不收）。本书在偏旁 / 部件大类下，按照“喃字—国际音标—拉丁越南文—汉文释义”的体例进行了编写，释文准确，简洁明快，条理清楚，后附常用汉字的喃字对照表，既可直接指导初学者学习和实践，又能给研究者提供有益的参考。

收藏单位：国家图书馆、广西民族大学图书馆、西南大学图书馆等

I　文学

008《京族传统叙事歌集》

苏维芳、苏凯编著，广西民族出版社 2020 年出版

关键词：京族 民歌 作品集

中图法分类号：I277.298.2

本书收录了 26 篇叙事歌，有歌颂高尚品德的《刘平杨礼结义歌》，有反封建腐败的《二度梅》，有以爱情为主的《宋

珍歌》《花笺传》《梁山伯与祝英台》等，有神话故事《石生故事》《水晶公主》《柳杏公主》《唐僧西天取经》等，有寓言故事《贞鼠传》等。这些叙事歌多取材自汉文名著，根据同名小说改编而成，篇幅较长，结构严谨，叙事完整，条理明晰，情节跌宕起伏，易读易记。这些叙事歌以歌叙事，以歌代言，表现了京族人民善良坚韧的性格品质，反映了他们对世间真善美的追求，对美好幸福生活的向往，以及对旧时代封建制度的痛恨和鞭挞。在这些叙事歌中，读者可以感受到京族文化的底蕴和价值。收集整理这些叙事歌，对认识京族，了解京族文化传统，让后人继承和发展本民族优秀的民族传统和民族精神，具有积极意义。

收藏单位：国家图书馆等

009《京族哈节唱词》

苏维芳，苏凯编著，广西民族出版社2020年出版

关键词：京族 唱词

中图法分类号：I239.9

本书收录58首京族唱词，内容主要包括“祀神”“祭祖”“文娱”和“乡饮”四个方面，集中反映了京族人民在长期的生产、生活中，如何用自己的聪明才智、辛勤劳动创造美好生活，建设美好家园的历程。唱词以最通俗的语言，教育人们要勤劳善良，诚实守信，团结互助，敬老爱幼，孝悌忠义。通过这些唱词，读者可以了解京族人民的人生观、价值观和世界观，从中感受到京族文化的底蕴和价值。本书采用喃字、越南语和汉语三种文字对译的形式编排，对于从事研究喃字与越南语的文字工作者或有兴趣学习了解喃字和越南语的读者有一定的参考价值。

收藏单位：国家图书馆等

010《京族民歌选》

苏维光等编，广西民族出版社1988年出版

关键词：京族 引歌 唱哈歌

中图法分类号：I277

本书主要包括“京族的引歌”“唱哈歌”“礼俗歌”“海歌”“儿歌”“苦歌”“情歌”“叙事长歌”“新歌”“曲谱”等，是研究京族民歌的基础性资料。

收藏单位：广西民族大学图书馆、华中师范大学图书馆等

011《京族民间故事选》

苏润光等编，中国民间文艺出版社1984年出版

关键词：民间故事 京族

中图法分类号：I277.3

本书通过精心的加工和整理，分六辑简述了京族民间的“神话传说”“反帝斗争故事”“机智人物故事”“爱情故事”“动植物故事及童话、寓言”“世态人情故事”等，向读者展现了京族的优秀文化。

收藏单位：国家图书馆、哈尔滨师范大学图书馆、黑龙江省图书馆等

012《京族喃字民歌集·一》

沈燕琼、陈增瑜主编，广西民族出版社2016年出版

关键词：京族 民歌 作品集

中图法分类号：I277.298.2

本书收集了京族同胞的喃字民歌精华近百首，分为劳动歌、情歌、贺婚歌、友

谊歌、感恩歌、散歌等，均为民间原创作品，表现了京族人民的劳动、生产、生活、爱情等内容。同时，用京语（喃字）、汉语、国际音标、英语、越南语互译，不仅为横向对比其语言特色，为更多的读者了解京族的文化、扩大其影响力提供了阅读的便利，更是对京族民歌文化、对京族喃字这一濒危文字的一种整理、抢救与传承。

收藏单位：国家图书馆、广西大学图书馆、广西壮族自治区图书馆等

013《京族喃字民歌集：汉文、喃字·二》

陈增瑜主编，广西民族出版社 2020 年出版

关键词：京族 民歌 作品集

中图法分类号：I277.298.2

本书是一本反映京族同胞生产、生活的民歌集，收集了京族同胞的民歌精华 50 余首，用京族喃字、汉文、国际音标互译，并配以喃字民歌原声光盘，不仅为横向对比其语言特色，为更多的读者了解京族的文化、扩大其影响力提供了阅读的便利，更是对京族民歌文化、对京族喃字这一濒危文字的一种整理、抢救与传承。

收藏单位：国家图书馆等

014《京族诗歌集：大海是故乡》

莫振芳著，广西科学技术出版社 2014 年出版

关键词：诗集 京族

中图法分类号：I227

京族是以海为生的民族，历史悠久，人民热情好客，文化源远流长，民俗风情奇特。作者用诗歌的形式记录了中华人民共和国成立以来，尤其是改革开放以后，京族地区发生的翻天覆地的变化；从民俗、风景等多角度展示了京岛的美，抒发了对京族的热爱。全书共分四篇："大海魂""京岛风""相思豆""传记篇"，是了解京族诗歌的参考资料。

收藏单位：国家图书馆、广西民族师范学院图书馆、华东师范大学图书馆等

015《京族史歌》

苏维芳，苏凯编著，广西民族出版社 2019 年出版

关键词：京族 民歌 作品集

中图法分类号：I277.298.2

本书为"京族喃字歌集"丛书之一，包括《满尾京族简史》《忆满尾京族史》《巫头史歌》《山心史歌》《京族迁徙传说诗歌》《镇海大王故事》《京族英雄杜光辉传颂》《京族统领苏光清》八篇史歌，讲述了京族人民在长期生产生活中，用自己的聪明才智、辛勤劳动创造美好生活，建设美好家园的历程。

收藏单位：国家图书馆等

016《京族文学史》

苏维光、过伟、韦坚平著，广西教育出版社 1993 年出版

关键词：京族 文学史

中图法分类号：I207.9

本书为"中国少数民族文学史丛书"之一，分"古代文学""近现代文学""当代文学"三个部分，是了解京族文学概况和发展的参考资料。

收藏单位：国家图书馆、广西壮族自

治区图书馆、青海省图书馆等

017《新时期中国少数民族文学作品选集：京族卷》

中国作家协会编，作家出版社2015年出版

关键词：京族 少数民族文学 作品综合集

中图法分类号：I29

本书收录了新时期京族作家各类题材的代表性作品，包括散文、小说、文学剧本、诗歌等，是对新时期京族文学成果的梳理，集中展示了新时期京族文学繁荣发展的景象，也拓展和扮靓了中国当代文学的版图。

收藏单位：国家图书馆、中山大学图书馆、广西艺术学院图书馆等

018《中国京族经典民间故事》

中共东兴市委宣传部、哈哥哈妹工作室编，广西人民出版社2017年出版

关键词：京族 民间故事 作品集

中图法分类号：I277.3

京族人民在长期生活实践中创造了许多优美的民间歌谣、谚语格言、历史传说。本书精选8个经典故事进行漫画创作，以中文和越南文对照翻译的形式讲述故事，通过大众喜闻乐见的卡通连环画展示京族传统文化的魅力，反映了京族历史文化、经济状况和社会生产、生活状况。

收藏单位：国家图书馆等

J 艺术

019《京族独弦琴艺术》

陈坤鹏、黄羽、张灿编著，北京科学技术出版社2013年出版

关键词：京族 独弦琴 民族艺术

中图法分类号：J623.5

本书为“广西国家级非物质文化遗产系列丛书”之一。独弦琴在京族重大节庆、传统民俗活动及其日常生活休闲中扮演着极为重要的角色，已成为京族文化的代表性符号，2011年6月，“独弦琴艺术”入选第三批国家级非物质文化遗产代表性项目名录。本书全面、系统地介绍了独弦琴艺术的发展规律、艺术特色、人文价值及传承保护等内容，是了解京族独弦琴艺术的参考。

收藏单位：国家图书馆、广东星海音乐学院图书馆、四川音乐学院图书馆等

020《京族民歌探微》

张彬著，广西艺术学院1988年印

关键词：京族 民歌 叙事歌

中图法分类号：J607

本书在充分了解京族简史的基础上，分析了京族民歌的题材，包括谣歌、小调、叙事歌等，并含有歌词和歌谱。

收藏单位：国家图书馆、广东星海音乐学院图书馆、四川音乐学院图书馆等

021《京族史歌》

苏维芳、苏凯编著，广西人民出版社2015年出版

关键词：京族 民歌 歌曲

中图法分类号：J642.218.2

京族人民以自己的聪明才智创造了民族历史文化，“史歌”就是其中的一部分。本书用汉语、越文、喃字收录了万尾京族史歌、巫头史歌、山心史歌、京族迁徙传

说史歌等京族史歌 8 篇，读者从中可以了解京族社会历史的文化，具有史料价值。

收藏单位：国家图书馆等

022《中国京族文化艺术之魂：独弦琴》

何绍编著，漓江出版社 2014 年出版

关键词：京族 独弦琴 民族艺术

中图法分类号：J623.5

本书是一部京族独弦琴文化艺术的综合史料，研究和考证了独弦琴的发展与演变历史。作者翻阅了各种史料，认为"独弦琴的泛音求取方法是南宋柳恽所发明"；介绍了独弦琴的各种不同形式的演奏技法，并且整理了大量珍贵的京族民歌乐谱，为学习独弦琴者提供了练习素材。

收藏单位：国家图书馆等

K 历史、地理

023《从边缘到前沿：广西京族地区社会经济文化变迁》

周建新等著，民族出版社 2007 年出版

关键词：京族 民族文化

中图法分类号：K288.2

本书为"广西各民族发展丛书"之一，包括"漂泊的族群""海边人家——万尾村""靠海吃海靠边吃边""渔家的习俗""祖公与镇海大王""京族人的婚姻与家庭""翁村与村民委员会""渔村的'规矩'""语言""民间文学与民间艺术""现代教育与传统文化的传承""传统技艺与现代科技卫生""从边缘到前沿"等内容。作者在对广西东南沿海的东兴市江平镇万尾村进行田野调查的基础上，用多学科的方法论对京族生存状态进行了全面透视，研究探讨了传统文化与跨国民族社会转型的关系问题。

收藏单位：国家图书馆、南宁市图书馆、南宁市少年儿童图书馆等

024《当代中国的京族》

吴满玉、冼少华等编著，广西人民出版社 2005 年出版

关键词：京族

中图法分类号：K288.2

本书为"西部发展丛书"之一，主要介绍了"京族的族源及简要历史""当代京族的居住区域""当代京族的经济生活""当代京族的政治生活""当代京族的文学艺术""当代京族的语言""当代京族的节庆、习俗、服饰与信仰""当代京族的婚姻与家庭""当代京族的教育、科技、卫生、体育事业""京族三岛在中国—东盟自由贸易区的优越地理位置及其发展机遇"等内容，是了解和研究当代京族的参考资料。

收藏单位：国家图书馆、广西大学图书馆、南宁师范大学图书馆等

025《广西京族社会历史调查》

广西壮族自治区编辑组、《中国少数民族社会历史调查资料丛刊》修订编辑委员会编，民族出版社 2009 年出版

关键词：民族历史 社会调查

中图法分类号：K288.2

本书为"中国少数民族社会历史调查资料丛刊（修订本）"之一，介绍了京族民族名称由来和语言、民族传说和历史沿革、社会组织、婚姻制度等内容，涉及经济状况、社会组织形式、风俗习惯、京族社会历史调查、防城越族情况调查等内

容。本书许多资料性数据和材料具有重要的史料价值，是研究广西壮族自治区京族社会历史的参考资料。

收藏单位：国家图书馆、广西壮族自治区图书馆、云南农业大学图书馆等

026《教育人类学视野下的京族民间文化传承研究》

陈丽琴著，中国社会科学出版社2020年出版

关键词：京族 民族文化

中图法分类号：K288.2

本书以田野调查为基础，在教育人类学理论指导下，运用文化人类学、民俗学、民族学等学科理论方法，研究京族民间文化内容、特点、教育功能、教育传承现状。作者主要研究学校、家庭及社会协作相统一的“活”的教育传承的可行性与操作性，在理论上为京族文化研究开辟新的领域，提供新的视野和路径。

收藏单位：国家图书馆、广西大学图书馆、湖南大学图书馆等

027《京色海岸：京族卷》

包晓泉著，广西民族出版社2010年出版

关键词：京族 民族历史 民族文化

中图法分类号：K288.2

本书为“广西世居民族文化丛书”之一，作者以客观的叙述、散文化的文字、真实的图片，图文并茂地介绍了京族的地理分布、自然环境、历史来源、传统经济生活、语言、文化艺术、生活习俗以及民间宗教信仰等内容，是研究京族民族文化的参考资料。

收藏单位：国家图书馆、广西艺术学院图书馆、广西大学图书馆等

028《京族》

李青华编著，吉林出版集团有限责任公司、吉林文史出版社2010年出版

关键词：京族 民族文化

中图法分类号：K288.2

本书为“中国文化知识读本”之一，包括“古老而又年轻的民族”“特色鲜明的渔业经济”“丰富多彩的文化艺术”“特色风俗京族风情”等内容。作者梳理和挖掘了中华优秀传统文化成果，符合社会发展规律，充分体现了时代精神，是研究京族民族文化的参考资料。

收藏单位：国家图书馆、广西壮族自治区图书馆、南宁市图书馆等

029《京族》

韩肇明著，民族出版社1993年出版

关键词：京族

中图法分类号：K288.2

本书为“民族知识丛书”之一，作者从“历史悠久的海洋民族”“美丽富饶的京族渔村”“以渔为主的多种经营”“别有情趣的婚姻家庭”“独具一格的生活习俗”“丰富多彩的文化艺术”等方面介绍了京族的人口及分布、历史、风俗习惯、语言文字、文学艺术等，对于全面了解京族文化具有重要作用。

收藏单位：国家图书馆、广西艺术学院图书馆、广西大学图书馆等

030《京族》

张英编著，中国人口出版社2014年出版

关键词：京族 民族文化

中图法分类号：K288.2

本书为“中国少数民族人口丛书”之一，主要介绍了京族的起源变迁、宗教传说、社会组织和风土人情、人口状况与素质、恋爱婚姻家庭状况、优秀的文化传承、民族经济发展状况等内容，内容丰富翔实、语言描述形象生动、展现了一幅栩栩如生的京族生活全景图。

收藏单位：国家图书馆、广西艺术学院图书馆、南宁师范大学图书馆等

031《京族》

王钟键主编，新疆美术摄影出版社、新疆电子音像出版社 2009 年出版

关键词：京族 民族历史 民族文化

中图法分类号：K288.2

本书为“中华民族大家庭知识读本”丛书之一，主要介绍了京族的起源、发展历史、宗教信仰与民俗文化、节日礼仪以及相关的神话传说和历史故事等，是了解京族的知识读本。

收藏单位：国家图书馆、湖南中医药大学图书馆、太原学院图书馆等

032《京族》

吕俊彪著，辽宁民族出版社 2014 年出版

关键词：京族 民族历史 民族文化

中图法分类号：K288.2

本书为“中国少数民族丛书”之一，从京族的族源、历史、民俗、文化、宗教、艺术、人物、民族自治等方面，系统而生动地向读者展示了民族的整体风貌和多彩风姿，饱含民族感情，热情讴歌了我国的少数民族政策。本书主要包括“‘漂洋过海’的京族人”“京族人的生计”“‘翁’的村落”“渔家人的习俗”“京族人的神圣世界”“京族民间文艺”“大海之子”等内容。

收藏单位：国家图书馆、广西大学图书馆、深圳大学图书馆等

033《京族：广西东兴市山心村调查》

马居里、陈家柳主编，云南大学出版社 2004 年出版

关键词：京族 乡村 调查报告

中图法分类号：K288.2

本书为“中国民族村寨调查丛书”之一，作者以广西壮族自治区东兴市京族为研究对象，介绍其概况与历史、生态环境、人口、经济、社会政治、婚姻家庭等情况，是了解京族历史及发展变迁的参考资料。

收藏单位：国家图书馆、南宁市图书馆、齐齐哈尔大学图书馆等

034《京族百年实录》

中国人民政治协商会议广西壮族自治区委员会编，广西民族出版社 2015 年出版

关键词：京族 民族历史

中图法分类号：K288.2

本书为“广西政协文史丛书”之一，共九个部分，介绍了京族的起源、演变、迁徙、人口分布的相关情况和京族在经济、政治、文化方面特有的民族个性，记述了京族及京族聚居区自清末以来 100 多年间在经济、政治、文化、军事、社会事业发展过程中的重大事件及与越南边缘地区交流和合作的主要情况。

收藏单位：国家图书馆等

035《京族百年实录》

全国政协文化文史和学习委员会、广西壮族自治区政协文史和学习委员会编，中国文史出版社2018出版

关键词：京族 民族历史

中图法分类号：K288.2

本书记录了京族在我国不同历史时期的功绩、经验和教训，以及京族聚居和自治地方的沧桑巨变，展现了京族人民乐观向上、自立自强、奋发有为的精神风貌，歌颂了京族人民在我国历史长河中，尤其是近现代历史中发挥的独特作用，呈现了与众不同的风俗民情。作者通过“亲历、亲见、亲闻”的编纂手法，让本书发挥了人民政协文史资料“存史、资政、团结、育人”的作用，为民族研究工作提供了参考。

收藏单位：国家图书馆、西南民族大学图书馆、南华大学图书馆等

036《京族风俗志》

符达升等著，中央民族学院出版社1993年出版

关键词：京族 少数民族风俗习惯

中图法分类号：K892.382

本书为“民俗文库”丛书之一，作者通过介绍京族的生产习俗、生活习俗、恋爱婚娶习俗、生育、寿诞、丧葬礼仪、岁时习俗、村社组织、民间信仰、民间文艺、民间游艺、体育等内容，描绘了南海北部湾上“冬季草不枯，非春不开花，季季鱼泛鳞，果实满枝桠”的宝地——“京族三岛”，为读者展现了京族人民丰富多彩的生活画卷。

收藏单位：国家图书馆、广西壮族自治区图书馆、南宁市图书馆等

037《京族哈节》

吕俊彪、苏维芳编著，科学技术出版社2012年出版

关键词：京族 民族节日

中图法分类号：K892.11

本书为“广西国家级非物质文化遗产系列丛书”之一，从“哈节：一个京族人尽情欢歌的节日”“京族哈节的传说：历史的隐喻与神话的现实”“哈节仪式：人神共娱的文化展演”“哈节的‘哈’与‘歌’”“哈节的‘祭’”“哈节传统的守望者”“哈节与京族传统文化的现实表征”“哈节与全球化时代的京族非物质文化遗产”8个章节系统全面地为读者介绍了京族哈节这一民族传统节日。从神话传说到现实生活再到对未来传承的展望，从组成元素到表现程序、表现手法再到对京族生活的延伸，基本涵盖了哈节所涉及的民风民俗的方方面面，是带有工具书性质的普及型读物。

收藏单位：国家图书馆等

038《京族简史》

《京族简史》修订本编写组编，民族出版社2008年出版

关键词：京族 民族历史

中图法分类号：K288.2

本书为“中国少数民族简史丛书（修订本）”之一，介绍了“京族来源”“古代社会”“帝国主义侵略”“国民党政府统治”“反帝反封建革命斗争”“中华人民共和国成立前后社会经济”“文化艺术和生活习俗”等内容。本书是了解和研究京族历史的重要参考资料。

收藏单位：国家图书馆、广西大学图书馆、广西民族大学图书馆等

039《京族简史简志合编（初稿）》

中国科学院民族研究所广东少数民族社会历史调查组1963年编印

关键词：京族 民族志

中图法分类号：K288.2

本书为“少数民族史志丛书”之一，主要反映了中华人民共和国成立十年以来，党在民族工作方面取得的伟大成就，反映了京族人民新面貌以及新的民族关系。

收藏单位：国家图书馆等

040《京族经济发展与文化变迁》

李军明著，华中科技大学出版社2017年出版

关键词：京族 民族经济 民族文化 文化史

中图法分类号：K288.2

本书为“黔南民族师范学院学术文库”之一，包括“绪论”“京族概况”“20世纪80年代后京族经济发展”“传统文化变迁”“现代观念逐步形成”“京族文化变迁的特点和影响”等内容。作者通过查找文献、田野调查等方式获取京族经济发展与文化变迁的资料，运用文化变迁理论和文化功能理论对资料进行深入分析，探讨了京族经济发展与文化变迁的关系，为京族经济发展和文化传承提供了借鉴。

收藏单位：国家图书馆、中山大学图书馆、福州大学图书馆等

041《京族民俗风情》

曹俏萍编著，广西民族出版社2012年出版

关键词：京族 少数民族风俗习惯

中图法分类号：K892.382

本书为“广西民族风情典录丛书”之一，作者搜集了广西壮族自治区主要世居民族京族的历史文化和风土民情，包含“欢乐的劳动场景”“瑰丽的生活画面”“缤纷的岁时节日”“庄重的民族礼仪”“愉悦的游艺民俗”“璀璨的民族艺术”等内容，具有鲜明的特色和代表性，使读者从中感受到京族独特的民俗风情。

收藏单位：国家图书馆、百色学院图书馆、防城港市图书馆等

042《京族社会历史铭刻文书文献汇编》

京族字喃文化传承研究中心编，广西人民出版社2014年出版

关键词：京族 民族历史 史料

中图法分类号：K288.2

本书收集和翻译了京族历史上用字“喃”和汉字抄写的碑刻、文书、文献，有中华人民共和国成立前的资料和五六十年代初期的材料，有清代以来的碑刻等，还有经作者翻译完成的京族社会各类村规民约，反映了京族历史文化、经济状况和社会生产、生活状况等内容。本书能使广大读者了解京族先辈经世致用的智慧，为研究京族历史科学文化、经济生活提供了重要的参考。

收藏单位：国家图书馆、广西壮族自治区图书馆、南宁师范大学图书馆等

043《京族社会历史情况》

中国科学院民族研究所广东少数民族社会历史调查组1964年编印

关键词：京族 民族历史 社会调查

中图法分类号：K282.2

本书主要包括“京族一般情况”“历史由来和迁移情况”“中华人民共和国成立前的经济结构和阶级关系”“政治情况和反抗斗争”“社会组织和文化艺术”“生活习俗和宗教迷信”“人民政权的建立和民族区域自治的实现”“民主改革和社会主义革命的伟大成就”等，是了解和研究京族历史文化的参考资料。

收藏单位：国家图书馆、西南民族大学图书馆、中国人民大学图书馆等

044《京族史话》

何思源编著，社会科学文献出版社2018出版

关键词：京族 民族历史

中图法分类号：K288.2

本书为“中国史话”丛书之一，包括族称与族源、民族发展概况、社会生活、民间信仰、族际往来等内容。作者通过优美生动的文字、简明通俗的语言、图文并茂的形式，介绍了丰富多彩的文化、波澜起伏的历史发展轨迹以及京族自强不息的精神品质，对读者了解京族文化具有重要的参考价值。

收藏单位：国家图书馆、西北大学图书馆、上海外国语大学图书馆等

045《京族文化的传承与发展》

黄有第主编，广西人民出版社2008年出版

关键词：京族 民族文化 文集

中图法分类号：K288.2-53

防城港市建市15周年暨防城港建港40周年之际，防城港市组织有关专家、学者召开了防城港市京族文化研讨会，并将参会论文编辑成此书出版。本书收集了关于京族研究的论文40多篇，涉及京族的文化特性、文化遗产、民俗节日、传统服饰、海洋文化、音乐舞蹈、旅游、历史传承与今日发展等，内容丰富、材料翔实，对传承京族文化，推动京族文化资源的保护开发和利用有积极作用。

收藏单位：国家图书馆、南宁师范大学图书馆、中国人民大学图书馆等

046《京族文化的生态研究》

吕瑞荣、龚丽娟主编，广西人民出版社2015年出版

关键词：京族 民族文化 文集

中图法分类号：K288.2-53

本书收录论文约20篇，对京族文学的整体规律、京族海洋文化的构成、独弦琴文化构建等论题做了深入研究。作者在进行学术研究同时，紧密联系社会发展，如对低碳经济视域下广西壮族自治区北部湾渔村文化旅游新构想、京族地区文化衍生产品的开发等也做了探讨，并指出解决思路和发展方向。本书对京族地区及广西少数民族地区文化保护和文化产业构建及发展等有一定的参考借鉴价值。

收藏单位：国家图书馆、南宁师范大学图书馆等

047《新时代京族文化传承与发展》

吴小玲、林世勇、许大俭主编，世界图书出版广东有限公司2019年出版

关键词：京族 民族文化

中图法分类号：K288.2

本书是2018年防城港市“新时代京族文化传承与发展研讨会”论文集，收录了最新的京族文化研究的成果，有理论研究，有田野调查的实证研究，涉及京族非物质文化遗产保护、京族地区新农村建设、旅游发展、文化建设、对外文化交流与融合等内容，对京族地区的传统文化传承与发展具有一定的参考作用。

收藏单位：国家图书馆、广西大学图书馆、广西壮族自治区图书馆等

048《沿海沿边小康人：京族》

李远龙著，云南人民出版社、云南大学出版社2003年出版

关键词：京族 家庭生活

中图法分类号：K288.2

本书为“20世纪中国民族家庭实录”丛书之一。作者走进京族家庭，考察京族家庭的生产生活、学习等，反映了京族人民的生活及民族的发展变迁。

收藏单位：国家图书馆、南宁市图书馆、云南省图书馆等

049《中国节日志：哈节》

黄安辉主编，光明日报出版社2015年出版

关键词：京族 民族节日

中图法分类号：K892.1

本书为“中国节日志”丛书之一。作者对京族哈节进行了深入细致的调查研究，介绍了京族的来源、哈节的名称、哈节的分布区域及其自然生态环境、哈节的地区差异、哈节活动的基本内容和过程、哈节的意义和功能等内容。本书对加强京族内部团结、增进国内民族间的互相了解，密切同源民族间的关系、促进国家间的友好往来具有一定意义。

收藏单位：国家图书馆、广西民族大学图书馆、西南政法大学图书馆等

050《中国京族》

何思源编著，宁夏人民出版社2012年出版

关键词：京族 民族文化

中图法分类号：K288.2

本书为“中华民族全书”之一，从“京族概况”“京族的物质文化”“京族的民间文化”“京族的社会文化”“京族的信仰文化”“京族对伟大祖国的贡献”等十二个章节介绍了京族的民族文化，是了解和研究京族历史的参考资料。

收藏单位：国家图书馆、广西民族大学图书馆、广西民族师范学院图书馆等

051《中国京族海洋渔捞习俗变迁及其文化蕴涵》

钟珂著，东北师范大学出版社2017年出版

关键词：京族 少数民族风俗习惯 捕捞

中图法分类号：K892.382

本书以我国西南边陲的广西壮族自治区东兴市京族少数民族渔捞习俗发展变迁为视角，通过历史文献资料、访谈、资料统计等方法进行调查研究，从区域空间的角度探索京族文化发展与社会变迁的特点，从而扩充民族民俗传统文化地域研究的广度。本书探讨的主要问题包括京族渔捞习俗的发展演变过程，京族渔捞习俗发展过程中经济和其他因素所起的相关作用

和影响，在新时代经济发展过程中民族文化的传承与保护如何与经济的发展相适应等三方面内容。

收藏单位：国家图书馆等

052《中国京族文化史略》

张永东、张登编著，广西人民出版社2012年出版

关键词：京族 民族文化 文化史

中图法分类号：K288.2

本书共分九个章节，主要从"京族这个全国唯一的海洋民族的经济文化""民俗文化""文学艺术""旅游文化"等方面展开阐述，兼具知识性、真实性、可读性，是一本了解京族、研究京族文化和探寻中越京族文化关系的必备读物。

收藏单位：国家图书馆、华东师范大学图书馆等

053《中国少数民族设计全集：京族》

中国少数民族设计全集编纂委员会编，山西人民出版社2019年版

关键词：京族 民族文化

中图法分类号：K28

本卷约40余万字，数百幅图片，从设计学角度，详细展示了京族传统建筑、服饰、餐饮、生产生活工具等，是对京族造物设计的集中梳理和展示，也是对京族生产生活、审美等民族文化的深刻解读。

收藏单位：国家图书馆、北京服装学院图书馆、武汉理工大学图书馆等

P 天文学、地球科学

054《京族海洋文化》

苏维芳、武沛雄、苏凯编，广西人民出版社2015年出版

关键词：京族 海洋文化

中图法分类号：P722.6

本书收录了中华人民共和国成立以后，国内外媒体记者、作家诗人以及专家学者们对"京族三岛"弥足珍贵的报道、文学作品及研究成果共计177篇。这些作品描绘了京族的历史风光、人文风采、京家生产生活、旅游风情、经济和文化发展等内容，是了解和研究京族文化的参考资料。

收藏单位：国家图书馆、广西艺术学院图书馆、南宁师范大学图书馆等

055《魅力京岛》

苏维芳、苏凯主编，广西人民出版社2015年出版

关键词：京族 海洋文化

中图法分类号：P722.6

本书是为了加快京族文化的发展，着力推介京族海洋文化，用时3年时间收集、整理、编撰而成，是一本记录京族海洋文化基因的书籍。全书分"京族海上作业区域""京族捕鱼作业方式""京族海域水产资源""京族建筑"等四大部分共178篇文章及条文。

收藏单位：国家图书馆等

R 医药、卫生

056《京族医药》

黄永光、徐奎主编，广西科学技术出版社2014年出版

关键词：京族 民族医学

中图法分类号：R298.2

本书论述了京族的历史起源以及京族医药的起源和发展情况，总结了京族医药

基础理论、诊疗方法和护理方法，整理了京族医生常用药物，突出海洋类药物的应用。书中收录了大量的京族医生常用单方验方和临床医案，与医药有关的京族民间故事传说、歌谣和谚语等，介绍了京族百岁老人的长寿经验，是了解、研究京族医药的参考资料。

收藏单位：国家图书馆、中国传媒大学图书馆、广西中医药大学图书馆等

S　农业科学

057《中国京族高脚罾》

刘小明著，广西人民出版社 2015 年出版

关键词：京族 猎捕鱼法 图集

中图法分类号：S973.8-64

本书通过镜头记录四位高脚罾老人的工作及他们的日常休闲生活，向读者呈现了京族人民传统的捕鱼技艺和古老的渔业模式，为弘扬民族文化，保护非物质文化遗产等工作提供了宝贵的文献资料。

收藏单位：国家图书馆、广西壮族自治区图书馆、广西师范大学图书馆等

第十四章

景颇族研究图书索引

景颇族简介

景颇族总人口 160 471 人（2020 年第七次全国人口普查数据），主要聚居在云南省德宏傣族景颇族自治州境内。

景颇语属汉藏语系藏缅语族，有景颇文和载瓦文两种文字，均为以拉丁字母为基础的拼音文字。

景颇族社会中并存着两种类型的信仰，一种是秉承传统的超自然信仰，另一种是 20 世纪初叶传入景颇族地区的基督教和天主教信仰。

目瑙纵歌节是景颇族最盛大的传统节日。“目瑙纵歌”又称“总戈”，意为“欢聚歌舞”，景颇语意为“大伙儿跳舞”，是景颇族历史文化的优秀代表和传承载体，涵盖社会生产生活的各个方面，集中地展现出景颇族的传统文化，对景颇族的历史文化研究有重要价值。2006 年，“景颇族目瑙纵歌”被列入第一批国家级非物质文化遗产代表性项目名录。

景颇族的文学和艺术丰富多彩。民间文学有史诗、神话、传说、民间故事、歌谣、谚语、情歌、叙事长诗等。创世史诗《目瑙斋瓦》融神话、传说、诗歌于一体，是研究景颇族诞生、迁徙、原始宗教起源、婚姻制度演变、山官制度产生及民族交往的珍贵资料，包括了政治、历史、哲学、文学、艺术、习俗、伦理道德等各个领域，有很高的学术和艺术价值。2011 年，“目瑙斋瓦”被列入第三批国家级非物质文化遗产代表性项目名录。

B 哲学、宗教

001《德宏宗教：德宏傣族景颇族自治州宗教志》

张建章主编，德宏州委统战部德宏州史志办公室编，德宏民族出版社 1992 年出版

关键词：宗教史 德宏傣族景颇族自治州

中图法分类号：B929.2

本书采用横版竖写，以时为经，以事为纬的传统方法分类记述，包括“原始宗教”“上座部佛教”“大乘佛教”“基督教”“天主教”“道教”“伊斯兰教”“人物”八章及附录，资料翔实，是全面记载德宏宗教历史及现状的资料性工具书。

收藏单位：国家图书馆、云南省图书馆等

002《景颇族原始宗教文化研究》

祁德川著，德宏民族出版社 2012 年出版

关键词：景颇族 宗教文化

中图法分类号：B933

本书共有七章，从研究文化现象的角度出发，对景颇族原始宗教产生的历史背景、原始宗教与禁忌、原始宗教与民族文化等内容进行阐述，启发人们对原始宗教文化与社会关系进行深层次的思考。

收藏单位：国家图书馆、云南省图书馆等

D 政治、法律

003《德宏傣族景颇族自治州人民代表大会志：1950.4—1998.3》

德宏傣族景颇族自治州人民代表大会志编纂委员会编，云南民族出版社 2000 出版

关键词：地方各级人民代表大会 德宏傣族景颇族自治州

中图法分类号：D624.742

本书全面系统记述了德宏傣族景颇族自治州 48 年来各族各界代表会议、自治州人民代表大会的发展历程和行使职权的史实，内容丰富，资料翔实，具有参考价值和保存价值。

收藏单位：国家图书馆、云南省图书馆、海南省图书馆等

004《德宏傣族景颇族自治州人民代表大会志：1998.3—2018.2》

德宏州人大常委会编，德宏民族出版社 2020 年出版

关键词：地方各级人民代表大会 德宏傣族景颇族自治州

中图法分类号：D624.742

本书如实记述了德宏傣族景颇族自治州人民代表大会及其常委会代表各族人民的利益和意志，依法讨论决定本自治州各个时期政治、经济、教育、文化、民族、民政等各方面的重大事项，依法选举产生和任命自治州行政机关、审判机关和检察机关的领导及专业人员，决定本行政区域的重大事项，监督“一府两院”工作，加强民族地区立法和人大自身建设等方面的史实，全面、系统、准确地记述中华人民共和国成立以来人民代表大会制度在德宏傣族景颇族自治州发展的历史和现状，是反映德宏傣族景颇族自治州人大制度及德宏傣族景颇族自治州人大常委会历史的读本。

收藏单位：国家图书馆等

005《德宏傣族景颇族自治州政协志》

人民政治协商会议云南省德宏州委员会编，云南民族出版社 2005 年出版

关键词：中国人民政治协商会议 地方委员会 德宏傣族景颇族自治州

中图法分类号：D628.742

本志包括“序”“凡例”“概述”“大事记”“历史沿革”“自身建设”“履行职能及工作纪实”“县（市）政协”“人物”“附录”等内容。本书以“存史、资政、团结、教化”的宗旨，客观、系统、全面地记载了德宏傣族景颇族自治州及其各县市政协自成立以来的历史沿革、组织构成、领导班子和机构人员制度建设、履行职能及工作纪实等史实，如实反映了德宏傣族景颇族自治州政协近半个世纪所走过的光辉、曲折历程，为党的统一战线和人民政协工作提供了翔实可靠的资料。本志是介绍德宏傣族景颇族自治州及其各县市政协几十年发展历程的全书，也是德宏傣族景颇族自治州州情资料文献的一个重要组成部分。

收藏单位：国家图书馆、云南省图书馆等

006《景颇族纠纷解决机制研究》

赵天宝著，法律出版社 2013 年出版

关键词：景颇族 民事纠纷

中图法分类号：D925.114.4

作者以景颇族纠纷解决机制为研究对象，运用人类学的田野调查方法获得第一手资料，运用历史学方法梳理景颇族纠纷解决机制的生成环境，运用社会学理论去探寻景颇族法文化传统对现代法治建设的启发意义，把静态的习惯规范和动态的纠纷解决过程结合起来分析景颇族纠纷解决机制的运行，总结其特征和价值，力求恢复景颇族纠纷解决机制维护社会秩序的原貌，目的是实现景颇族习惯规范与国家法的良性互动奠定基础。

收藏单位：国家图书馆、浙江图书馆、广州市越秀区图书馆等

G 文化、科学、教育、体育

007《德宏广播岁月》

德宏州广播局编，德宏民族出版社 2008 年出版

关键词：广播电台 德宏傣族景颇族自治州

中图法分类号：G229.277.42

本书以图文并茂的形式记述了德宏傣族景颇族自治州人民广播电台建台以来的发展历程和为边疆民族地区的发展所做出的贡献，以此缅怀前辈，激励来者，并为德宏傣族景颇族自治州广播电视事业今后的发展提供借鉴。

收藏单位：国家图书馆等

008《古寨回声：何腊景颇族文物收藏及探源（汉文、景颇文）》

何腊编著、左金慧译，德宏民族出版社 2016 年出版

关键词：景颇族 文物 景颇语

中图法分类号：G894

本书为“云南少数民族民间工艺系列丛书”之一，以图文并茂的方式介绍了景颇族文物及收藏，包括以下几方面内容：“寻找景颇先民足迹”“‘目瑙示栋’—人

类最古老的地图”“‘目瑙纵歌’是华夏大地唯一还传承着的古老‘阵法’”“‘万变不离其宗’”“象脚鼓与铓是‘阿努、阿瓦的化身’”“‘孟获’就是今天云南德宏景颇人的先民”“景颇族与南方古道及‘翡翠’的关系”“景颇民居”“景颇族传统的生活禁忌”“景颇族文物”。本书是了解、研究景颇族历史发展变迁的参考资料。

收藏单位：国家图书馆等

009《文化环境与双语教育：景颇族个案研究》

董艳著，民族出版社 2002 年出版

关键词：景颇族 少数民族教育 双语教学 教学研究

中图法分类号：G752.0

本书包括“现实与功绩”“寻根溯源”“矛盾与对策”三章。作者在理论上试图从景颇族双语教育的现状和历史研究入手，认识属于这一类型的少数民族双语教育产生和发展的规律，并探索其研究方法；在实践中，试图针对景颇族双语教育存在的问题，提出促进景颇族双语教育发展的对策性建议。本书为中国双语教育研究理论的建设提供了参考，为西部大开发过程中如何保持语言和文化多样性提供可借鉴的个案。

收藏单位：国家图书馆、湖北省图书馆、浙江图书馆等

F 经济

010《德宏傣族景颇族自治州公路管理志》

芒市公路管理总段编，云南民族出版社 2000 年出版

关键词：公路运输 交通运输史 德宏傣族景颇族自治州

中图法分类号：F542.9

本书包括“桥梁”“职工”“公路养护管理”等内容，以翔实的资料、简明的文字、鲜明的图片，较全面地总结了德宏傣族景颇族自治州省管公路的修建、养护、管理的成就和历史经验，记载了全州省管公路发展的轨迹和公路养护职工艰苦创业的历史功绩，反映了公路养护事业发展的巨大变化，是读者了解德宏傣族景颇族自治州公路建、管、养等工作的参考资料。

收藏单位：国家图书馆、中山大学图书馆、佳木斯大学图书馆等

011《德宏农业五十年》

德宏傣族景颇族自治州政协文史委员会编，德宏民族出版社 2003 年出版

关键词：农业经济 经济史 德宏傣族景颇族自治州

中图法分类号：F329.742

本书根据翔实的史料，记述了德宏傣族景颇族自治州自 1953 年建立至今五十年来，粮食生产与结构调整、农业科教、畜牧、水产等农业发展轨迹，是了解德宏傣族景颇族自治州农业发展历史过程的参考资料。

收藏单位：国家图书馆等

012《德宏州地方税务志：1994—2014》

德宏傣族景颇族自治州地方税务局编，德宏民族出版社 2016 年出版

关键词：地方税收 德宏傣族景颇族自治州

中图法分类号：F812.774.242

本书包括“税制改革”“地方税务机构”“地方经济税源及税收收入”“税收征管及纳税服务”“税收管理”“税收会计及经费管理”等内容，图文并茂，全面客观、系统、真实地再现了德宏傣族景颇族自治州地方税务局二十年发展的历史沿革与现状。全书遵循马克思主义史学观，借鉴方志编纂体例，采用述、记、录、传、图、表等形式，真实记录，编纂成书。

收藏单位：国家图书馆等

013《建设美好家园：德宏傣族景颇族自治州新世纪发展战略与决策》

中共德宏州委政策研究室编，云南民族出版社 2006 年出版

关键词：地区经济 经济发展 德宏傣族景颇族自治州

中图法分类号：F127.742

本书包括“规划蓝图篇”“专题论述篇”“课题研究篇”“县市规划实施篇”四个部分，阐述了德宏傣族景颇族自治州新世纪发展的战略与决策，对德宏傣族景颇族自治州中长期的发展做了科学的理论研究与定位。本书可为本地区未来经济社会发展提供参考。

收藏单位：国家图书馆、中山大学图书馆、云南财经大学图书馆等

014《莽林中的崛起：景颇族发展探索》

赵学先主编，云南人民出版社 1993 年出版

关键词：景颇族 经济发展

中图法分类号：F127.74

本书编选了“景颇族地区发展问题高级研究班”交流的论文，包括《景颇族发展史概论》《关于加快发展景颇族经济的思考》《从瑞丽市的变化看景颇族社会的发展》《开拓进取努力发展景颇族经济》等 13 篇文章，从不同角度专门研究了景颇族的发展问题，是研究景颇族各项事业发展的参考资料。

收藏单位：国家图书馆、云南省图书馆等

015《忆往昔今向未来》

王寿南著，德宏民族出版社 2003 年出版

关键词：地区经济 经济发展 德宏傣族景颇族自治州

中图法分类号：F127.742-53

本书是作者在德宏傣族景颇族自治州工作期间的调研报告和回忆文章的汇集，内容涉及社会经济状况和思想文化建设各个方面，客观地反映了德宏傣族景颇族自治州边疆社会经济文化生活的发展历程，是了解德宏傣族景颇族自治州历史发展的参考资料。

收藏单位：国家图书馆、云南省图书馆、广东省立中山图书馆等

H 语言、文字

016《戴庆厦文集：景颇族语言研究·第一卷》

中央民族大学中国少数民族语言文学学院编，中央民族大学出版社 2012 年出版

关键词：景颇语 民族语言学

中图法分类号：H259

本书对景颇语名词的类称范畴、景

颇语方位词“里、处”的虚实两重性、景颇语使动范畴的结构系统和历史演变等理论、方法，对景颇语的一些社会语言学等内容进行思索和探索，力争探索未被认识的语言秘密。

收藏单位：国家图书馆、云南省图书馆、四川省图书馆等

017《耿马县景颇族语言使用现状及其演变》

戴庆厦主编，商务印书馆 2010 年出版

关键词：景颇族 民族语言学

中图法分类号：H259

本书为“新时期中国少数民族语言使用情况研究丛书”之一，全书主体分为七大部分：“绪论”“耿马县景颇族概况”“耿马县景颇族语言使用现状分析”“耿马县景颇族村落和城镇语言使用情况个案分析”“耿马县景颇族青少年语言使用状况”“耿马县景颇语的主要特点及其演变和结语”，另外还有材料翔实的附录，包括访谈录、景颇语水平 400 词测试统计表和测试记录、调查日志、照片。本书旨在通过课题组的调查研究，对耿马县景颇语作个案处理，探讨景颇族语言在现代化进程中的语言国情、语言关系，以及支系语言的特点和演变规律，是了解、研究景颇族语言的参考资料。

收藏单位：国家图书馆、深圳图书馆、浙江图书馆等

018《景颇语参考语法》

戴庆厦著，中国社会科学出版社 2012 年出版

关键词：景颇语 语法

中图法分类号：H259.4

本书为“中国少数民族语言参考语法研究系列丛书”之一，包括“绪论篇”“词类篇”“构词篇”“句法篇”“语料篇”五个部分。本书所使用的语言材料，主要是存在于群众中活的口语材料，包括日常生活的对话和短篇话语材料。此外，还使用部分传统史诗、传说的语言，以及民间文学材料，包括故事、谚语等。作者的注意力主要放在语言事实的收集、分析上，但也重视语言学理论特别是新理论的运用，同时注意使用所掌握的新材料进行语言学新理论的探索，努力做到事实与理论的有机结合，是研究景颇语的参考书。

收藏单位：国家图书馆等

019《景颇语词汇学》

戴庆夏、徐悉艰著，中央民族大学出版社 1995 年出版

关键词：景颇语 词汇

中图法分类号：H259

本书包括“社会文化、语言特点概述”“词的语音特点”“语素分析”“义素、义位分析”“词义关系”“词与社会文化”“词汇系统的构成”“与亲属语言的词源比较”等章节，是一部少数民族词汇学专著，对于其他语种的同类研究将产生一定的影响或借鉴作用。

收藏单位：国家图书馆等

020《景颇语语法》

戴庆厦、徐悉艰著，中央民族学院出版社 1992 年出版

关键词：景颇语 语法

中图法分类号：H259.4

本书包括“绪论”“词类”“句法”“构词法”“景颇族传统诗歌的语法特点”等章节，后附话语材料，是一本描写性的规范语法，是作者从事景颇语语法研究的一个总结。特点是细致、深入、不落俗套，在建立藏缅语族语言语法体系方面提供了不少新的见解。

收藏单位：国家图书馆等

021《景颇语语法纲要》

中国科学院少数民族语言研究所主编，科学出版社 1959 年出版

关键词：景颇语 语法

中图法分类号：H259.4

本书包括“音位系统”“语法”“民间故事三篇”“国际音标和景颇字母对照表”等内容。景颇语是我国少数民族语言之一，中国科学院少数民族语言研究所曾经对景颇语做过全面的调查工作，根据调查所得的材料，从语音、构词、语法和句法等四方面分别论述了景颇语的语法现象和语法规律，是研究景颇族语言的参考书。

收藏单位：国家图书馆等

022《景颇族语言简志：景颇》

刘璐编著，民族出版社 1984 年出版

关键词：景颇语 语言史

中图法分类号：H259

本书为“中国少数民族语言简志丛书”之一，主要介绍景颇族及景颇语的概况、语音、词汇、语法、文字等内容，对景颇语进行了全面调查、分析研究，为景颇族语言的研究提供了系统、翔实的资料。

收藏单位：国家图书馆、南宁市图书馆、黑龙江省图书馆等

023《景颇族语言简志：载瓦语》

徐悉艰、徐桂珍编著，民族出版社 1984 年出版

关键词：景颇族 语言 简志 载瓦语

中图法分类号：H259

本书为“中国少数民族语言简志丛书”之一，主要介绍了景颇语的概况、语音、词汇、语法等相关内容，对了解、研究景颇族语言有参考价值。

收藏单位：国家图书馆等

024《景颇族原始图画文字译注》

石锐著，云南美术出版社 2007 年出版

关键词：景颇族 表形文字

中图法分类号：H259.2

本书介绍了景颇族原始图画文字，包括“目瑙柱绘画文字”“鸟类目瑙图画文字”“宫然目瑙图画文字”“目瑙图画文字分类”“能尚（官庙）房屋绘画文字”“山官房屋绘画文字”“丧葬图画文字”“占卜竹丝文字”“祭祀占卜文字”“纺织图案文字”“植物表意通信”等内容，记述了景颇族社会生产、生活方式的演变发展历程，是景颇族原始宗教和原始文化的再现，为研究景颇族历史文化提供了参考资料。

收藏单位：国家图书馆、云南省图书馆、佳木斯大学图书馆等

025《景颇族载瓦语言文字》

朵示拥汤著，德宏民族出版社 2011 年出版

关键词：载瓦语 景颇族

中图法分类号：H259

本书采用汉文阐述、载瓦文举例的方法，对载瓦语的文字、语音、词汇、语法等做了语言学理论的阐述，记述了学习载瓦文必须掌握的基本常识。

收藏单位：国家图书馆、中国音乐学院图书馆等

026《景颇族支系语言文字》

祁德川著，德宏民族出版社2001年出版

关键词：景颇语支 语言文字

中图法分类号：H259

本书包括景颇族民族简况、语言、文字、各支系语言词汇比较等内容，对景颇族的语言、文字的形成与发展做了系统阐述，便于读者更好地了解景颇族的历史文化。

收藏单位：国家图书馆、云南省图书馆、广东省立中山图书馆等

027《景颇族支系语言文字》

祁德川著，德宏民族出版社2019年出版

关键词：景颇语支 语言文字

中图法分类号：H259

本书追溯景颇族形成3个支系及使用五种方言的根源，对景颇族丰富的语言文字归集整理，并梳理和介绍景颇、载瓦、浪莪、勒期、波拉等五种方言形成的缘由及过程，是了解、研究景颇语言的参考资料。

收藏单位：国家图书馆等

028《云南德宏州景颇族语言使用现状及其演变》

戴庆厦主编，商务印书馆2011年出版

关键词：景颇语 语言调查 德宏傣族景颇族自治州

中图法分类号：H259

本书为“新时期中国少数民族语言使用情况研究丛书”之一，包括“德宏傣族景颇族自治州景颇族概况”“景颇族语言使用情况个案调查”“景颇族语言生活分析”等内容，附录部分包括访谈录、景颇族语言能力400词测试表、调查日志、照片等，涉及人口及地理分布、历史源流、社会经济形态、文化习俗及宗教、教育的发展和变迁、景颇族母语使用现状及其成因分析、景颇族支系语言使用现状分析、景颇族的双语教育等内容，是了解、研究景颇语言的参考资料。

收藏单位：国家图书馆、云南省图书馆、佳木斯大学图书馆等

029《中缅跨境景颇族语言研究》

戴庆厦著，中国社会科学出版社2019年出版

关键词：景颇族 少数民族语言

中图法分类号：H259

本书论述了中缅景颇族语言的异同并做理论概括。全书包括“绪言”“中缅跨境景颇族概况”“中缅跨境景颇族使用的文字”“景颇族诸支系语言特点比较”“中国景颇族的语言生活”“缅甸景颇族的语言生活”“中缅跨境景颇族语言生活比较”“中缅跨境景颇族语言的语言接触和语言影响”“边境县语言教育个案分析”及“后记”“照片”等部分，是了解、研究跨境少数民族语言的参考资料。

收藏单位：国家图书馆等

I 文学

030《德宏傣族景颇族自治州曲艺志》

吴高仪主编，德宏傣族景颇族自治州文化局、德宏州民族艺术研究所1998年编印

关键词：德宏傣族景颇族自治州 地方志 曲艺志

中图法分类号：I239

本书为“中国曲艺志云南卷”丛书之一，内容包括“综述”“志略”“曲目（书目）”“音乐”“表演”“舞台美术”“机构”“演出场所”“演出习俗”“文物古迹”“报刊专著”“轶闻传说”“谚语口诀”等，翔实记录了德宏傣族景颇族自治州曲艺或曲种的历史、现状及发展。编者坚持实事求是原则，重在记实，以事明理，寓褒贬于记事之中，不做论述描写，并采取诸说并存、持之有据的记述，对研究少数民族曲艺史有参考价值。

收藏单位：国家图书馆、西南民族大学图书馆等

031《德宏景颇族民间故事》

石木苗搜集整理、德宏州民族宗教事务局编，云南民族出版社2005年出版

关键词：景颇族 民间故事 德宏傣族景颇族自治州

中图法分类号：I277.3

本书主要搜采、整理了历史上流传在景颇族中的景颇民间故事，其中有生活故事、爱情故事、民族部落战争故事、民族迁移故事、寓言、笑话、童话故事、神话传说、动物植物故事等，从侧面反映了景颇族人民各个历史阶段的社会生活风貌，表现和揭示了社会关系，反映出景颇人民的理想与愿望、喜好与憎恨，表达了人民的心声，有着较高的文学欣赏价值和科学研究价值。

收藏单位：国家图书馆、云南大学图书馆等

032《景颇族当代文学作品选》

石锐、尚正宏编，云南民族出版社1990年出版

关键词：景颇族 少数民族文学

中图法分类号：I295.9

本书为汉语、景颇文对照，分小说、散文、诗歌三部分。收入小说6篇、散文6篇、诗歌12篇，作品反映了景颇族当代作家创作风格，反映了景颇族人民对美好生活的热爱和追求，是了解、研究景颇族当代文学的参考资料。

收藏单位：国家图书馆、云南省图书馆等

033《景颇族古典经诗：载汉对照：贺新房·上》

穆勒弄编译，德宏民族出版社2010出版

关键词：景颇族 古典诗歌 作品集 载瓦语

中图法分类号：I222.7

本套书分上、下两册，上册为《贺新房》，下册为《送魂经》，这两部经诗属景颇族口头传承文化。本册《贺新房》主要颂唱景颇人的祖先是怎样学会建盖房子的，叙述了从采集材料、选择地基、平地到围篱笆、盖屋顶等一系列建盖过程，反映了景颇族人民丰富生活的经验与智慧。

收藏单位：国家图书馆、云南中医学

院图书馆、西南民族大学图书馆等

034《景颇族古典经诗：载汉对照：送魂经·下》

关键词：景颇族 古典诗歌 作品集 载瓦语

中图法分类号：I222.7

本套书分上、下两册，上册为《贺新房》，下册为《送魂经》，这两部经诗属景颇族口头传承文化。本册《送魂经》主要内容为：传说景颇族的发祥地是寒冷的“木拽省腊崩”。阿公阿祖为了寻找青山绿水的地方，历尽艰辛，迁徙万里，终于落籍滇西的西部。后来阿祖死了，巫师唱着古调送魂，要把亡魂送回遥远的北方老家。此经诗中还唱颂了阿公阿祖在南迁中所经过的所有地名。

收藏单位：国家图书馆、云南中医学院图书馆、西南民族大学图书馆等

035《景颇族古诗教程：景颇文汉文对照》

梅合东编著，德宏民族出版社2015年出版

关键词：景颇族 古典诗歌 诗词格律

中图法分类号：I207.21

本书主要以景颇族古典经诗为范文，选用《目瑙斋瓦》《孔然斋瓦》《龙尚》等部分章节，向广大学生教授如何学习、解读、翻译古典经诗，对提高广大学生和景颇语爱好者的翻译和写作水平起到重要的作用。

收藏单位：国家图书馆等

036《景颇族贺新房经典颂词：汉载对照》

孙志荣主编，德宏民族出版社2016年出版

关键词：景颇族 颂歌 载瓦语

中图法分类号：I227.2

本书整理了景颇族传统习俗“贺新房”时边跳边唱的一种古老传统颂词，主要包括迎宾、祈福、寻找地基、取财物、砍树木和竹子、寻找可酿酒的果实、准备五谷六畜之种等内容。颂词一方面表达了亲朋好友、左邻右舍对主人的道贺、祝福之意，并请神灵庇佑大家，另一方面，通过这种方式再现了建新房的过程，也是一次社会教育的过程。这一习俗至今仍与景颇族的生产生活息息相关，其颂词、舞蹈均属非物质文化遗产，是景颇族智慧与文明的结晶。本书对搜集、整理并开发利用景颇族民间传统文化具有参考价值。

收藏单位：国家图书馆、云南省图书馆等

037《景颇族民间故事》

鸥渤编，云南人民出版社1983年出版

关键词：景颇族 民间故事

中图法分类号：I277.3

本书为“云南民族民间故事丛书”之一，主要收录了民间口头创作形式保留、传播下来的民间故事，反映了勤劳勇敢的景颇族人民在漫长历史进程中生息繁衍、劳动战斗、生产生活，是了解景颇族历史文化的参考资料。

收藏单位：国家图书馆、云南省图书馆、四川省图书馆等

038《景颇族民间故事：陇川专辑》

谭有国编，德宏民族出版社 2005 年出版

关键词：景颇族 民间故事

中图法分类号：I277.3

本书主要收集了在陇川地区广为流传的景颇族民间故事，选载了神传史话、寓言传说、风情习俗共 40 多篇作品，讲述了自开天辟地、天地形成，人类起源、洪水滔天，兄妹成婚、再造人类，以及迁徙、婚丧习俗等内容，是了解景颇族历史的参考。

收藏单位：国家图书馆等

039《景颇族民间故事选》

鸥桐编，上海文艺出版社 1991 年出版

关键词：景颇族 民间故事

中图法分类号：I277.3

本书为“中国少数民族民间文学丛书 . 故事大系”之一，收录了《万物诞生》《梦》《银河桥》《金睡莲》《找物的传说》《新国王智斩恶龙》等故事。

收藏单位：国家图书馆、南京图书馆、云南省图书馆等

040《景颇族民间故事选》

石锐、刘更生主编，德宏州史志办公室编，德宏民族出版社 1994 年出版

关键词：景颇族 民间故事

中图法分类号：I277.3

本书收录故事 102 则，其中有《万物诞生》《梦》《银河桥》等。

收藏单位：国家图书馆等

041《景颇族民间诗词荟萃：民乐歌谣诗韵 · 上部》

陇川景颇学会编，德宏民族出版社 2010 年出版

关键词：景颇族 诗词 作品集 景颇语

中图法分类号：I227

本书为景颇语、汉语对照，包括“神赐诗韵”“民谣诗韵”“民间器乐韵律”“乡音民歌”四部分。

收藏单位：国家图书馆等

042《景颇族民间诗词荟萃：目瑙纵歌诗韵 · 下部》

陇川景颇学会编，德宏民族出版社 2010 年出版

关键词：景颇族 诗词 作品集 景颇语

中图法分类号：I227

本书为景颇语、汉语对照，主要包括“中国目瑙纵歌之乡诗韵”“舞魂神彩”“器乐神音”“礼仪风情”“目瑙纵歌闭幕式赞词”等篇。

收藏单位：国家图书馆等

043《景颇族文学概论》

尚正宏著，云南大学出版社 2003 年出版

关键词：景颇族 文学史

中图法分类号：I207.959

本书首先通过绪论对景颇族的历史概况、文学概念、对象的范畴、文学的目的、观点和方法进行论述，然后分十三章分别介绍了“景颇族民间文学与社会生活”“景颇族民间文学的基本特征”“景颇族神话”“景颇族传说”“景颇族民间故事”“景颇族民歌”“景颇族史诗”“景颇族

民间叙事长诗”“景颇族民间谚语格言”“景颇族作家文学的产生和崛起”“景颇族小说”“景颇族散文”“景颇族诗歌”，展现了景颇族文学的发展过程，为了解、研究景颇族文学提供了重要参考。

收藏单位：国家图书馆、云南民族大学图书馆、云南大学图书馆等

044《景颇族·志歌志：汉载对照》

赵芹芳搜集整理，德宏民族出版社2014年出版

关键词：景颇族 颂歌 载瓦语

中图法分类号：I227.2

景颇族在新房落成之时，都要邀请邻居及亲朋好友举行新居落成庆祝活动。本书主要介绍了进新房跳舞歌、结尾歌等内容，唱词以庆贺新房落成，庆祝主人家人畜兴旺，五谷丰登为主，其中也会插入祖辈如何建房，如何与自然界搏斗的故事及自然景色、民间传奇等赞颂词句，风趣而富于哲理，是了解景颇族历史和民风民俗的参考资料。

收藏单位：国家图书馆、西南民族大学图书馆、中央民族大学图书馆等

045《勒包斋娃：景颇族创世史诗》

萧家成译著，民族出版社1992年出版

关键词：景颇族 史诗

中图法分类号：I295.922

“勒包斋娃”，景颇语，意为创世史诗。作为一种全韵体的长篇诗作，包含了景颇人对宇宙、自然、人类和社会各方面的认识，表现了景颇族人民自古以来战天斗地的英雄气概和夺取胜利的信心，被景颇族人民视为本民族神圣的历史、知识的精粹、宗教的古本，是景颇族传统文化中宝贵的遗产。创世史诗《勒包斋娃》内容异常丰富、风格尤为独特，对景颇族史诗学研究有重要参考价值。

收藏单位：国家图书馆、云南省图书馆、湖北省图书馆等

046《勒包斋娃研究：景颇族创世史诗的综合性文化形态》

萧家成著，社会科学文献出版社2008年出版

关键词：景颇族 史诗

中图法分类号：I207.959

本书为“中国社会科学院老年学者文库丛书”之一，以景颇族创世史诗《勒包斋娃》为研究对象，同时结合其他民族的创世神话，讨论了史诗所描绘的景颇族先民的创世业绩和多彩的社会文化生活，以及史诗形成的历史、社会和地理背景。作者从语言、宗教、文艺、历史等角度，论述了史诗作为一种综合性文化形态的特征和史诗研究的理论意义和现实意义。史诗的景颇文实录稿和汉文译诗均经过仔细核校，包含有大量“斋娃话”和完整的创世史诗，是读者了解国内景颇族的佳作。

收藏单位：国家图书馆、广西壮族自治区图书馆、辽宁省图书馆等

047《目瑙斋瓦：景颇族创世纪》

李向前搜集整理，德宏民族出版社2007年出版

关键词：景颇族 史诗

中图法分类号：I222.7

“目瑙斋瓦”融神话、传说、诗歌于

一体，是景颇族的一部活的口碑历史，也是一部一代又一代地传诵和承袭下来的诗歌体裁的文学巨著。它从开天辟地唱起，以优美的神话故事形式，记载了景颇族人民从远古到现代的发展演变过程。本书包括“天地的形成”“平整天地”“洪水”“宁贯督娶亲”“目瑙的来历”“大地上的生活”等章节。

收藏单位：国家图书馆、昆明学院图书馆、云南农业大学图书馆等

048《新时期云南少数民族文学作品选：景颇族卷》

云南省作家协会编，云南民族出版社2015年出版

关键词：景颇族 少数民族文学 作品综合集

中图法分类号：I29

本书收录了改革开放以来至2014年景颇族作家公开发表的优秀中短篇小说、报告文学、散文、诗歌等作品，包括汉语文原创与少数民族语文原创翻译作品两类。

收藏单位：国家图书馆等

049《新时期中国少数民族文学作品选集：景颇族卷》

中国作家协会编，作家出版社2014年出版

关键词：景颇族 少数民族文学 作品综合集

中图法分类号：I29

本书编选了新时期景颇族各类题材的代表性文学作品，包括《爱的渴望》《森林中的篝火》《村官来电》《爱的符号》《童年趣事》《黑妹》《春》《村口》等，反映了这个多支系、多语种的跨境民族多彩多姿的生活、可歌可泣的发展历程，集中展示了新时期景颇族文学繁荣发展的景象，也拓展和扮靓了中国当代文学的版图。

收藏单位：国家图书馆、四川省图书馆、安徽省图书馆等

J 艺术

050《德宏傣族景颇族自治州民歌集成：景颇族民歌卷·二》

杨锦和主编；德宏傣族景颇族自治州文化局编，德宏民族出版社2006年出版

关键词：景颇族 民歌 德宏傣族景颇族自治州

中图法分类号：J642.2

本卷收集了各具特色、韵律丰富的德宏傣族景颇族自治州景颇族民歌，体现了文化与艺术的完美结合，对了解景颇族民歌有参考价值。

收藏单位：国家图书馆、呼伦贝尔市图书馆等

051《景颇族传统音乐概论》

杨锦和、穆贝玛途著，云南民族出版社2009年出版

关键词：景颇族 民族音乐 德宏傣族景颇族自治州

中图法分类号：J607.259

本书内容包括：景颇族基本情况；景颇族传统音乐分类概况，包括民族类音乐分类概况、叙事歌曲和曲艺音乐分类概况、歌舞音乐分类概况、祭祀性音乐分类概况、民间乐器音乐分类概况；景颇族传统音乐起源与形成，包括景颇民歌的起源

与形成发展，景颇族各支系民歌等。作者对德宏傣族景颇族自治州景颇族族源、迁移史做了初步探究，阐述了德宏傣族景颇族自治州景颇族各类民歌的起源、演变、发展以及一般规律，并对原始宗教音乐的发起、演变、发展规律等做了探索研究。

收藏单位：国家图书馆、云南省图书馆等

052《景颇族传统织锦技艺教材》

何泱、何笔罗主编，德宏州民族宗教事务局编，德宏民族出版社 2018 年出版

关键词：景颇族 织锦缎 民间工艺

作者历经两年多的时间，在德宏傣族景颇族自治州内各县市探寻具有较高织锦技艺的民间艺人，收集了其内涵丰富，种类繁多，图案、花纹独树一帜的景颇族织锦，选择了其中最具代表性的 61 种花纹和图案作为本书的编写内容。本书用翔实的文字、丰富的图片，详细介绍了 61 种花纹和图案的织法，由浅入深，从简单到复杂，通俗易懂，一目了然，既是研究景颇族传统织锦技艺的参考资料，也是供学习者使用的教材。

收藏单位：国家图书馆等

053《景颇族民间乐器荟萃：汉文、景颇文对照》

鲍道龙编著，麻保译，德宏民族出版社 2013 年出版

关键词：景颇族 民族乐器 景颇语

中图法分类号：J632

本书比较系统、完整地介绍了作者多年来收集整理的各种景颇族乐器，并配以相关音乐、民间故事、谚语等简介，以真凭实据和科学概论渗透着每件乐器的介绍和说明，记载了景颇民间历史文化，音乐艺术（器乐史）起源、成长、发展的历程。

收藏单位：国家图书馆等

054《景颇族目瑙纵歌简介及舞步图谱》

盈江县景颇族发展进步研究学会编写，云南民族出版社 2010 年出版

关键词：景颇族 民族舞蹈 图谱

中图法分类号：J722.225.9

本书从目瑙纵歌的来历，目瑙示栋图纹名称，目瑙示栋的演变过程，目瑙示栋及图案简述等方面生动翔实地介绍了景颇族的目瑙纵歌，同时在反复论证的基础上，规定了丰收目瑙、出征目瑙、凯旋目瑙、丧葬目瑙、庆典目瑙等不同目瑙样式的规范舞步，并加以图解。

景颇族的目瑙纵歌节在景颇族地区普遍开展，可是各地的舞步不尽统一，也不太规范。

收藏单位：国家图书馆、云南省图书馆等

055《景颇族目瑙纵歌历史文化》

岳品荣编著，德宏民族出版社 2009 年出版

关键词：景颇族 民族舞蹈

中图法分类号：J722.225.9

本书包括“目瑙纵歌历史文化渊源及发展”“陇川二十多年来的目瑙纵歌”“目瑙纵歌基础知识”“目瑙纵歌节日筹备知识”“对目瑙纵歌部分内容的阐述”“对景颇族文化底蕴的综述”“对打造‘中国目瑙纵歌之乡’文化品牌特点的思考”七章

内容。汉景文对照、图文并茂，是一部系统介绍景颇族历史文化精髓的著述。全书既有历史经典的看点，又有文化底蕴探究的思考，是了解、研究、传承民族传统优秀文化、促进地方经济建设的参考。

收藏单位：国家图书馆、云南省图书馆等

056《景颇族目瑙纵歌舞蹈图谱》

何勒崩编著，德宏民族出版社2006年出版

关键词：景颇族 民族舞蹈 图谱

中图法分类号：J722.225.9-64

目瑙纵歌是景颇族具有悠久历史、承载着厚重丰富文化的传统节庆活动。本书以图片为主，包括“瑙双舞蹈图”“瑙巴舞蹈图”两个部分，介绍了陇川地区景颇族目瑙纵歌舞图形及对各种舞蹈图形的命名，为今后目瑙纵歌文化之集大成提供了十分珍贵的材料。

收藏单位：国家图书馆、昆明学院图书馆、暨南大学图书馆等

057《景颇族音乐概论》

杨正玺、杨恬著，云南美术出版社2007年出版

关键词：景颇族 民族音乐

中图法分类号：J607.2

本书包括“景颇族概况”“景颇族传统音乐”“景颇族新音乐”三章，并附“论文集”“作品集”“随笔”三部分。本书收录的民族音乐研究论著和音乐作品，都是杨正玺在20世纪七八十年代创作的，今天仍如此鲜活、富有生命力，充分显示了老一代音乐工作者献身于中国民族音乐事业的执着精神和奋斗历程，展示了他们辛勤劳动取得的工作业绩，是十分宝贵的文化财富和精神财富。

收藏单位：国家图书馆、云南省图书馆、佳木斯大学图书馆等

058《景颇族原创经典歌曲：汉文、景颇文、载瓦文·2》

孔勒弄、董卫明、春雷腊泽作词作曲，德宏民族出版社2018年出版

关键词：景颇族 歌曲 景颇语 载瓦语

中图法分类号：J642.215.9

本书收录了作者创作的《思念家乡》《目瑙纵歌》《景颇姑娘的微笑》等歌曲40余首，这些原创歌曲早已传遍中国、缅甸、印度的景颇族聚集区。体裁从艺术歌曲、群众歌曲、民歌直到流行歌曲、舞蹈歌曲，是一部非常实用的音乐曲谱。本书旨在传承和发扬景颇族音乐文化，鼓励、支持原创；向广大音乐爱好者介绍原汁原味的具有景颇族独特风格的原创歌谱，让读者充分了解景颇族独特的音乐特色，也有利于推动景颇族文化“走出去”。

收藏单位：国家图书馆等

059《景颇族织锦》

石木苗编著，云南民族出版社2007年出版

关键词：景颇族 织锦缎 工艺美术

中图法分类号：J523.1

本书全面记录了景颇族的织锦文化，集中收录、展现、探究了景颇族作为两性表征的图案文化，填补了景颇族文化中图形、图案、形态研究的空白，具有较高的资料价值和存史价值。

收藏单位：国家图书馆、云南省图书馆等

060《陇川景颇族目瑙纵歌历程：景颇文、汉文》

赵早波主编，德宏民族出版社 2014 年出版

关键词：景颇族 民族舞蹈 景颇语

中图法分类号：J722.225.9

本书主要介绍“景颇族目瑙纵歌的来历和种类”“30 多年来陇川县举办目瑙纵歌节的历程”“目瑙纵歌与陇川县经济和文化发展的关系”等方面的内容，对传承景颇族优秀传统文化具有深远的历史意义。

收藏单位：国家图书馆、云南省图书馆、中国地质大学（武汉）图书馆等

K 历史、地理

061《大山之子：景颇族历史文化漫记》

中共德宏州委宣传部编，云南美术出版社 2011 年出版

关键词：景颇族 民族历史 民族文化 德宏傣族景颇族自治州

中图法分类号：K285.9

本书为“德宏少数民族文化系列丛书”之一，图文并茂描绘了德宏傣族景颇族自治州景颇族的历史变迁和饮食、婚庆等民族风情，包括“魂牵梦萦的‘北方老家’”“爱打扮的人”“‘吃山’的民族”“竹楼里的故事”“歌舞一生”“是非‘天’定的‘通德拉’”“节日‘万花筒’”“人与兽的传奇”“狩猎有‘道’”“与‘鬼’共舞”“与天地鬼神直接对话的人”“独具魅力的文学艺术”“跨越千年等内容，是了解景颇族历史与文化的通俗读物。

收藏单位：国家图书馆等

062《当代云南景颇族简史》

《当代云南景颇族简史》编辑委员会编，云南人民出版社 2010 年出版

关键词：景颇族 民族历史

中图法分类号：K285.9

本书为“当代云南少数民族简史丛书”之一，以时间为线索分成四个时期，展示了云南省景颇族自 1950 年德宏傣族景颇族自治州边疆和平解放以来，特别是改革开放以来，在政治、经济、社会、文化等方面的伟大成就和深刻变化，为各级干部和广大人民群众更好地领会和掌握党的民族政策、总结历史经验教训、创造性地做好民族工作提供了历史借鉴和科学依据。

收藏单位：国家图书馆、云南省图书馆、佳木斯大学图书馆等

063《德宏》

李江玲编著，云南教育出版社 2003 年出版

关键词：德宏傣族景颇族自治州

中图法分类号：K927.42

本书为“云南乡土文化丛书”之一，包括“地理”“历史”“民族”“经济”“人物”“文化教育”“民情风俗”“文物古迹”“风光”九篇，简明扼要地介绍了德宏傣族景颇族自治州悠久的历史文化、绚丽多姿的民族风情和飞速的社会发展概况，图文并茂，是了解德宏傣族景颇族自治州的通俗读物。

收藏单位：国家图书馆、天津市滨海新区大港图书馆、广东省立中山图书馆等

064《德宏傣族景颇族自治州概况》

《德宏傣族景颇族自治州概况》编写组、《德宏傣族景颇族自治州概况》修订本编写组编，民族出版社2008年出版

关键词：德宏傣族景颇族自治州

中图法分类号：K927.42

本书为“中国少数民族自治地方概况丛书（修订本）”之一，对德宏傣族景颇族自治州的行政区划、自然资源、民族分布、历史发展、政权建设、社会变革、经济文化及名胜古迹、宗教信仰、风俗习惯等方面做了介绍，全面系统地反映了德宏傣族景颇族自治州的历史、地理、经济、文化、社会的基本情况和实行民族区域自治的历程、成就和经验，是读者了解德宏傣族景颇族自治州基本情况的参考资料。

收藏单位：国家图书馆、云南省图书馆、广东省立中山图书馆等

065《德宏傣族景颇族自治州解放四十周年纪念文集》

德宏史志办公室编，德宏民族出版社1990年出版

关键词：德宏傣族景颇族自治州 地方史

中图法分类号：K297.42

本书记载了德宏傣族景颇族自治州解放四十周年的纪念活动，收录了纪念文章、回忆录、报道等内容，具有珍贵的纪念价值。

收藏单位：国家图书馆、云南省图书馆等

066《耿马景颇族》

杨老三著，德宏民族出版社2007年出版

关键词：景颇族 民族历史 民族文化

中图法分类号：K285.9

本书包括“综述篇”“传说篇”“习俗篇”“轶事篇”“建设篇”“思考篇”和“附录纪实”等内容。作者以充分的史学观点追溯了景颇族历史和耿马傣族佤族自治县景颇族的迁徙史，以丰富多彩的笔触展现了景颇族原生态的民俗文化，以翔实的事例反映了耿马傣族佤族自治县景颇族在中国共产党的领导下翻身得解放，过上幸福生活的巨大变化。

收藏单位：国家图书馆、云南省图书馆等

067《景颇族》

龚庆进著，民族出版社1988年出版

关键词：景颇族

中图法分类号：K285.9

本书为“民族知识丛书”之一，包括“勇敢、热情的景颇族”“支系和语言”“景颇族的先民”“社会形态的演变”“中华人民共和国成立前的生产方式”“反抗斗争前仆后继”“婚姻家庭制度”“宗教信仰”“丧葬”“节日习俗与禁忌”“文学”“在社会主义大道上”等内容，全面介绍了景颇族的人口、分布、历史、风俗、习惯、语言、文字、文学艺术等，对全面了解景颇族具有重要作用。

收藏单位：国家图书馆、南京图书馆、佳木斯大学图书馆等

068《景颇族》

沈菲编著，吉林出版集团有限责任公司、吉林文史出版社2010年出版

关键词：景颇族 民族文化

中图法分类号：K285.9

本书为“中国文化知识读本”之一，包括“雄伟高原孕育雄狮民族”“独具风貌的传统民俗”“竹楼中的特色美食”“古老灿烂的文学艺术”“丰富多彩的民间节日”“须知须循的景颇礼仪和禁忌”“景颇民族的宗教信仰”“风景秀丽的旅游景区”八个章节。作者深入挖掘和整理了中华优秀传统文化成果，同时结合社会发展，注入了时代精神，对了解、研究景颇族有重要作用。

收藏单位：国家图书馆等

069《景颇族》

徐涛主编，新疆美术摄影出版社、新疆电子音像出版社 2009 年出版

关键词：景颇族 民族历史 民族文化

中图法分类号：K285.9

本书为“中华民族大家庭知识读本”丛书之一，包括“景颇族概述”“景颇族的历史沿革”“景颇族宗教信仰与文化艺术”三章，主要介绍了我国景颇族的起源、发展历史、宗教信仰与民俗文化、节日礼仪，以及相关的神话传说和历史故事等。

收藏单位：国家图书馆、杭州图书馆、天津图书馆等

070《景颇族》

金黎燕著，辽宁民族出版社 2014 年出版

关键词：景颇族 民族历史 民族文化

中图法分类号：K285.9

本书为“走近中国少数民族丛书”之一，以图文并茂的形式，叙述了景颇族的历史渊源、经济生活、文化习俗、历史人物、名胜古迹和区域自治与现今情况等。本书的出版对宣传党的民族政策，传播民族知识，促进我国各民族之间的相互了解，以及中外文化交流，践行科学发展观，促进各民族共同团结进步、共同繁荣发展，有一定的促进意义。

收藏单位：国家图书馆、黑龙江省图书馆、浙江图书馆等

071《景颇族》

李灿松著，中国人口出版社 2013 年出版

关键词：景颇族 民族文化

中图法分类号：K285.9

本书为“中国少数民族人口丛书”之一，包括景颇族的人口结构、就业、分布、婚姻与家庭、民族经济与生产等内容，采用双语方式介绍了景颇族的历史文化、风俗习惯、人文故事等。作者向读者全景式展示了景颇族独有的民族特色和民族风情，语言可读性较强，具有科学性和文学性。

收藏单位：国家图书馆等

072《景颇族》

《云南少数民族图库》编委会编著，云南美术出版社 2002 年出版

关键词：景颇族 民族文化 摄影集

中图法分类号：K280.74-64

本书为“云南少数民族图库”之一，以图文并茂的形式对景颇族及景颇族的生态环境等做了翔实的介绍，内容丰富，对了解、研究景颇族有参考意义。

收藏单位：国家图书馆、云南省图书馆、辽宁省图书馆等

073《景颇族百年实录》

全国政协文史和学习委员会暨云南省政协文史委员会编，中国文史出版社2010年出版

关键词：景颇族 民族历史

中图法分类号：K285.9

本书为“云南特有民族百年实录丛书”之一，是景颇族历史上的人、事、物的汇集。内容包括“综述”“民族的起源与变迁”“政治”“军事”“经济”“思想”“文化”“山官与山官家族”“民族工作与民族区域自治”“民族风情”“当代风貌”“人物春秋”等。本书体现并发挥了人民政协文史资料“存史、资政、团结、育人”的功能作用，是了解景颇族历史的参考资料。

收藏单位：国家图书馆、云南省图书馆、浙江图书馆等

074《景颇族传统祭词译注》

石锐译注，云南民族出版社2003年出版

关键词：景颇族 祭文 注释 景颇语

中图法分类号：K892.22

本书为“云南民族古籍丛书”之一，汇编并译注了天神木代斋瓦祭词、丧葬祭词、婚嫁诵词等内容，是景颇族古老风俗的真实反映。

收藏单位：国家图书馆、云南省图书馆等

075《景颇族创世史话》

童荣云著，德宏民族出版社2001年出版

关键词：景颇族 民族历史

中图法分类号：K285.9

本书包括“神话史说”“迁徙系谱”“口碑文化”“现代追求”四篇，主要介绍了景颇族的创世历史、迁徙历史、社会形态、民族风情等内容，是了解景颇族历史的参考资料。

收藏单位：国家图书馆、云南省图书馆等

076《景颇族风情》

祁德川著，远方出版社2002年出版

关键字：景颇族 少数民族风俗习惯

中图法分类号：K892.359

本书主要介绍了景颇族的历史源流、起居习俗、饮食习俗、家庭与婚姻、生育习俗、丧葬习俗、服饰习俗、丰富多彩的节日习俗、民族音乐舞蹈体育、宗教祭祀习俗、民间文学、景颇山风物等内容，全面、系统展现了景颇族灿烂的传统文化，是了解、研究景颇族历史文化和民族风情的参考资料。

收藏单位：国家图书馆等

077《景颇族风俗文化》

郭老景著，德宏民族出版社1999年出版

关键词：景颇族 少数民族风俗习惯 德宏傣族景颇族自治州

中图法分类号：K892.359

本书包括“社会篇”“人生篇”“生产篇”“生活篇”“宗教篇”“文学篇”“节日篇”“娱乐篇”“改革篇”“人物篇”10篇，介绍了景颇族独特的风俗文化，为研究景颇族文化发展与传承提供了可借鉴的资料。

收藏单位：国家图书馆、云南省图书馆等

078《景颇族简史》

《景颇族简史》修订本编写组编，民族出版社 2008 年出版

关键词：景颇族 民族历史

中图法分类号：K285.9

本书为“中国少数民族简史丛书（修订本）”之一，主要包括“概况”“族源和迁徙”“景颇族地区历代建置沿革简述以及景颇族和周围各民族的关系”“明代以前的景颇族社会和明清以来景颇族社会的发展”“景颇族人民的反帝反封建”“近代景颇族社会的发展与中华人民共和国成立前的社会面貌”“现代景颇族社会的发展”七章内容。本书是珍贵的景颇族史料。

收藏单位：国家图书馆、云南省图书馆等

079《景颇族简史简志合编（初稿）》

中国科学院民族研究所云南少数民族社会历史调查组编，中国科学院民族研究所 1963 年印

关键词：景颇族 民族历史

中图法分类号：K285.9

本书为“少数民族史志丛书”之一，包括“景颇族的族源和迁徙”“景颇族的古代社会”“近代景颇族人民的反帝反封建斗争”“近代景颇族社会的发展与中华人民共和国成立前的社会面貌”“景颇族的新时代”“实行民族区域自治”“直接向社会主义过渡”“景颇族人民的辉煌业迹”等内容，具有珍贵的保存价值。

收藏单位：国家图书馆、内蒙古自治区图书馆等

080《景颇族历史文化研究》

瑞丽市中缅边境文化交流协会编，德宏民族出版社 2014 年出版

关键词：景颇族 民族文化 景颇语

中图法分类号：K285.9

本书采用汉语、景颇语双语模式，首次将中国和缅甸两国景颇族学者研究历史文化方面的论文汇编成册，两国学者从不同的角度对景颇族的历史、迁徙路线、传统文化发展进行了探讨和研究。本书的出版对传承和发扬景颇族文化具有积极的作用，也为研究景颇族历史提供参考依据。

收藏单位：国家图书馆等

081《景颇族目瑙探源》

石木苗、闵建国编著，云南民族出版社 2000 年出版

关键词：景颇族 民族节日

中图法分类号：K892.1

本书包括“概括”“目瑙纵的产生”“目瑙纵的分类”“目瑙纵的演变及当今目瑙纵的作用”“目瑙示栋”“目瑙纵舞蹈线路图例”“历年举行的‘目瑙纵歌’活动日期（时间）表”等内容，并收录七大类 100 多张图片，其中有不少图片是仅存的历史珍品，多角度、多方面展示了景颇族传统节日和传统文化，对了解、研究景颇族历史文化具有参考价值。

收藏单位：国家图书馆、云南省图书馆等

082《景颇族人物春秋》

余麻约、童荣云主编，德宏民族出版社 2015 年出版

关键词：景颇族 人物 生平事迹

中图法分类号：K828.759

本书以纪念德宏傣族景颇族自治州建州六十年周年为契机编纂，收录部分副县级以上党政领导干部和副高职称职务专业人员在党的民族政策照耀下成长的历程，以此铭记历史，反映社会变迁，推动边疆民族地区社会经济文化发展。

收藏单位：国家图书馆、云南省图书馆等

083《景颇族丧葬文化研究》

陇川县景颇族发展进步研究学会编纂，德宏民族出版社2008年出版

关键词：景颇族 葬俗文化

中图法分类号：K892.22

本书为景颇语汉语对照本，包括“景颇族丧葬文化活动的主要程序”“景颇族对人类生死定律之说”“景颇族丧葬活动送魂献词”“景颇族丧葬文化内涵”四章，并附有鲜明的图片，对景颇族丧葬文化进行了翔实描述和研究，是了解景颇族原始图腾文化的参考资料。

收藏单位：国家图书馆、呼伦贝尔市图书馆、云南省图书馆等

084《景颇族山官制社会研究》

龚佩华著，中山大学出版社1988年出版

关键词：景颇族 社会制度

中图法分类号：K285.9

本书包括“景颇族的由来”“景颇族的分布”“古代社会和山官制度的起源”“山官制度的经济基础”“中华人民共和国成立前我国境内的山官和山官制情况”“政治组织框架及其职能”“幼子继承制”“鬼魂崇拜”“古姆萨山官制和古姆朗民主制的异同”“山官之间的关系”“山官与历代中央政府及土司的关系”“党的统战工作和今日山官情况”“山官制度的历史地位”等二十章内容，对景颇族社会的历史，各支系的分化、融合，山官制度的性质，山官制社会结构等问题进行了探讨，是了解景颇族社会发展与变迁的参考。

收藏单位：国家图书馆、深圳图书馆、贵州省图书馆等

085《景颇族社会历史调查（一）》

《中国少数民族社会历史调查资料丛刊》修订编辑委员会编，民族出版社2009年出版

关键词：景颇族 民族历史 社会调查

中图法分类号：K285.9

本书为“中国少数民族社会历史调查资料丛刊（修订本）”之一，收入云南省潞西、瑞丽、陇川、梁河等地景颇族社会历史调查资料12篇，包括《关于潞西县遮放西山景颇族地区团结生产的初步意见》《潞西县遮放西山景颇族地区山区改造的基本情况》《潞西县遮放西山几个典型寨生产情况调查》等。本书是了解、研究景颇族与景颇族地区社会、经济、文化、宗教面貌的宝贵资料，对我国少数民族社会历史的科学研究工作具有重要的参考价值。

收藏单位：国家图书馆、云南省图书馆等

086《景颇族社会历史调查（二）》

《中国少数民族社会历史调查资料丛刊》修订编辑委员会编，民族出版社2009年出版

关键词：景颇族 民族历史 社会调查

中图法分类号：K285.9

本书为“中国少数民族社会历史调查资料丛刊（修订本）”之一，分为两部分，一是景颇族五个点（寨）分点调查报告，即《潞西县西山弄丙寨景颇族调查报告》《潞西县东山弄坵寨景颇族调查报告》《陇川县邦瓦寨景颇族调查报告》《瑞丽县雷弄寨景颇族调查报告》和《盈江县邦瓦寨景颇族社会情况调查报告》；二是景颇族五个点调查综合报告，对其概况、经济、上层建筑诸方面进行综合叙述。本书是了解、研究景颇族与景颇族地区社会、经济、文化、宗教面貌的宝贵资料，对我国少数民族社会历史的科学研究工作具有重要的参考价值。

收藏单位：国家图书馆、云南省图书馆等

087《景颇族社会历史调查（三）》

《中国少数民族社会历史调查资料丛刊》修订编辑委员会编，民族出版社 2009 年出版

关键词：景颇族 民族历史 社会调查

中图法分类号：K285.9

本书为“中国少数民族社会历史调查资料丛刊（修订本）”之一，收入景颇族社会历史调查资料 8 篇，包括《莲山县乌帕乡乌帕寨社会历史调查》《德宏州景颇族三个点的调查总结》《陇川县弄弄乡峨穹寨社会历史调查》《陇川县邦外寨社会历史调查》《陇川县景颇族社会性质调查》《瑞丽县勐典寨社会历史调查》《盈江县大幕文乡碘汤寨（宝石岭岗）景颇族（茶山支）社会历史调查》《梁河县芒东区邦歪寨社会历史调查》等，并对所涉及的少数民族人口新变化、地名的变化以及所调查地区行政划区的新变化进行了增补，对涉及的度量衡进行了统一体例，对所涉及云南少数民族专用的度量衡和一些专用名词进行了注释。本书是了解、研究景颇族与景颇族地区社会、经济、文化、宗教面貌的宝贵资料，对我国少数民族社会历史的科学研究工作具有重要的参考价值。

收藏单位：国家图书馆、云南省图书馆等

088《景颇族社会历史调查（四）》

《中国少数民族社会历史调查资料丛刊》修订编辑委员会编，民族出版社 2009 年出版

关键词：景颇族 社会历史 社会调查

中图法分类号：K285.9

本书为“中国少数民族社会历史调查资料丛刊（修订本）”之一，包括《关于景颇族历史的调查资料》《盏西景颇族历史调查》《景颇族景颇支历史传说和线索——莲山县支丹山访问材料》《瑞丽县南京里景颇族浪速支情况》《潞西县弄丙寨山官历史情况》《陇川县邦瓦寨家族婚姻生活习俗情况》等调查资料。本书是了解、研究景颇族与景颇族地区社会、经济、文化、宗教面貌的宝贵资料，对我国少数民族社会历史的科学研究工作具有重要的参考价值。

收藏单位：国家图书馆、云南省图书馆等

089《景颇族社会文化变迁与现代发展研究》

陆云著，云南大学出版社、云南人民出版社 2012 年出版

关键词：景颇族 社会变迁 民族文化

中图法分类号：K285.9

本书为“当代云南社会科学百人百部优秀学术著作丛书“之一，除“导言”外共 6 章，主要包括：“景颇族社会文化历史溯源”“明清至民国时期的景颇族社会文化”“20 世纪中叶景颇族社会文化的巨变”“现代转型时期的景颇族社会文化”“当代景颇族的发展困境”“当代景颇族发展的路径思考”，“附录”中收录了“明清以来景颇族大事记”。作者在对景颇族社会文化发展的历史背景进行研究分析的基础上，对景颇族的发展现状、存在问题和当代景颇族发展路径做了深入探讨和思考，既有理论价值，又具有现实意义。

收藏单位：国家图书馆、云南省图书馆、佳木斯大学图书馆等

090《景颇族文化》

周兴渤著，吉林教育出版社 1991 年出版

关键词：景颇族 民族文化

中图法分类号：K285.9

本书为“中国少数民族文库”之一，包括“景颇族绪论”“原始道德观与习惯法”“自然崇拜与祭祀活动”“民间文学”“艺术”“民俗”等，对景颇族的历史文化做了翔实的介绍，对了解景颇族历史文化，丰富祖国的历史文化宝库，促进民族互相了解、共同进步具有一定的价值。

收藏单位：国家图书馆等

091《景颇族文化传承与创新发展暨景颇文创制 120 周年学术研讨会文集：汉文、景颇文》

云南省民族学会景颇族研究委员会、德宏州景颇族发展进步研究学会编，夺石当、孔勒干主编，云南民族出版社 2017 年出版

关键词：景颇族 民族文化 景颇语文集

中图法分类号：K285.9-53

本书是“景颇族文化传承与创新发展暨景颇文创制 120 周年学术研讨会”优秀论文汇集，包括景颇族历史、宗教、文学、语言文字、音乐、舞蹈、美术、饮食文化、新闻媒体、出版工作等方面的研究论文，以及记述部分长期从事景颇族文化和语言文字工作的专家工作历程和工作经验的文章。本书内容丰富、涵盖面较广，是了解、研究景颇族历史和现实的参考资料。

收藏单位：国家图书馆等

092《景颇族文化大观》

赵学先、岳坚主编，云南省民族事务委员会编，云南民族出版社 2013 年出版

关键词：景颇族 民族文化

中图法分类号：K285.9

本书为“云南民族文化大观丛书”之一，全面、详细地介绍了景颇族的历史、语言文字、宗教信仰、风俗习惯、伦理道德、文学艺术、科学技术、教育体育、哲学思想、政治和军事、新闻出版、医药卫生、建筑名胜、商业贸易、交通通信、经济生产、民族文化与世界各国文化的交流影响等丰富多彩的文化。本书保持了 1999

年版的思想观点、学术观点、编写体例乃至书中的数据、地名等原貌，仅以国家最新实施的标准对原版进行了规范，调整了部分图片。本书对了解、研究景颇族文化及发展有参考价值。

收藏单位：国家图书馆、云南省图书馆、黑龙江省图书馆等

093《景颇族文化史》

刘刚、石锐、王皎著，云南民族出版社 2014 年出版

关键词：景颇族 民族文化 文化史

中图法分类号：K285.9

本书为“云南少数民族文化史丛书”之一，作者根据历史文献与调查资料，吸收了前人的研究成果，从历史源流、人口分布、生态环境、生活文化结构、生活文化的变化过程、传统政治制度、语言文字、哲学思想、宗教信仰、婚姻家庭、伦理道德、语言文学、风俗习惯、文学艺术、教育、体育、医药，以及名胜古迹等方面，全面、系统地论述了景颇族文化的内涵及其特点，勾勒出景颇族文化的起源、发展、演变的历史轨迹，是了解、研究景颇族文化的参考资料。

收藏单位：国家图书馆、云南省图书馆等

094《景颇族文史画册》

李向前编著，云南民族出版社 2007 年出版

关键词：景颇族 民族文化 画册

中图法分类号：K285.9

本书是中文、英文、景文对照的画册，收录了大量的珍贵历史文化图片，忠实记录了景颇族在生产生活、兵器、文化、首饰、织锦、服饰六方面的情况。

收藏单位：国家图书馆、云南省图书馆等

095《景颇族习惯规范研究》

赵天宝著，民族出版社 2014 年出版

关键词：景颇族 少数民族风俗习惯

中图法分类号：K892.359

本书以景颇族习惯规范为考察对象，以景颇族习惯规范鼎盛时期的山官制社会为考察中心，以笔者三次只身深入景颇族聚居区进行田野调查收集的、利用景颇族习惯规范解决的案例为主要参考资料，试图对近代景颇族聚居区的社会秩序做一个简单的勾勒，力求还原景颇族习惯规范维系景颇族社会秩序的本来面目。

收藏单位：国家图书馆、云南省图书馆、广西壮族自治区图书馆等

096《景颇族现代史》

勒佗督早坚编译，德宏民族出版社 2013 年出版

关键词：景颇族 民族历史 景颇语

中图法分类号：K285.9

本书为汉语、景颇语对照，分上、下篇，包括景颇族近代史、现代景颇族社会发展形态。作者较系统地编译、纂述景颇族现代历史文化发展繁荣进程，让更多读者了解景颇族近现代历史。

收藏单位：国家图书馆、云南省图书馆等

097《景颇族研究 第 1 辑》

云南省民族学会景颇研究委员会编，云南民族出版社 2008 年出版

关键词：景颇族

中图法分类号：K285.9

本书从不同视角研究了景颇族的社会历史、政治经济、文学艺术、语言文字、民族古籍、天文历法、传统习俗、历史人物、历史事件等内容，对景颇族文化的历史进行了挖掘、研究。本书对保护、弘扬和利用景颇族文化，加快民族地区经济社会发展提出了很好的对策和建议，具有重大的参考价值。

收藏单位：国家图书馆、云南农业大学图书馆、云南大学图书馆等

098《景颇族研究 第2辑》

夺石当主编，云南民族出版社 2010 年出版

关键词：景颇族

中图法分类号：K285.9

本书以发展的观点，论述景颇族社会发展的变迁，以科学的观点审视景颇族社会取得的成就和面临的问题等。本书的出版有一定的社会价值和使用价值。

收藏单位：国家图书馆、云南省图书馆等

099《景颇族研究 第3辑》

夺石当主编，云南民族出版社 2013 年出版

关键词：景颇族

中图法分类号：K285.9

本书是景颇族研究论文集，收集了近年来社会各界研究景颇族社会、历史、语言、文化等领域的最新论文，从不同角度论述了景颇族社会的发展状况。文章以历史的观点审视景颇族社会的发展与变迁，以科学的态度探讨景颇族社会所取得的成就和所面临的问题，并提出解决当前景颇族社会问题的对策和方法。

收藏单位：国家图书馆、云南省图书馆等

100《景颇族源流史话》

朵示拥汤编著，德宏民族出版社 2012 年出版

关键词：景颇族 民族历史

中图法分类：K285.9

本书为载汉语对照，是“景颇族非物质文化遗产·文邦圣亚系列丛书”之一，包括上编（创世神话）和下编（历史传说）两部分。本书突出特点和主要成果是：一是根据流传于民间的口头历史传说，首次梳理出了比较完整的景颇族迁徙历史分段。二是首次明确了景颇族发祥地目踿圣亚山的位置。三是首次论述了对南诏国等几个重大历史事件的看法。四是首次论证了景颇族各支间的关系和融合成现代景颇族的要件。五是描述了原始蒙位时代与文明时代的各分段层次及历史事件、人物等。本书是全面了解景颇族的参考资料。

收藏单位：国家图书馆、云南省图书馆等

101《景颇族原始图物示意体系解读》

朵示拥汤著，德宏民族出版社 2010 年出版

关键词：景颇族 信息转换

中图法分类号：K285.9

本书为“景颇族非物质文化遗产·文邦圣亚系列丛书”之一，包括“原始什物取音示意体系”“原始符号图文示意体系”“原始实物形状示意体系”“器物示意体系”“织物图级示意体系”等章节，以

图文并茂的形式，向读者介绍了景颇族在还没有使用文字前，人与人之间交往中以物传达信息的方法，详细诠释其表达的内涵与意义。

收藏单位：国家图书馆、云南省图书馆等

102《陇川景颇族文化》

陇川县政策研究室编，德宏民族出版社 2003 年出版

关键词：景颇族 民族文化

中图法分类号：K285.9

本书以陇川县景颇族为视点，记述了景颇族的社会文化、风俗文化、宗教文化、文学艺术以及景颇族的历史大事、优秀历史人物。本书的出版，既是对景颇族文化研究的补充，同时也对当地的民族文化产业开发、旅游开发具有积极的促进作用。

收藏单位：国家图书馆等

103《莽林内外：景颇族》

金黎燕著，云南大学出版社 2001 年出版

关键词：景颇族 家庭生活

中图法分类号：K285.9

本书为“20 世纪中国民族家庭实录”丛书之一，记述了 20 世纪潞西市一个景颇族家庭的变迁，让读者在欣赏故事中了解景颇族知识、生活及发展变迁，是了解景颇族的通俗读物。

收藏单位：国家图书馆、云南省图书馆、武汉图书馆等

104《山的脊梁：中国景颇族新社会发展变迁史》

陈德寿主编，德宏州政协文史资料委员会、德宏州民族宗教事务局编，云南美术出版社 2006 年出版

关键词：景颇族 民族历史 德宏傣族景颇族自治州

中图法分类号：K285.9

本书收录了 55 位作者的 65 篇文章，涉及内容非常广泛，全面反映了中华人民共和国成立以来德宏傣族景颇族自治州境内的景颇族五十多年的发展变化，并从侧面展示了景颇族的民族历史和民族文化，既有史料价值、又有可读性。

收藏单位：国家图书馆、云南省图书馆、佳木斯大学图书馆等

105《云南地州市县概况：德宏傣族景颇族自治州分册》

中共云南省委政策研究室、云南省志编纂委员会办公室主编，云南人民出版社 1987 年出版

关键词：景颇族 德宏傣族景颇族自治州

中图法分类号：K927.4

本书为德宏傣族景颇族自治州分册，主要对德宏傣族景颇族自治州、潞西县、梁河县、盈江县、陇川县、瑞丽县、畹町市的自然条件、经济、文化、党政、文物名胜古迹、重要事件进行了翔实的叙述，具有较高的文献价值。

收藏单位：国家图书馆、株洲市图书馆等

106《云南民族村寨调查：景颇族——瑞丽弄岛乡等嘎村》

王皎主编，景颇族调查组编写，云南大学出版社 2001 年出版

关键词：景颇族 民族调查

中图法分类号：K285.9

本书是“普通高等学校人文社会科学重点研究基地资助项目”“西南边疆民族研究书系”之一，主要介绍了景颇族的历史沿革、生态环境、人口、经济、社会、政治、法律、文化、教育、宗教等方面的变化与发展，具有较高的参考价值。

收藏单位：国家图书馆等

107《云南省傣族景颇族自治州潞西县东山弄坵寨、西山弄丙寨景颇族调查报告（初稿）》

全国人民代表大会民族委员会办公室1957年编印

关键词：景颇族 民族历史 调查报告

中图法分类号：K285.9

本书是全国人民代表大会民族委员会云南省少数民族社会历史调查组的调查报告汇集。调查时间是1956年11月至1957年1月，包括《西山弄丙寨景颇族调查报告（初稿）》《潞西县东山弄坵寨景颇族调查报告（初稿）》《潞西县西山弄丙寨景颇族调查报告（初稿）》等。

收藏单位：国家图书馆等

108《云南省德宏傣族景颇族自治州社会概况》

全国人民代表大会民族委员会办公室1958年编印

关键词：景颇族 调查报告 德宏傣族景颇族自治州

中图法分类号：K285.9

本书包括“1958年3月至6月云南德宏傣族景颇族自治州景颇族三个点的调查总结报告”“陇川县景颇族社会性质调查报告”“瑞丽县猛典寨社会情况调查报告”“德宏傣族景颇族自治州连山县勐典文化站鸟帕寨社会情况调查报告”“潞西县东西山文化站调查小结”等内容，为了解边疆少数民族当时的社会动态提供了参考。

收藏单位：国家图书馆、广东省立中山图书馆、云南农业大学图书馆等

109《云南省德宏傣族景颇族自治州社会概况》

中国科学院民族研究所、云南民族调查组、云南省民族研究所1963年编印

关键词：景颇族 社会调查 调查材料 德宏傣族景颇族自治州

中图法分类号：K285.9

本书包括“梁河县邦角文化站邦角乡盆都寨景颇族社会调查”“梁河县芒东区邦歪寨社会历史情况调查报告”“瑞丽县弄翼寨景颇族社会调查”“景颇族浪速支情况材料综合”等相关内容。

收藏单位：国家图书馆、广东省立中山图书馆等

110《云南省德宏傣族景颇族自治州社会概况：1956年12月至1957年6月景颇族社会调查总报告》

全国人民代表大会民族委员会办公室1958年编印

关键词：景颇族 社会调查 调查报告

中图法分类号：K285.9

本书主要包括“云南省德宏傣族景颇族自治州景颇族（在佤支）五个点的社会调查总结提要”“云南省德宏傣族景颇族自治州景颇族（在佤支）五个点的总结调

查报告”“云南省德宏傣族景颇族自治州边六县和腾冲县各民族的地理分布及历史来源调查报告”等内容。

收藏单位：国家图书馆、广东省立中山图书馆等

111《云南省德宏傣族景颇族自治州社会概况：1956年12月至1957年6月景颇族五个点寨分点调查报告》

全国人民代表大会民族委员会办公室1958年编印

关键词：景颇族 调查报告 德宏傣族景颇族自治州

中图法分类号：K285.9

本书主要包括“潞西县西山弄丙寨景颇族调查报告”“潞西县东山弄丙寨景颇族调查报告”“陇川县邦瓦寨景颇族调查报告”“瑞丽县雷弄寨景颇族调查报告”“盈江县邦瓦寨社会情况调查报告”等相关内容，附件为综合报告。

收藏单位：国家图书馆、广东省立中山图书馆等

112《中国景颇族》

祁德川编著，宁夏人民出版社2011年出版

关键词：景颇族 民族文化

中图法分类号：K285.9

本书为“中华民族全书”之一，分别从“民族概况”“物质文化”“民间文化”“社会文化”“信仰文化”“对伟大祖国的贡献”“精神气质”“文化传承”“族际传承”“族际交往”“文化发展愿景”“有影响的文化人物”“重要贡献”等方面对景颇族进行了详细的介绍，每章内容配以精美的图片，图文并茂，是了解景颇族的通俗读物。

收藏单位：国家图书馆、云南省图书馆、杭州图书馆等

113《中国景颇族目瑙纵歌之乡——陇川》

张么弄讲述、金学文编著，德宏民族出版社2005年出版

关键词：景颇族 目瑙纵歌 民族文化

中图法分类号：K285.9

本书包括神话中的“太阳宫目瑙”、神话中的“康生央库”鸟类目瑙、“寨库木拽”景颇人的目瑙等，从目瑙纵歌的传说说起，回顾介绍了陇川县举办目瑙纵歌的历史和将目瑙纵歌列为景颇族法定传统节日的全过程及传统目瑙文化活动发展巩固、提高完善的成功经验。

收藏单位：国家图书馆等

114《中国景颇族山官》

杨清明主编，德宏州政协文史委编，德宏民族出版社2001年出版

关键词：景颇族 社会制度

中图法分类号：K285.9

山官制度是景颇族社会由原始社会向阶级社会过渡过程中产生的一种政治形式。本书以真实、准确、可靠的资料为基础，实事求是地对德宏傣族景颇族自治州有代表性的50多家山官的历史进行了文字描述，把景颇族那个历史阶段社会经济基础、组织形式、法律内容、宗教幸运、施政方法、生活习俗等丰富多彩的画面展现在读者面前。本书是研究了解我国景颇族1950年以前社会结构、性质、状况、发展的宝贵资料。

收藏单位：国家图书馆、云南省图书馆等

115《中国景颇族山官：续集》

孔文忠主编，云南民族出版社2005年出版

关键词：景颇族 社会制度

中图法分类号：K285.9

本书收集了怒江傈僳族自治州泸水县、保山市的腾冲县、临沧地区的耿马县和西双版纳州的勐海县有关景颇族山官的资料，把景颇族那个历史阶段社会经济基础、政治形式、法律内容、宗教信仰、施政方法、生活习俗等丰富多彩的画面展现在读者面前，客观地反映了山官制度下的景颇族社会、文化经济等方面内容。

收藏单位：国家图书馆、云南省图书馆等

Q 生物科学

116《德宏傣族景颇族自治州保护植物》

德宏州林业局、德宏州科委等编，德宏民族出版社2004年出版

关键词：植物 德宏傣族景颇族自治州

中图法分类号：Q948.527.42

德宏傣族景颇族自治州地处云南省西南部，拥有较丰富的植物资源。本书主要调查和搜集了分布在德宏傣族景颇族自治州内的95种国家级保护植物和60种省级保护植物，并对每种植物的形态特征、分布地区、生存环境、用途等进行分析，是一本实用性很强的工具书，对德宏傣族景颇族自治州植物资源及民族植物学研究及保护具有参考价值。

收藏单位：国家图书馆、云南省图书馆等

117《德宏珍稀濒危保护植物》

刀保辉、刘冰、杨新凯主编，科学出版2018年出版

关键词：濒危植物 德宏傣族景颇族自治州 图集

中图法分类号：Q948.527.43-64

本书收录了分布在德宏傣族景颇族自治州的150余种珍稀濒危植物、国家级或云南省级保护植物，有彩图800余幅，图文并茂。为广大林业干部职工鉴别保护植物提供参考，对德宏傣族景颇族自治州今后保护、发展和合理开发利用植物资源、进行国际交流、开展森林旅游等方面有着积极的意义。

收藏单位：国家图书馆等

118《云南德宏州高等植物》

刘世龙、赵见明主编、德宏傣族景颇族自治州林业局编辑，科学出版社2009年出版

关键词：高等植物 德宏傣族景颇族自治州 图录

中图法分类号：Q949.408-64

本书记载了德宏傣族景颇族自治州高等植物6033种1908属339科。有珍稀、濒危保护植物和本州特有重要植物彩图71张，植物线图4799幅，图文并茂。每种植物除列出别名外，还有产地、分布、生存环境、习性和用途等说明，并收集了部分植物的本地傣族和景颇族习用的植物名称，采用民族文、国际音标和汉语拼音注音，颇具特色，方便使用。本书可供科研

单位、高等院校师生及各级农林牧业、园艺园林、中医中药、珍稀濒危植物保护管理和经济动物养殖等部门使用，也可为海关、商检、邮政、交通、防疫、卫生等部门提供基本资料和参考。

收藏单位：国家图书馆、云南省图书馆、河北省图书馆等

T　工业技术

119《德宏傣族景颇族传统建筑保护抢救：适用型民居 . 特色建筑设计》

赵甸泽、赵恩广编，天津人民美术出版社 2016 年出版

关键词：德宏傣族景颇族自治州 景颇族 古建筑

中图法分类号：TU-87

本书为“少数民族传统文化抢救保护系列”丛书之一，收录了云南省德宏傣族景颇族自治州地区 30 多幅傣族景颇族古建筑适用型民居特色建筑策划设计方案图，对传统建筑的保护起到了促进作用。

收藏单位：国家图书馆、云南省图书馆、浙江图书馆等

120《景颇族服饰与文化图案》

德宏州民族宗教事务局编，德宏民族出版社 2013 年出版

关键词：景颇族 民族服饰 图案

中图法分类号：TS941.742.859-64

本书分为“景颇族服饰及织锦”“景颇族文化图案”两部分。主要内容包括：景颇族服饰—男子装；景颇族服饰—瑙双瑙巴服；景颇族服饰—2011 年怒江片马目瑙盛会照片等，图文并茂分别介绍了景颇族传统盛装、日常装、2010-2012 中国 • 德宏景颇族国际目瑙纵歌节寻找最美景颇姑娘参赛服装等，全面、完整、系统地收录、探究景颇族服饰文化和图案文化，记载景颇族服饰和图形图案，图谱形态文化等，具有较高的保存价值。

收藏单位：国家图书馆、云南省图书馆等

121《景颇族传统菜系：景颇语、汉语》

景颇族文化资源小组编，德宏民族出版社 2013 年出版

关键词：景颇族 菜谱 景颇语

中图法分类号：TS972.182.859

饮食文化是人类的重要表征，一个民族的生产状况、经济水平、文化教养、身体素质、创造才能等都会从其饮食中反映出来。本书主要向广大读者介绍景颇族菜味的“主旋律”和传统菜肴中舂、烤、煮、剁、炸、腌等烹制方法，并配有传统名菜的烹饪方法。

收藏单位：国家图书馆等

第十五章

柯尔克孜族研究图书索引

柯尔克孜族简介

柯尔克孜族总人口 204 402 人（2020 年第七次全国人口普查数据）。主要居住在新疆维吾尔自治区克孜勒苏柯尔克孜自治州，少数散居在新疆维吾尔自治区各地及黑龙江省富裕县。

柯尔克孜语属阿尔泰语系突厥语族东匈语支克普恰克语族。大多数人使用以阿拉伯字母为基础的文字。

柯尔克孜族大多信仰伊斯兰教，也有的信仰萨满教和藏传佛教。

民族节日有肉孜节、古尔邦节等。

在柯尔克孜族文学遗产中，民间文学占首要地位。“柯尔克孜约隆”是民间礼仪歌的一个种类，2008 年，“柯尔克孜约隆”被列入第二批国家级非物质文化遗产代表性项目名录。

英雄史诗《玛纳斯》描写了玛纳斯及其七代子孙率领人民与外来侵略者和各种邪恶势力斗争的事迹，是柯尔克孜族的百科全书。2006 年，“玛纳斯”被列入第一批国家级非物质文化遗产代表性项目名录；2009 年，其被列入联合国人类非物质文化遗产代表作名录。

库姆孜是独有的古老弹拨乐器。2008 年，“柯尔克孜族库姆孜艺术”被列入第二批国家级非物质文化遗产代表性项目名录。

2008 年，“柯尔克孜族刺绣”被列入第二批国家级非物质文化遗产代表性项目名录。

2011 年，“柯尔克孜族驯鹰习俗”被列入第三批国家级非物质文化遗产代表性项目名录。

2014 年，“柯尔克孜族服饰”被列入第四批国家级非物质文化遗产代表性项目名录。

B 哲学、宗教

001《柯尔克孜族民间信仰与社会》

阿地里·居玛吐尔地等著，民族出版社 2009 年出版

关键词：柯尔克孜族 民族信仰

中图法分类号：B933

本书为“新疆少数民族民间信仰与民族社会研究丛书”之一，是我国关于柯尔克孜族民间宗教的研究专著，包括“柯尔克孜族概述”“柯尔克孜族民间信仰的研究概况及文献综述”“柯尔克孜族民间信仰的历史演变”“柯尔克孜族民间信仰中的人与自然、人与人、人与神鬼”“柯尔克孜族民间信仰与禁忌、与萨满教、与文学艺术、与礼仪、与社会生活、与物质生活”等内容。全书集知识性、学术性、资料性于一体，比较全面地总结柯尔克孜族社会历史文化发展过程中最基本、最重要的原始宗教——萨满教及其表现形式，阐释了民间宗教与社会发展、民族文化、人民生活的密切关联性。

收藏单位：国家图书馆、辽宁省图书馆等

002《柯尔克孜族民间信仰与社会研究资料汇编》

贺灵、曼拜特·吐尔地编，民族出版社 2013 年出版

关键词：柯尔克孜族 民族信仰 新疆维吾尔自治区

中图法分类号：B933

本书为“新疆少数民族民间信仰与民族社会研究丛书”之一，是关于柯尔克孜族原始崇拜、原始信仰文化、古代宗教信仰、萨满教文化、神话传说、史诗“玛纳斯”、柯尔克孜族宗教与文化等研究的资料汇编，具有较高的学术和资料价值。

收藏单位：国家图书馆、辽宁省图书馆等

C 社会科学总论

003《克孜勒苏柯尔克孜自治州统计年鉴：2006−2010》

哈力甫·买买提主编，克孜勒苏柯尔克孜自治州人民政府办公室，克孜勒苏柯尔克孜自治州统计局编，克孜勒苏柯尔克孜自治州统计局 2011 年出版

关键词：克孜勒苏柯尔克孜自治州 年鉴

中图法分类号：C832.452-54

本年鉴设有：“特载”“综合”“国民经济核算”“人口与就业”“固定资产投资”“财政”“金融和保险”等类目，记载了克孜勒苏柯尔克孜自治州 2006—2010 年经济和社会等各方面的情况。

收藏单位：国家图书馆

004《克孜勒苏统计年鉴：2017》

克孜勒苏柯尔克孜自治州人民政府办公室，克孜勒苏柯尔克孜自治州统计局编著 2018 出版

关键词：统计资料 克孜勒苏柯尔克孜自治州 年鉴

中图法分类号：C832.452-54

本书收录了 2016 年克孜勒苏柯尔克孜自治州经济和社会等各方面的统计数据，内容分为“行政区划和自然资源”“综合”“国民经济核算”“固定资产投资”“物价指数”“人民生活和社会保障”“城镇和环境保护”“农业”“工业”“建筑业”“运

输和邮电”“能源消费”等20个篇章。

收藏单位：国家图书馆等

005《新疆维吾尔自治区2000年人口普查资料：克孜勒苏柯尔克孜自治州卷》

白新荣主编，克孜勒苏柯尔克孜自治州人口普查办公室编，新疆人民出版社2002年出版

关键词：人口普查 克孜勒苏柯尔克孜自治州

中图法分类号：C924.254.5

本书记录了2000年全国人口普查新疆维吾尔自治区克孜勒苏柯尔克孜自治州的统计资料，普查资料包括年龄、教育程度、家庭、死亡、迁移、住房、民族、职业、婚姻、生育等情况。

收藏单位：国家图书馆、新疆维吾尔自治区图书馆等

D 政治、法律

006《从毡房到砖房：试论新时期柯尔克孜族社会文化发展与转型》

阿曼吐尔·阿不都拉苏尔编著，新疆人民出版社2015出版

关键词：柯尔克孜族

中图法分类号：D633.337

本书分别以“古老民族，年轻民族”“从毡房到砖房”“‘双语’教育，让我们展翅高飞”“‘两居’工程，让牧民过上幸福生活”等十个方面围绕社会文化发展转型为主旨，从社会、经济、文化等大文化的方方面面展开论述。

收藏单位：国家图书馆、新疆大学图书馆等

007《个别地区柯尔克孜族社会调查（柯尔克孜文）》

加汗拜·阿山阿力著，克孜勒苏柯尔克孜文出版社2004年出版

关键词：柯尔克孜族 社会调查 民族工作

中图法分类号：D633.337

本书主要介绍作者在1992—1994年两次到新疆维吾尔自治区柯尔克孜族聚居的地区，通过采访、调研等形式记录了柯尔克孜族社会调查情况，并将所见所闻整理成书与广大读者见面。

收藏单位：国家图书馆、中央民族大学图书馆等

008《克孜勒苏柯尔克孜自治州残疾人事业二十五年发展历程》

《克孜勒苏柯尔克孜自治州残疾人事业二十五年发展历程》编纂委员会编，克孜勒苏柯尔克孜文出版社2015出版

关键词：残疾人 社会福利事业 克孜勒苏柯尔克孜自治州

中图法分类号：D669.69

本书回顾新疆维吾尔自治区克孜勒苏柯尔克孜自治州残疾人事业二十五年发展历程，反映克孜勒苏柯尔克孜自治州残疾人事业发展成就。本书记载资料的上限为1990年1月，下限为2015年1月，收录了大会主席团、专门协会、残疾人社会保障服务、队伍建设等内容。

收藏单位：国家图书馆等

009《克孜勒苏柯尔克孜自治州人大志》

张荣焱主编，《克孜勒苏柯尔克孜自

治州人大志》编纂委员会2004年编印

关键词：地方各级人民代表大会 克孜勒苏柯尔克孜自治州

中图法分类号：D624.452

本书下限止于2003年1月，由“人民代表大会”“人民代表大会常务委员会”“立法工作”“行使决定权”“监督‘一府两院’”“行使任免权”等十章组成，记述了新疆维吾尔自治区克孜勒苏柯尔克孜自治州（区）人民代表大会的发展历程及其常委会工作情况。

收藏单位：国家图书馆、甘肃省图书馆等

010《克州政协志》

焦铁华主编，《克州政协志》编纂委员会编，政协克孜勒苏柯尔克孜自治州委员会2002年出版

关键词：中国人民政治协商会议 克孜勒苏柯尔克孜自治州

中图法分类号：D628.452

本志记述上限始于1955年，下限至2002年自治州政协九届五次会议，记载了新疆维吾尔自治区克孜勒苏柯尔克孜自治州和阿图什市、阿克陶县、阿合奇县等政协自成立以来的机构沿革、人员组成、历届重要会议和工作开展等史实，反映了克孜勒苏柯尔克孜自治州政协近半个世纪的历史。

收藏单位：国家图书馆等

011《中国共产党克孜勒苏柯尔克孜自治州简史》

李世祥、程海序主编，中共克孜勒苏柯尔克孜自治州委员会史志办公室著，新疆人民出版社2008年出版

关键词：中国共产党 党史 克孜勒苏柯尔克孜自治州

中图法分类号：D235.452

本书为“中共新疆地方史丛书”之一，记述了历届克孜勒苏柯尔克孜自治州领导班子带领全州各族人民历经的风雨历程，总结了历史经验和教训，全面反映了克孜勒苏柯尔克孜自治州发展变迁的全貌。

收藏单位：国家图书馆、新疆维吾尔自治区图书馆、佳木斯大学图书馆等

F　经济

012《对外开放的克孜勒苏》

中共克孜勒苏柯尔克孜自治州史志办公室，中共克孜勒苏柯尔克孜自治州经济工作部编，新疆人民出版社1993年出版

关键词：区域经济 对外开放 克孜勒苏柯尔克孜自治州

中图法分类号：F127.452

本书为“新疆对外开放丛书”之一，介绍了新疆维吾尔自治区克孜勒苏柯尔克孜自治州的投资环境、资源优势及利用现状、对外开放的有关文件政策、经济开发项目、名优产品和地方特产等内容。

收藏单位：国家图书馆、新疆维吾尔自治区图书馆等

013《克孜勒苏柯尔克孜自治州地方税务志：1994—2014》

克孜勒苏柯尔克孜自治州地方税务局编，柯灵（税务）主编杨建主编新疆人民出版社2016出版

关键词：地方税收 克孜勒苏柯尔克孜自治州

中图法分类号：F812.745.242

本书记录了克孜勒苏柯尔克孜自治州地方税务局自1994年至2014年20年的发展历程，从体系、征管、行政管理、基层单位四个方面详细记录了地税体系，地税管辖，机构沿革，征收管理，重点稽查，纳税服务，信息化建设，组织收入，机构队伍，党风廉政建设，行政管理，阿图什市地税局等税务工作，反映了克孜勒苏柯尔克孜自治州地方税收事业和地方税收收入的发展。

收藏单位：国家图书馆等

014《克孜勒苏柯尔克孜自治州农村信用合作社志》

《克孜勒苏柯尔克孜自治州农村信用合作社志》联合编纂委员会编，中国金融出版社2016出版

关键词：农村信用社　克孜勒苏柯尔克孜自治州

中图法分类号：F832.745.2

本书为“新疆维吾尔自治区农村信用合作社志丛书”之一，记述了克孜勒苏柯尔克孜自治州农村信用合作社改革发展与各项业务发展历程，收录了市域环境、组织机构、职工队伍、主营业务、经营管理、扶持政策、党群组织等章节。

收藏单位：国家图书馆等

015《库尔干村调查：柯尔克孜族》

宋才发主编，中国经济出版社2011年出版

关键词：柯尔克孜族 民族经济 社会调查

中图法分类号：F327.455

本书为“中国民族经济村庄调查丛书”之一，包括“库尔干村经济调查”“库尔干村家庭经济调查”“库尔干村人物调查”三部分，主要介绍了库尔干村概况及历史变迁、库尔干村的农业、库尔干村的工商服务业等内容。

收藏单位：国家图书馆、黑龙江省图书馆、中南民族大学图书馆等

016《新疆克孜勒苏柯尔克孜自治州发展战略研究》

裘品姬著，新疆人民出版社2011出版

关键词：区域发展战略 克孜勒苏柯尔克孜自治州

中图法分类号：F127.452

作者在深入分析的基础上重新审视克孜勒苏柯尔克孜自治州未来发展所具有的优势、劣势、机遇和挑战，从更宽视野和更高层次上把握克孜勒苏柯尔克孜自治州的功能定位和发展方向，从而为克孜勒苏柯尔克孜自治州提出科学合理又具有可操作性的总体发展战略。

收藏单位：国家图书馆等

H　语言、文字

017《汉柯词典》

马克来克·玉买尔拜·哈尔米什底根主编，新疆维吾尔自治区民族语言文字工作委员会编，新疆人民出版社1999出版

关键词：柯尔克孜语 词典

中图法分类号：H525.6

本书是柯尔克孜语言文字历史上第一部词典，以《现代汉语辞典》中解释内容为依据，共收入词条、词组、成语、熟语

五万七千条。这部词典可供高等院校、各类学生学习汉语，翻译人员、从事新闻出版人员翻译时参考。

收藏单位：国家图书馆、沈阳市图书馆、中国社会科学院图书馆等

018《柯尔克孜语言文化研究》

胡振华编著，中央民族大学出版社2006年出版

关键词：柯尔克孜语

中图法分类号：H237

本书是以柯尔克孜族语言文字为主，涉及柯尔克孜语及其文化研究的重要学术巨著，汇集了作者半个世纪以来有关柯尔克孜语方面的研究成果，包括柯尔克孜语研究、柯尔克孜语概况、“玛纳斯”研究及其他、柯尔克孜族文学、库勒木尔扎、中亚与中亚研究等内容。

收藏单位：国家图书馆、辽宁省图书馆、佳木斯大学图书馆等

019《柯尔克孜语366句会话句：少数民族语汉英日俄对照》

托汗·依萨克著，社会科学文献出版社2015出版

关键词：柯尔克孜语 口语

中图法分类号：H237.94

本书为中国社会科学院创新工程学术出版资助项目、国家社科基金重大委托项目“中国少数民族语言文化研究”成果，是“中国少数民族会话读本”系列之一。本书用柯尔克孜语、汉语、英语、日语、俄语分别介绍柯尔克孜民族的366句日常会话，并对本民族的重要节日、风俗习惯进行简要说明。本书从少数民族语言角度向世界展示了我国丰富多彩的少数民族文字以及风俗习惯，是柯尔克孜族对外宣传的“名片”，有利于柯尔克孜族民族文化“走出去”。

收藏单位：国家图书馆、辽宁省图书馆、中南民族大学图书馆等

020《中国柯尔克孜语南部方言研究》

胡毅著，新疆大学出版社2001年出版

关键词：柯尔克孜语 方言

中图法分类号：H237.7

本书为“博士文库”之一。作者指出了柯尔克孜语南部方言的特点，并从语音系统、词汇系统和语法系统等几个层面进行了描写和论述。是研究柯尔克孜语南部方言的参考资料。

收藏单位：国家图书馆、新疆维吾尔自治区图书馆、中央民族大学图书馆等

I 文学

021《黑龙江柯尔克孜族民间传说故事》

吴占柱、马瑞主编，哈尔滨出版社2009年出版

关键词：柯尔克孜族 传说故事 黑龙江省

中图法分类号：I277.3

本书为“黑龙江民族研究论丛”系列之一，包括“历史传说故事”“地名传说故事”“生产生活传说故事”“神话传说故事”“动物传说故事”“爱情传说故事”“人物传说故事”等七部分，共收录各种传说故事74篇，彩色图片28幅。

收藏单位：国家图书馆、黑龙江省图书馆等

022《黑龙江柯尔克孜族民间文艺》

马维新主编，柯尔克孜族研究会、黑龙江省民族研究所 1997 年出版

关键词：柯尔克孜族 民间文艺 黑龙江省

中图法分类号：I207.937

本书为“中国少数民族古籍”系列之一，包括“民间传说”“音乐”“舞蹈”“戏剧”四个部分；编选了 18 世纪中叶由新疆维吾尔自治区迁徙而来的柯尔克孜族后裔流传下来的部分文化史料，也有专家学者继承与发展的新创作的文艺作品，包括传统民歌、改编与创作的柯尔克孜族歌曲、传统舞蹈与新编舞蹈、传统民间故事传说，以及反映他们在黑龙江省现代生活的歌剧和说唱等作品，比较全面地记录柯尔克孜族从阿尔泰山迁移到黑龙江省 200 多年的历史、文化、民风、民俗、生产、生活的情景。本书有史料性、资料性、现实性的意义，为学术研究提供真实可靠的文献资料。

收藏单位：国家图书馆、黑龙江省图书馆等

023《柯尔克孜族儿童文学精选》

依斯哈别克•别先别克编，新疆青少年出版社 2013 年出版

关键词：柯尔克孜族 儿童文学 作品综合集

中图法分类号：I28

本书收录了流传在柯尔克孜族民间的优秀儿童文学作品，包括神话故事、儿童歌谣、绕口令、谚语等。这些作品，思想内容健康，凝结了丰富的民族智慧和思想，具有深刻的社会价值和民族传承意义，是中华优秀传统文化的体现。

收藏单位：国家图书馆等

024《柯尔克孜族民间长诗集》

吾蒙•马木提演唱，克孜勒苏柯尔克孜文出版社 2014 年出版

关键词：柯尔克孜族 史诗 作品集

中图法分类号：I222.7

本书是“柯尔克孜族的民间史诗”之一，反映了古代柯尔克孜族的风俗习惯、婚姻习俗、民间医学、人际习俗、房间装饰礼节、部分民间娱乐活动游戏及规则。本书语言简单易懂，是普及读物。

收藏单位：国家图书馆等

025《柯尔克孜族民间故事》

新疆人民出版社 1981 年编辑出版发行

关键词：柯尔克孜族 民间故事 新疆维吾尔自治区

中图法分类号：I277.3

柯尔克孜族民间故事是我国柯尔克孜族人民绚丽多彩的口头文学珍品之一，它和柯尔克孜族人民创作的其他民间文学作品一样，从多方面反映了柯尔克孜族人民的生活和斗争，表达了他们的理想与愿望。民间故事丰富多彩，情感朴实，爱憎分明，引人向上。本书收录了《英雄交奥达尔的故事》《田干阿塔尔智胜巨魔的故事》《巴依西和江尼西》等民间故事，歌颂了柯尔克孜族人民善良勇敢、不怕牺牲的精神。

收藏单位：国家图书馆、中央民族大学图书馆等

026《柯尔克孜族民间故事》

孔庆山主编，黑龙江人民出版社 2017 年出版

关键词：柯尔克孜族 民间故事 黑龙江省

中图法分类号：I277.3

本书为“黑龙江省非物质文化遗产系列丛书”之一，收录了柯尔克孜族聚居区人民关于生产生活、民风民俗、宗教信仰的传说故事，包括“黑龙江柯尔克孜族民间故事”“根据民间传说编创的柯尔克孜族民间故事”“近代柯尔克孜族人物故事”三个部分。本书是柯尔克孜族民间故事的汇集本，具有资料和出版价值，可帮助读者了解黑龙江柯尔克孜族民间故事的独特魅力和存在价值。

收藏单位：国家图书馆、中南民族大学图书馆、黑龙江省图书馆等

027《柯尔克孜族民间故事：柯尔克孜文》

阿山巴依编，克孜勒苏柯尔克孜文出版社 2009 年出版

关键词：柯尔克孜族 民间故事 柯尔克孜语

中图法分类号：I277.3

本书依据“中国民间故事选·新疆卷”中“柯尔克孜族民间故事”部分，收集了在柯尔克孜族中广为流传的民间谚语，通过讲述民间口头流传的故事，讲述为人处世的深刻道理。

收藏单位：国家图书馆等

028《柯尔克孜民间文学精品选：玛纳斯：居素甫·玛玛依唱本精选·第一集》

贺继宏主编，克孜勒苏柯尔克孜自治州党委史志办、新疆维吾尔自治区民间文艺家协会编，中国文联出版社 2003 年出版

关键词：柯尔克孜族 民间文学 英雄史诗

中图法分类号：I293.77

本书系统、完整地介绍“玛纳斯”史诗的全部内容，并从居素甫·玛玛依演唱的八部“玛纳斯”史诗中，精选了有代表性的片段。

收藏单位：国家图书馆、新疆维吾尔自治区图书馆、辽宁对外经贸学院图书馆等

029《柯尔克孜民间文学精品选：玛纳斯：其他变体精选·第二集》

克孜勒苏柯尔克孜自治州党委史志办，新疆维吾尔自治区民间文艺家协会编，中国文联出版社 2003 年出版

关键词：柯尔克孜族 民间文学 英雄史诗

中图法分类号：I293.77

本书包括《铁米尔·吐尔地演唱的〈玛纳斯〉变体》《艾什玛特·玛木别特演唱的〈玛纳斯〉变体》《萨特巴勒德·阿里演唱的〈玛纳斯〉变体》等内容，从三位艺术家演唱的“玛纳斯”变体中精选部分片段供读者欣赏。

收藏单位：国家图书馆、石河子大学图书馆、塔里木大学图书馆等

030《柯尔克孜民间文学精品选：叙事诗·第三集》

克孜勒苏柯尔克孜自治州常委史志办、新疆维吾尔自治区民间文艺家协会编，中国文联出版社2003年出版

关键词：柯尔克孜族 民间文学 叙事诗

中图法分类号：I293.77

本书包括《柯尔克孜民间叙事诗选》《后记》等内容，主要收录柯尔克孜族有代表性的叙事诗，如《库尔曼别克》《巴额什》《托勒托依》《英雄托什吐克》《萨依卡丽》等。

收藏单位：国家图书馆、新疆大学图书馆、石河子大学图书馆等

031《柯尔克孜民间文学探幽》

张彦平著，中央民族大学出版社2012年出版

关键词：柯尔克孜族 民间文学 文学研究

中图法分类号：I207.937

本书为“少数民族文学研究丛书”之一，是作者柯尔克孜民间文学研究论文选集。本书分为“散体文学研究”“史诗专论”“其他韵体文学研究”“民间文学作品译文选”等四个部分，收录《创世神话——原始初民的宇宙观》《融民间智慧与时代特色为一体的生活故事》等26篇论文。

收藏单位：国家图书馆、佳木斯大学图书馆、石河子大学图书馆等

032《柯尔克孜族民间叙事长诗选》

居素普·玛玛依演唱，刘发俊等翻译整理，新疆人民出版社1986年出版

关键词：柯尔克孜族 民间文学 叙事诗

中图法分类号：I293.72

居素普·玛玛依（1918年—2014年）被国内外史诗专家誉为“当代的荷马”，是世界上唯一能唱八部“玛纳斯”的演唱大师，他自创的演唱变体是世界上独一无二的不朽之作。本书收录了“库尔曼别克”“玛玛克—绍波克”两首柯尔克孜族叙事长诗。

收藏单位：国家图书馆、甘肃省图书馆等

033《柯尔克孜文学史》

曼拜特·吐尔地著，阿地力·居玛吐尔地译，天马出版社2005年出版

关键词：柯尔克孜族 文学史 新疆维吾尔自治区

中图法分类号：I207.937

本书为“中国少数民族文学史丛书”“金蔷薇作家丛书”之一。全书分“近代柯尔克孜文学”“现代柯尔克孜文学”“当代柯尔克孜文学”三个部分，介绍了柯尔克孜文学发展历程。

收藏单位：国家图书馆、呼伦贝尔市图书馆等

034《柯尔克孜族英雄史诗：玛纳斯·第一部》

居素普·玛玛依演唱，刘发俊等翻译整理，新疆人民出版社1991年出版

关键词：柯尔克孜族 民间文学 英雄史诗

中图法分类号：I293.722

“玛纳斯”是一部传记性的英雄史诗，是柯尔克孜族民间文学优秀代表作品，被

誉为我国民间三大史诗之一。这部史诗规模宏大，世界罕见，包括古代柯尔克孜的政治、经济、法律、哲学、历史、地理、宗教、道德、语言以及生活习俗、风土人情等内容，跨越的历史长达几个世纪，涉及的地域遍及中亚直至漠北草原，是柯尔克孜人民生活的百科全书，这部伟大的著作不仅是柯尔克孜人民的宝贵财富，也是中华民族的宝贵财富，同样也是世界人民的宝贵财富。本书主要记述了“玛纳斯”第一部的内容，分上、下两卷。

收藏单位：国家图书馆、中央民族大学图书馆等

035《柯尔克孜族祝福歌：柯尔克孜文》

马克来克·玉买尔拜编著，新疆人民出版社 2012 年出版

关键词：柯尔克孜族 民歌 柯尔克孜文

中图法分类号：I293.777.2

本书汇集并解释了柯尔克孜族在结婚、欢送等仪式上比较广泛流传的各种祝福词诗几百例。

收藏单位：国家图书馆、中央民族大学图书馆等

036《跨文化民俗体裁学：新疆史诗故事群研究》

董晓萍著，中国大百科全书出版社 2018 年出版

关键词：柯尔克孜族 史诗 诗歌研究

中图法分类号：I207.22

本书是教育部人文社会科学重点研究基地重大项目“跨文化学理论与方法论”的综合性研究成果之一。作者运用当今国际前沿民俗体裁学理论和方法，在跨文化学的视野下，从新疆维吾尔自治区史诗“玛纳斯”切入，研究这部史诗如何既有跨文化的历史元素，又保持本民族主体文化的鲜明特质；如何在内地历史文献中长期记载，又在新疆维吾尔自治区人民中间广为流传；如何为柯尔克孜族所珍爱守护，又在新疆维吾尔自治区地区多民族文化交流中融汇发展。本书不仅通过对柯尔克孜族英雄史诗“玛纳斯”进行详细的个案研究，还对新疆维吾尔自治区史诗故事类型所涉及的其他民族的文化遗产进行了深入研究，开辟了跨文化民俗学的新研究分支。

收藏单位：国家图书馆等

037《玛纳斯》

贺继宏主编，新疆美术摄影出版社、新疆电子音像出版社 2015 年出版

关键词：柯尔克孜族 史诗“玛纳斯”

中图法分类号：I222.7

本书为“中华文脉——新疆非物质文化遗产保护系列丛书”之一，主要包括“概述”“‘玛纳斯’的渊源”“沿革与现状”“‘玛纳斯’内容简介”“‘玛纳斯’的特征价值与意义”“‘玛纳斯’的传人”“‘玛纳斯’保护现状”等内容，有助于读者了解史诗“玛纳斯”及其研究现状。

收藏单位：国家图书馆、浙江图书馆、乌鲁木齐市图书馆等

038《〈玛纳斯〉翻译传播研究》

梁真惠著，民族出版社 2015 出版

关键词：“玛纳斯”文学翻译 柯尔克孜族

中图法分类号：I207.22

本书为“民族典籍翻译研究丛书”之一，包括“研究背景”“‘玛纳斯’的文本化过程”“‘玛纳斯’的翻译传播史”“亚瑟·哈图的学术译本”“瓦尔特·梅依的文学译本”“艾尔米拉·阔曲姆库勒克孜的文化译本”“‘玛纳斯’翻译传播研究评析与跨学科视角”等内容。作者以英译本为考察重点，从多个视角出发，对史诗“玛纳斯”的翻译传播进行综合系统研究。从史诗的搜集记录切入，系统爬梳、整理史诗的文本化过程，以厘清各个唱本及其译本之间的关系。

收藏单位：国家图书馆、辽宁省图书馆等

039《玛纳斯故事（柯尔克孜文）》

贺继宏，纯懿编撰，阿依肯·吐尔逊译，五洲传播出版社 2011 年出版

关键词：“玛纳斯”柯尔克孜族

中图法分类号：I222.7

本书是柯尔克孜文，由八部分组成，分别讴歌了柯尔克孜族英雄汗王和他的后代子孙八代人为民族繁荣昌盛而英勇奋斗的英雄业绩。

收藏单位：国家图书馆、辽宁省图书馆、陕西省图书馆等

040《玛纳斯故事（英文版）》

贺继宏、纯懿编著，五洲传播出版社 2011 年出版

关键词：柯尔克孜族 英雄史诗“玛纳斯”

中图法分类号：I222.7

本书为“聆听史诗系列”之一。柯尔克孜族史诗“玛纳斯”是目前世界上已知的众多史诗当中规模最大、篇幅最长的史诗作品之一，是一部传记性的英雄史诗。本书是史诗缩编，讲述了“玛纳斯”家族八代英雄带领柯尔克孜族人民反抗卡勒玛克、契丹人的奴役，以及肃清内奸、惩处豪强、斩除妖魔、为民除害的斗争故事。

收藏单位：国家图书馆、佳木斯大学图书馆等

041《神驹勇士：柯尔克孜族》

张新泰、马雄福主编，新疆人民出版社 2011 年出版

关键词：柯尔克孜族 民间故事

中图法分类号：I276.3

本书为“民间新疆故事系列”之一，包括“神奇幻想”“风物民俗”“人间百态”“机智人物”“寓言故事”五部分，收录从民间收集整理、具有地域性和民族性的民间故事、传说、神话等 40 篇。

收藏单位：国家图书馆、辽宁省图书馆、甘肃省图书馆等

042《世界〈玛纳斯〉学读本》

阿地里·居玛吐尔地主编，中央民族大学出版社 2018 年出版

关键词：“玛纳斯”文学研究

中图法分类号：I207.9

本书为国家社科基金重大招标项目“柯尔克孜族百科全书《玛纳斯》综合研究”阶段性成果，是在我国出版的第一部国外著名学者研究《玛纳斯》史诗的论文 20 多篇，囊括了世界“玛纳斯”学产生、发展一个半世纪以来最经典的“玛纳斯”学论文，其中绝大多数都是在国际“玛纳斯”

学界或者是国际史诗学界享有盛誉的名家名篇，包括19世纪德裔俄罗斯学者拉德洛夫、英国学者亚瑟·哈图、美国学者丹尼尔·普热依尔、德国学者卡尔·赖希尔、日本学者西肋隆夫及吉尔吉斯斯坦学者钦吉斯·艾特玛托夫等学者的文章。这些论文从民间文学、口头诗学、比较文学、史诗学、语言学、人类学等角度对“玛纳斯”史诗进行了较为深入的研究，对我国“玛纳斯”学的进一步发展具有非常重要的借鉴意义。

收藏单位：国家图书馆、辽宁省图书馆等

043《维吾尔、哈萨克、柯尔克孜族谚语选》

新疆人民出版社1978年编辑出版

关键词：柯尔克孜族 民间文学 谚语

中图法分类号：I277.7

本书为内部发行，共编译了467条谚语，饱含着柯尔克孜族人对中国共产党的赞颂、对美好生活的向往。

收藏单位：国家图书馆、中央民族大学图书馆等

044《新疆柯尔克孜族文学作品精选》

马雄福，萨黛特·加马力等选编，新疆人民出版社2013年出版

关键词：柯尔克孜族 少数民族文学 作品综合集

中图法分类号：I293.7

本书为“中国新疆少数民族原创文学精品译丛”之一，精选新疆维吾尔自治区柯尔克孜族文学作品，体裁有诗歌、散文、中短篇小说等，集中展示柯尔克孜族文学创作风貌。本选编以汉文出版，对新疆维吾尔自治区柯尔克孜族文学的推广和发展具有非同凡响的深远意义。

收藏单位：国家图书馆、黑龙江省图书馆等

045《新时期中国少数民族文学作品选集：柯尔克孜族卷》

中国作家协会编，作家出版社2015年出版

关键词：柯尔克孜族 民族文学 作品综合集

中图法分类号：I29

本书是“新时期中国少数民族文学作品选集”之一，收录了柯尔克孜族具有代表性的作家作品，分为小说、散文、诗歌三部分，反映了改革开放以来柯尔克孜族文学创作的整体脉络，力求体现柯尔克孜族人民在祖国大家庭在大时代背景下的真实生活状态。主要作品有小说《萨里木巴依让贤》《崖顶之夜》；散文《母亲河》《乞丐》；诗歌《肖像》《幸福的生活》等。

收藏单位：国家图书馆、佳木斯大学图书馆、辽宁省图书馆等

046《中国各民族神话：柯尔克孜》

耿志远，顾传菁主编，新蕾出版社1996年出版

关键词：柯尔克孜族“玛纳斯”神话故事

中图法分类号：I29

本书为中英文对照，以彩色连环画册的形式讲述了柯尔克孜族史诗“玛纳斯”的主要内容，既向读者展示了神话的传奇想象，又具有强烈的现实性，反映了柯尔

克孜族人民高尚的品质。

收藏单位：国家图书馆、佳木斯大学图书馆、辽宁省图书馆等

047《中国柯尔克孜族英雄史诗玛纳斯：艾什玛特·曼别特居素甫演唱本》

新疆非物质文化遗产保护研究中心编，郎樱，玉素音阿吉·阿散阿勒翻译，依斯哈别克·别先别克整理，新疆人民出版社 2014 年出版

关键词：柯尔克孜族 英雄史诗“玛纳斯”

中图法分类号：I293.722

本书为“中华文脉——新疆国家级非物质文化遗产名录项目丛书”之一，包括“阔阔托依的祭典”“玛纳斯讨伐卡依普汗的女儿萨依卡丽姑娘”“空吾尔巴依从别依京出征塔拉斯玛纳斯迎战”“玛纳斯抢掠阿依汗和昆汗的马群死而复活回塔拉斯”等。

收藏单位：国家图书馆、中央民族大学图书馆、烟台图书馆等

048《中国柯尔克孜族英雄史诗玛纳斯 第一部》

居素普·玛玛依演唱，《玛纳斯》汉译工作委员会编译，阿地里·居玛吐尔地翻译，新疆人民出版社 2013 年出版

关键词：柯尔克孜族 英雄史诗“玛纳斯”

中图法分类号：I293.722

“玛纳斯”是一部英雄史诗，卷叠浩繁、气势宏伟，具有强烈的崇高美和史诗美。我国著名的“玛纳斯”史诗歌手居素普·玛玛依被誉为“当代荷马”，其唱本共计 8 部，多达 23 万余行，分别以玛纳斯及其七代子孙的名字命名，是典型的谱系式英雄史诗。史诗以玛纳斯及其七代子孙的英雄业绩为主线，反映了柯尔克孜人民抵御侵略、保卫家园的英雄主义精神。史诗涉及古代柯尔克孜民族的政治、经济、文化、军事、宗教、历史、哲学、美学以及社会生活等各个方面，它不仅是研究古代柯尔克孜民族的百科全书，而且是一部研究我国北方乃至中亚民族关系史、文化史的重要口头文献。

收藏单位：国家图书馆、广州市越秀区图书馆等

049《中国柯尔克孜族英雄史诗玛纳斯：赛麦台依·第二部》

居素普·玛玛依演唱，朱玛克·卡德尔翻译，《玛纳斯》汉译工作委员会编译，新疆人民出版社 2014 出版

关键词：柯尔克孜族 英雄史诗“玛纳斯”

中图法分类号：I293.722

本书共分三卷，叙述玛纳斯死后，其子赛麦台依继承父业，继续与卡勒玛克斗争的故事。

收藏单位：国家图书馆、烟台图书馆等

050《中国柯尔克孜族英雄史诗玛纳斯：赛依铁克·第三部》

居素普·玛玛依演唱，朱玛克·卡德尔翻译，《玛纳斯》汉译工作委员会编译，新疆人民出版社 2014 出版

关键词：柯尔克孜族 英雄史诗“玛纳斯”

中图法分类号：I293.722

本书共分两卷，主要讲述第三代英雄赛依铁克严惩内奸，驱逐外敌，重新振兴柯尔克孜族的传奇人生故事，包括“坎巧绕篡夺汗位”“赛依铁克的诞生”“险象环生的成长历程”“赛依铁克与古丽娜尔的亲事”等部分。

收藏单位：国家图书馆等

051《中国柯尔克孜族英雄史诗玛纳斯：凯耐尼木·第四部》

居素普·玛玛依演唱，《玛纳斯》汉译工作委员会编译，朱玛克·卡德尔，吐尔地·买买提吐尔逊翻译，新疆人民出版社 2016

关键词：柯尔克孜族 英雄史诗“玛纳斯”

中图法分类号：I293.722

本书分两卷，述说第四代英雄赛依台克之子凯耐尼木消除内患，严惩恶豪，为柯尔克孜族人民缔造了安定生活的故事。

收藏单位：国家图书馆等

052《中国〈玛纳斯〉学辞典》

托汗·依萨克，阿地里·居玛吐尔地，叶尔扎提·阿地里编著，中央民族大学出版社 2017 年出版

关键词：“玛纳斯”词典

中图法分类号：I293.722-61

本书为中央民族大学 2016 年度“双一流”建设经费资助出版国家社科基金重大招标项目“柯尔克孜族百科全书《玛纳斯》综合研究”阶段性成果。全书内容包括“宗教信仰及仪式”“‘玛纳斯’的艺术特色”“‘玛纳斯’史诗中的古代部落”“历史地名”“古代信仰等人文资料”“‘玛纳斯’与柯尔克孜族民俗”“‘玛纳斯’史诗中的英雄的骏马”“武器装备和乐器”“‘玛纳斯’史诗的内容”“‘玛纳斯’史诗的各种文本”“‘玛纳斯’史诗的工作机构和学术成果”“‘玛纳斯’史诗相关的文化空间”“遗迹和雕塑”等部分，是一部专门面向我国广大文学、民族文学、民俗学、口头传统以及其他人文科学爱好者、研究者以及研究生等的大型专题性学术工具书。

收藏单位：国家图书馆、辽宁省图书馆等

053《中国〈玛纳斯〉学读本》

阿地里·居玛吐尔地主编，中央民族大学出版社 2018 年出版

关键词：“玛纳斯”文学研究

中图法分类号：I207.9

本书为国家社科基金重大招标项目“柯尔克孜族百科全书《玛纳斯》综合研究”阶段性成果。精选了我国各民族学者从上世纪末以来的代表性学术论文 40 多篇，是我国出版的第一部全面的“玛纳斯”史诗研究的论文选集。论文涵盖面广、内容丰富，不仅充分展示了我国在“玛纳斯”学领域所取得的成果，而且具有非常鲜明的学术性和代表性，其中所有论文都是在国内不同刊物上发表，都是在国内史诗学界享有盛誉的名家名篇。论文集不仅充分展示了我国“玛纳斯”学研究的整体实力，而且为今后的研究提供了广阔的研究视野，是我国民俗学家、民间文学家、民族文学家以及相关学科研究生珍贵的学术资料。

收藏单位：国家图书馆、中央民族大

学图书馆等

J 艺术

054《高原雄鹰：中国柯尔克孜族》

张新泰主编，新疆人民出版社 2014 出版

关键词：柯尔克孜族 摄影集

中图法分类号：J421

本书是“新疆少数民族当代艺术作品大系”之一，作者用镜头记录了柯尔克孜族生活的高原地区的自然风景、地貌景观、人文风情、民族习俗、人物衣饰等，综合展现了帕米尔高原壮美的风光，以及多姿多彩的柯尔克孜族民族文化。

收藏单位：国家图书馆、南宁市图书馆等

055《柯尔克孜传统刺绣和编织技艺》

曼拜特·吐尔地编，新疆科学技术出版社 2014 年出版

关键词：柯尔克孜族 民间工艺

中图法分类号：J523.6

柯尔克孜族具有独特风格的工艺美术，其中刺绣、编织最为著名，柯尔克孜妇女擅长刺绣，柯尔克孜族以毡制用品著称。本书包括“希尔达克”“阿拉克依孜”、“图希吐克”等各种毡制品和房内装饰品的制作方法等方面的内容。

收藏单位：国家图书馆等

056《柯尔克孜传统工艺（柯尔克孜文）》

曼拜特·吐尔地编，新疆科学技术出版社 2014 年出版

关键词：柯尔克孜族 传统工艺 柯尔克孜语

中图法分类号：J528

柯尔克孜传统工艺是柯尔克孜族人民智慧的结晶，是中华工艺美术的重要组成部分，也是草原文化研究的重要内容。柯尔克孜族传统手工业历史悠久，传统工艺主要是附于生产工具和生活用具上的装饰，本书包括“柯尔克孜的居住文化，毡房的结构与房内的各种装饰品”“皮革制品”“木器制品”“金属加工”“雕刻”等方面的内容。

收藏单位：国家图书馆等

057《柯尔克孜民间歌曲集（柯尔克孜文）》

买买提珠马，曼拜特·吐尔地编著，新疆科学技术出版社 2006 年出版

关键词：柯尔克孜族 民歌 柯尔克孜语

中图法分类号：J642.213.7

本书编入的民间歌曲都是从中国柯尔克孜族民间搜集整理的。为了便于查找，作者按歌曲的主题内容来分类，并以曲名的首位字母的顺序来排列。对于同一首民歌的不同变体，编 者忠实地记录了不同民间艺人的演唱。

收藏单位：广西民族大学图书馆、新疆师范大学图书馆等

058《柯尔克孜民间乐曲集》

买买提珠马·买买提阿昆主编，新疆科学技术出版社 2007 年出版

关键词：柯尔克孜族 民族器乐曲 作品集

中图法分类号：J648

本书是全国少数民族优秀图书出版资

金资助项目，收录了柯尔克孜民族中流传的经典民间乐曲近300部。

收藏单位：国家图书馆等

059《柯尔克孜族妇女民间手工艺及盛情情歌（柯尔克孜文）》

阿扎提·托里干编，新疆人民出版总社，克孜勒苏柯尔克孜文出版社2016年出版

关键词：柯尔克孜族 民间工艺 柯尔克孜语

中图法分类号：J522.8

作者收集了柯尔克孜族具有代表性的妇女民间手工艺作品的图片数百张，记录了柯尔克孜民族丰富多彩的民族服饰装点图案、居家装点图案及日常生活中的各种礼仪装饰图案，同时体现了柯尔克孜民族能歌善舞，热爱生活，唱出幸福甜美的歌。

收藏单位：国家图书馆等

060《柯尔克孜族妇女手工艺术（柯尔克孜文）》

吐尔娜汗·吐尔迪白克著，克孜勒苏柯尔克孜文出版社2004年出版

关键词：柯尔克孜族 工艺美术 柯尔克孜语

中图法分类号：J528

本书用柯尔克孜文介绍柯尔克孜妇女的手工艺技巧，在桌布上绣花和柯尔克孜族妇女的各种手工艺术等等。

收藏单位：国家图书馆、中央民族大学图书馆等

061《柯尔克孜族美术字基础》

阿力木江著，新疆科学技术出版社2005年出版

关键词：柯尔克孜族 美术字

中图法分类号：J292.14

本书是一部介绍柯尔克孜美术字的作品，比较系统地介绍了柯尔克孜族民族历代使用的各种文字和它的艺术特点，作者创造性地再现了柯尔克孜美术字的最新水平。

收藏单位：暂时无法提供馆藏信息。

062《柯尔克孜族民间手艺图案汇集》

阿衣古丽·依米力编著，克孜勒苏柯尔克孜文出版社2006年出版

关键词：柯尔克孜族 民间手艺 图案

中图法分类号：J522

阿衣古丽·依米力是一位好手艺人，她对民间手艺制作具有一定的研究，并在《语言与翻译》杂志上发表了两篇论文，编写《柯尔克孜族民间手艺图案汇集》一书，主要以弘扬民间民族手工艺术，精心编写过程中进行走访、了解许多民间艺人，并取得一定的收获以供大家共享。

收藏单位：暂时无法提供馆藏信息。

063《柯尔克孜族图案集》

刘定陵编绘，民族出版社1990年出版

关键词：柯尔克孜族 民间艺术 图案

中图法分类号：J522.8

我国柯尔克孜族是具有灿烂文化的民族，民间图案是柯尔克孜族文化艺术中的瑰宝。本书为“中国少数民族图案系列丛书”之一，收录了野兽家畜类、飞禽昆虫类、自然现象类、兵器工具类、几何图形类、生活用品类、树木花草类七类柯尔克

孜族民间图案。该书具有较强的实用性、装饰性、大众性。

收藏单位：国家图书馆、石河子大学图书馆、黑龙江省图书馆等

064《“玛纳斯”史诗的多种变体及其说唱艺术（柯尔克孜文）》

曼拜特著，新疆人民出版社 1997 年出版

关键词：“玛纳斯”文学研究

中图法分类号：J52

史诗“玛纳斯”承载着柯尔克孜民族文化精神的全部遗产，是柯尔克孜民族的精神支柱，具有凝聚意识和文化感召力。本书用柯尔克孜文阐述了“玛纳斯”史诗的多种变体及其说唱艺术。

收藏单位：国家图书馆、佳木斯大学图书馆、北京师范大学图书馆等

065《新疆柯尔克孜族工艺美术》

饶蕾著，新疆美术摄影出版社，新疆电子音像出版社 2015 年出版

关键词：柯尔克孜族 民间工艺 工艺美术

中图法分类号：J528

本书为“新疆少数民族工艺美术研究（工艺卷）”丛书之一，包括服饰工艺、图案与刺绣、住房及内饰、毡毯工艺等内容，介绍了新疆柯尔克孜族别具一格的工艺美术，特别是刺绣、雕刻、织花等技艺。有史以来，新疆柯尔克孜族人民创造了品类繁多、技艺精湛的民族民间工艺，它在我国文化艺术中占据重要地位，同时也是新疆文化独特魅力的具体体现。

收藏单位：国家图书馆、中央民族大学图书馆等

066《新疆柯尔克孜族织绣艺术》

王凡编著，中国建筑工业出版社 2015 年出版

关键词：柯尔克孜民族 织绣艺术 工艺美术

中图法分类号：J523.6

作者通过对柯尔克孜民族织绣艺术的演进、发展进行比较、研究，来探寻柯尔克孜民族织绣装饰纹饰艺术独特的文化指征、独立的民族特性与象征意义。通过调查、收集、整理新疆地区柯尔克孜族生活中最淳朴、传统和延续发展的织绣装饰纹饰，系统地对新疆柯尔克孜族织绣装饰纹饰的形成、历史变迁与装饰风格演变、宗教信仰与装饰纹饰特点、装饰纹饰同色彩与造型组合构成的特点及寓意，以及柯尔克孜族装饰纹饰同中亚地区装饰纹饰的渊源、渗透、风格异同点等进行了阐述，用现代形式美法则和理念对柯尔克孜民族织绣装饰纹饰的民族特点、地域特点、人文特点、艺术美学思想等进行研究，用图片和文字表现出这个民族在工艺美术方面的独特价值。

收藏单位：国家图书馆、北京师范大学图书馆等

067《新疆民间歌曲选：柯尔克孜族专辑·3》

新疆维吾尔自治区文化厅，中国音乐家协会新疆分会编，新疆人民出版社 1982 年出版

关键词：柯尔克孜族 民间歌曲 曲谱

中图法分类号：J642.224.5

为了继承民族音乐遗产，发扬民族音乐传统，向各民族民间音乐学习，编者对新疆维吾尔自治区克孜勒苏柯尔克孜自治州的柯尔克孜族民间歌曲进行了收集、整理和编选。本书收录了柯尔克孜族民间歌曲 62 首，并与以四句为一段的歌词形式相吻合。本书为广大读者提供了实用资料，对各民族民间歌曲的收集、整理和研究工作有促进作用。

收藏单位：国家图书馆等

068《中国柯尔克孜族传统银饰》

莫合塔尔·加帕尔著，新疆美术摄影出版社 2015 年出版

关键词：柯尔克孜族　银首饰　工艺美术

中图法分类号：J526.1

本书包括柯尔克孜银饰文化、银饰饰品、银饰与服装的搭配、银饰的鉴定与保养、中国柯尔克孜近代著名银匠等内容，多角度介绍了我国柯尔克孜族传统的银饰艺术，不但反映了柯尔克孜族精湛的珠宝加工工艺、精巧的装饰艺术手法，也表现了对古老文化传统的继承与发展。本书对促进民族文化交流、了解研究我国柯尔克孜族银饰艺术及繁荣工艺美术创作，都会起到非常积极的作用。

收藏单位：新疆图书馆、塔里木大学图书馆、新疆师范大学图书馆等

K　历史、地理

069《不可移动的文物：克孜勒苏柯尔克孜自治州卷》

新疆维吾尔自治区文物局编，新疆美术摄影出版社 2015 出版

关键词：文物　克孜勒苏柯尔克孜自治州

中图法分类号：K872.45

本书为“新疆文库”系列之一，收录了新疆维吾尔自治区阿图什市、阿克陶县、阿合奇县、乌恰县的古遗址、古墓葬、古建筑、石窟寺、石刻、近现代重要史迹及代表性建筑。

收藏单位：国家图书馆、黑龙江省图书馆、辽宁省图书馆等

070《当代荷马〈玛纳斯〉演唱大师：居素普·玛玛依评传》

阿地力·朱玛吐尔地，托汗·依莎克编，内蒙古大学出版社 2014 年出版

关键词：柯尔克孜族　名人传记

中图法分类号：K283.7

本书为“中国史诗研究”系列之一。作者经过多年民间调查和采访，在搜集大量第一手资料的基础上，运用多学科理论，通过分析居素普·玛玛依成长的人文地理环境、家庭环境、自身才能及主观努力等因素，对他在继承、发展、传播“玛纳斯”史诗方面的作用，对他与不同地区、不同时代的“玛纳斯”的师承关系，以及其唱本的形成和完善过程、特点等进行了广泛的评述，同时介绍了他演唱多部史诗、为保存和发展柯尔克孜民间文化所做出的特殊贡献。本书作为第一部系统介绍和研究“玛纳斯”演唱大师居素普·玛玛依的专著，对完善我国“玛纳斯”学具有重要的资料价值和学术价值。

收藏单位：塔里木大学图书馆、新疆大学图书馆、新疆师范大学图书馆等

071《汉文史籍有关柯尔克孜族史料》

马克来克编译，新疆人民出版社 2004 年出版

关键词：柯尔克孜族　历史史料　柯尔克孜语

中图法分类号：K283.7

本书是汉文历史书籍里有关柯尔克族历史的资料选编，包括很多有价值的我国历史资料，对广大历史学者和研究人员研究我国柯尔克孜族历史有很高的应用价值。

收藏单位：暂时无法提供馆藏信息

072《汉文史籍中的柯尔克孜族资料选译》

曼拜特•吐尔地主编，马克来克•玉买尔拜译，新疆人民出版社 2014 年出版

关键词：柯尔克孜族　民族历史　史料　柯尔克孜语

中图法分类号：K283.7

本书为汉语、柯尔克孜语对照版。辑录了关于古代柯尔克孜民族的汉文史料，这些史料主要来源于《史记》《汉书》《魏书》《周书》《隋书》《新唐书》等中国古代典籍。本书是关于古代柯尔克孜族汉文史料最为充分和完整的文献汇集，具有十分重要的学术意义和研究价值。

收藏单位：国家图书馆、黑龙江省图书馆、佳木斯大学图书馆等

073《黑龙江柯尔克孜族》

于学斌、吴占柱著，哈尔滨出版社 2002 年出版

关键词：柯尔克孜族 民族历史 黑龙江省

中图法分类号：K283.7

本书为“黑龙江流域民族历史文化丛书”之一。作者结合大量珍贵图片，从“人生礼仪”“生产习俗”“生活习俗”“语言教育”等多方面，详细介绍了黑龙江省的柯尔克孜族文化。

收藏单位：国家图书馆、黑龙江省图书馆、吉林省图书馆等

074《黑龙江柯尔克孜族简史》

吴占柱，波•少布著，黑龙江教育出版社 2016 年出版

关键词：柯尔克孜族 民族历史 黑龙江省

中图法分类号：K283.7

本书包括“概述”“清朝时期的柯尔克孜族”“民国与伪满国时期的柯尔克孜族”“解放战争时期的柯尔克孜族”“风俗习惯”“文化教育”等内容，后附参考文献和历史年表。本书从迁徙、宗教祭祀、社会组织、社会经济、语言文学、习俗等方面，对黑龙江省柯尔克孜族历史进行了系统、详尽研究和阐述，是一部比较完整、有一定权威性的史书，也是研究柯尔克孜族东迁历史的全书，为深入研究柯尔克孜族历史提供了有价值的历史资料。

收藏单位：国家图书馆、黑龙江省图书馆、佳木斯大学图书馆等

075《黑龙江柯尔克孜族人物小传》

吴占柱、吴晨旭编著，黑龙江省研究学会、柯尔克孜族分会 2004 年出版

关键词：柯尔克孜族 人物志 黑龙江省

中图法分类号：K828.737

全书分为“人名录”“人物表录”“人口变化”“姓氏家族”“有关专家学者”等五部分，记载了东迁后的黑龙江省柯尔克孜族人物，为研究黑龙江省柯尔克孜族历史文化提供了资料。

收藏单位：国家图书馆、黑龙江省图书馆等

076《黑龙江柯尔克孜族文化》

吴占柱著，黑龙江教育出版社 2007 年出版

关键词：柯尔克孜族 民族文化 黑龙江省

中图法分类号：K283.7

本书为“黑水世居民族文化”丛书之一，包括“人生礼仪”“生产习俗”“生活习俗”“语言教育”“文化艺术”“节日祭祀”“宗教信仰”等内容，附有彩色照片 133 张。作者结合大量珍贵图片，详细介绍了黑龙江省柯尔克孜族文化，是了解柯尔克孜族文化的珍贵资料。

收藏单位：国家图书馆、黑龙江省图书馆、吉林省图书馆等

077《黑龙江省富裕县柯尔克孜族情况》

中国科学院民族研究所，黑龙江少数民族社会历史调查组 1963 年编印

关键词：柯尔克孜族 民族历史 社会调查 黑龙江省

中图法分类号：K283.7

1958 年 9 月至 11 月，刘庆喜等四位同志组成调查组，在五家子村对柯尔克孜族进行了调查，1963 年 1 月调查组将调查情况写成初稿，形成《黑龙江省富裕县柯尔克孜族情况》。本书以黑龙江省富裕县柯尔克孜族为调查对象，主要介绍了黑龙江省柯尔克孜族的历史沿革、经济情况、物质生活和精神生活，是珍贵的历史资料，具有极高的参考价值。

收藏单位：国家图书馆、黑龙江省图书馆等

078《柯尔克孜族》

刘文霞主编，新疆美术摄影出版社、新疆电子音像出版社 2009 年出版

关键词：柯尔克孜族 民族文化 民族历史

中图法分类号：K283.7

本书为“中华民族大家庭知识读本”系列丛书之一，包括“柯尔克孜族概述”“历史沿革”“宗教信仰与民俗文化”等内容，向读者介绍了我国柯尔克孜族的起源、发展历史、宗教信仰与民俗文化、节日礼仪，以及相关的神话传说和历史故事等。

收藏单位：国家图书馆、辽宁省图书馆等

079《柯尔克孜族》

牧二编，北京外语教学与研究出版社 2013 年出版

关键词：柯尔克孜族 民族文化 民族历史

中图法分类号：K283.7

本书“民族文化经典故事丛书”之一，从柯尔克孜族的神话传说、信仰与道德观念、衣食住行、岁时风俗与人生礼仪、民间艺术、传统体育等方面全面展现了柯尔克孜族多姿多彩的历史文化。

收藏单位：国家图书馆、新疆大学图书馆等

080《柯尔克孜族》

杜荣坤、安瓦尔著，民族出版社 1991 年出版

关键词：柯尔克孜族 民族文化 民族历史

中图法分类号：K283.7

本书为“民族知识丛书”之一，介绍了柯尔克孜族发展的简要历史，柯尔克孜族在中华人民共和国成立初期的经济社会形态，柯尔克孜族的文化特点和风俗习惯等内容。全书由“古老民族、美丽传说”“历史悠久、源远流长”“不畏强暴、勇于反抗”“民族外壳下的封建社会经济”“以牧为主的多种经济”“服饰、饮食、居住”“家庭、婚姻”“生育、丧葬”“传统文化”“历法、体育、工艺美术”“礼俗、禁忌、宗教、节日”等章节构成，是一本详细介绍柯尔克孜族民族知识的书籍，有助于读者感受和了解柯尔克孜族的全貌。

收藏单位：国家图书馆、黑龙江省图书馆等

081《柯尔克孜族》

房若愚，葛丰交著，中国水利水电出版社 2006 年出版

关键词：柯尔克孜族 风俗习惯

中图法分类号：K892.337

本书为“中国少数民族风情游丛书”之一，是一部以民俗风情为特色的旅游图书，介绍了柯尔克孜族历史概况、生活习惯、宗教信仰、文化艺术、建筑特色、风景名胜、传统美食、土特产品、旅游地区实用信息等知识。本书适合对少数民族文化历史和特色旅游感兴趣的读者。

收藏单位：国家图书馆、辽宁省图书馆、中南民族大学图书馆等

082《柯尔克孜族》

阿斯卡尔•居努斯编，中国人口出版社 2013 年出版

关键词：柯尔克孜族 民族文化 民族历史

中图法分类号：K283.7

本书为“中国少数民族人口丛书”之一，主要包括“追寻迁徙的足迹揭开历史的面纱”“柯尔克孜族部落与人口变迁”“天人合一的信仰文化”“草原民族独特的风俗习尚”“传诵千年的民族文化瑰宝”等内容，全书介绍了柯尔克孜族起源、文化、宗教信仰、民俗、经济发展、人口情况等方面的内容，向读者全景式地展示了柯尔克孜族独有的民族特色和民族风情，可读性较强，具有科学性和文学性。

收藏单位：国家图书馆等

083《柯尔克孜族》

王玉姝编著，吉林出版集团有限责任公司 2010 年出版

关键词：柯尔克孜族 民族文化 民族志

中图法分类号：K283.7

本书为“中国文化知识读本”丛书之一，作者从“多舛的发展历程”“农耕的游牧部落”“独特的民族风情”“复杂的宗教情节”“永生的英雄史诗”等五个部分介绍柯尔克孜族的文化。

收藏单位：国家图书馆、石河子大学图书馆等

084《柯尔克孜族》

陈超著，新疆美术摄影出版社 2009 年出版

关键词：柯尔克孜族 社会变迁 文化生活

中图法分类号：K283.7

本书为“中国新疆民族民俗知识丛书”之一，介绍了柯尔克孜族概况、历史源流、社会经济、物质文化、文学艺术、婚姻家庭、风俗习惯等内容。

收藏单位：国家图书馆、石河子大学图书馆等

085《柯尔克孜族》

阿地里·居玛吐尔地著，辽宁民族出版社 2015 年出版

关键词：柯尔克孜族 民族文化 民族历史

中图法分类号：K283.7

本书为“走近中国少数民族丛书”之一，包括“柯尔克孜族的历史与社会”“独特的民间宗教与信仰”“魅力无穷的民族礼仪”“源远流长的民族文化”“多姿多彩的民族风情”“民族之魂‘玛纳斯’”“柯尔克孜族人物谱”等内容。

收藏单位：国家图书馆、黑龙江省图书馆等

086《柯尔克孜族：历史与现状》

万雪玉、阿斯卡尔·居努斯著，新疆大学出版社 2005 年出版

关键词：柯尔克孜族 新疆维吾尔自治区

中图法分类号：K283.7

本书为“边疆民族研究丛书”之一，以中国新疆维吾尔自治区克孜勒苏柯尔克孜族和邻国同源民族历史发展为线索，从其居住地区的自然环境、人口分布、民族形成历史、跨国过程、社会经济和文化发展状况等方面，探讨柯尔克孜族的历史进程与精神面貌。

收藏单位：国家图书馆、中南民族大学图书馆等

087《柯尔克孜族风情录》

贺继宏、张光汉编著，四川民族出版社 1998 年出版

关键词：柯尔克孜族 民族风俗习惯

中图法分类号：K892.337

本书为“中国少数民族风情录丛书”之一，包括“入境问俗篇”“人生礼仪篇”“农牧渔猎篇”“衣食住行篇”“岁时社交篇”“歌舞乐戏篇”“民间文学篇”“体育竞技游戏篇”“工艺篇”“组织信仰篇”等内容，涉及黑龙江省柯尔克孜族习俗、新疆维吾尔自治区伊犁额敏县柯尔克孜族习俗等。

收藏单位：国家图书馆、大连民族大学图书馆等

088《柯尔克孜族风俗习惯》

新疆维吾尔自治区丛刊编辑组编，新疆人民出版社 1986 年出版

关键词：柯尔克孜族 少数民族风俗习惯

中图法分类号：K892.337

本书为“中国少数民族社会历史调查资料丛刊”之一，详细记述了柯尔克孜族风俗习惯，主要包括柯尔克孜族的衣食住行、婚丧和礼仪、岁时风俗、生产劳动习

俗、民间文学与艺术、体育竞技与游戏、民族手工艺品等内容，是有价值的研究柯尔克孜族的参考书籍。

收藏单位：国家图书馆、新疆维吾尔自治区图书馆、甘肃省图书馆等

089《柯尔克孜族风俗习惯》

新疆维吾尔自治区丛刊编辑组，《中国少数民族社会历史调查资料丛刊》修订编辑委员会编，民族出版社 2009 年出版

关键词：柯尔克孜族 少数民族风俗习惯

中图法分类号：K892.337

本书为“中国少数民族社会历史调查资料丛刊（修订本）”之一，全书包括“古老文明的民族”“柯尔克孜族的衣食住行”“柯尔克孜人的婚、丧和礼仪”“岁时风俗”“生产劳动习俗”“民间文学与艺术”“体育、竞技与游戏”“受人喜爱的民族手工艺品”等内容，附有后记和修订后记。本书详细记述了柯尔克孜族风俗习惯，内容丰富，资料翔实，是可靠的研究柯尔克孜族的参考书籍。

收藏单位：国家图书馆、石河子大学图书馆等

090《柯尔克孜族风味》

朱努斯著，克孜勒苏柯尔克孜文出版社 2007 年出版

关键词：柯尔克孜族 饮食 少数民族风俗习惯

中图法分类号：K892.337

本书主要是针对柯尔克孜族民族饮食文化做进一步的宣传，为了更好地发展旅游行业，做大做强民族文化习俗的发扬和继承。

收藏单位：暂时无法提供馆藏信息。

091《柯尔克孜族简史》

《柯尔克孜族简史》编写组编，新疆人民出版社 1986 年出版

关键词：柯尔克孜族 民族历史 民族文化

中图法分类号：K283.7

本书为“中国少数民族简史丛书”之一，主要内容包括“概况”“族名、族源”“坚昆（柯尔克孜族早期称呼）的社会经济及与其他民族的关系”“坚昆都督府—黠戛斯汗国”“蒙古称雄前后的乞儿吉思”“清朝的布鲁特”“近代的柯尔克孜族”“新民主主义革命时期的柯尔克孜族”“文学艺术”“宗教信仰与生活习俗”。书中对柯尔克孜族历史梳理得十分清楚，极具参考价值。

收藏单位：国家图书馆、石河子大学图书馆等

092《柯尔克孜族简史》

《柯尔克孜族简史》编写组，《柯尔克孜族简史》修订编写组编写，民族出版 2008 年出版

关键词：柯尔克孜族 民族历史 民族文化

中图法分类号：K283.7

本书为“中国少数民族简史丛书（修订本）”之一，全书框架以《柯尔克孜族简史》第一版为主，第二章至第五章基本保留了原书的内容，只是在个别用词上进行了细微修改。全书包括“概况”“汉唐时期的柯尔克孜先民”“10—16 世纪的乞儿吉思”“清朝时期的布鲁特”“新民主主义

革命时期的柯尔克孜族”“当代的柯尔克孜族”“柯尔克孜族的文化”等内容，并附有大事年表、初稿后记、修改稿后记、修订后记等。本书全面介绍了柯尔克孜族历史，对了解和研究柯尔克孜族有重要参考价值。

收藏单位：国家图书馆、石河子大学图书馆、中央民族大学图书馆等

093《柯尔克孜族简史简志合编（初稿）》

中国科学院民族研究所，新疆少数民族社会历史调查组 1963 年编印

关键词：柯尔克孜族 民族历史 民族文化

中图法分类号：K283.7

本书为“少数民族史志丛书”之一，包括“概况”“古代的柯尔克孜族”“近代的柯尔克孜族”“新民主主义革命时期的柯尔克孜族”“民主革命的胜利完成和民族区域自治的实现”“社会主义革命的伟大胜利和人民公社化”“社会主义经济建设的巨大成就”“文教卫生事业的蓬勃发展”“生活习俗与宗教信仰”等内容，后附大事年表和后记。该书全面记述了柯尔克孜族的历史发展，具有极强的时代感，是研究柯尔克孜族的基础性材料。

收藏单位：国家图书馆、中南民族大学图书馆等

094《柯尔克孜族民俗》

新疆维吾尔自治区党委宣传部外宣办编，新疆美术摄影出版社 2005 年出版

关键词：柯尔克孜族 民族文化 风俗习惯

中图法分类号：K892.337

本书为“中国新疆民族民俗系列丛书”之一，通过生产民俗、衣食住行、生活习俗、婚姻家庭、信仰民俗、人生礼仪、文学艺术、教育科技、体育娱乐等方面的内容，简要介绍了柯尔克孜族的民俗文化。

收藏单位：国家图书馆、甘肃省图书馆、安徽省图书馆等

095《柯尔克孜族民俗文化》

新疆维吾尔自治区对外文化交流协会编，新疆美术摄影出版社、新疆电子音像出版 2006 年出版

关键词：柯尔克孜族 民族民俗文化 文学艺术

中图法分类号：K892.3

本书为“中国新疆民族民俗文化系列丛书”之一，分别从生产民俗、衣食住行、生活习俗、婚姻家庭、信仰民俗、人生礼仪、文学艺术、教育科技、体育娱乐等方面，介绍了柯尔克孜族的民俗文化。

收藏单位：国家图书馆、甘肃省图书馆、安徽省图书馆等

096《柯尔克孜族社会历史调查》

新疆维吾尔自治区丛刊编辑组编，新疆人民出版社 1987 年出版

关键词：柯尔克孜族 民族历史 调查报告

中图法分类号：K283.7

本书为“中国少数民族社会历史调查资料丛刊”之一。全书包括柯尔克孜族历史概述和 1958 年至 1961 年新疆维吾尔自治区和东北地区柯尔克孜族社会历史调查报告 12 篇，具体为《乌恰县柯尔克孜族调

查报告》《乌恰县二区阶级关系调查报告》《乌恰县二区畜牧业生产调查报告》《阿合奇县柯尔克孜族历史调查报告》《阿克陶县一区卡息勒克乡专题调查报告》《阿图什县七区哈拉峻习俗服饰补充调查报告》《特克斯县柯克狄拉克柯尔克孜族调查报告》《额敏县五区七乡柯尔克孜族调查报告》《黑龙江省富裕县柯尔克孜族调查报告》《柯尔克孜族民间文学艺术概况调查报告》《中华人民共和国成立后柯尔克孜族民间文学艺术的发展》《柯尔克孜族生活习俗和宗教信仰专题调查报告》。本书是了解和研究柯尔克孜族社会历史情况的重要参考资料。

收藏单位：新疆图书馆、乌鲁木齐市图书馆、新疆师范大学图书馆等

097《柯尔克孜族社会历史调查》

新疆维吾尔自治区丛刊编辑组，《中国少数民族社会历史调查资料丛刊》修订编辑委员会编，民族出版社 2009 年出版

关键词：柯尔克孜族 民族历史 调查报告

中图法分类号：K283.7

本书为“中国少数民族社会历史调查资料丛刊（修订本）”之一，是在 1987 年第一版的基础上修订而成。修订工作按照国家民委民族问题五种丛书修订再版工作的要求，仅对书中的数字数据和出版编辑中的缺误等进行核对、对于人口数据和地方行政沿革变化情况进行增补注释、对于若干专有名词进行补充注释，其余则保留原貌。全书包括“柯尔克孜族历史概述”《乌恰县柯尔克孜族调查报告》《乌恰县二区阶级关系调查报告》《乌恰县二区畜牧业生产调查报告》《阿合奇县柯尔克孜族历史调查报告》《阿克陶县一区卡息勒克乡专题调查报告》《阿图什县七区哈拉峻习俗服饰补充调查报告》《特克斯县柯克狄拉克柯尔克孜族调查报告》《额敏县五区七乡柯尔克孜族调查报告》《黑龙江省富裕县柯尔克孜族调查报告》《柯尔克孜族民间文学艺术概况调查报告》《中华人民共和国成立后柯尔克孜族民间文学艺术的发展》《柯尔克孜族生活习俗和宗教信仰专题调查报告》等内容，附有后记和修订后记。本书是了解和研究柯尔克孜族社会历史情况的重要参考资料。

收藏单位：国家图书馆、石河子大学图书馆等

098《柯尔克孜族文化典范》

艾山•艾萨编著，克孜勒苏柯尔克孜文出版社 2005 年出版

关键词：柯尔克孜族 民族史志 文化发展

中图法分类号：K283.7

本书主要讲述了柯尔克孜族民族民俗风情，饮食文化及各种风俗习惯等，反映了本民族的文化发展。

收藏单位：暂时无法提供馆藏信息

099《克孜勒苏风物图志》

中共克州党委史志办编，克孜勒苏柯尔克孜文出版社 2013 出版

关键词：克孜勒苏柯尔克孜自治州 地方志

中图法分类号：K294.52

本书旨在介绍克孜勒苏柯尔克孜自治州地理、物产、人文、风情、历史、景

观、矿产、美食等内容。

收藏单位：国家图书馆等

100《克孜勒苏柯尔克孜自治州民族志》

贺继宏、张光汉主编，新疆克孜勒苏柯尔克孜文出版社 1992 年出版

关键词：柯尔克孜族 民族志 地方志

中图法分类号：K294.52

本书遵循以柯尔克孜族为主、兼顾其他民族的原则，本着维护祖国统一、民族团结和有利于事业发展的精神，记述了克孜勒苏柯尔克孜自治州的族源、自然地理、历史沿革、政治经济、文化教育、习俗风情、宗教信仰等内容。

收藏单位：国家图书馆、佳木斯大学图书馆等

101《克孜勒苏柯尔克孜自治州志》

贺继宏主编，新疆人民出版社 2004 年出版

关键词：新疆维吾尔自治区 孜勒苏柯尔克孜自治州 柯尔克孜族

中图法分类号：K294.52

本书为“新疆维吾尔自治区地方志丛书”之一，记述克孜勒苏柯尔克孜自治州的建置、自然、人口、民族等情况，力求反映克孜勒苏柯尔克孜自治州的历史面貌和发展特点。

收藏单位：国家图书馆、中央民族大学图书馆等

102《〈玛纳斯〉演唱大师的一家：柯尔克孜族》

高发元主编，阿地力·居玛吐尔地、朱玛卡德尔·加克甫著，云南人民出版社、云南大学出版社 2003 年出版

关键词：柯尔克孜族 家庭生活

中图法分类号：K283.7

本书为“20 世纪中国民族家庭实录”丛书之一，讲述的是具有传奇色彩、被国内外史诗学界誉为“当代荷马”“玛纳斯”史诗演唱大师居素普·玛玛依的家庭生活。

收藏单位：国家图书馆、云南农业大学图书馆、中南民族大学图书馆等

103《嫩江草原上的柯尔克孜人》

吴占柱、马瑞编著，哈尔滨出版社 2009 出版

关键词：柯尔克孜族 黑龙江省

中图法分类号：K283.7

本书为论文集，是“黑龙江民族研究论丛”之一，收入论文 66 篇，其中历史 9 篇、经济 11 篇、文化 13 篇、语言 2 篇、宗教 2 篇、新闻 16 篇、综合内容 13 篇。

收藏单位：黑龙江省图书馆等

104《乌裕尔河畔的柯尔克孜人》

吴占柱主编，哈尔滨出版社 2003 出版

关键词：柯尔克孜族 民族志

中图法分类号：K283.7

本书为论文集，是“黑龙江民族研究论丛”之一。全书收入论文 32 篇，其中历史类 5 篇、经济类 6 篇、文化类 8 篇、语言类 2 篇、宗教类 2 篇、综合内容 9 篇，全面介绍了黑龙江省世居少数民族柯尔克孜族的历史发展。

收藏单位：国家图书馆、黑龙江省图书馆等

105《乌裕尔河畔五家子村柯尔克孜族研究：一个有别于新疆柯尔克孜族的族群》

于学斌著，中国社会科学出版社 2013 年出版

关键词：柯尔克孜族 民族历史

中图法分类号：K283.7

本书为 2011 年国家社科基金后期资助项目研究成果，主要包括“五家子柯尔克孜村自然状况”“五家子村柯尔克孜族人口”“传统文化特点及其成因”“传统经济特点”“牧业生产习俗”“居住文化”“服饰文化”“生育制度”“节日文化”等内容。作者坚持田野调查方法，搜集了第一手资料，理论前提科学、逻辑严谨、资料翔实、引证规范，较为系统阐述了五家子村柯尔克孜族的历史来源、演变进程、生活方式、文化习俗等方面的特征，从历史来源和现存文化等方面比较新疆维吾尔自治区柯尔克孜族和乌裕尔河流域柯尔克孜族群的不同，具有较高的学术价值。

收藏单位：国家图书馆、黑龙江省图书馆等

106《新疆柯尔克孜族麻扎民俗志》

古丽巴哈尔·胡吉西著，北京学苑出版社 2018 年出版

关键词：柯尔克孜族 少数民族风俗习惯 新疆维吾尔自治区

中图法分类号：K892.337

作者运用民俗学和民间文艺学的理论与方法，在大量第一手田野调查资料的基础上，以柯尔克孜族麻扎信仰研究为切入点，搜集、整理和建立柯尔克孜族麻扎民俗资料系统。使用英雄史诗“玛纳斯”中有关麻扎的内容及大量的柯尔克孜麻扎传说和相关歌谣，分析麻扎与史诗“玛纳斯”的关系及麻扎的传说和歌谣的内涵，阐释有关麻扎的民间叙事所体现出来的“神圣”性叙事核心。围绕这个核心，麻扎传说聚拢了动物神灵、植物神灵、祖先神灵，召唤伊斯兰教先知以及一些历史传说人物。多种神灵及圣人在麻扎传说中集聚，形成多神崇拜结构。柯尔克孜族麻扎民俗与自然、人文环境关系密切，在新疆维吾尔自治区的生活环境、生产、生活方式及宗教信仰的共同作用下，柯尔克孜族麻扎民俗的分布景观、史诗传承和宗教民俗方面形成了自己的区域特征。

收藏单位：暂时无法提供馆藏信息

107《新疆维吾尔自治区第三次全国文物普查成果集成：克孜勒苏柯尔克孜自治州卷》

新疆维吾尔自治区文物局编，科学出版社 2011 年出版

关键词：文物 新疆维吾尔自治区 克孜勒苏柯尔克孜自治州

中图法分类号：K872.45

本书为“新疆维吾尔自治区第三次全国文物普查成果集成”系列之一，主要介绍了这一地区在第三次全国文物普查中取得的成果，包括克孜勒苏柯尔克孜自治州的古遗址、古墓葬、石窟寺、石刻、近现代重要史迹及代表性建筑等内容。书中按照国家文物局分类方法进行分别介绍，是该地区三普工作成果的集中展示。

收藏单位：新疆图书馆、石河子大学图书馆、塔里木大学图书馆等

108《新疆乌恰县库拉日克村吾依组调查》

董秀团、万雪玉主编，云南大学出版社 2004 年出版

关键词：柯尔克孜族 村寨调查

中图法分类号：K283.7

本书为“中国民族村寨调查丛书”之一，以主要分布于新疆维吾尔自治区的柯尔克孜族为对象，介绍其人口、经济、社会、文化、风俗习惯、婚姻家庭、教育等情况。

收藏单位：国家图书馆、中南民族大学图书馆等

109《中国柯尔克孜族》

阿地里·居玛吐尔地著，宁夏人民出版社 2012 年出版

关键词：柯尔克孜族 民族历史 民族文化

中图法分类号：K283.7

本书为“中华民族全书”之一，主要包括“柯尔克孜族概况”“物质文化”“民间文化”“社会文化”“旅游文化”“中华人民共和国成立后柯尔克孜族文化事业的发展”“精神气质及柯尔克孜族有影响的历史文化人物”等内容，主题鲜明，图文并茂，创意新颖，是一本了解柯尔克孜族的通俗读物。

收藏单位：国家图书馆、黑龙江省图书馆、佳木斯大学图书馆等

110《中国柯尔克孜族》

买买提艾山·托乎达力编著，新疆人民出版社 2006 年出版

关键词：柯尔克孜族 民族历史 民族文化

中图法分类号：K283.7

本书是一部全面介绍中国柯尔克孜族历史文化的综合类读物，包括“现代柯尔克孜族的概况及其分布”“古老的民族、悠久的历史和灿烂的文化”“民族区域自治制度的实施和柯尔克孜人民的繁荣、进步与富强”“关于编辑民族区域自治地方政治、物质、精神文明建设的思考”四个部分。本书既注重历史，更注重现实，既有对事物的描述，又注重对理论的研究，融思想性、理论性、知识性、趣味性于一体，有较高的欣赏价值和使用价值。

收藏单位：国家图书馆、佳木斯大学图书馆等

111《中国柯尔克孜族百科全书》

贺继宏、张光汉主编，新疆人民出版社 1998 年出版

关键词：柯尔克孜族 百科全书

中图法分类号：K283.7-61

本书是我国柯尔克孜族人民有史以来的第一部百科全书，全面、系统、真实、客观地反映了柯尔克孜族政治、经济、社会、地理、文化教育、文学艺术、新闻出版、体育卫生、语言文字、婚丧嫁娶、衣食住行、礼仪礼、喜好禁忌、宗教信仰等内容。本书是一部集资料性、知识性、理论性、科学性、实用性于一体、具有辞书性质的工具书。

收藏单位：国家图书馆、中央民族大学图书馆等

112《中国少数民族图志：西北卷：柯尔克孜族》

王建新，王铁男编著，苗正民翻译，民族出版社 2018 出版

关键词：柯尔克孜族 民族志

中图法分类号：K283.7-64

本书包括“柯尔克孜族概览”“民族历史”“自然环境与经济生产”“部落谱系与社会组织”“婚姻家庭与人生礼俗”“衣食住行”“语言文字与民族教育”“宗教信仰与节日民俗”“文学艺术与传统体育”等内容，作者以英汉对照的形式，反映了我国柯尔克孜族当前的发展状况。本书有助于向中外读者介绍柯尔克孜族，对普及民族常识、传播民族文化有积极意义。

收藏单位：国家图书馆、佳木斯大学图书馆等

113《中国新疆历史文化古籍文献资料译编：柯尔克孜族·36》

贺灵主编，阿图什克孜勒苏柯尔克孜文出版社 2016 年出版

关键词：新疆维吾尔自治区 地方史史料 柯尔克孜族

中图法分类号：K294.5

本书收录了以汉文为主的新疆维吾尔自治区历代有关历史文化方面的全国性和地域性最权威、最有价值的经典资料，还收录了大量由满族、俄罗斯族等民族文字翻译的各类权威资料。本册为柯尔克孜族卷。

收藏单位：国家图书馆、石河子大学图书馆等

R 医药、卫生

114《老年人与健康（柯尔克孜文）》

吐尔达力译，克孜勒苏柯尔克孜文出版社 2012 年版

关键词：保健 柯尔克孜语

中图法分类号：R161.7

本书紧扣老年人健康长寿这一主题，针对老年人最容易染患的 16 种老年病做了中肯的保健指导，其方法简单、易行、有效、廉价，可让老年人在学会正确认识、善待自己，合理科学安排好每日的衣食住行，心身愉悦过好每一天的基础上，掌握科学保健方法。

收藏单位：国家图书馆、佳木斯大学图书馆等

115《中国柯尔克孜医药》

吾曲孔·买买提肉孜编，新疆人民卫生出版社 2014 年出版

关键词：柯尔克孜族 民族医药

中图法分类号：R293.7

作者通过与具有丰富经验的柯尔克孜族医生座谈，详细记录了他们讲述的临床经验和学术见解，以及有关动物药、植物药，矿物药的使用与各类疾病独特的医治方法，尤其是继承了柯尔克孜医生在治疗疑难杂症方面的独特方法，以及养生、食疗、康复、保健知识等。

收藏单位：国家图书馆等

Z 综合性图书

116《克孜勒苏年鉴·2004》

程海序（史志）主编，中共克孜勒苏自治州委员会党史地方志办公室编，克孜勒苏柯尔克孜文出版社 2004 年出版

关键词：克孜勒苏柯尔克孜自治州 年鉴

中图法分类号：Z524.52

本书记载2003年1月至12月克孜勒苏柯尔克孜自治州地区全貌，设有“特载”“大事记（1954—2003）”“概况”“政治”“政法”“群众团体”“地方军事”“经济管理与监督”“外事”“农业”“工业•交通•邮电”“财政•税收、金融•保险”“城乡建设与环境保护”“贸易与旅游”“科技•气象•地震”“教育•文化•体育”等类目。

收藏单位：国家图书馆等

117《克孜勒苏年鉴•2009》

李世祥主编，克孜勒苏柯尔克孜自治州党委史志办编，克孜勒苏柯尔克孜文出版社2009年出版

关键词：克孜勒苏柯尔克孜自治州 年鉴

中图法分类号：Z524.52

本书介绍克孜勒苏柯尔克孜自治州2008年的政治、军事、文化、社会等方面的基本情况。全书由“特载”“概况•大事记”“党政机关”“组织工作”“克孜勒苏柯尔克孜自治州人大常委会”等21个部类构成。

收藏单位：国家图书馆等

118《克孜勒苏年鉴•2016》

张宗耀主编，中共克孜勒苏柯尔克孜自治州委员会党史地方志办公室编辑，中州古籍出版社2017年出版

关键词：克孜勒苏柯尔克孜自治州 年鉴

中图法分类号：Z524.52

本书设“特载”“概况•大事记”“政党”“地方军事”“农业”“工业•商贸•旅游”“经济管理与监督”“外事侨务•口岸”“科技•地震•气象”“社会民生•民族宗教”等类目，记述了2015年克孜勒苏柯尔克孜自治州的政治、军事、文化、社会等方面的基本情况。

收藏单位：国家图书馆等

119《中国少数民族古籍总目提要：柯尔克孜族卷》

国家民委全国少数民族古籍整理研究室编，中国大百科全书出版社2008年出版

关键词：柯尔克孜族 古籍

中图法分类号：Z838

本书收录新疆维吾尔自治区、黑龙江省的柯尔克孜族古籍条目1571条，其中书籍类4条，讲唱类1567条。讲唱类主要收录了民间流传的史诗、叙事诗、长诗、神话、传说、民间故事、祝词、谚语、民间歌谣等，展示了柯尔克孜族丰富多彩的民族历史文化遗产。本书第一次系统介绍了柯尔克孜族古籍总体情况，反映了柯尔克孜族古籍概貌。它不仅是一部了解柯尔克孜族历史文化的读物，也是研究柯尔克孜族政治、经济、历史、宗教、文化的参考工具书，具有较高的收藏价值和使用价值。

收藏单位：国家图书馆、佳木斯大学图书馆、黑龙江省图书馆等